国际格局变化背景下中国边疆民族地区文化安全问题研究

国际格局

变化背景下

中国边疆民族地区

文化安全问题研究

张才圣 著

亦乐出版社

内容摘要

每一个时代有每一个时代的战略命题，每一个国家在不同时代有不同的战略命题。只有那些能造成国际格局的改变，能造成国家之间实力对比变化的命题，才能称之为时代命题和国家战略命题。我国边疆民族地区文化安全，正是这个时代里的中国战略命题。

边疆安，国家安。国际格局变化背景下更要重视和关注边疆民族地区的国家安全问题。发生在我国边疆民族地区的暴力恐怖事件不仅造成大量人员伤亡和财产损失，而且还破坏了边疆民族地区和平稳定、阻碍经济社会发展、造成了民族之间的嫌隙以及污损我国的形象。梳理历史得知，自新中国成立以来发生在边疆民族地区比较重大的边疆安全危机事件，诸如2008年西藏拉萨的"3·14事件"、2009年新疆乌鲁木齐的"7·5事件"、2014年云南昆明的"3·1事件"等主要发生在新世纪之后。这不得不引起我国政界、学界的高度重视和关注。其实，这是国际格局变化之下的必然结果。国际格局的变化是以美国为首的西方大国调整其文化战略的前提。历史有迹可遁，有据可依。依照国际关系现实主义理论解读，霸权护持行为是霸权国的本质属性。第二次世界大战后建立的美苏争霸的"两极体系"，以美国为首的西方大国想要实现霸权护持的目标，赢得冷战的胜利，那只能通过各种手段拉大与苏联的安全距离，在既要"遏制共产主义扩张"又要预防"核战争"的悖论之间，西方大国最终选定"不见硝烟战争"的方式，即通过文化战略以应对冷战。自冷战肇始，无论从思想上、机制建设上、人力物力准备上都做足了充分的准备。思想上，战略家乔治·凯南的"长电报"以及他的助手保罗·尼采；机制建设上，有国际行动委员会、美国新闻署和行动协调委员会; 人力物力上, 美国之音1949年经费为6915367美元, 1950年便增加至8855162美元。以美国为首的西方大国最终赢得了冷战的胜利。探讨苏东剧变的原因和中东、中亚地区的"颜色革命"可以为维护我国边疆民族地区的文化安全提供经验教训和发人深思的启示。

国际格局又处在一个变化的节点上。冷战后建立了美国的"单极霸权", 国际社会生活在"单极体系"之下, 然而全球化掀起的浪潮扑向全球的每一个角落, 在全球化浪潮中, 以中国为代表的第三世界国家快速崛起, "金砖五国"成色越来越足。中国GDP早在2010年就已位居世界第二位, 且经济实力与美国日益缩短距离, "一带一路"的倡议日见成效等等。大国实力的对比是国际格局变化的关键变量之一。可以证实, 以中国为代表第三世界崛起, 当前的国际格局正处于变化之中。作为世界第二大经济体、快速崛起的中国自然而言成为挑战其霸权国的"潜在对手", 遏制中国维护自己的霸权地位是美国最主要的国际战略目标。在全球化时代里, 除核威胁之外, 中美利益高度相互依存, 相比冷战, 美国明白通过武力战争更难实现其战略目标。所以, 以美国为首的西方大国将会抡起昔日对付苏联赢得冷战的文化战略大棒以遏制中国。在这方面美国既有赢得冷战的成功经验, 也拥有无与伦比的强势文化。此外, 冷战后由于苏联灭亡, 国际格局的改变给中亚伊斯兰极端主义的兴起提供了契机, 也因为国际格局的改变, 在境外敌对势力支持下的西藏佛教极端主义得到进一步壮大的机会。总之, 国际格局的变化、西方大国自由主义思想思潮、伊斯兰极端主义、佛教极端主义等纷纷借助现代高科技手段, 以电视、报纸、无线电波、互联网等信息化时代里的传媒方式纷纷"侵入"、"渗透"至我国。

新世纪危及我国边疆民族地区安全事件是国际格局变化背景下, 域外文化"入侵"或"渗透"下的结果。我国边疆民族地区是我国国家安全的门户所在, 是维护我国国家安全的第一道屏障。而边疆民族地区多邻国、多民族、多宗教、多文化等特点决定了也是各种矛盾的高发之地, 是域外文化传入我国的第一场所，是文化安全问题的重灾区。在以美国为首的西方大国文化战略的"入侵"、在域外宗教极端主义"渗透"，企图达到西化、分化、甚至是分裂中国的目的。各种非马克思主义思想、宗教极端主义的输入，对我国边疆民族地区的政治文化安全、国家意识形态安全、政治制度安全、宗教文化安全、文化产业安全以及民族传统文化安全带来了严重威胁，甚至还导致某些边疆民族地区的文化发生"异化"现象，致使社会主义文化的主导性、独立性、方向性面临着不同程度的挑战。文化的"异化"直接影响、威胁民族认同和国家认同。而文化安全是国家认同、民族认同的基石。只有认同长久，才能知心恒远。

"治国必治边，治边先维稳"。影响我国边疆民族地区文化安全危机主要是从境外输入，作为最大的发展中国家，与西方文化强势国家相比，我国文化实力处于弱势。在维护我国边疆民族地区的文化安全，应该从建立文化预警机制，对域外文化非法渗透进行危机预警，不能造成域外文化在边疆民族地区畅通无阻；应该积极参与和建构类似上海合作组织的国际安全合作机制，文化安全是非传统安全的重要组成部分，具有突发性、跨国性等非传统安全特点，维护边疆民族地区的文化可以通过国际安全合作，共同维护区域安全；现代信息科技日新月异，有些传统政治社会化途径逐渐不能适应信息科技的发展，互联网、自媒体等带给政治社会化提供了新方式和提出了新要求，需要在信息化时代里拓宽边疆民族地区政治社会化的新方式；当然，面对我国边疆民族地区严峻的文化安全形势，还需要加强边疆民族地区文化管理以及壮大繁荣民族地区的文化，两者相辅相成，缺一不可。既繁荣边疆民族地区的文化，夯实文化安全的根基，增加抵御和防范域外非法文化的影响与威胁，还可以通过加强文化管理，让边疆民族地区的文化得以有序发展。文化安全是一复杂的研究领域，我国边疆民族地区文化安全是多因素整合下的结果，有外部原因，有内部因素。但是，在国际格局变化背景下，西方大国的文化霸权、域外宗教极端主义思潮的兴起是导致我国边疆民族地区文化安全的关键因素。所以，为维护我国边疆民族地区文化安全，需要积极采取多种有效举措共同作用，标本兼治，才能降低我国边疆民族文化安全的威胁程度以达到维护我国边疆民族地区和谐稳定的最终目的。

关键词: 国际格局; 中国; 边疆民族; 文化安全

目录

绪论

一、研究的目的和意义

1991年12月25日是圣诞节，在这个西方最重要的节日里曾经是世界超级大国的苏联瞬间解体，曾经是社会主义阵营的东欧也黯然变色。第二次世界大战后建立的以美苏争霸为主要特征的"两极体系"顿时毁灭。此后，国际社会开始笼罩在美国的单极霸权之下。后人研究苏联解体，东欧剧变的根源时，由于不同社会制度的国家，不同学科站在不同立场上有不同的解读。有：经济落后、社会混乱、政治腐败、宗教冲突、民族矛盾、阶级斗争、和平演变、意识形态丧失主导地位的原因。也有：违背政治录用原则、精英政治文化中"亚文化"的产生、历史上罕见的"统治不足"、破坏政治整合的规则等不同见解。不一而足。苏东的剧变是多变量综合作用下导致政治失衡的必然结果。但这个结果却使后人黯然神伤。昔日因抗击法西斯侵略在莫斯科红场上举行的阅兵式，群情激奋，斗志昂扬，荷枪实弹雄赳赳气昂昂，为保家卫国奔赴战场，而在几十年之后圣诞节的莫斯科红场却是死一般的寂静。苏联瓦解东欧剧变，冷战的结束国际体系急剧变化，一方面，曾逐鹿群雄的苏联，无论是硬实力还是软实力，抑或是当下时髦的"巧实力"，苏联不谓不强大，但突然的消亡值得政界和学界深思，值得继续深入研究的问题, 以警示后人; 另一方面, 因苏东的覆灭, 两极体系演变为唯一超级大国的单极体系, 单极霸权必然产生"单边主义"。冷战以来爆发的海湾战争、科索沃战争、阿富汗战争、伊拉克战争、利比亚战争以及打击"伊斯兰国"均是美国单极霸权主导下的战争。两极的国际体系对小国约束力较弱, 但单极体系正好相反。两极体系演变为单极霸权, 中国作为世界上最大的社会主义国家, 带给我国巨大的战略压力。实质上, 苏联东欧的"变色"是国际格局的变化、西方大国国际战略调整之下的结果, 这是前苏联东欧阵营瓦解的关键原因。

国际格局的变化是西方大国调整国际战略, 也即文化战略的前提条件。国际关系理论有云, 国际格局的内涵是由大国间实力的对比和战略盟友关系的变化两要素构成。第二次世界大战后苏联强势崛起, 成为世界上仅有的两个超级大国之一并组建以它为首的社会主义阵营, 因此, 苏联的崛起改变了战前的国际格局。再加上核武器的出现并第一次被投入战场使用, 其令人恐怖的战争效果和世界末日般的图景让大国深知, 再难以通过使用武力手段实现自己的战略目标或维护国家利益。以美国为首的西方大国要想达到自己霸权护持的目的, 只能对国际战略进行调整。于是, "不见硝烟"的文化战略开始"穿透铁幕"被视为美苏争霸的"第四种武器"。这个不见硝烟的战场日益成为双方的主战场之一。作为文化安全研究的前身文化战略学就是起步于冷战之间的70年代。因此, 文化人类学家冯·皮尔森(C.A.van Peursen)认为文化战略是决定人类生存价值与意义的一种具有终极意义的大战略。[1]美国深谙此理。从冷战初期的乔治·凯南(George Kennan)和保罗·尼采(Paul Nitze)到跨越冷战史的基辛格(Henry Kissinger)以及布热津斯基(Zbigniew Brzezinski), 从凯南的"长电报"到布热津斯

1　[荷]C.A. 冯·皮尔森 著, 刘利奎 等译: ≪文化战略-对我们的思维和生活方式今天正在发生的变化所持的一种观点≫, 北京: 中国社会科学出版社1992年版, 第23页。

基的《大棋局》都为美国的文化战略奠定了思想理论基础。此外，这些战略家纵横捭阖于政界和学界之间，形成"政治-学术"复合体，有助于将文化战略的思想理论付诸实践。有官方成立负责对外宣传机构：成立心理战委员会、国际新闻署、国际信息计划办公室等；有专门负责对外宣传的传媒：美国之音、自由欧洲电台、解放电台(后改为"自由电台")等；有雄厚的资金为基础……不仅成功地"撕开铁幕"而且还彻底摧毁了铁幕。拥有独立主权的超级大国在地图上被抹掉了。苏联的逝去既是以美国为首的西方文化战略的胜利，也是苏联忽视文化安全的必然结果。诚如我国著名学者胡惠林教授在《中国国家文化安全论》开篇第一句就明示，"文化是国家的灵魂，没有了文化，无所谓国家。国家因文化而建构。"[2] 没有了国家的共同文化，苏联自然而然难逃灭亡的命运。

　　冷战结束后，特别是新世纪以来，单极霸权相对式微，"一超多强"、多极化进程明显，国际格局又处于一个变化的节点之上。以中国为首的第三世界国家的崛起，特别是我国经济社会成长迅猛，国民生产总值由1978年世界排名第15位到2010年的第2位。中国1978年的GDP仅占美国的6.3%，不足一成，而2017年却占美国GDP的近七成。毫无疑问，中国逐渐成为美国眼里挑战其单极霸权最重要的"潜在对手"。大国之间的实力对比是国际格局变化的一个关键变量。霸权国的霸权护持行为不外乎是通过各种手段削弱次强国的实力，拉大与次强国的安全距离。如前所述，一个生活在"核恐怖"威胁下的世界以及在全球化、信息化相互依赖的国际社会里，以美国为首的西方大国更难通过武力手段实现自己霸权护持的目的。于是乎，西方大国挟持着赢得冷战胜利的光环、资本和成功经验，借助掌控着信息科技优势又开始对国际社会抡起文化战略或文化渗透或心理战的大棒，试图通过文化手段削弱次强国对其的挑战，以期望"和平演变"的历

2　胡惠林 著：《中国国家文化安全论(第二版)》，上海：上海人民出版社2011年版，第1页。

史重演或削弱次强国的实力。作为非西方的快速崛起中的中国，自然成为以美国为首的西方大国文化战略的最重要国家。我国面临着严重的文化安全问题。我国政界和学界敏锐地捕捉到国际格局的变化和西方大国战略的调整，世纪之交的1999年我国政界明确提出"维护我国的政治经济文化安全"，同年，学界第一篇研究我国文化安全的著作付梓。其实，西方大国文化战略已经对我国产生了巨大的负面影响和构成了严重威胁。

新世纪的西方文化战略对我国边疆民族地区的文化生存造成更严重的安全威胁。新中国成立以来，发生在我国比较重大的边疆民族地区爆恐事件主要是在新世纪以后，如：2008年西藏拉萨的"3·14事件"、2009年新疆乌鲁木齐的"7·5事件"、2014年云南昆明"3·1事件"等恶性、骇人听闻的暴力恐怖事均发生在新世纪之后。这些暴力恐怖事件不但造成了大量人员伤亡和财产损失，人为地制造了民族之间的嫌隙和宗教冲突，阻碍了边疆民族地区的经济社会的发展，破坏了民族地区的和谐稳定，而且还严重损害了中国政府的形象。一时间，"违反人权、民主、自由"、"专制政府"、"威权政府"、"镇压"、"种族清洗"、"文化灭绝"、"中国威胁"等各种污名一齐泼向中国。在新时期，不仅制造恶性暴力恐怖事件的手段出现新变化，而且还呈现出向全国蔓延的趋势。这不得不引起政界和学界的高度关注和深思以及针对该问题开展研究以维护我国边疆民族地区的稳定和发展。实质上，这与国际格局的变化，与西方大国的文化战略，与中国的快速崛起，与我国边疆民族地区的内部诸要素综合之下的结果。表面上看，新世纪以来的暴力恐怖事件是"三股分裂"势力导演下的恶果，但本质上却说明了我国边疆民族地区的文化环境、文化认同、民族认同、国家认同发生了某种程度的"异化"。与我国内地相比，边疆民族地区生产力比较低下、经济社会发展相对落后。经济落后，利益冲突要靠发展解决。从边疆民族地区的历史发展脉络分析，经济相对落后，但这不是引发边疆民族暴恐事件的主要原因。文化认同的"异化"是我国边疆民族地区各种矛盾冲突高发的主要原因，而新世纪国际格局变化背景之下，域外文化的"渗透"、"入侵"是导致边疆民族地区文化异化的最关键的变量。我国边疆民族地区面临着严峻的文化生态环境，面临着严重的文化安全危机。

虽然我国对文化安全的研究起步较晚，因新世纪以来关注度较高，所以研究成果较为丰富。但无论是政治学、文化学、传播学等均未将新世纪以来国际格局的变化，国际权力转移的形势下与我国的国家文化安全和边疆地区的文化安全相结合。21世纪是中国人的世纪，在我国快速崛起的时代里，研究统一的多民族国家里的文化安全问题，建构中国特色的文化安全理论既具有时代意义，也有理论创新的价值。从实践而言，新世纪以来发生在我国边疆民族地区的暴力恐怖事件严重危及我国和平稳定的发展环境、严重危及我国边疆民族地区的和谐稳定。喧嚣一时的中亚，中东地区的"颜色革命"让我们意识到，域外文化的渗透和入侵日益成为我国的新威胁。中国的和平与稳定，只有在国家文化安全的前提下才得以持续，我国边疆民族地区的稳定，也只有在文化安全的前提下才能实现。

二、国内外研究现状述评

(一) 国外研究现状

现在"国家安全"一词在国内外的政策和新闻报道中是很常见的词汇，但学界对国家安全的内涵、构成要素、安全的状态、安全利益却一直未有明确的界定。本身而言，安全的概念学界就有多种解读，就更别说对国家安全的界定了。不同阶级的学者、不同制度的国家站在不同的立场上都有各自不同的理解和形成不同的观点。虽然欧洲三十年战争后在《威斯特伐利亚合约》中确立了民族国家的主权，但在20世纪以前，还未曾明确使用"国家安全"这个时下随处可见的词汇，直到1943年美国人华尔特·李普曼(Walter Lippmann)第一次提出"国家安全"一词，而此时的学界几乎把国家安全等同于军事安全。不过，国家安全首次提出之后，立刻引起了政界、学界的强烈关注。1947年赢得第二次世界大战，刚刚成为世界头号强权的美国通过了《国家安全法》，并成立国家安全委员会。国家安全首次付诸法律实践，可见国家安全对一个民族国家的重要意义。虽然文化安全、军事安全、政治安全均是国家安全的重要组成部分，但美国却从不提及，相反，"国家文化安全"是由世界上最大的发展中国家—中国学者提出的时代命题。这与冷战后美国的单极霸权有因果关系。

美国人相当重视"国家安全"，并刻意追求并不存在的国家的绝对安全，从来不提"文化安全"；这是因其拥有了强大的"文化霸权"。美国凭借其雄厚的经济实力、超强的科技力量、发达的传媒手段、独一无二的军事力量，美国已经掌控了世界上分别是75%、60%的电视和广播节目生产制作，许多发展中国家高达60%-80%电视广播制作被美国垄断；美国的电影制作量占世界的5%，却占有世界放映时间总量的50%以上；CBS(哥伦比亚广播公司)、CNN(美国有线电视传播网)和ABS(美国广播公司)信息量为世界其他国家发布信息量总和的100倍。[3] 作为文化强权的美国，当然不会提及"国家文化安全"。这就是早期安东尼奥·葛兰西(Gramsci Antonio)视野下的"文化霸权"，当代约翰·汤林森(John Tomlinson)、爱德华·萨义德(Edward Waefie Said)、佳亚特里·斯皮瓦克(Gayatri C. Spivak)眼里的赤裸裸的"文化帝国主义"。对于美国文化霸权向外展示的超强力量，连盟友法国也只能以"文化例外论"来自保。不过，西方大国间的"文化冲突"属于他们的"内部矛盾"，西方大国的文明内核是一致的，也即基督教文明。国际学界多以"文化多样性"表达文化之间的差异。可是自从20世纪70年代之后，特别是新世纪以来，与传统的军事安全有异的诸如传染病传播、自然灾害、宗教极端主义、暴力恐怖袭击等非传统因素对

3　陈永福："美国的文化战略"，《学习时报》，2012-01-09。

人类威胁日趋严峻，国际上在涉及文化安全类似问题时，常以"非传统安全"或以"社会文化安全"等这样的概念来表达类似的含义。其实，文化战略是西方国家的大战略。1929年，身为军人和记者的英国人巴兹尔·亨利·利德尔·哈特(Basil Henry Liddell Hart)的《战略论》认为，无形的精神力量与有形的经济军事实力同等重要。美国人约翰·柯林斯(John Collins)在《大战略》中认为，军事战略是使用暴力手段达到胜利的目的，而大战略就是要减少使用暴力而达到胜利，"大调就是以武力为主要因素的直接战略。小调就是以心理战和计谋而不是以武力为主要因素的间接战略。"[4] 无论是英国的哈特还是美国的柯林斯战略理论都包含了"文化战略"的内涵，而文化战略是文化安全的前身。于是，美国将这些理论家的大战略思想发展为国家战略，并取得了冷战的胜利，只是没有完整提出"文化战略"理论而已。

冷战结束后，随着非传统安全对全人类的威胁日益加剧，以美国为首的西方大国意识到，国家安全不再仅限制在军事安全、政治安全，各种非传统安全威胁已经扩展到经济、政治、文化、生态环境等领域。文化战略一时间成为热门研究领域。最早提出文化战略要属冯·皮尔森，1970年他出版了《文化战略》，这是具有终极意义的大战略。特别是苏东剧变后，面对变化了的国际格局，西方理论界加强了文化战略的研究。1990年，约瑟夫·奈(Joseph S.Nye)提出影响深远的"软实力"理论，相继撰写《注定领导：美国权力性质的变迁》、《软实力》等作品，认为国家的实力包括硬实力和软实力，软实力是由文化、价值观等组成。1993，日裔美国人弗朗西斯·福山(Francis Fukuyama)出版曾连续登上畅销书排行榜、译成20余种文字的《历史的终结及最后之人》，他声称20世纪是西方自由主义的胜利并言及未来说道，"我们却难以想象出一个从根本上比我们这

4　[美]约翰·柯林斯：《大战略》，中国人民解放军军事科学院，第45页。[内部资料]

个世界更好的世界，或一种不以民主主义和资本主义为基础的未来。"[5] 此时，大学教授萨缪尔·亨廷顿(Huntington Samuel)相继推出≪文明的冲突≫、≪文明的冲突与世界秩序重建≫等著作。他认为冷战后不再是意识形态的冲突，而是文化的冲突，而冲突的地点都在各种文明的断层线处，这引起了世界各国对文化安全的关注和重视。这些研究文化战略的理论家们为美国的国家战略提供了一定的理论基础和逻辑框架，一开始就含有"文化安全"的内容在内。

(二) 国内研究现状

探究历史便知，每当国际格局发生变化，西方大国积极调整其国际战略。第二次世界大战后建立的"两极体系"改变了战前的国际格局，美苏两大超级大国势均力敌以及在核恐怖的威慑之下，西方大国以"文化战略"，以"文"方式去赢得胜利。苏联的灭亡东欧的"变色"早已证明了以美国为首的西方大国文化战略的效用。西方"不见硝烟"的文化战略在新世纪引起了我国政界、学界或中国人的高度重视。其实，无论是历史上的"东学西渐"还是"西学东渐"，新中国成立以来的我国政界和学界一直在关注着"文化安全"问题，如，毛泽东就曾曰"有在自力更生的基础上光复旧物的决心"。只不过，此时我国所关注文化安全的重点是如何防止西化、分化以及如何防止被西方和平演变等问题。新世纪国际格局的变化改变了这一局面。

国际格局有两大关键要素，一是大国的实力对比；另一是大国之间盟友关系的改变。随着冷战的终结，全球化掀起的巨浪。我国经济发展迅速，社会不断进步，一跃成为世界第二大经济体。毫无疑问，以中国为代表的

5　[美]弗朗西斯福山 著，黄胜强 等译: ≪历史的终结及最后之人≫，北京: 中国社会科学出版社2003年版，第52页。

第三世界的快速崛起，改变了冷战后的国际格局。西方大国将会对我国抡起屡试不爽的文化战略。再者，新世纪的文化影响力越来越大，文化产业日益成为关键性的支柱产业。我国政界和学界敏锐地捕捉到国际格局、西方大国文化战略以及文化和文化产业影响力的变化。在世纪之交，1999年林宏宇的《文化安全：国家安全的深层主题》付梓，可以算是我国学者第一次关注和重视"文化安全问题"的标志，而明确提出"国家文化安全"命题的第一人是上海交通大学的胡惠林教授，他于2005出版《中国国家文化安全论》，系统论述国家文化安全理论。在政界，2005年党的十六届四中全会明确提出"要确保国家的文化安全"。此后，"文化安全"成为政界和学界越发关注的重点和研究对象。总的说来，我国真正意义上的"文化安全"研究是与国际格局变化紧密联系一起的。其研究萌芽始于冷战行将结束之时的20世纪80年代；发端于全球化摧毁国家"物理边疆"、文化影响力穿越国家边界21世纪之初；一直勃兴至今。因为，文化安全已与军事安全、政治安全和经济安全同为国家安全的重要组成部分。中国学界从不同视角、不同领域对文化安全多层面研究，已取得了相对丰硕的成果。

第一，政治学领域。从维护国家文化安全，防范文化霸权的有：林宏宇的《文化安全：国家安全的深层主题》(1999)，认为：文化安全对国家安全的影响是深层次的、全方位的，可以说是国家安全的基础，陆忠伟在主编的《非传统安全论》(2003年)提到，文化安全对国家、民族和社会的影响是深刻的，如果处理不慎会瓦解其意识形态；姜安的《世纪之交国际文化博弈与国家文化安全》(2000)认为：刘本锋的《对文化全球化与我国文化安全战略的思考》(2005)分析了文化全球化的主要特征及西方国家推行文化霸权的方式；我国台湾学者黄慧玲的《美国文化价值观与文化霸权之研究》(2008)认为，冷战结束后美国文化霸权强势渗透可能给中国带来最严重危害；而邱金英的《文化帝国主义思潮研究》(2015)对文化帝国主义进行了反思和批判。从文化安全理论、维护文化安全领域研究的有：张云鹏的《文化权: 自我认同与他者认同的向度》(2005)表明, 文化权是权力和权利的统一, 文化主权是国家主权的标志, 孙万菊在《全球化进程中的文化主权问题研究》也表达了此意。潘一禾在《文化安全》(2007)强调国家安全的终极目标是人的安全, 分析了文化安全需要研究的相关领域; 张骥和刘中民在《文化与当代国际政治》(2003年)将文化安全分为即社会主义文化安全、发展中国家文化安全、发达资本主义国家文化安全等三类文化安全, 以期发现我国文化安全问题的根源。其中, 最引人注目的是胡惠林《国家文化安全学》(2016), 是一部系统论述文化理论的代表性著作, 既阐述了世界文化格局也分析了中国国家文化安全的环境与形势以及提出了对策建议。也有学者从中国快速崛起背景下出发, 如, 李鉴修的《文化软实力与党的对外宣传工作研究》(2011)表示, 在"中国威胁论"甚嚣尘上之时, 应加强外宣工作展示真正的中国形象; 周璐铭《中国对外文化战略研究(2000-2015)》(2015)认为, 中国的经济实力与文化实力不相匹配, 应该既壮大我国文化软实力还要加强对外文化交流和宣传工作, 建构我国对外的文化战略; 曲慧敏《中华文化走出去战略研究》(2012)建议应该把中华文化走出去视为国家战略来实施, 还有研究生从某一具体领域研究我国的文化安全问题, 如: 陈传刚与谢永亮合作的《网络时代的政治安全》(2000年), 专事网络时代的政治文化安全问题, 丁智才的《边疆民族地区文化产业发展与民族特色文化保护研究》(2015), 李元元的《网络宗教安全问题研究》以及白峰的《宗教极端主义与新疆安全研究》(2016)。通过对国内政治学领域的梳理可知: 虽然政治学领域研究文化安全的著述颇丰, 从理论的论证、问题的分析等等, 均揭示文化安全诸多特征事实, 但国内该领域研究多以宏观研究为主, 在文化安全的微观研究的主体上明显不足且缺乏一定深度。

第二, 文化研究领域。首先以全球化背景为研究视角, 研究西方国家维护文化安全的经验教训。主要有: 戴晓东《加拿大: 全球化背景下的文化安全≫(2003)、范微微≪多元文化社会中的国家认同: 20世纪70年代以来加拿大公民教育研究≫以及刘晨≪加拿大核心价值观教育研究≫(2018)通过对加拿大多元族群的融合研究后, 他们发现民族文化安全是民族身份和认同的安全, 在多元文化中如何促进民族的和谐与融合; 第二、在全球化时代, 研究中国文化软实力问题。魏明的≪全球信息时代中国文化软实力发展战略研究≫(2006)不仅梳理"文化软实力"的内涵, 而且还建构其理论并对文化软实力进行设计; 刘德定在≪当代中国文化软实力研究≫(2012)中把"文化软实力"作为研究的假定, 从概念的界定、问题的分析, 探究面临的挑战以及对文化的建构提出了一定的对策建议。第三、我国学界对文化认同研究在2003年之后出现"井喷"现象, 说明认识到文化认同是文化安全的根本。王成兵≪当代认同危机的人学探索≫(2003)认为认同危机的讨论有所泛化, 在现代化进程中, 信息化和消费文化的扩张认同产生差异; 时春丽的≪俄罗斯族民族认同研究--以室韦俄罗斯族民族乡为例≫(2008)建议, 需强化国家认同, 发展经济以培育民族认同才能提升中国俄罗斯族对中华民族的认同; 任勇≪公民教育与认同序列重构--以西南地区少数民族的国家认同为研究对象≫(2011)的结论是, 建构公民国家缓和民族矛盾的关键, 也是多民族国家的未来之路; 孙凯民的≪中华民族共同体研究≫(2017)则从物质、制度和精神三方面强化民族认同。第四、还有学者从维护我国文化的角度进行制度性设计和对策建议。包仕国≪全球化进程中中国文化安全的衍进与重构≫(2007)以及李文君≪基于国家安全的中国文化认同构建≫(2011), 认为文化是民族和国家认同一种心态, 而全球化引发民族和国家的认同危机, 危及国家文化安全。第五、我国学界更有不少学者针对具体领域的文化安全问题进行深入探索和研究。如刘兰妮≪反新疆分裂斗争中的文化认同研究≫(2016)针对新疆的具体情况, 对如何提升多民族地区的文化认同进行系统研究; 冯大彪则的≪蒙古族大学生的中华文化认同研究≫(2016)认为虽然草原文化是中华文化组成部分, 但因研究何种原因存在蒙古族大学生对中华文化的不同认知问题。另外，马广利《文化霸权：后殖民批判策略研究》(2008)从葛兰西到萨义德，从文化史上系统梳理了西方文化霸权史的学理思想的发展路径。这些研究成果从不同的视角探研了文化安全问题，有一定的学术价值和实践意义，但总体上还处于描述性阶段，缺乏国际视野探索我国的文化安全问题。

第三，传播学领域。作为政治社会最重要方式的传播学在研究我国文化安全问题上稍显不足，应加强新闻与传播学对国家文化安全问题的研究，特别是要加强如何利用信息科技、传媒手段维护我国的文化安全。在大众传媒研究领域。程雪峰的《媒介垄断与文化渗透：冷战后美国传播霸权研究》(2005)，认为在现代科技之下，美国的信息文化呈现单向流动，对发展中国家的文化安全构成了严重威胁，而雷霏的《文化媒介与国家使命--现代法国对外文化传播研究》(2015)则针对法国传媒协作化、合作化，集团化发展模式，既有利法国文化的传播也有益于保护其文化。在信息传播领域。方清涛《中国国家信息安全与策略研究》(2009)认为，信息安全是文化安全的基础，并对维护信息安全提出了有价值的对策建议，蔡泉水的《新媒体环境下我国主流意识形态安全研究》(2016)是针对现时代新媒体的快速发展，对意识形态产生了严重的影响，对发展中国家也带来一定的机遇。在传播学某些具体领域。姚德权的《基于执政安全视野的新闻出版规制问题研究》(2005)，认为现代新闻出版业已影响，甚至是左右社会思想的重要工具，为维护我国文化安全应加强对新闻出版的监管，孔令顺的《中国电视的文化责任问题研究》(2008)、李忠伟《当代中国国家舆论安全研究》(2014)《中国电视的政治责任主要表现为传播主流的意识形态》以及何镇彪《当代中国国家舆论安全研究》(2010)均表示大众传媒是维护意识形态安全的重要手段，媒介安全对文化安全的重要意义。不过，新闻与传播学领域对文化安全的研究多集中在传播途径或方式，对于文化安全内容的研究把握不够精细。

第四，马克思主义理论领域。马克思主义理论学科研究文化安全成果相对比较丰富。第一、对著名马克思主义者的文化安全思想研究。有：王素立的≪毛泽东国家安全观研究≫(2009)、廖生智的≪邓小平国际战略和国家安全思想研究≫(2014)与王军的≪列宁文化安全思想研究≫(2015)。这些学者以解读文本方式，分析、探索毛泽东、邓小平、列宁等著名马克思主义者文化安全思想，希望能构建"马克思主义文化安全理论"。第二、通过以爱国主义方式加强文化安全的研究。有：刘玉标的≪当代中国爱国主义教育研究≫(2010)、尹世尤的≪廉洁文化视域下中华民族时代精神培育研究≫(2011)以及常青的≪全球化视野下公民爱国意识培育研究≫(2012)。这些研究成果主要分析和探究了新时代爱国主义教育、民族精神对维护国家文化安全重要作用。第三、思想政治教育学科对文化安全的研究成果相对丰富。有：周从标的≪全球化背景下思想政治教育的创新≫、邵献平的≪思想政治教育中介论≫(2007)和周斌的≪思想政治教育文化品性研究≫等等。这些成果主要目的是研究在思想政治教育过程中，如何通过教育手段加强意识形态教育从而实现文化安全的目的。第四、关于意识形态安全研究。有：贾凌昌的≪文化软实力视野下的社会主义核心价值体系建设研究≫(2012)、张博的≪现代传媒条件下我国意识形态安全问题研究≫(2015)、尹辉的≪当代大众传媒视阈下的我国意识形态安全研究≫(2015)等。意识形态安全确实是文化安全的重要领域，也是文化安全的重要组成部分。这些研究成果从不同视角详细分析了我国意识形态安全面临的挑战或威胁并提出了一些合理化的对策建议。

概而言之。国外政界、学界的研究成果为本课题的研究提供一些有益的思考和借鉴，但西方文化安全理论和实践既不会也不可能为维护我国国家文化安全服务。美国从来不提文化安全问题，这与其强势文化有关。美国只有文化霸权和文化帝国主义，新世纪以来还把我国周边视为"民主改造"的重点。因此，西方文化安全理论只能我们提供间接参考。更重要的是，在国际格局变化的背景下，由于我国边疆民族地区多民族、多宗教等特点，存在着严峻的文化安全危机。一方面，西方文化霸权的推进，宗教极端主义的兴起，边疆民族地区面临着西方西化、分化，甚至是分裂中国的图谋，而思想文化领域是这些势力渗透的重点地区；另一方面，我国边疆民族地区内部有"疆独"、"藏独"、"蒙独"均以宗教或文化的面目出现。尽管我国政界、学界关注文化安全问题较早，但研究较晚。迄今为止，以"边疆民族地区文化安全"为主题的高质量研究成果才区区几篇，更别说对我国边疆民族地区文化安全做系统深入的研究了。企望能以本课题的研究能弥补不足，做一点贡献，也希望国内政界学者更深入的研究。

三、主要内容和研究重难点

(一) 研究的主要内容

1.以维护我国边疆民族地区和谐稳定为前提，在我党的国家文化安全观的指引下，立足国际格局变化的现实，探索我国边疆民族地区文化安全领域存在的种种问题，建构具有中国特色的、符合我国边疆民族地区和平稳定实际需要的文化安全预警机制。

2. 以冷战结束后国际格局发生重大变化、全球化时代到来以及中国快速崛起为背景，系统分析、梳理有关文化安全理论，着重分析当前国际社会文化安全战略层面相关经验教训，在前人基础上扬长避短，进一步发展文化安全理论，为维护我国边疆民族地区文化安全提供理论保障。

3. 以新世纪以来发生在我国边疆民族地区的诸如"拉萨3·14事件"、"乌鲁木齐7·5事件"和"昆明3·1事件"等暴力恐怖事件为研究切入点，探索这一系列恶性暴力恐怖事件背后深层次的文化因素，从政治文化、宗教文化、意识形态以及民族文化等多维度展开深入研究，挖掘边疆民族地区文化安全面临挑战或威胁因素。

4. 借鉴美国、英国以及德国安全预警机制的经验教训，全面分析我国边疆民族地区文化安全预警机制需要预警的要素，预警的内容以及机制建设和完善，结合相关数据，建立统计分析模型，探索边疆民族地区文化安全预警机制新路径。

5. 以国际格局变化为背景，探索西方文化强权的文化霸权战略及其实施途径，目的是发现危及我国边疆民族地区文化安全的源头，从而做到有的放矢的目的。

6. 维护我国边疆民族地区和平稳定与国家长治久安为目标，结合当前国际格局变化，不断丰富和完善民族区域自治制度、民族宗教等政策，加大对边疆民族地区文化教育、经济社会发展的投入力度，为我国边疆民族地区搭建科学有效的文化安全政策体系。

(二) 研究的重难点

1. 借鉴并发展斯蒂芬·范埃弗拉(Stephen Van Evera)、罗伯特·罗特伯格(Robert I. Rotberg)和奥根斯基(A.F.K Organski)等学者的相关理论，解释在国际格局变化背景下西方大国霸权护持行为的新模式。分析随着中国快速崛起和国际格局的变化，总结国内外危及我国边疆民族地区文化安全的要素，目的是维护我国国家文化安全和边疆民族地区文化安全。

2. 通过实地调研我国边疆民族地区的文化、宗教、主流政治文化、文化产业、意识形态安全等文化形态，掌握威胁该地区文化安全的因素有哪些？国内因素有哪些？国外因素有哪些？这些因素之间有什么逻辑关系？为研究制订我国边疆民族地区文化安全政策提供依据。信息获取能力的局限常常使我们对问题的解析不够全面。我国边疆民族地区文化安全受到威胁是一个复杂的社会现象，如何做到由点到面，形成清晰完整的图景，并抽丝剥茧得出规律性认识，进而有的放矢提出有效的策略建议将是本课题研究有待突破的难点。

3. 研究对象是否具有代表性直接决定着研究成果的实用价值。立足中国西部、南部和北部三大民族地区的基本实际，选择最能代表我国边疆民族地区文化安全现状的典型地区作为我们研究基础。

四、主要研究方法

1. 文献分析方法。通过系统梳理和分析国内外政界、学界相关的文化霸权、文化帝国主义以及国家文化安全已有的理论知识和实践成果，掌握文化安全理论前沿及借鉴维护文化安全实践经验。力图本研究站在理论和实践的前沿，以图达到学术创新目的。

2. 实证研究方法。本项目已选取具有民族宗教特色浓厚的边疆民族地区，西藏，新疆、内蒙古、吉林延边等地区调研，考察这些地区宗教、民族等具体情况和文化安全的具体状况，获取第一手资料，为研究奠定实证研究基础。

3. 多学科交叉研究方法。本课题的研究对象决定了研究的复杂性，需要有政治学、民族学、文化学、传播学、国际问题等相关学科知识和研究方法。坚持理论与实践相结合；坚持定性和定量相结合；坚持历史与实践相结合，总目的是为维护我国边疆民族地区文化安全利益服务。

五、研究创新之处

1. 建构我国边疆民族地区文化安全预警机制。预警机制重在预防和机制建设。从我国维护文化安全的实践来看，文化安全预警机制相对确实或机制建设不完善。应该建构民族文化生态监测预警、文化产业监测预警、对域外文化输入我国内陆监测预警以及边疆民族地区突发性文化安全事件监测和预警。

2. 信息化时代需拓宽边疆民族地区政治社会化的新途径。通过家庭和学校参与政治学习与社会实践是政治社会化的传统手段，但边疆民族地区的特殊性以及信息时代的新特点，必须充分发挥诸如互联网等政治社会化的新手段，夯实国家意识形态安全。

3. 适时调整民族宗教政策，培育国家认同观念。新中国成立以来的民族政策有时代烙印，如"两少一宽"、高考加分政策、身份证上的民族标识等，在某些特殊时期，有些地方宗教仍其自然发展，有些少数民族政策强化了民族的自我认同弱化了国家认同或中华民族认同。如何提升国家认同、中华民族认同是值得研究的领域。

4. 为实现我国边疆民族地区的文化安全目的，应积极参与或构建国际安全合作机制。文化安全是非传统安全的重要组成部分，具有突发性、跨国性以及冷战后安全区域化等特征，决定了中国与周边国家共同建构国际合作机制实现地区安全的重要性，要求我国需开展或加强国际安全合作，共建国际安全合作机制、共同防范或打击文化安全对本区域的安全威胁。例如，2001年成立的上海合作组织，在维护我国西北边疆和中亚地区的和平与安全等方面做出了重要贡献。2014年成立的澜湄合作机制，对维护我国与相关国家的政治安全发挥了积极作用。

第一章
国际格局变化背景下我国边疆民族地区文化安全的主要问题

苏联的灭亡、东欧的剧变，以色列的重建、中华民族的复兴。以示：文化是国家和民族生存的基础。说明：国家和民族因文化而建构，没有共同文化，就无所谓国家和民族。从历史的"上帝选民"到现在的"民主灯塔"，文化战略一直是西方国家的大战略，以拯救"山巅之下"的世界脱离"苦海"自诩为"天赋使命"。国际格局的变化是西方大国加紧推行其文化战略的关键变量，苏联的灭亡可谓是西方"和平演变"之下的产物。冷战结束后，特别是新世纪以来，以我国为代表的第三世界群体性的崛起，国际格局变化又处于深刻变化之中。自然而言：中国成为西方大国加紧推行其文化战略的重点。因我国边疆民族地区"多邻国、多民族、多宗教、多文化、经济社会欠发达"等因素，是民族、宗教、经济、社会等矛盾多发之地。毫无疑问：我国边疆民族地区是西方大国推行其文化战略的重点中的重点地区。在国际格局变化、西方大国的文化战略之下，我国边疆民族地区面临着政治文化、传统文化、文化产业等日趋严峻的文化安全问题。所以，不仅要正视我国边疆民族地区经济、社会、文化全面建设的重要性，更要认识到我国边疆民族地区文化安全对维护国家安全的重要意义。

第一节 我国边疆民族地区文化安全的复杂性

我国边疆民族地区文化安全工作意义重大，文化安全这一概念被提出后一直受到广泛关注，这不只是由于文化是国家或地区"软实力"的集中体现，更为重要的是"文化"是影响国家或地区经济、政治和社会安全的最深层次原因。因为国家或民族文化决定着人民的思想，思想又是行动的先导，所以一个国家或地区发展从根本上与其"文化"有关。冷战结束后，西方国家不再是通过直接对抗、武装冲突的方式，而是通过新旧媒体、文化产品、互联网平台等方式，积极利用"商品输出、文化交流、对外援助"等活动搭载西方文化，不遗余力地向发展中国家进行文化渗透，让民族国家自觉或不自觉地接受西方文化，接受西式民主从而实现其"不战而胜"的和平演变图谋。

一、多元民族文化带来文化安全的复杂性

文化安全的复杂性与文化内容太过宽泛密切相关，如果要深刻认识文化安全，必须首先明白文化的内涵。那么，什么是文化？一般来讲，文化被认为是用文字记录的知识，用语言表达的思想。有学者认为，"文化是一种习惯，是由人类在长期实践活动中习得的"[1]。文化是否等同于习惯，还有不同的意见，但"习惯"肯定属于文化范畴。值得肯定的是，该定义把"文化"定义为是"人类在长期实践活动中习得的"，这不仅指明了"文化"的本源，也为"文化"发展提供了思路。对于文化的界定，比较权威的是英国人类学家泰勒(E.B.Tylor)对"文化"的定义，"文化涵盖从知识、风俗、法律、道德、艺术、信仰、习惯、能力等方方面面的内容，从性质上讲应当

1　H Lander, Language and Culture. New York: Oxford University press, 1965, p.16.

是一种复合体"[2]。从泰勒的"文化"定义中可以看出，"文化"主要内容从知识到风俗、从道德到法律、从能力到习惯、从艺术到信仰等有关人类生产生活实践诸多方面，是一个复杂的综合体。所以，任何具体的、抽象的概念都可以与之搭配、组合，譬如，民俗文化、饮食文化、旅游文化。由于"文化"内涵宽泛，与之有关的任意层面受到干扰和破坏，都会带来"文化安全"问题。此外，不同国家或地区"文化"又有很大差异，使得"文化安全"更加具有趋异性和复杂化。

"文化安全"是国家安全的重要内容，在国际格局变化的时代背景下，随着我国"和平崛起"步伐加快，西方国家从未放弃遏制中国发展的图谋，他们大做"文化"文章，强力推行"文化霸权"，对我国的文化安全造成了严重冲击。就我国边疆民族地区而言，"文化安全"主要体现在对外文化安全上。也就是说，这里的"文化安全"，主要以防范西方国家文化扩张对我国优秀中华文化的威胁为主，时刻提防他们在"文化"内涵的任一层面做手脚，从而确保我国人民的意识形态、价值信仰、政治信念不受外来文化的干扰和侵害。我国边疆民族地区集聚了30多个少数民族，民族众多、风俗各异，在长期生产实践中形成了各具特色的民族"文化"，成为中华文化不可或缺的组成部分。但是，西方国家无视我国边疆民族地区发展实际，对民族风俗、习惯、道德等文化内容进行歪曲、编造、诋毁，尤其是利用边疆民族地区的跨界性、民族性以及与中原文化之间的差异，通过报纸杂志、广播电视、互联网等渠道进行离间、挑拨，消解我国边疆民族地区群众对自己民族文化，乃至对中华文化的文化认同感。同时，大肆鼓吹、宣扬西方国家民族政策、人权思想以及民主制度，极力扶持"三股势力"在我国边疆民族地区发展，通过制造破坏民族团结、分裂国家和仇视社会的极端事件，暴力强制我国边疆民族地区群众接受西方国家文化的扩张与渗透。

---

2 [英]爱德华·著，连树声 译：《原始文化》，桂林：广西师范大学出版社2005年版，第1页。

二、社会转型期引发文化安全的复杂性

我国边疆民族地区"文化安全"形势严峻，不仅是由于这一区域的民族跨界性、文化多元性而引起的文化安全的复杂性，还与"文化"牵扯到经济、政治、社会等方方面面内容有关。西方国家对我国边疆民族地区进行文化扩张，虽然使用手段可能不同，针对不同地区、民族或群众采取的方式也会有差异，但是其根本用意就是要破坏民族团结、分裂、分化、西化中国。对此，必须深刻地认识到，"文化安全是关于一个国家以文化生存与发展为基础的集合，一种由这种集合形成的动力结构规定和影响一个国家文化生存与发展的全部合法性与合理性的集合体"[3]。换言之，对于主权国家来说，文化安全与经济安全、政治安全、军事安全以及社会安全在本质上都是国家安全的重要组成部分，所谓文化安全就是指一国的主流文化价值的生存与发展都免于国内外敌对势力的威胁或侵害，且该国享有充分完整的文化主权，民众对主流文化保持高度认同的一种状态。从这一概念出发，我国边疆民族地区文化安全的复杂性主要体现在以下几方面：

首先，经济发展弱势加剧边疆民族文化安全复杂性。改革开放以来，全国上下以经济建设为中心，立足本地资源禀赋和产业基础，生产要素经济效用不断发挥，经济上获得了较大发展。但是，无论是西北边疆，西南边疆还是东北边疆，地区的国民生产总值虽然从数量上看都处于增长趋势，但是增长速度、增长比例均比较缓慢。譬如，内蒙古自治区土地总面积118.3万平方公里，占全国陆地总面积的12.3%，矿物储量极其丰富，其中17种资源储量居全国之首，稀土探明储量居世界之首。然而年度总产值对国民经济增长的贡献率远不及其他省份。如表2-1所示，2011年内蒙古地区国民生产总值14.3百亿元，占全国2.8%；2012年增长到15.9百亿元，

3　胡惠林 著：《中国国家文化安全论(第二版)》，上海：上海人民出版社2011年版，第20页。

比2011年增长1.6百亿元, 增幅为11.2%; 与全国国民生产总值相比只增长了0.1%, 并且直至2015年都基本维持在2.6%-2.8%之间。由此可以得出, 我国边疆民族地区经济上有所发展, 但是无论是绝对数, 还是相对数, 都落后于其他地区。再如新疆维吾尔自治区, 总面积166万平方公里, 约占全国陆地总面积的1/6; 现有耕地7761万亩, 人均3.23亩, 是全国平均的二倍多; 天然草原面积8.6亿亩, 占全区面积的34.4%, 是全国五大牧区之一; 现已探明矿产122种, 占全国已探明162种矿产的75%, 其中有54种矿产列入国家矿产储量表; 现已发现油气田24个, 探明储量石油在全国居第五位, 天然气居第四位; 现已探明储量煤矿区101个, 探明储量石油在全国居第五位; 铜、铁、金、镍、稀有金属等矿产资源储量丰富。但是, 新疆维吾尔自治区没能发挥以上自然资源的优势, 或资源优势挖掘不充分, 其经济发展仍然缓慢。如表2-1所示, 新疆地区国民生产总值2011年6.6百亿元, 且连年增长, 到2015年已达9.3百亿元, 5年共增长2.7百亿元, 但仅占全国比例一直维持在1.3%-1.4%的低水平。这些数据说明, 我国边疆民族地区经济上尽管有发展, 但相对于国家其他区域而言发展步伐太慢, 因此, 如何做到"后发优势", 加快发展速度已是我国边疆民族地区发展所面临的重要课题。

我国边疆民族地区具有经济发展所需的得天独厚的自然资源条件, 譬如, 云南的花卉、咖啡豆, 新疆的石油、棉花, 内蒙古的稀土、牛羊养殖业等, 这些物产是其他地区无法比拟的, 加之边疆民族地区特有的文化元素, 有人形象地将其比作"坐在金山上", 如果这类"优势资源"得到合理的开发与有效的利用, 实现跨越式发展便指日可待。但如表2-2所示, 我国边疆民族地区城镇、农村经济发展水平还有待提高, 与国内其他地区差距显著。

地区＼年份		2011	2012	2013	2014	2015
全国		489	540	595	644	686
内蒙古	占比	2.8	2.9	2.8	2.7	2.6
	产值	14.3	15.9	16.9	17.8	17.8
广西	占比	2.3	2.4	2.4	2.4	2.4
	产值	11.7	13	14.4	15.7	16.8
云南	占比	1.8	1.9	2	1.9	1.9
	产值	8.9	10.3	11.9	12.8	13.6
新疆	占比	1.3	1.3	1.4	1.4	1.3
	产值	6.6	7.5	8.4	9.2	9.3
甘肃	占比	1	1.1	1	1	0.9
	产值	5	5.7	6.3	6.8	6.8
青海	占比	0.3	0.3	0.4	0.3	0.3
	产值	1.7	1.9	2.1	2.3	2.4

[表1] 我国边疆民族地区(部分)年度总产值及占全国总产值比例情况简表
(单位: 百亿元; 百分比)

2013年我国边疆民族地区(边疆民族地区大多在西北地区, 所以可以近似地将其认定为"西部地区")城镇人均可支配收入为22362.8元, 只有东部地区的70%; 就农村居民而言, 2013年边疆民族地区农村人均可支配收入7436.6元, 比其他地区都要少, 甚至比东北地区也少20%。党的十八大和十八届三中全会都明确了要坚持中国特色社会主义道路, 继续深化改革开放和坚持产业结构优化, 全面推进我国经济建设。如表2-2所示, 在国家政策扶持下, 我国边疆民族地区无论是城镇还是农村人均可支配收入虽然从绝对数上都增长了近2000元, 但是相比其他地区, 特别是与东部地区相比较而言, 从相对数上看没有发生显著变化。从以上数据可以看到经济发展的不平衡。其一是地区之间, 尤其是我国边疆民族地区与其他地区之间的不平衡; 其二是城乡之间, 城乡间居民人均可支配收入差距大, 即使在同一区域这一差距也至少在一倍以上; 其三, 是乡村之间, 不同区域的乡村之间经济发展差距也不小, 东部地区农村居民人均可支配收入是边疆民族地区的1.5倍以上。同时还应注意的是, 我国边疆民族地区在国家经济建设加快推进的过程中, 经济发展并没有加快的迹象, 这也是值得认真思考和研究的一个重大问题。

年份	东部地区		中部地区		西部地区		东北地区	
	城镇	农村	城镇	农村	城镇	农村	城镇	农村
2013	31152.4	11856.8	22664.7	8983.2	22362.8	7436.6	23507.2	9761.5
2014	33905.4	13144.6	24733.3	10011.1	24390.6	8295.0	25578.9	10802.1
2015	36691.3	14297.4	26809.6	10919.0	26473.1	9093.4	27399.6	11490.1

[表2] 我国不同区域城镇、农村居民人均可支配收入简表[4](单位: 元)

其次, 我国边疆民族地区经济发展长期滞后不仅与其地处偏僻、传统产业基础薄弱有关, 还与其以电力、信息、路网等为代表的公共基础设施不完善有关。电力、信息、路网等基础设施, 不仅是经济发展的前提条件, 也是国家或地区经济发展的重要保障。如果没有合适的基础设施, 在增加产业发展投资成本的同时, 也难以形成规模经济效益。世界各国在经济发展初期, 都非常注重基础设施投资与建设。我国边疆民族地区地处边陲、受高山高原等自然条件制约, 基础设施投资成本大, 加之地广人稀、产业基础薄弱的客观现实, 进一步凸显了基础设施投资效益低的一面。为了加快我国边疆民族地区经济发展, 国家自2001年开始以西部大开发为重点, 积极推动西部边疆地区基础设施建设。此外, 医疗、卫生、教育、科研

4　数据来源: 经整理《中国统计年鉴》(2016年)相关资料所得。

等社会事业的长期投入不足，也制约着我国边疆民族地区经济发展活力。如表2-3所示，2015年国家财政性教育经费投入在内蒙古、广西、云南、新疆4省区分别只有5.7百亿元、8.6百亿元、9.2百亿元和6.3百亿元，分别占国家当年投入的2.2%、3.3%、3.5%和2.4%。教育经费投入不足的直接后果就是我国边疆民族地区教育事业落后，人口受教育程度降低。如表2-3所示，内蒙古、广西、云南、新疆2015年每十万人高等学校在校生数低于全国平均水平，其中广西的高等学校在校生数量最高，为2178人，但也只达到国家平均的86.3%；新疆从数据上看每十万人高等学校在校生数是最少的，只有国家平均水平的69.7%。这样的教育水平，肯定会对经济发展所需的人才资源带来制约。再如，在医疗卫生事业上，我国边疆民族地区发展也较为缓慢，如表2-3所示，内蒙古2015年社区卫生服务中心有308个，占全国的3.5%；其他几个省区都没有超过200个，占全国比例都在2%以下。这些公共资源建设与发展，不会直接促进地区经济发展，却是地方经济社会发展的重要支撑。边疆民族地区公共资源发展的不足是其经济发展滞后的重要制约因素。

	全国	内蒙古		广西		云南		新疆	
	数值	数值	占比	数值	占比	数值	占比	数值	占比
国家财政性教育经费(单位：百亿元)	264	5.7	2.2	8.6	3.3	9.2	3.5	6.3	2.4
每十万人高等学校在校生数(单位：人)	2524	2035	80.6	2178	86.3	1819	72.1	1759	69.7
社区卫生服务中心(单位：个)	8806	308	3.5	144	1.6	171	1.9	185	2.1

[表3] 我国边疆民族地区(部分)2015年度公共资源发展情况简表[5](单位：百亿元)

5　数据来源：经整理《中国统计年鉴》(2016年)相关资料所得。

最后，消费至上、享乐主义等不良思想滋生蔓延，在我国边疆民族地区群众中产生了极坏影响。我国边疆民族地区经济欠发达的现实容易被西方国家不正当利用，西方国家习惯于对发展中国家大打"文化牌"，尤其是会抓住我国边疆民族地区欠发达来做文章，以利于其对边疆少数民族群众进行文化扩张。譬如，西方国家会通过期刊杂志、广播电视以及互联网平台，一方面极力夸大经济发展差距，歪曲党和国家推进边疆民族地区经济发展的客观事实，编造该地域经济欠发达的谎言，从而激化边疆少数民族对待国家经济政策的意见。另一方面又通过影视大片、新闻资讯、商品输出、对外交流等方式，极力宣扬资本主义生产生活方式、经济发展以及人民消费、文化等内容，通过编排、筛选以及制作等方式打造出一个灯红酒绿、富丽堂皇的西方国家的花花世界，利用人民对美好生活的向往，向我国边疆民族地区灌输"资本主义"才是"救世主"的假象。所以，应当既要认清西方国家利用我国边疆民族地区"经济发展缓慢的问题"，进行文化扩张的事实，同时，也要做好统筹规划，通过产业发展设计与布局、基础设施建设和资金扶持等多种措施，加快推进我国边疆民族地区经济发展，提高边疆民族地区群众自觉抵御西方国家干扰破坏能力，从而粉碎西方国家文化扩张的阴谋。

三、西方政治思潮渗透加深文化安全的复杂性

我国边疆民族地区是中国共产党领导下中华民族大家庭中的重要组成部分，选择走中国特色社会主义道路，既是历经艰苦卓绝斗争的人民抉择，也是边疆民族地区历史发展的必然要求。尽管文化与政治分属不同领域，但文化和政治从来就难以分开，有什么样的政治就会有什么样的文化与之相匹配。中国特色社会主义文化，不仅为我国边疆民族地区建设提供精神动力和智力支持，也确保了我国边疆民族地区坚持正确道路的思想导向和

价值追求。这与西方国家文化扩张中包藏的政治思潮[6]有着本质区别。所谓西方政治思潮本质上是资产阶级意识形态，是资本主义经济、政治的集中反映，体现资产阶级的利益和追求，在我国边疆民族地区传播的根本目的，是通过宣扬资产阶级自由民主思想和民主政治制度，来达到否定共产党领导和中国特色社会主义道路，破坏边疆民族地区和平稳定的终极目标。西方国家从政治意识形态入手，抓住并放大我国边疆民族地区在经济社会发展过程中凸显出来的社会矛盾，对我国边疆民族地区进行"文化入侵"。事实上，这些问题都只是"不平衡"发展带来的差异，诸如"城市居民和乡村居民之间"、"高收入者与低收入者之间"、甚至是不同职业之间的差异。尽管都是"人民内部"矛盾，但是长久以来由于未能合理疏导与正确处理，引发了新的其他矛盾或冲突，加之政府行政权力监管不力而导致部分国家干部出现官僚主义、享乐主义，或培植代表等不良现象。西方国家一方面通过新闻媒体、广播电视、网络平台等方式，对我国边疆民族地区群众进行夸大宣传，以达到诋毁政府、损毁国家的作用；另一方面通过文化交流、对外援助和人员往来等方式，对我国边疆民族地区精英进行"正面形象"宣传、"糖衣炮弹"引诱，以实现美化西方国家的效果。总之，西方国家积极利用"民族群众与部分干部"之间的矛盾、摩擦，把民族地区发展中的人民内部矛盾肆意扩大而制造事端；对我国边疆民族地区干部中少数或个别贪腐现象进行丑化而煽风点火。通过西方文化中的所谓"积极"政治元素与我国边疆地区政府运行中个别丑陋现象进行对比，在我国边疆民族地区群众心中注入"西方政治思潮"的种子。

第一，冲击了边疆民族地区走中国特色社会主义道路的坚定信心。我国边疆民族地区尽管在新中国成立前社会发展阶段不一、社会制度多样，但

---

6 西方政治思潮对我国边疆民族地区产生的影响主要有：新自由主义政治思潮、新保守主义政治思潮、社会民主主义政治思潮、新民族主义政治思潮、后现代主义政治思潮等。

在中国共产党领导下和祖国其他地区一样，拥护并坚持以公有制为基础的社会主义道路。在长期发展过程中，无论是西北边疆，还是西南边疆，抑或是东北边疆，各民族群众都积极投身于社会主义建设事业，使得我国边疆民族地区经济、社会和政治等各项事业都获得了长足发展。我国边疆民族地区不仅物质文化生活获得了长足发展，人民当家作主的意识和以人民代表大会制度为核心的民主政治制度也深入人心。但是，西方大国一贯不顾其他国家历史传统、客观实际和人民选择，极力推行西方民主政治制度；对不按照其意志而是立足本民族客观条件来选择适合自己发展道路的国家则指手画脚，甚至是肆意干预。西方政治思潮在我国边疆民族地区的传播，严重冲击了民族地区的民众走社会主义道路的自信。譬如，新自由主义政治思潮基本教义是，"主张私有化，反对公有制；主张自由化、否定社会主义；主张市场化，否定国家干预"[7]。这些政治思潮对我国边疆民族地区在贬低、诋毁社会主义公有制的基础上，极力鼓吹"私有制"才是解决一切发展问题的"良方"；通过攻击、否定社会主义民主自由、国家调控等发展主题，宣扬、肯定资本主义个人主义、市场制度等治理方略。也就是说，新自由主义政治思潮在我国边疆民族地区传播的根本目的，就是要通过否定社会主义的本质、否定社会主义政治方向、否定社会主义的价值观，打击边疆民族地区人民坚持走中国特色社会主义道路的自信。

第二，助长了边疆民族地区民族分裂思想和极端民族主义倾向。我国边疆民族地区聚居着30多个少数民族，有些还是跨界民族，即与境外、域外的民族有着多种联系，但是我国边疆民族地区民族同国内其他民族在长期生产生活中和谐相处，形成了"你中有我，我中有你"的兄弟情谊，每一个民族都为祖国统一和社会主义建设贡献着自己的力量，这不仅已成为广泛共识，也是不争历史事实。不过，受经济发展阶段、历史文化传统等多种因

7　张小明　著：《公共部门危机管理》，北京：中国人民大学出版社2006年版，第68页。

素的影响，我国边疆民族地区之间存在发展差异，还存在着某些矛盾，以及由矛盾而产生的民族问题，这些在短期内是无法完全消除的。因此，正确认识民族差异、妥善处理民族矛盾、重视解决民族问题就成为新时期我国边疆民族地区经济社会发展中的重大问题。正所谓"民族问题无小事"。我国边疆民族地区的民族问题，本质上是一个国家内部不同族群的发展问题，在与文化因素连接在一起时会衍生出经济、社会，甚至是政治问题，一般来说国家可以通过有效沟通和扶持发展等方式进行管控。近年来，西方国家在我国边疆民族地区的民族问题上大做文章，尤其是大肆宣传新民族主义政治思潮，鼓吹"一个民族，一个国家"，试图将所谓民族与国家"合二为一"，建立严格意义上的单一民族的主权国家，产生"民族主义爆炸"的激进现象，从而"谋求民族界限与政治界限的相互统一"[8]。从中可以看出，西方新民族主义政治思潮的狭隘"民族主义"思想，存在明显的两面性："一方面，它引发为祸甚烈的民族侵略性；另一方面，它也引发良善不清的民主理想"[9]。结果我国边疆民族地区受新民族主义政治思潮的宣传和鼓动，在其较强的排他性和狭隘性的指引下，不仅极其容易产生极端民族主义思想，还可能由于民族扩张或民族分裂主义的本性，滋生出民族扩张主义或民族分裂主义，从而将我国边疆民族地区引向民族斗争的深渊。

第三，消除了边疆民族地区国家安全意识和社会责任感。我国边疆民族地区自新中国成立以来秉承着和平与发展的美好愿景，各族人民共同见证着祖国的和平崛起，共享着改革开放的发展红利。为了保护大多数人民的利益，在资源约束下世界各国都会制定适合自身发展需要的社会规则，社会公众必须按照设定的规则进行活动，这是社会有序有效运转的必然。我国边疆民族地区在中国共产党的领导下，既要维持安全稳定的社会环境，

8　石中英："论国家文化安全"，《北京师范大学学报(社会科学版)》，2004年第3期。

9　孙明哲："全球化背景下我国文化安全对国家安全的重要意义"，《思想政治教育研究》，2006年第6期。

也要不断满足各族人民对美好生活的追求。我国边疆民族地区必须与其他各地一样，以《中华人民共和国宪法》为基础，在民主集中制原则下实现人民当家作主。然而，西方后现代主义政治思潮倡导的反对理性与制度，主张多元化政治，反对人类中心主义，不承认社会责任等激进思想。这与马克思主义有本质区别，是从根本上反对马克思主义的。该思潮在我国边疆民族地区泛滥传播，产生了"无政府、无限制、无责任"的不良后果，严重毒害了人民的心灵，深刻冲击了国家的主流价值观与意识形态。如果任由该种思潮肆意传播，必将引起我国边疆民族地区人民淡化对社会或他人的责任意识，从而导致过分以自身利益为中心的极端个人主义。正如学者谭振江所言，"后现代主义强烈地渗透着怀疑主义和虚无主义和价值论上的多元主义……没有绝对的道德；没有绝对的权威；没有最高的信念和终极目标"[10]。因此，后现代主义政治思潮在我国边疆民族地区传播的危害，不只是会使人民在思想上陷入混乱，更为重要的是促使"反传统、反规则"的思想毒瘤任意滋长，还会导致受其影响的民众的自我意识膨胀、组织观念淡薄、社会责任感丧失等严重问题，从而破坏我国边疆民族地区的和平与稳定。

除此之外，西方国家文化渗透的隐蔽性也增添了维护文化安全的复杂性。近年来，我国边疆民族地区安全问题呈现愈演愈烈之势，其中文化渗透逐渐成为影响文化安全的重要诱因。据新疆日报2015年12月25日报道，新疆"固边2015"专项行动中，乌鲁木齐海关"查扣来自境外各类非法出版物1641件，音箱制品308盘"[11]；新疆维吾尔自治区网信办、公安厅、通信管理局则"巡查网上信息44.6万余条，处置有害信息2.63万余条"[12]。我

10　谭振江："文化'软实力'及国家文化安全研究引论"，《东方论坛》，2009年第2期。

11　新疆日报(汉)，2015年12月25日第002版。

12　新疆日报(汉)，2015年12月25日第002版。

国边疆民族地区安全形势严峻与西方国家的干扰存在着重大关联，是其在我国边疆民族地区进行破坏活动的表现。只不过形式由原来直接的军事、政治干预，转变为通过文化渗透方式，包括政治思潮的传播及从思想意识上对人民进行"改造"，从而使人们自觉或不自觉地接受西方国家民主政治制度，以达到西方国家"不战而胜"的"和平演变"目的。另外，西方国家文化渗透，不仅自身具有极大的隐蔽性，而且往往假借政治、经济、宗教的"外衣"，以经济方式甚至政治手段强行文化渗透，从而使边疆民族地区文化安全形势复杂化，这正符合西方国家文化霸权主义的图谋。例如，我国西南边疆民族地区(如云南省)在国家宗教信仰自由政策的积极引导下，大多少数民族都有着属于本民族特色的宗教信仰，这原本是无可厚非的，近年来，发生多起以"基督教"、"南传佛教"的名义秘密从事影响地区文化安全的非法宗教活动的事件，也不乏利用印缅"爱与行动"、"民族联合阵线"、"全世界文蚌同盟会"等极端民族主义组织进行宗教文化渗透，破坏民族团结工作的行为。尽管以上这些破坏活动形式上可能有所不同，但是事实一再证明，其本质就是打着宗教幌子、以宗教活动为借口，"利用信教群众的民族宗教心理推行其价值观、生活方式，控制信教群众，达到占领思想阵地的政治目的，企图颠覆我国政权和社会主义制度，破坏我国国家统一、领土完整和民族团结"[13]。对此，必须保持高度清醒的认识，在加快我国边疆民族地区经济、社会、文化等全面建设的基础上，密切关注域内外多种形式的文化渗透或扩张图谋。

13　赵波、高德良　著：《西方文化渗透对我国文化安全的影响》，北京：中国传媒大学出版社2012年版，第157页。

第二节 我国边疆民族地区文化安全的主要问题

冷战结束后，随着全球化程度的加深，全球范围内文化交流与碰撞不断加剧，以文化安全为代表的非传统安全领域的重要性日益凸显。与主要关注国家安全的传统安全观相比，非传统安全研究强调"人的安全"和"社会安全"，文化安全不再被视为"低政治"问题并获得了广泛关注。非传统安全领域的全球视野提醒人们，要在国内政治与国际社会的结构性互动中寻找解决文化安全问题的出路。近年来我国不断加大对边疆民族地区的扶持，随着西部大开发战略及"兴边富民"政策的推进，边疆民族地区文化的战略意义逐渐得到更多认可。处于文化转型中的边疆民族地区，"一方面渴求经济社会的快速发展，尽快缩小与发达地区差距；另一方面又担心本民族特色文化遭到冲击而流逝"[14]。如何应对全球化给边疆民族地区文化发展带来的不利影响，在不破坏民族特性的基础上维护边疆民族地区文化安全，是保障我国文化安全应该着力考虑的理论与实践问题。

一、政治文化安全问题

政治文化安全为国家的政治和法律制度安全提供了认同基础，也是国家主权稳定程度的集中体现。"政治文化是政治安全的内在保障，是政治统治的合法性基础和国民身份认同的基础。"[15] 我国边疆民族地区受到本地区独特的社会政治制度、宗教信仰、民族心理等因素的影响和制约，政治文化安全环境呈现出民族性、国际性、敏感性、复杂性等特点。如今，边疆民族地区政治文化正受到内部和外部双重力量不同程度的影响和挑战，政

14　丁智才：《边疆民族地区文化产业发展与民族特色文化保护研究》，武汉：华中师范大学 2015年博士论文，第2页。

15　潘一禾 著：《文化安全》，杭州：浙江大学出版社，第69页。

治文化安全问题十分突出。

从国家内部层面来看，当前我国边疆民族地区传统政治文化与主流政治文化之间的碰撞逐渐增多，成为地区政治发展的不稳定因素。虽然边疆各少数民族传统政治文化已发生了较大的变化，但是作为民族文化的组成部分，边疆少数民族传统政治文化依然存在不少遗留成分，这种历史残余严重地阻碍和破坏了现代政治体系在边疆民族地区的建立和完善。历史上，有些民族曾经实行过政教合一的政治制度，在这种制度残余的影响下，国家法律的实施在民族地区的社会中不得不加以变通。由于"在一些地区，人们作为本民族成员的意识要强于作为国家公民的意识"[16]，这种国家认同感的缺失极易产生民族分裂主义。边疆民族地区信教人数多且相对集中，宗教活动频繁，宗教与民族传统习俗与社会规范一起，在该地区的政治生活中扮演着重要角色。"宗教为信徒提供了政治认知、情感及评价的心理基础，极易唤起人们的社会群体感、认同感和归属感。"[17] 除此之外，信教群众极易被试图宣传民族分裂思想的宗教势力所利用，宗教渗透服从于政治目的，分裂势力以宗教的名义进行政治破坏活动，借助宗教宣扬西方价值理念，不断挑战马克思主义意识形态的主导地位，并且通过各种渠道散布民族分裂言论影响边疆民族地区的政治安全。

外部势力对政治文化安全的破坏同样不容忽视，在我国边疆民族地区，境内外的敌对势力大搞恐怖主义、分裂主义和极端主义，形成了威胁边疆民族地区安全的"三股势力"，即宗教极端势力、民族分裂势力和国际恐怖势力。"三股势力"误导广大边疆民族地区群众，攻击我国民族政策；挑拨该地区群众反对中国共产党领导；组织和实施多种非法活动破坏社会稳定。以"东突"势力为代表的境内外"三股势力"为达到分裂中国的目的，长

16　陈太平："论边疆民族地区的政治文化安全"，《民族论坛》，2014年第9期，第53页。

17　陈太平："论边疆民族地区的政治文化安全"，《民族论坛》，2014年第9期，第54页。

期从事反华分裂活动，近年来发生在我国新疆、西藏、云南等地的一系列暴力恐怖事件，都离不开披着宗教外衣的敌对势力的支持参与。另一方面，全球化的进程为西方发达资本主义国家推行其"分化"、"西化"战略创造了有利的条件。"全球化作为一种历史进程，始终伴有文化渗透、价值变迁、制度移植等内容。全球化也具有意识形态性，因为它试图根据一种比任何东西都更有效地服务于一些利益的新的全球想象来重新建构世界。全球化始终包含了经济和文化的双重权力意志。"[18] 近年来在宗教极端势力、民族分裂势力和国际恐怖势力的背后都能找到一些境外非政府组织的身影。部分西方国家长期以来资助非政府组织，从事政治渗透、经济渗透和文化输出等一系列试图分裂我国边疆民族地区的非法活动，甚至"利用文化交流、捐资助学、项目培训等手段进行意识形态领域的渗透"[19]。例如，臭名昭著的美国国家民主基金会主要是为达赖集团提供资金支持与政治庇护的非政府组织，虽然是非盈利组织，但多数的经费和资金由美国政府提供，其目的就在于破坏我国国家统一和民族团结。

二、意识形态安全问题

意识形态安全是国家安全不可或缺的重要内容，它涉及国家政治认同，关乎国家核心利益，甚至影响着国家的长治久安。"治国必治疆"，在国际格局变化背景下，我国边疆民族地区意识形态安全领域的斗争复杂多变、尖锐严峻，文化的冲突和交融更加频繁与显著。当前，影响我国边疆民族地区意识形态安全的主要有两方面因素：国家内部的民族状况以及外来文

18　王宁："重建全球化时代的中华民族和文化认同"，《社会科学》，2010年第1期，第98-105页。

19　唐红丽，王存奎："辩证看待境外非政府组织"，《中国社会科学报》，2014年5月14日第A04版。

化的影响。从国家内部来看，我国边疆民族地区在地域上与14国相邻、经济发展程度相对较低，又具有稳定的传统风俗习惯和价值观，加之多元文化的冲突，使得主流意识形态即马克思主义意识形态在边疆民族地区的传播与发展本身就具有一定的内在困难。从外部来看，改革开放后我国与国外的接触更加密切，边疆民族地区更是作为意识形态斗争前沿和战略高地，在国际往来中，中西思想观念发生了激烈的碰撞，给我国意识形态安全带来了更加直接的威胁。以美国为首西方国家势力凭借其经济权力、科技实力以及文化魅力，与中国边疆地区反动势力勾结，加紧了对中国主流意识形态围剿。例如，2008年发生在西藏首府拉萨的"3·14"打砸抢烧事件，就是达赖集团与境内外"藏独"分子相互勾结制造出来的一起暴力事件，类似的这些所谓"西藏独立"活动，自然离不开西方国家在暗中搞支持和鼓动反华势力企图分化、分裂中国的阴谋。

随着经济全球化的日益加深和不同文化交往的日益频繁，我国意识形态安全所面临的挑战也日益严峻。外因方面的影响作用更加突出，西方发达资本主义国家利用其经济、政治、文化、科技等方面的优势，打着民主和自由的大旗，自负地在世界推行其"普世价值"，极大地挑战了我国的主流意识形态和社会主义核心价值观；另一方面，中国自身在现代化发展的过程中面临的意识形态理论层面的斗争必须高度重视与警惕。为了侵蚀马克思主义指导思想，动摇社会主义根本制度，否定共产党的执政合法性，西方极力向中国兜售和输入形形色色的政治理论和社会思潮，包括新自由主义、新保守主义、社会民主主义、新民族主义、历史终结论、意识形态终结论以及中国威胁论等等，其实质和目的就是丑化中国、西化中国、分化中国，否定马克思主义主流意识形态，否定中国共产党的领导，污蔑中国特色社会主义理论与制度，抨击中国特色社会主义文化，最终遏制中国的崛起乃至颠覆中国政权。

在西方国家的对华意识形态斗争中，宗教渗透与传播成为其依仗的重要手段，西方国家策划组织宗教人士、团体或组织装扮成旅游、经贸人士来中国传教，实则借传教之名宣传西方政治观点与价值观念，还对中国国内的违法宗教活动和宗教人士表示声援和支持，甚至不惜传播宗教极端思想，公然支持我国境内民族分裂分子和宗教极端分子。同时，西方国家利用各种学术活动，留学访学项目，向中国学生和学者传播其思想理论、价值观等西方意识形态，企图培养所谓"精英"意见领袖，策反中国公民做间谍，打造国际反华势力联盟。最后，信息技术的发展成为西方国家对我国边疆民族地区进行意识形态入侵的新工具："境外敌对势力已经建立近2000多个针对我国的网站，不断加大对我国边疆地区、少数民族地区和内地区域的宣传覆盖。"[20] 信息领域这种狂轰滥炸式的文化输入，尤其是利用网络舆论抨击中国党和政府，无疑给我国边疆民族地区的文化安全带来极大威胁。此外，美国通过每年发表人权报告，每年对中国的人权指责篇幅最长、内容最不符合实际。利用人权问题攻击中国，干涉中国内政，给中国抹黑，损坏中国形象，达到意识形态输出的目的。在国内，腐败现象和作风问题损害了边疆民族地区党的权威和形象，一些执法不公现象甚至影响到了社会的稳定和民族关系的和谐，对我国意识形态安全形成一定的冲击；社会转型时期带来的新矛盾和挑战也为边疆民族地区的意识形态建设提出了新要求；边疆民族地区马克思主义理论教育方式落后、理论宣传枯燥和教条化，缺乏与自身发展相适应的意识形态安全战略。面对内因的牵制和外部的渗透，建立一个适应的、系统的边疆民族地区意识形态安全战略迫在眉睫，必须为防止边疆民族地区意识形态安全领域冲突的进一步升级采取具体行动，全面占领边疆民族地区意识形态安全领域的"高地"，为抵御西方强势文化入侵提供有力保障。

20　侯惠勤　著：《马克思的意识形态批判与当代中国》，北京：中国社会科学出版社2009年版，第307页。

三、政治制度安全问题

国家政治安全在内容构成上主要包括国家政治思想安全、国家政治制度安全、国家政治活动安全三个部分，其中政治安全最主要内容是政治制度安全。对于我国边疆民族地区而言，政治制度安全是影响安全稳定发展的核心问题，事关各族人民群众的根本利益，事关边疆民族地区乃至国家的长治久安。

政治制度是"统治阶级通过组织政权实现其政治统治的原则和方式的总和"[21]。国家政治安全的重点是政治制度的发展和完善，因为制度本身就具有稳定性特点和长期性特征，加强制度在政治上的建设可以更好地推进我国社会主义现代化发展，更好地维护国家政治安全。在我国，边疆民族地区主要指地处国界线上的桂、藏、新、蒙等四个少数民族自治区以及云南省。作为我国的基本政治制度之一，民族区域自治制度就是指在国家统一领导下，各少数民族聚居的地方实行区域自治，设立自治机关，行使自治权的制度。可以说，民族区域自治制度在维护国家统一和安全，保障少数民族当家作主的权利，特别是在保障我国边疆民族地区政治制度稳定方面发挥了重要的作用。其中，我国边疆民族地区的政治制度安全主要是指国家在边疆民族地区"消除政治制度威胁、巩固政治制度认同、促进政治制度生长的一种在整体稳定中进化发展的政治制度状态"[22]，其根本目的在于保持边疆民族地区的政治秩序稳定、政治治理有效以及政治认同强化。

中国作为一个少数民族众多的国家，在漫长的交往交流进程中渐渐凝聚成为一个整体。但由于诸多原因导致边疆民族地区经济社会发展较落后，

21　中国大百科全书总编委会 编：《中国大百科全书·政治学卷》，北京：中国大百科全书出版社，1992年，第514页。

22　王洪树："中国西部边疆政治制度安全研究论纲"，《云南行政学院学报》，2014年第16期。

历史遗留问题较多, 发展所受的内外压力不断增大。在向现代化转型过程中, 特别是在当今错综复杂的国际环境与地缘政治格局中, 边疆民族地区面临的矛盾和社会问题更加复杂尖锐。一方面, 境内"藏独"、"疆独"等民族分裂势力不断从事各种渗透颠覆破坏活动、暴力恐怖活动、民族分裂活动、宗教极端活动, 严重威胁边疆民族地区安全稳定; 另一方面, 以美国为首的西方敌对势力加紧实施"西化"、"分化"图谋, 针对我国边疆民族地区的"和平演变"与意识形态斗争愈演愈烈。因此, 加强维护我国边疆民族地区的政治安全, 尤其是确保以民族区域自治制度为主的政治制度安全, 其紧迫性和必要性愈加凸显。

当前, 随着边疆民族地区在现代化、全球化发展中所扮演的角色越来越重要, 它所承载的影响力也越来越突出, 其政治制度安全面临着严峻威胁: 第一, 无产阶级专政制度受到挑战。例如, 熟知的反动封建宗教力量发言人达赖分裂势力和新疆民族分裂活动头目热比娅, 都不遗余力地打击无产阶级专政制度, 企图向边疆地区灌输西方文明价值和资本主义思想, 否认社会主义核心价值观, 甚至偏离社会主义路线。第二, 人民代表大会制度也不断受到冲击。民族自决权对边疆民族地区的人民造成不小的影响, 在少数具有险恶用心的民族分裂势力的不断鼓吹经营下, 边疆地区的民众对人民代表大会制度的公正性、合理性产生质疑, 并且在少数敌对分子的欺骗和鼓动下挑战其政治权威。第三, 民族区域自治制度受到严重污蔑。极端民族分裂分子不惜将民族区域自治制度向少数民族同胞歪曲解读为统治少数民族的政治制度, 同时企图钻制度的漏洞, 通过民族区域自治制度不断谋求高度的自治权力, 实现所谓"民族自决", 成为名副其实的"变相独立"或"半独立"。第四, 共产党领导的多党合作和政治协商制度被否定, 边疆地区敌对力量否定共产党的政治领导, 这最具政治破坏性。党的领导是边疆民族地区乃至整个国家稳定发展的基石, 改革和发展需要一个稳定的环境, 缺少稳定的环境, 各种问题的交织将会使国家瘫痪、民族复兴无望。第五，基层民主自治制度在边疆少数民族地区变异。一部分基层自治组织开始或正在成为边疆民族地区邪恶力量的政治庇护区，民族自治政府的政治权威受到挑战。

四、宗教文化安全问题

宗教文化是人类社会文化的有机组成部分，主要包括物态化宗教文化、制度化宗教文化以及观念体系化宗教文化。[23] 它有形与无形地并存于人类整体文化中，并强烈地影响着人类文化的进步和社会的发展。一旦"教派之间爆发争端，或教派组织极端化或宗教学说异化，就可能引发与他们相关的各种社会矛盾和问题的激化"[24]，甚至威胁国家安全和稳定。从当前国际格局上看，国际政治中宗教因素的影响明显增强，特别是以宗教极端主义为代表的非传统安全问题带来的危机日益严峻，民族宗教问题成为影响国家安全的重要因素之一。

在历史传统、地理位置、经济发展水平、民族构成以及国外敌对势力等诸多因素的综合作用下，我国新疆、西藏等边疆民族地区宗教文化安全问题呈现出多样化、复杂化、独特化的发展趋势，出现了一系列威胁宗教文化安全的问题：首先，宗教势力加强了对世俗社会的渗透，边疆民族地区信教人数急剧上升，仅乌鲁木齐市的宗教活动场所就由2000年的364所增加到了2010年的462所[25]。在信教人数增加的同时，非法宗教活动与某些宗教异常现象也屡屡出现；非法讲经传教活动时有发生，传经地点更加隐蔽，传经方式更加多样；更为严重的是地下学经的人员出现低龄化、女

23　彭克宏 主编：《社会科学大词典》，北京：中国国际广播出版社1989年版，第253页。

24　李渤 著：《民族宗教问题与国家安全》，北京：时事出版社2013年版，第37页。

25　数据来源：2016年《乌鲁木齐统计年鉴》，第488页。

性化的态势，甚至一些地方出现中小学生的学经现象，这严重毒害普通群众的思想，威胁当地的宗教文化安全。其次，宗教文化走向极端主义，宗教极端势力不断壮大。受国际宗教势力的指使与教唆，宗教极端势力由过去以舆论宣传、思想传播与价值观渗透为主，改为暗杀、爆炸、投毒、暴乱等暴力恐怖犯罪活动为主、多种破坏活动并举，这直接危害了边疆民族地区社会政治稳定和安全。其中，"藏独"、"疆独"等民族分裂势力打着"宗教"旗号在国内进行暴力恐怖与民族分裂活动，同时国外"三股势力"也利用宗教进行渗透，企图在我国边疆民族地区搞"西化"和"分化"。受国际宗教势力的指使，比如2009年7月5日晚上乌鲁木齐发生的打砸抢烧事件(即"7·5"事件)就是由民族分裂分子热比娅为首的"世维会"直接煽动、策划、指挥的。面对国内宗教极端分子和民族分裂主义者的蠢蠢欲动之势，境外各种宗教势力更是借此良机加大对中国新疆、西藏等边疆民族地区的宗教文化渗透。在他们看来，"中国不仅是一个经济上的发展中大国，也是一个宗教上的发展中大国"[26]，西方"反华"势力从未放弃利用宗教势力实现其"西化"、"分化"中国的图谋。境外"三股势力"打着"宗教人权"、"宗教自由"的旗号，煽动、蒙蔽一部分不明真相的群众，以上访等名义非法聚众示威，借机制造暴力恐怖犯罪活动，对新疆的渗透破坏活动不断加剧。最后，西方基督教与天主教等"两教"势力则充当西方敌对势力对我国边疆民族地区进行入侵渗透的主力军和先锋队，传播所谓上帝的福音，积极发展中国耶稣信徒，实则裹挟"西化"、"分化"中国之私心，以传教名义培养反华势力，破坏我国边疆民族地区的政治稳定和安全，而我国在针对基督教与天主教在传教方面的宗教管理明显存在不足。与此同时，"法轮功"等邪教活动较为猖獗，边疆民族地区更是饱受邪教势力的严重毒害。

宗教文化安全是国家安全的一部分，我国要对宗教文化安全问题给新

26　潘一禾 著：《文化安全》，杭州：浙江大学出版社2007年版，第99-102页。

疆、西藏等边疆地区的安全稳定带来的严峻危机保持高度警惕。并且要主动出击,果断采取有力措施进一步加强边疆治理,坚决抵御和打击各种宗教极端势力,从而强有力维护边疆民族地区的和谐稳定与国家安全。

五、文化产业安全问题

"文化产业并不仅仅是一个文化概念,更是一个经济概念。"[27] 不同于其他产业,文化产业体现了商业属性和意识形态属性的统一,"文化产业已经成为越来越多国家发展国民经济的支柱性产业,它的安全,已经成为经济安全的重要部分"[28]。我国文化产业起步较晚且发展并不平衡。在我国积极融入经济全球化的进程中,我国的文化产业也面临着发达国家强势文化的竞争和挑战。一旦文化产业受到冲击,必将威胁到我国的文化安全。边疆民族地区受历史、地理等因素影响,文化产业发展明显落后于经济发达的东部地区,同时受经济全球化的影响,西方强势文化的入侵挤压了我国边疆民族本土文化市场,边疆民族地区的文化产业弱势日益明显。面对国内国外双重竞争压力,维护边疆民族地区文化产业安全,必须首先认识我国边疆民族地区文化产业发展所存在的问题。

首先,民族旅游业发展不平衡,这主要体现为旅游收入的地区分布不平衡和旅游业在文化产业中所占比重不平衡。在边疆民族地区各省(自治区),广西和云南的旅游业发展最好,为当地创造了大量旅游收入,而新疆、西藏等旅游资源同样丰富的民族地区却并未得到游客青睐。除了旅游业,两地的其他文化产业几乎没有得到提及与发展。旅游业创造的就业人数多于其他文化产业,就业人数区域分布不平衡,造成区域经济发展不

---

27 曹泽林 著:《国家文化安全论》,北京:军事科学出版社2006年版,第57页。

28 曹泽林 著:《国家文化安全论》,北京:军事科学出版社2006年版,第56页。

协调，限制了其他民族文化产业的发展空间，影响社会稳定。其次，民族文化传媒业市场化程度低。在边疆民族地区中，除了广西的出版业在全国排名第15位，市场集约化程度较高，其他边疆地区全都是20名开外，特别是西藏和新疆排在倒数；就发行情况来看，边疆民族地区的图书市场非常狭小，关于藏语等少数民族语言的图书出版寥寥无几，有些少数民族甚至没有图书出版；在市场需求缺乏的同时，政府监管也不足，不法分子制作销售低俗和不健康的影视作品，出版语言污秽的图书，导致市场向扭曲方向发展，如果继续忽视边疆地区民族传媒业的存在与发展，民族传媒业可能消失无踪。再次，民族艺术文化业逐渐消失，这突出体现在民族服饰和民族工艺品的传承发展上。在边疆民族地区，除了民俗节日的销售，其他时期民族服饰销售情况不容乐观。当地居民除了重大节日，几乎不穿民族服饰，少数民族居民衣着逐渐失去民族特色，民族服饰面临消失危险。此外，民族工艺品销售是边疆少数民族地区的经济来源之一，如木雕、刺绣和石雕等。由于缺乏有效保护措施，开拓空间也存在问题，在市场上边疆民族地区工艺品已经成为稀缺品，可遇不可求了。最后，民族餐饮业、民族体育文化业、民族节庆等都不适应全球化竞争。地理位置的差异和饮食习惯的不同，造成了边疆民族地区的餐饮业无法在全国范围打开市场。各类民族特产，比如广西的辣椒酱、桂花糕，新疆的伽师瓜、和田肉苁蓉等，除了在本地可以买到，在全国各大商场中难见其踪。民族餐饮业只有与旅游业相结合才能实现其市场化，民族旅游业发展不平衡也造成了民族餐饮业的偏倚；边疆民族地区本身具有丰富的传统体育文化资源，但由于开发不足，尚未形成完整的产业链。比如在广西壮族自治区，近些年来举办抛绣球的次数越来越少，抛绣球活动逐渐消失，以至于本地居民几乎都忘记了这一体现壮族文化特征的运动。国家体育总局《体育改革与发展纲要》指出要积极开发少数民族体育资源，但缺乏具体可行的措施，导致现在边疆地区文化体育业滞后，遑论适应全球化竞争，边疆民族体育文化处在岌岌可危的边缘；随着西方国家的圣诞节、情人节等在中国兴起，边疆民族地区传统节日却因为受众有限，如云南彝族的火把节、傣族的泼水节，无法像春节一样在全国得到普及。在外来文化和本土文化的双重冲击下，边疆民族地区本土文化处在一个被忽略的边缘。"要在全球化的条件下解决中国文化发展面临的严峻挑战，必须从加强国家文化基本制度建设方面入手。"[29] 维护我国边疆民族地区文化安全，扶持边疆民族地区文化产业发展是关键。

六、民族传统文化安全问题

民族传统文化安全，具体表现为国家文化认同和民族文化认同，既包括中华传统文化的安全，也包括中国传统的物质和非物质遗产的安全。作为一个多民族国家，我国少数民族主要集中分布在边疆地区，他们所创造的各具特色的民族文化，带有各民族的独特烙印，是各民族的文化基因库和精神家园，也是中华民族文化多样性的体现，边疆民族地区的民族传统文化安全，关系边疆民族地区的社会稳定和民族团结，具有十分重要的现实意义。

在全球化向"知识化和信息化"转型的时代背景下，任何一个民族的文化都不可能脱离外来文化的影响而"独立"发展，更不可能与世隔绝而"夜郎自大"、"闭门造车"，"而只能在多元文化对话和交流的框架中，既保持自身文化的相对独立性，又使自身文化保持持续敞开性和长久交汇性"[30]。在我国各民族传统文化与世界多元文化的交融和碰撞中，边疆民族地区的传统文化安全存在着诸多问题：首先在传统文化和基本价值观安全方面，

29　胡惠林 著：《文化产业发展与国家文化安全》，广州：广东人民出版社2005年版，第244页。

30　王岳川、胡淼森 著：《文化战略》，上海：复旦大学出版社2010年版，第274页。

国外反华势力不间断地对我国主流价值观进行抨击和歪曲，教唆青年一代进行民族分裂活动、传播极端宗教思潮，引发少数民族学生出现民族意识偏激行为，严重影响了他们的国家认同。在分裂势力的恶意挑唆下，边疆民族地区民众对主流文化的认同感下降，引发了严重的价值危机，民族分裂主义势力呈现出升级态势。[31] 其次，是传统文化资源的"现代开采"安全问题。发展中国家由于经济和科技水平制约，难以对本国文化资源的进行有效保护，特别是传统文化遗产在信息化和产业化开发方面过分依赖国际资本而彻底沦为"文化资源的廉价出口国"和"文化产品的廉价进口国"[32]，而边疆民族地区传统文化资源就面临着流失与开发利用不合理的双重考验。例如，敦煌莫高窟藏文写经现存海内外共约8600件，其中近5000件流失海外。除了文物的流失，在边疆地区民族传统文化中，流失最多的是民族语言。如云南的元谋县，傣族在民国初年时仍通行傣语，在后来的革命浪潮中，官军进驻村寨并强制要求当地人讲官话(汉语)，傣语开始受到冲击。20世纪90年代末，该地区能讲傣语的仅限于几位高龄老人，在不到一个世纪的时间里，一种民族语言居然面临消失的可能。再次，是边疆民族地区传统观念的"现代解释"安全问题。很多边疆民族地区的传统美德和观念日渐衰弱，某些极端分子过分强调本民族特色与其他文明的差异性，夸大本民族文化的优越性和永恒价值，文化民族主义、自身优越论、文化对立论对边疆地区民族文化造成了很大程度的负面影响。除此之外，边疆民族地区的物质和非物质文化遗产安全也不容忽视。随着边疆民族地区的现代化发展，那些有特色的传统民居被高楼大厦取代，蒙古包一类的特色民族建筑物只有在偏远地区或旅游景点才能一见，而一些少数民族的木楞房，比如傣族的传统民居——竹楼，也因为对森林危害太大而渐渐被混

31　潘一禾 著：《文化安全》，浙江大学出版社2007年版，第91页。

32　潘一禾 著：《文化安全》，浙江大学出版社2007年版，第91页。

凝土建筑所取代。人们对民族传统文化遗产的保护尤其是关于非物质文化遗产的保护意识不足，重视物质文化遗产轻视非物质文化遗产成为常态。"诸如民族传统手工技艺中的藏戏面具、卡垫、藏纸、藏刀、陶器、民族服饰等制作技艺和山南藏族民俗礼仪、节庆活动及文化空间等相关领域尚未得到充分的重视。"[33] 当前研究者都没有对这些传统文化进行深入探究，民间对这方面文化遗产更是知之甚少。最后，是边疆民族地区传统文化在全球化中面临的危机与挑战。全球化程度的加深造成边疆地区的民族文化特性减弱，对国家主流文化产生排斥。全球化冲击了民族国家的意识形态，弱化了民族认同、国家认同，从而极大地凸显出边疆地区民族传统文化安全问题。

第三节 我国边疆民族地区文化安全面临的挑战

我国边疆民族地区的"边疆"区位特性，决定了文化安全的重要性。据资料显示，我国陆地边界线长2.2万多公里，与14个国家接壤，是世界上陆地邻国最多、边界线最长、边界情况最复杂的国家。特别是其中的1.9万公里是在民族地区，也就是说，我国边疆近90%居住的是少数民族，边疆地区至今基本等同于民族地区，有30多个民族与国外同一民族相邻而居。改革开放以来，特别是国家西部大开发战略、兴边富民政策大力实施以来，我国边疆民族各地文化建设取得了显著成效，对推动经济社会发展、促进民族团结和谐，实现边疆安宁稳定以及稳定国家周边地缘政治环境等起到了不可或缺的积极作用。通常学界习惯于从"武装冲突、暴力破坏、双边或多边战争"等直面对抗形式理解国家安全，而没有将"文化"侵蚀、

33　杨娅："西藏山南藏族非物质文化遗产研究综述"，《四川民族学院学报》，2014年第4期。

腐化对国家安全的破坏作用提升到应有的高度。我国边疆民族地区是"国家安全"重点防范的区域，既要面临国外多种势力"和平演变"的图谋，也要面对国内"破坏"分子的捣乱，尤其是边疆民族地区"三股"势力的破坏活动。根据《中华人民共和国国家安全法》[34] 第二十三条规定："国家坚持社会主义先进文化前进方向，继承和弘扬中华民族优秀传统文化，培育和践行社会主义核心价值观，防范和抵制不良文化的影响，掌握意识形态领域主导权，增强文化整体实力和竞争力。"[35] 这从国家立法角度明确了文化安全的主要内容，这不仅要认识到树立文化安全意识的重要性，自觉维护中国文化安全的整体使命任务， 还要对我国文化安全形势有一个清醒的认识。因此，必须明确我国边疆民族地区文化发展面临的主要挑战。

一、文化多元便利了域外文化的渗透

我国边疆民族地区民族众多，文化多元交叉融合，良莠混杂难以区分；加之改革开放以来民族文化挖掘与传承工作没得到应有的重视，使这种文化多元性成为以西方文化为主的外来文化在该地区泛滥甚至是肆意发展的助力。近年来，我国边疆民族地区文化安全形势日趋严峻，这与该地区文化的多元性有着一定关系。当然，并不能完全否定其中一些优秀、合理的文化元素，从这些文化在我国边疆民族地区传播的实际情况来看，其本质就是借助"文化"(尤其是"宗教"及其活动)外衣， 进行分裂国家、破坏团结，甚至仇视社会等违法活动。国家的民族区域自治法赋予文化发展的自主权，各族人民在长期的社会实践中创造了适合自己的灿烂民族文化，因而，"文化多元"是我国边疆民族地区的基本特色。在这种特殊的文化环

---

34 2015年7月1日第十二届全国人民代表大会常务委员会第十五次会议通过。

35 《中华人民共和国国家安全法》，中华人民共和国国防部网，2015年7月1日，http://news.mod.gov.cn/headlines/2015－07/01/content_4592594.htm。

境下，西方国家抓住我国边疆民族地区文化安全淡薄、文化建设滞后等"间隙"，假借"文化多元"的外衣在我国边疆地区从事文化渗透、扩张等有害国家安全的活动。随着改革开放的持续深入，我国边疆民族地区人们物质文化生活不断丰富，各族人民，尤其是跨界民族人民有了更多接触到国外的物质文化的机会，在对外的文化交流活动中，包括西方国家在内的外来文化影响不可避免。譬如，我国边疆民族地区举办的各种"博览会"、"文化节"、"商品交易会"、"民族节日庆典"等活动，人员往来密切，虽然有助于民族文化与外来文化的合作与交流，但是也加大了民族文化受到外来文化侵蚀的风险。这其中最为明显的就是西方文化中的"反华、仇华"部分与民族地区的"恐怖主义、分裂主义和极端主义"即三股势力的媾和，他们往往打着"文化多元"口号，不断制造事端，甚至是制造恐怖案件，不遗余力地推行西方的民主自由、价值理念和意识形态，进行西方文化的渗透和扩张，从而严重影响了我国边疆民族地区在社会主义核心价值观引导下实现民族文化的多样性和统一性。

二、域外文化的传播增加了防范难度

文化扩张的隐蔽性与间接性增加了文化安全的风险性，文化安全事关我国边疆民族地区"安全、稳定、和谐"发展。我国不仅说明了多民族国家共存共荣发展的历史传统，也从另外一个层面说明该区域经济社会文化发展的复杂性和艰巨性。加之西方国家极力通过新闻资讯、电视广播、影视大片、互联网等平台直接干涉我国的"经济发展、宗教信仰、民族政策"等问题，或利用商品输出、文化交流、对外援助、甚至是培植"三股"势力间接地对我国边疆民族地区进行文化扩张，借助挑拨离间、煽动不满、制造事件等多种手段，实现激化矛盾、破坏团结、分裂国家的阴谋。可见，我国边疆民族文化安全的形势严峻。

西方国家对我国边疆民族地区文化渗透，不管采取何种方式，其根本目的就是否定中国共产党的领导，否定民族区域自治、否定社会主义制度，从而达到破坏边疆民族地区和谐稳定社会局面、甚至分裂中国的目的。当然，随着我国经济社会持续稳定发展，尤其是在《中华人民共和国民族区域自治法》引领下，我国边疆民族地区各项事业都获得了长足发展，任何外来势力很难通过直接介入或间接扶持的"武装冲突"方式来进行破坏活动，纷纷转向通过向我国边疆民族地区输入西方"文化"元素，实现其所谓不战而胜的"和平演变"图谋。在以互联网为代表的信息技术高速发展的今天，"文化"传播不再依赖于报纸期刊、广播电台以及人员流动等传统方式，而是在传统媒介的基础上，更多的借助互联网平台，利用电脑、手机等终端，以及通过影视资料、对外文化交流等多种形式，将西方的"民主自由、价值信仰"等文化基因向我国、包括边疆民族地区进行广泛传播。甚至针对我国边疆民族地区文化建设的"薄弱环节"，在文化多元的掩护下，有针对性地向其"输出"符合西方国家利益的"文化"，从思想意识和文化理念上培植"亲西方"势力。由此可以看出，在现代科技高速发展的时代背景下，西方国家文化侵入不再那么赤裸和明显，因而加大了我国的防范难度。为此，要加强以社会主义核心价值观为主题的民族文化建设力度，同时也要严控借助"文化资源共享、文化无国界以及对外文化交流"之名，行"西方文化扩张"之实的各种图谋。

三、经济社会欠发达状态不利文化安全

经济上欠发达加剧民族地区文化安全问题。文化安全绝不是一个孤立的概念和问题，而是与国家或地区经济建设密切相关。经济作为国家或区域的发展基础，决定了经济因素在边疆民族地区文化安全中的作用。我国边疆民族地区地处祖国边疆，且多以山地、高原为主，交通路网、资信平

台以及教育卫生等基础设施相对落后，加之发展的历史基础薄弱、资源较为分散、产业发展较为传统，共同造成了我国边疆民族地区经济欠发达的现状。在此基础上，我国边疆民族地区文化发展由于缺乏经济支撑，文化安全问题显得更为严峻和突出。世界各国或各民族发展历史一再证明，文化建设、文化发展以及文化安全与经济发展水平存在高度一致的契合性，即经济发展越快，相应地文化发展也越快，且经济发展是文化发展的前提条件，也是文化安全的重要保障。因为经济因素不仅为文化发展提供了物质基础，即在经济发展条件下可以繁荣教育、科技等文化事业，更为重要的是为文化发展、文化安全提供了智力支持和发展信心。通过对人类发展史的考察可以发现，经济发展较好的国家或地区，其文化事业也较为活跃，社会公众对自己的文化也更加自信，从而为文化安全提供了支持。反之，文化事业难以发展，社会公众会对外来文化更加向往，从而失去对本民族文化的自信，继而造成文化安全形势严峻。纵观我国边疆民族地区文化安全事件，尽管是在西方国家某些势力的精心筹划和推动下发生的，但是也与该区域经济长期得不到应有的发展密切相关。因而，我国边疆民族地区文化安全离不开该区域经济社会的持续稳定发展。随着改革开放的深入，文化安全也应得到高度重视，除了做好民族文化繁荣和传承，当务之急是要以经济建设为中心，千方百计促发展，合理缩小民族间的不平衡问题。

四、维护文化安全的意识没有形成

我国边疆地区民族构成复杂，各民族的生活方式、传统习俗、节庆礼仪等方面都有差异，共同构成了边疆民族地区的多元文化现象。在多元文化的交织下，民众普遍缺乏文化安全意识。新疆维吾尔自治区的南疆地区近期发生的暴恐案，比如2014年6月21日的"新疆叶城暴恐案"、11月28日的"新疆莎车暴恐案"和2016年12月28日的"墨玉暴恐案"等，参与者都以年轻人为主，他们缺乏必要的文化安全意识，没有形成正确的价值观，在不法分子的教唆下很容易走向歧途。特别是教育水平低下导致社会文化水平普遍不高，南疆地区许多基层官员甚至小学都没有毕业，干部自身缺乏文化素养，对文化安全重要性的意识更无从谈起。由于缺乏文化安全意识，边疆民族地区的民众就容易被分裂分子洗脑，从事破坏社会稳定安定的暴力恐怖活动。

总之，我国边疆民族地区在文化安全上面临的挑战，除上述四个方面外，还与该区域各民族文化教育水平、民族自主意识以及多元文化思潮影响等因素有关。为此，不仅要有清醒认识，也要做好充分的准备。针对我国边疆民族地区文化安全现实情况，需要在牢固树立文化安全红线意识的基础上，以社会主义核心价值观为核心，加大民族优秀文化挖掘与传播力度，弘扬中华民族优秀灿烂的文化，提高抵御不良文化影响的能力。同时，要明晰只有"在中国共产党领导"下，坚持社会主义先进文化的前进方向，弘扬中华民族优秀传统文化(包括边疆民族地区先进文化)，自觉防御和抵制西方国家"和平演变"文化思潮的影响，坚定中国特色社会主义"文化自信"，才能全面繁荣发展边疆民族地区文化事业，积极推进我国边疆民族地区经济、政治、文化健康发展。在我国边疆民族地区经济建设的同时，要推进民族地区文化事业发展，既要不断增强民族自信心，也要积极防控西方国家文化扩张，为我国边疆民族地区长久稳定发展提供有力的保障。

第四节 维护我国边疆民族地区文化安全的原则思考

由于历史传统、地理环境、民族特色等内部因素和西方国家进行文化渗透、宗教传播以及外交活动等外部因素的共同作用和影响，我国边疆民族地区文化安全产生诸多复杂问题，也面临着重大挑战。对此，应该大力加强边疆民族地区的中国特色社会主义文化建设、强化文化安全教育，提高民众文化安全意识，同时以社会主义核心价值观为主导，切实加强民众的文化认同感和归属感，努力提升以经济实力为核心的国家硬实力，为提高整体文化自信提供有力经济基础支撑和保障。

一、树立边疆民族地区文化安全观念

发展多元文化是我国边疆民族地区的基础性工作。"文化"是民族存续的灵魂，世界任何民族都是因其"文化"而存在，没有文化之魂的民族必将消亡。因而人们将文化的重要性总结为，"欲让其灭亡，必先亡其文化"。西方国家在新的历史时期，没有改变对我国进行颠覆和破坏的图谋，只是改变了以往直接的方式，开始利用文化扩张方式来进行渗透。譬如，通过语言符号、商品输出、对外交流以及影视传媒等更加隐蔽的方式来传播西方国家认可的生活理念、价值信仰、意识形态，不遗余力地通过对我国文化进行诋毁、污蔑、矮化等方式，让普通民众主动放弃本民族文化的传承与发扬，放弃民族文化认同乃至政治信仰。因此，新的时代背景下国家安全观不能只是停留在传统的军事武装力量上，更应该关注包括文化安全在内的总体国家安全观。况且，文化安全对于多民族国家而言更为重要。

文化安全对于维护边疆民族地区和谐稳定具有重要意义。我国是统一的多民族国家，在漫长的历史发展进程中各民族不断交往融合，早已统一于中华文化大格局之中，各民族文化"百花齐放"、"求同存异"且"各自繁荣"，但是各民族基于资源禀赋、发展历史以及产业选择等方面的明显差异，在文化事业表现上也多有不同，加之受宗教因素影响，由此产生的我国边疆民族地区文化安全问题不容忽视。长久以来在对国家或地区综合实力的考量上，过多关注经济、军事内容，忽视了语言文字、民主自由、价值信仰、政治制度等文化力量。发展的经验证明，文化不仅是国家或地区软实力的重要内容，也是硬实力的重要载体。文化在我国边疆民族地区的地位和作用是不言而喻的，没有文化这个基础，就不会有多民族国家的发展，因为文化是民族认同的基石，正是由于这个文化基石的存在使得民族能够凝聚在一起，各民族间也会基于对彼此文化的尊重而朝多元化方向发展，其中也包括民族间的文化融合，即"取精去糟"使自己文化更加灿烂而得以长久地传承。但是，必须清醒地认识到，二战后逐步形成了"一超多强"的国际新格局，面对迅速崛起的中国、印度、巴西以及上海经合组织、"金砖国家"合作机制等双边或多边合作组织，西方国家为了维持国际旧秩序，保持其主宰地位，改变了传统的直接武力干预方式，而是运用文化渗透对各发展中国家的国家安全进行挑衅，包括对我国边疆民族地区和平环境、社会稳定局面进行破坏。因此，文化安全不只是我国边疆民族地区稳定发展的重要基础，更是防范抵御西方国家干扰破坏图谋的有力屏障。

我国边疆民族地区文化安全形势严峻，民族跨界性、文化多元性增加该地区文化安全的风险。无论是西北边疆，还是西南边疆，又或是东北边疆，在国家经济政策的倾斜下，取得了不少成绩，但是文化建设滞后也是客观存在的。这就为西方国家文化扩张提供了机会，西方国家对我国边疆民族地区的文化渗透方式多样，正如美国2002年的《美国安全战略报告》所指出的"我们要积极行动，把民主、发展自由市场和自由贸易的希望带给地球上每一个角落里的人们……我们的终极目标是为我们的民主价值观念和生活方式而战"[36]。西方国家之所以对我国边疆民族地区进行文化扩张，其根本目的就是以美国为首的西方国家企图对世界上绝大多数国家进行经济压迫和"殖民统治"。如果我国边疆民族地区文化建设事业发展得

36　郝良华：《美国文化霸权与中国国家文化安全》，济南：山东大学2012年博士论文，第56页。

很完善，民族文化的研究与传承做得很好，每一个民族都以自己的文化为荣，高度认同其自身的民族文化，那么西方国家利用以上种种方式进行民主自由宣传也好，还是价值信仰的传播也罢，都不可能得逞。但正是由于我国以经济建设为中心，有些地方(特别是"边疆民族地区")由于"底子薄"和急于摆脱"贫困"现状，长久以来不重视民族文化发展，疏于进行民族文化建设，一旦经济社会出现矛盾，很容易被归因于"文化"上的原因，因而种种否定民族文化、唱衰民族精神的歪风就会兴起，进而否定我国边疆民族地区社会主义建设事业所取得的成绩，甚至从根本上否定社会主义价值信念，这就不只是单纯的文化事业发展问题，而是事关我国边疆民族地区和谐稳定的基本问题，事关国家安全大业的战略性问题。

我国边疆民族地区文化的多元化发展，不仅有助于边疆地区的文化事业与文化产业繁荣发展，也有利于从根本上维护边疆的社会和谐稳定，促进民族团结。我国边疆地区民族众多，"大杂居、小聚居"是基本特征，虽然在长期生产生活实践中，我国边疆民族地区各民族经济交往日益频繁，文化上也取长补短，融合发展是基本规律，但是各民族在语言文字、价值信仰以及生活习惯等方面还保留着各自的民族传统，也就是各民族的心理意识还是存在较大差别，尤其是在民族聚居地表现得更为明显。例如，我国西北边疆的回族、维吾尔族、哈萨克族等民族，尽管受到中华传统文化的影响，但是各民族特有的表征符号仍然得到了保留。所以，应该在充分尊重各民族文化特色的基础上，坚持按照"百花齐放、百家争鸣"的方针来促进我国边疆民族多元文化发展。同时，必须注意到在我国边疆民族地区发展多元文化时，既不是放任各民族文化任意发展，即对其文化中的"糟粕"或与时代主题不相容的部分，尤其是低俗的、不道德部分要予以坚决地取缔；也不是不加选择地移植西方文化、外来文化，西方文化先进的部分可以借鉴吸收，但是对其不适合中华文化的内容，甚至是诋毁、污蔑中华文化的必须予以坚决地抵制。比如，西方的"文化帝国主义"就是指"西方大国把西方文化强加给不发达国家，从而破坏了这些国家独特的文化传统，削弱了其对本土文化的认同"[37]。如果在我国边疆民族地区多元文化发展中任由"文化霸权主义"肆掠，不仅会对社会主义道路和中国共产党领导带来挑战，还会动摇我国边疆民族地区人民对马克思主义指导思想和社会主义核心价值观的认同。我国边疆民族地区多元文化发展，需要吸收其他民族文化的精髓来发展自己民族文化，包括西方国家文化当中优秀、积极的养分；但是不能不加选择地全盘照搬，尤其是对待西方文化必须加以甄别，不只是要剔除其中"消极的、不适合"我国边疆民族地区文化发展的部分内容，同时也要防止其从价值信仰、意识形态上否定中国共产党的领导，否定社会主义道路。

二、牢记社会主义核心价值观主导文化安全信念

尽管我国边疆民族地区文化多元性是长期以来形成的客观事实，但是如何发展民族文化却是个新的课题。文化是一个国家或地方的软实力，甚至超越了经济、军事、政治等硬实力的作用，并且被认为是综合实力最核心的方面，从根本上决定着一个国家或地区的竞争力。因此，文化建设成为世界多数国家或地区提升实力的基本方略。除此之外，文化安全还是国家或地区安全的重要内容，对于多民族国家或地区而言更为重要，西方国家正是注意到我国边疆民族地区文化建设滞后，在经济建设为中心指引下没有得到应有重视，加之基本没有"文化安全"意识的弱点，所以利用传统或现代资信传播方式和经济发展的影响力，在我国边疆民族地区推销西式的民主自由、价值信仰以及意识形态，这其中最有效最隐蔽的方式就是利用"文化多元"，即在"文化多元化"的外衣下传播西方国家文化思潮，包括政

37　沈洪波 著：《全球化与国家文化安全》，济南：山东大学出版社2009年版，第77页。

治民主制度。因此，只有尊重边疆民族文化多元化，按照"扬弃"的思想去发展好民族地区的文化，才是防范西方国家文化扩张的有效方式。

中华文化认同必须在边疆民族地区得到大力推进。我国是一个统一的多民族国家，文化认同是我国长治久安的重要基础，在多元发展的客观前提下，如果任由各民族文化自由肆意生长，而不是统一于共同的中华文化之中，那么边疆民族地区和谐稳定的局面难以保障，更不必说经济社会的可持续发展。这是因为，各民族对中华文化的深刻认同感是"最深层次的认同，是民族团结之根，民族和谐之魂"[38]，并且文化安全的重要表征和条件就是人民对社会主流文化具有高度一致的认同感。我国边疆民族地区尽管在国家民族区域自治政策的引导下，总体上呈现出融合发展的良好形势，但是，由于各民族间历史基础、资源禀赋等条件各异，尤其是受"民族文化"因素的影响，我国边疆民族地区内部不同民族、边疆民族地区之间以及边疆民族地区与外部民族(如汉族)之间存有事实上较大的发展差距。在这种情况下，只是通过资金投入、投资优惠以及税收减免等经济手段，或是通过政策倾斜、制度保障等非经济牌，而不是从对边疆民族地区文化建设着手，譬如通过"政策宣传"、"艺术展览"等来凝心聚力，那么我国边疆民族地区的文化安全，就会由于没有形成"文化共识"而产生动荡。"文化的认同感、整合能力是政治得以克服地理上的离心力并使其超越一般的政治组织成为一种可能。而文化安全与否的一个重要表现就在于它能够在多大的程度上使人们在国家和民族问题上形成高度一致的认同。"[39]对于我国边疆民族地区而言，就是要加强各民族对中华文化的认同，只有每一个民族都将本民族文化统一于"中华文化"大家庭，即社会主义核心价值观所指向的优秀中华文化，我国边疆民族地区"文化事业"发展才会有明

38　迪木拉提·买买提："牢固树立中华民族共同体意识"，《新疆日报》，2016-04-03。

39　胡惠林 著：《中国国家文化安全论》，上海：上海人民出版社2005年版，第18页。

确的方向，"文化安全"才会有可靠的保障。具体来说，我国边疆民族地区"中华文化"认同建设主要包括以下几方面内容：

首先是价值观认同。价值观对于大多数人来说可能都比较熟悉，但是对于我国边疆民族地区文化安全来讲，形成普遍的、共同的价值观，是文化安全的核心工作。因为是否形成被全体人民共同认同的核心价值观，是一个国家或民族文化认同形成的基本标志。社会主义核心价值观是新时代下中国共产党人对"社会主义"价值追求是什么最精炼的回答，这也是我国边疆民族地区各项事业发展的价值方向。社会主义核心价值观体现在我国边疆民族地区文化安全上，就是要自觉聚焦到十八大总结的"24字"[40]上来。具体来说，必须将"富强、民主、文明、和谐"确立为我国边疆民族地区发展的价值目标。为了这个价值目标，必须将"自由、平等、公正、法治"作为价值取向，在民族地区营造一种良好的社会氛围。同时，引导并支持各族人民自觉地将"爱国、敬业、诚信、友善"作为其自身的精神追求和价值标准。众所周知，社会主义核心价值观是指引我国各族人民"价值认同"的核心内容，也是衡量其文化认同度的重要指标。因此，在我国边疆民族地区推进中华文化认同工作，不仅要以社会主义核心价值观为指引，还要进行最为广泛的社会主义核心价值观教育，让我国边疆民族地区各族人民自觉培养和践行。同时，还应在中华文化发展中推进民族文化的繁荣，使各族人民把自己民族文化自觉归属到中华文化当中去。总而言之，"加强中华民族大团结，长远和根本的是增强文化认同，建设各民族共有精神家园，积极培养中华民族共同体意识。要把建设各民族共有精神家园作为战略任务来抓，抓好爱国主义教育这一课，把爱我中华的种子埋在每个孩子的心灵深处，让社会主义核心价值观在祖国下一代的心田生根发芽"[41]。

40　社会主义核心价值观基本内容为："富强、民主、文明、和谐、自由、平等、公正、法治、爱国、敬业、诚信、友善"。

41　"中央民族工作会议暨国务院第六次全国民族团结进步表彰大会在北京进行"，人民日报，2014-

其次，理想信念认同。社会主义道路是中国共产党带领全国各族人民经过艰苦卓绝的斗争而作出的正确选择，具有历史必然性。这就要求我国边疆民族地区既要认识到只有中国共产党的领导才能救中国，才能发展边疆民族地区，才是祖国边疆和谐稳定的根本保障；又要明白中国特色社会主义道路才是引领我国各族人民实现富强的基础，才是实现我国伟大复兴的关键。历史一再证明，只有社会主义才能救中国，只有中国特色社会主义才能使我国边疆民族地区各族人民翻身做自己的主人。所以，坚持中国共产党领导、坚定社会主义理想信念，在我国边疆民族地区坚持社会主义道路、发展社会主义，按照中国特色社会主义基本方略，积极推动边疆民族地区各项事业稳步发展，是新时代背景下我国边疆民族地区发展的首要使命。基于此，一方面，要在我国边疆民族地区做好政治认同工作，加强思想政治教育，"不断巩固对中华民族的共同政治认同，使各民族民众认识到我们的命运是牢不可分的，团结一致来共同应对国内外各种挑战和可能出现的危机"[42]。另一方面，要在我国边疆民族地区，始终坚持中国共产党领导，始终坚定中国特色社会主义理想信念。无论是在西北边疆，还是西南边疆，抑或是东北边疆，客观上存在着少数不安定分子(有些还与域外的"民族分裂、宗教极端以及暴力恐怖"等敌对势力相勾结)，企图破坏、颠覆人民政权，不惜捏造事实、断章取义以及利用不法手段，污蔑、诋毁并企图动摇中国共产党的领导地位，甚至不遗余力否定中国特色社会主义在边疆民族地区所取得的举世瞩目的发展成就，否定边疆少数民族群众越来越美好的生活，从而实现其"不可告人"的目的。不过，这与我国长久以来没有重视边疆民族地区文化建设有关，也与没有及时对民众进行社会主义核心价值观宣传教育有关。也就是说，我国边疆民族地区对中国共产党的

09-30。

42 民族事务委员会文化宣传司、中国社会科学院文化研究中心 编：《中国少数民族文化发展报告(2012)》，北京：社会科学文献出版社2012年版，第30页。

领导以及中国特色社会主义的理想信念认同，是防范西方国家、域外敌对势力文化扩张最为坚实的手段。譬如，在云南，从总体上讲，多民族和谐共处，边疆地区安全稳定，但还是在境外多元文化、多重宗教意识形态的冲击和影响下发生了"打砸抢事件"等危害边疆民族地区安全稳定的事件。虽然以上案件或事件发生的缘由各有不同，但是，积极推进边疆民族地区社会主义理想信念教育，坚持用社会主义核心价值观引导边疆民族地区的文化建设，则是提升各族群众对社会主义价值观的信念，特别是维护边疆民族地区的民族团结和谐稳定的重要方式。

最后，文化心理认同。文化心理是民族划分最本质的内容，一个民族之所以被认定为该民族，而不是其他民族，最为根本的就是其特有的文化心理。所以，文化心理认同是国家文化安全工作的重点。在我国漫长的发展过程中，虽然56个民族的是民族文化各具特色，生产方式也有差异，甚至社会发展阶段也有不同，但是，"融合发展、走向统一"是其基本规律。"我国历史演进的这个特点，造就了我国各民族在分布上的交错杂居、文化上的兼收并蓄、经济上的相互依存、情感上的相互亲近，形成了你中有我、我中有你，谁也离不开谁的多元一体格局。"[43] 也就是说，我国作为一个统一的多民族国家，尽管在长期生产生活实践中形成了融合发展的局面，从文化层面上统一于中华文化，但是不同民族仍然保留着各自文化特色和特有的民族心理。例如语言文字认同方面，语言作为一个民族文化的重要内容，也是民族文化传承发展的重要载体。而"语言认同是一个文化心理的趋同现象，它与文化心理的认同程度成正向关系—语言身份的相似度越高，文化心理的认同度也就愈高"[44]，也就容易产生文化认同的向心力和责任

---

[43] "中央民族工作会议暨国务院第六次全国民族团结进步表彰大会在北京进行"，《人民日报》，2014-09-30。

[44] 黄亚平、刘晓宁："语言的认同性与文化心理"，《中国海洋大学学报(社会科学版)》，2008年第6期。

感。因而，应该在边疆民族地区民族语言工作的基础上，大力推广国家通用语言文字，努力提高我国各族人民对中华汉语言文字的认同感。当然，更要清醒地认识到，语言文化认同是一项长期而艰巨的工作，决不是短时间内能够轻松解决的问题，这需要科学有效地发展教育，需要一代又一代人的共同努力。文化心理认同工作包含的内容十分广泛，我国边疆民族地区民族众多、文化多元，加剧了文化心理认同工作的难度，跨界民族的特点使民族文化心理认同更加复杂。比如，在广大边疆民族地区，少数民族群众大多有着自己的宗教信仰，我国政府本着尊重和支持合法的宗教信仰自由原则，赋予了各族人民群众合法的宗教信仰自由。我国很多民族文化与宗教是分不开的，甚至宗教教义成为民族文化的主体内容。所以，既要尊重信教群众宗教信仰自由，又要保障不信教群众不信仰宗教权利。同时，鉴于边疆民族地区宗教信仰普遍的客观现实，实现将各民族宗教文化的主观认同，纳入到中华文化认同的整体系统之中，这既是做好边疆民族文化心理认同、加强民族文化凝聚力的核心工作，更是我国边疆民族地区文化安全的重点任务。因此，不但要在全国范围内强调对中华文化多元的认同，而且不能忽视边疆民族地区各民族群众对自身宗教文化的主观认同。还要审慎对待宗教界人士和群众宗教信仰，客观合理引导，使其在边疆民族地区促进经济社会发展、巩固民族团结、维护社会和谐稳定中发挥出重要的引领作用。要积极做好宗教工作，既不能使边疆民族地区宗教信仰自由落空，也不能使宗教游离于社会发展之外，而是尊重边疆民族地区群众宗教信仰客观现实，根据时代发展需要和民族地区文化心理认同，将宗教文化自觉统一于中华文化认同体系之中，使边疆民族地区整体文化心理得到统一，从而有助于我国边疆民族地区和谐稳定与文化安全。

三、坚守多元文化中的文化自信

文化自信是繁荣发展中国特色社会主义文化的必要条件，也是我国边疆民族地区文化安全的必要条件。我国应在社会主义核心价值观的指导下，从价值观、文化心理等方面，影响和培植我国边疆民族地区群众对中华文化的认同，从而强化民族地区群众坚持中国共产党领导和中国特色社会主义道路的理想信念。然而，由于远离政治、经济和文化中心、地处国家的边陲、宗教民族文化纷繁复杂以及深受周边国际环境的影响，我国边疆民族地区成为遭受文化安全危机的前沿阵地：一方面，境外敌对势力(如以美国为首的西方资本主义列强等对我国经济、政治、意识形态和社会发展仇视的国家)长期把针对边疆民族地区的思想文化渗透作为对我国实施"丑化、西化、分化"图谋的重点，并将其视为对我国国家安全进行有效控制的"突破口"；另一方面，我国边疆民族地区境内少数"破坏分子"，如以"民族分裂、宗教极端、暴力恐怖"为代表的"三股势力"，往往又假借"民族、宗教"等文化元素，在破坏、颠覆以及危害我国和平稳定发展的图谋下与西方国家某些力量不谋而合，更是加剧了我国边疆民族地区文化安全的严峻形势。为了国家的长治久安、边疆民族地区的安全稳定以及各民族的共同繁荣，加强我国各族人民对本民族文化和中华文化的自信就成为当下我国文化安全的应有之义。

文化自信有助于民众自觉抵制西方国家的文化扩张。我国边疆民族地区文化安全形势严峻，或者说西方国家文化扩张之所以会选择边疆民族地区，是因为文化自信在该地区的不足，从而使得社会公众对自己文化认同减损，转而对外来文化(如"西方国家文化")认可、接纳，甚至"信仰"。放眼世界，文化安全在国家或地区安全中的重要性，以及文化"软实力"是国家或地区竞争力的重要内容，已是全社会的基本共识，越来越多的国家或地区重视并积极发展自己的文化软实力。当然文化软实力建设包含的内容十分宽泛，其中的重要工作之一就是培育社会公众的文化自信。党的十八大以来，中国共产党人总结中国特色社会主义建设经验，提出要坚持走中华民族伟大复兴之路，要更加坚定"道路自信、理论自信、制度自信和文化自信"，即"四个自信"思想。早在2014年的"两会"期间，习近平总书记在与贵州代表团一起审议《政府工作报告》时指出："体现一个国家综合实力最核心的、最高层的，还是文化软实力，这事关一个民族精气神的凝聚。应当要坚定道路自信、理论自信、制度自信，最根本的还有一个文化自信。"在这里，文化自信是指人民对党、国家和民族文化的历史传统、价值内涵和现实意义的认识、认同以及在此基础上建立起来的信念。因为各族人民"只有坚定文化自信，才能更加理性、更加自觉地坚定道路自信、理论自信、制度自信"，并且"文化自信，是更基础、更广泛、更深厚的自信"。如果边疆民族地区各民族都有"文化自信"，就会容易形成很强的民族自豪感和自信心，由此激发人民群众的积极主动性和创造性，包括工作积极性和开创性。这种"文化自信"在国家或地区越普遍、持续时间越长，其在国家或地区经济社会发展中的正面作用就越明显。对我国边疆民族地区而言，如果各民族群众都对中华文化充满自信，对建设社会主义形成共识，那么在面对外来文化(包括西方国家文化)歪曲、否定中华文化的种种观点、思想等时就能自觉进行抵制、斗争。对于一个民族而言，没有文化自信，就相当于没有灵魂。当下我国边疆民族地区在搞好安全稳定和经济建设的同时，培育"文化自信"更是当务之急。只有边疆民族地区社会公众"文化自信"了，才会激发出社会主义建设的热情，才会自觉抵制外来文化入侵对地区软实力的消极影响，也才能更好地坚定对中国特色社会主义的道路自信、理论自信、制度自信的认同，从而为边疆民族地区安全稳定提供坚实的思想基础和精神基石。

文化自信本质上是对中国特色社会主义道路的自信。自信，是一种很强的精神力量，对个人而言，不仅是个体对待生活所持态度的重要内容，还是个体从事工作的精神动力。尽管对我国边疆民族地区而言，各民族在长期生产实践中都有着自己的优秀文化，并且在历史长河中通过民族融合交流也已成为中华文化的一部分，但是，受地处祖国边疆、经济发展缓慢以及文化建设滞后等多种因素影响，无论是文化"软实力"发挥，还是公众"文化自信"都有底气不足问题。尤其是随着国际格局变化和中国的和平崛起，以美国为首的西方国家，为了维持旧的国际秩序和既得利益，纠集敌视社会主义的反华势力，利用新旧媒介、商品输出、对外交流等多种形式，极力宣扬西方国家民主自由、价值信仰和意识形态等"西方文化"，同时培植或扶植我国边疆民族地区的少数不安定、不团结的力量(尤其是"三股势力")，歪曲、夸大我国边疆民族经济社会发展差距、民族宗教等发展中存在的问题，通过污蔑偶像、编造历史、破坏形象等多种方式来破坏中国文化，从根本上否定社会主义道路、诋毁中国共产党的领导。长久以来，我国并没有认真思考文化自信的作用，也不认为文化在经济社会发展中可以发挥重要力量。实际上，文化是国家或地区的上层建筑，反映着经济社会发展程度和水平，同时又反作用于经济社会发展。如果一个国家或地区的文化发展得好，社会公众对自己的文化自信了，就会有着良好的精神面貌和强大的进取动力，那么该国家或地区各项事业就会进步、发展，这种发展又会增强民族自信心、自豪感，公众的文化自信会进一步提升。我国边疆民族地区走上社会主义道路之前的政治生态、治理结构、社会形态差异很大，受制于资源禀赋、历史传统和产业特色等多种条件，发展难度较大，长期以来党和政府给予了高度关注，在我国边疆民族地区，各族人民群众在中国共产党统一领导下，坚持走中国特色社会主义道路，共同建设中国特色社会主义，取得了经济社会发展的全面进步，更有利于实现人民对美好生活的向往。我国边疆民族地区经济发展滞后是客观现实，在国内或国外不安定、不和谐的势力煽动下，原本并不复杂的社会矛盾不仅呈现增多之势，还可能与民族、宗教等问题结合在一起呈现复杂性的一面。通过将边疆民族地区经济社会发展相对滞后性进行片面化、极端化解读，甚至在民族群众中传播不利于中国共产党领导，不仅会延缓我国边疆民族地区社会主义现代化进程，还会严重毁损边疆民族地区群众的社会主义道路自信。因此，既要在确保边疆安全稳定的前提下，加快我国边疆民族地区各项事业发展，夯实民族文化繁荣发展的基础，又要努力增强民族群众对中华文化的认同，自觉将民族文化统一于中国特色社会主义事业，培育和提升边疆各民族公众的社会主义文化自信。

文化认同是我国边疆民族地区文化安全工作重点。文化自信的前提是要有文化认同，对于我国边疆民族地区而言，树立民族群众的文化自信，最为重要的是做好其文化认同教育。文化自信说到底是人们对其文化价值的充分肯定、文化发展的饱满信心和文化价值取向的坚定信仰。世界上任何民族发展都立足于其文化，我国边疆少数民族也不例外。当然国家或民族的文化也不是一成不变的，正是由于各民族在文化交流中取长补短，才会有今天光辉灿烂、长盛不衰且丰富多彩的民族文化。强化我国边疆民族地区文化自信是首要工作，要明晰什么才是优秀的民族文化，什么文化有助于边疆民族地区长久发展。其实，党和国家早已作出明确的指示，2017年1月25日，中共中央办公厅、国务院办公厅印发的《关于实施中华优秀传统文化传承发展工程的意见》明确指出，"实施中华优秀传统文化传承发展工程，是建设社会主义文化强国的重大战略任务，对于传承中华文脉、全面提升人民群众文化素养、维护国家文化安全、增强国家文化软实力、推进国家治理体系和治理能力现代化，具有重要意义"[45]。从中可以看出，传承民族优秀文化、自觉统一于中华文化，是我国边疆民族地区文化发展的基本准则。随着我国经济社会发展和对外开放进程的

---

45 中共中央办公厅、国务院办公厅印发"关于实施中华优秀传统文化传承发展工程的意见"，新华网，2017年1月25日，http://www.xinhuanet.com/politics/2017-01/25/c_1120383155.htm。

深入，在边疆民族地区文化认同、文化自信等文化发展工作中，不但"要对来自不同发展程度和不同意识形态国家的文化挑战进行客观、辩证地分析和鉴别"[46]，更要对西方文化渗透与扩张、境内外宗教非法传播以及边疆民族地区文化发展相对滞后等多种威胁文化安全的问题保持高度警醒。

总之，我国边疆民族地区多元文化发展，既要学习和借鉴人类社会创造的一切先进文明成果，在社会主义核心价值观指引下，创新和传承各民族优秀文化，又要努力加快边疆民族地区经济社会全面发展，从价值观、理想信念和文化心理等层面，引导我国边疆民族地区社会公众对中华文化的认同，并以此为基础不断增强各族群众对民族文化与中华文化的高度自信。著名社会学家费孝通先生曾说，"各美其美，美人之美，美美与共，天下大同"，在边疆民族地区文化安全构建中，要加大民族文化传播力度和不同文化的沟通了解，增强抵御不良文化渗透的能力。同时，高度关注边疆民族地区文化安全，树立文化安全观念，合理评估文化安全，在国家民族区域自治政策的框架内，立足民族地区文化安全现状，组建文化安全机构，制定文化安全政策，形成有助于边疆民族地区的文化发展和文化安全的长效机制，维护边疆民族地区稳定和谐发展，促进各民族团结繁荣，确保我国边疆民族地区和国家的长治久安。

46　张小平 等著：《当前中国文化安全问题研究》，北京：社会科学文献出版社2012年版，第36页。

第二章

我国边疆民族地区文化安全在国家利益中的价值

作为处于国家陆海空疆界、军事要害、政治交锋、经济边缘、多民族聚居、文化异质、宗教复杂诸要素组成的边陲之地，边疆民族地区往往与民族、文化、宗教、经济、政治、外交、主权、信息网络等诸多安全问题错综交织，呈现出复杂性、特殊性、新样态等特征。"边疆安全问题是与国家兴起俱来的重要问题。"[1] 边疆兴则国兴，反之亦然。对正在快速崛起并推动全球化、建设现代化的中国来说，边疆绝不仅意味着一国之边缘，而是关乎国家前途命运的重要战略区域。全球化时代下，传统的地理边疆即"硬边疆"已经转向由价值观、民族情感、宗教信仰、历史文化等要素共同组成的无形的"软边疆"。在中华民族伟大复兴的历史征程中，边疆民族地区文化安全问题日益成为事关国家安全、国家利益和国家战略的关键性议题。

---

1   罗英姬："浅析和谐民族关系与和谐社会"，《满族研究》，2007年第2期。

第一节 我国边疆民族地区文化安全是国家利益的重要组成部分

国家是一个以民族文化为命脉根基的"祖国"家园，也是一个以文化为血液灵魂和立身之本的民族生命体和命运共同体，可见文化之于国家和民族的建构具有不可或缺重要的意义。"国家利益是一个国家赖以生存和发展客观物质需求和精神需求的总和"[2]，其时代性与民族性交相辉映的构成要素、结构层次和位次排序是一个国家制定内外政策的根本基石和"第一议题"。在全球化时代下，基于文化安全层面的国家利益日益成为一个重要的战略性命题，对于边疆民族地区的文化安全而言尤为如此。

一、国家利益的内涵结构和重要价值

利益而非其他任何因素构成了人类行为和国家行为的基本出发点和根本依据。"人们奋斗争取的一切，都同他们的利益有关。"[3] 利益是指满足主体需要和欲望的某种好处，这种好处具有自利性。马克思从"现实的人及其实践活动"为出发点，以物质利益为逻辑起点，探究社会历史发展的动力，揭示利益实质是社会关系及其基本结构。安全问题源自利益冲突，利益广泛存在于全球各地，而危险伴随着矛盾充斥着世界的角角落落。可见，国家利益是引发国家安全问题的总根源，是一个主权国家生存和发展全部需求和意志的集中表现，"国家若忽视其客观利益，最终将会失去其国家的属性。"[4] 关于国家利益，国内外学界主要有马克思主义利益观、理想主义、现实主义、新自由主义和建构主义等五种基本学派。其中，马克思

2　雷亮、王娜："略论战略思维的基本原则"，《军事历史研究》，2009年第4期。

3　[德]马克思、恩格斯 著，中共中央马克思恩格斯列宁斯大林著作编译局 编译：《马克思恩格斯选集》第1卷，北京：人民出版社1995年版，第72页。

4　邢悦："国家利益的客观性与主观性"，《世界经济与政治》，2003年第5期。

主义利益观把对利益的追求看作是一切人类活动的基础，即把利益一事置于人类社会活动的最基础的地位，利益将伴随人类社会发展的始终。理想主义主张国家利益建立在道义和国际法的基础上，以和平而非暴力方式处理国与国之间的关系，其学派重要代表人物美国第28任总统伍德罗·威尔逊(Woodrow Wilson)，他呼吁："每个国家在维护和平这一点上都是有着共同利益的，因此任何企图破坏和平的国家都是非理性和不道德的。"[5] 现实主义则一贯强调国家实力在形塑和定位国家利益及发展国际关系中的首位作用，认为政治的实质是利益，主张权力是维护和实现国家利益的核心和重要砝码，其代表汉斯·摩根索(Hans J.Morgenthau)，其经典诠释是"利益观念的确是政治的精髓，不受时间和地点的影响"[6]；新自由主义主张国与国之间的竞争和合作是常态化的对立统一，应在"历史向世界历史"的趋势中实现国家利益的最大化；建构主义以文化和价值观建构国家利益和国家合法性，在文化全球化视域中把握国家利益的内涵结构和时代变迁，玛莎·费丽莫(Martha Flnnemore)认为："国家是根据国际上公认的规范和理解……是由国际共享的规范和价值所塑造的。"[7] 不同的学派的主张使国家利益具有了多元化的内涵和结构。

国家利益并不是一成不变的，具有时代变迁性、国际交互性和可选择性等重要特征。尽管国家主权和领土完整、国家生存和安全、根本政治制度、文化民族性等相对于其他的国家利益而言，是关涉国家生死存亡的"根基性"利益。时代不同，国家承担的历史任务和国内外职能不同，国家

5　[英]爱德华·卡尔 著，秦亚青 译：《20年危机(1919-1939)国际关系研究导论》，北京：世界知识出版社2005年版，第204页。

6　[美]汉斯·摩根索 著，徐昕 等译：《国家间政治——权力争与和平》，北京：北京大学出版社2006年版，第22页。

7　Martha Finnemore, National Interests in International Society, Cornell University Press, 1996, p.27.

利益也会发生时代变迁、顺序重置和内容转换。毋庸置疑，安全利益始终是国家最根本最基础的利益，正如米尔斯海默所强调的那样，"国家能够而且确实在追求其他目标，但安全是其最重要的目标。"[8] 但安全利益并不总是最基础和"第一位"的利益，"当国际制度强而有力或者国家间形成了安全共同体时，安全利益同样会让位于范围更加广泛的经济利益或社会文化利益。"[9] 与此同时，国家利益也是在全球化国家与国家之间的利益互动中建构起来的。"国家利益并不是一个简单的客观存在，它还包含着一个国家作为国际社会行为体对一个时期国际形势的判断，是基于这种判断来认识和定义在这一时期的国家利益。"[10] 国家利益的内容是客观的，但因为国家国情不同，文化价值观存在差异，具体的国家利益内容也就不同，同样追求国家利益的方式也就不同。国家利益是一定时期国家主体面临的时代主题、客观任务和基于文化价值的主观选择的统一。

一般而言，国家利益的诉求需要通过政治、经济、军事、科技、文化、意识形态等基础性权力来实现，甚至利用相关的权力手段增加本国的国家利益。我国学者胡惠林首先提出"国家文化安全是指一个国家的文化生存的系统运行和持续发展状态及文化利益处于不受威胁的状态"[11]。当前，文化安全利益作为一个新兴的安全利益内容已经成为国家整体利益的重要组成部分，维护国家不受文化安全的威胁也是维护国家利益的重要形式。

8　[美]约翰·米尔斯海默 著，王义桅、唐小松 译：《大国政治的悲剧》，上海：上海人民出版社2003年版，第44页。

9　[美]罗伯特·基欧汉 著，苏长和 等译：《霸权之后：世界政治经济中的合作与纷争》，上海：上海人民出版社2001年版，第49页。

10　胡惠林 著：《中国国家文化安全论(第二版)》，上海：上海人民出版社2011年版，第288页。

11　胡惠林 著：《中国国家文化安全论(第二版)》，上海：上海人民出版社2011年版，第15-17页。

二、文化安全最具前瞻性和攸关性

"一切安全问题归根到底都是利益问题。"[12] 国家利益是引发国家安全问题的总根源，是一个主权国家生存和发展全部需求和意志的集中表现，"国家若忽视其客观利益，最终将会失去其国家的属性。"[13] 在全球化时代，国际权力格局和权力类型的性质、作用和地位已发生显著变化，以往靠军事、政治等对抗性强权的时代已结束，取而代之的是经济、意识形态、文化、网络技术等软权力，这些以"攻心术"为特征的柔性权力逐渐成为国际权力不可估量的核心力量，成为现代社会政治合法性的重要来源，是国家利益的新内容。

文化对国家的影响是全方位和无处不在的，是国家和民族存在的前提和基础。文化作为客观物质性和主观精神性内在统一、价值理性和工具理性互为作用的文化，已成为理解人类行为的关键所在。在全球化深入发展的当代，文化发展成为国家之间广泛重视的新道路，文化成为一种关键性的新型权力资源和"世界性的权力话语权"，对国家生存和发展乃至国际政治产生至关重要的影响，以至于"一个迥然不同的，以知识为基础的权力结构'文化力'正在形成"[14]。作为一种新权力观的文化力，既表明文化日益成长为地区、国家和国际事务中的重量力量，文化力本身已成为国家综合实力的一个重要内容，以文化论输赢的现代国家利益观已凸显；同时文化也作为国际国内政治中更为隐蔽与温和、更具迷惑性、渗透性和欺骗性的新型手段，借助意识形态、价值观、现代化生活方式、文化外交等内容，

12　韩源 等著：《国家文化安全论—全球化背景下的中国战略》，北京：社会科学文献出版社2013年版，第24页。

13　邢悦："国家利益的客观性与主观性"，《世界经济与政治》，2003年第5期。

14　[美]阿尔文·托夫勒 著，黄锦桂 译：《权力的转移》，北京：中信出版集团2018年版，第28页。

实现"文化政治化"，使世界政治格局面临更多的文化安全危机。例如，后冷战时期，前苏联和原东欧一系列社会主义国家以及中东阿拉伯国家遭遇西方"和平演变"和"颜色革命"导致国家分裂解体。文化战略已赫然成为以美国为首的西方国家推行全球战略重心，东西方的政治意识和文化势力互相冲突和碰撞，俨然成为新的国际竞争要素。结果，包含文化软实力在内的综合国力的较量最终成为了国家竞争力的"关键性较量"。"美国霸权不只是美元或枪支的霸权，而是'心灵的霸权'。"[15] 面对西方国家文化殖民、文化侵略的严峻危机，文化安全必须被提上国家核心战略和国家利益的高度。

"深度全球化"时代里的文化安全的地位显著提升。原因如下：一是"后冷战时期"国际权力和国家利益的"方向性转移"。通常来看，国际权力和国家利益的实现主要基于军事、政治、意识形态等传统手段以及经济、科技、文化等非传统手段。在二次世界大战和冷战时期，军事权力和军备竞赛一直处于关键地位，战争与反战争成为时代主题，与此同时，政治和意识形态的较量也呈现出白热化。冷战结束后的"后冷战时期"，全球化进程从经济、政治向文化和社会领域延伸，依靠军事和政治的"强权时代"已经逐渐失去合法性，和平与发展更广泛地为世界各国所接受。二是当代世界各国在国家治理现代化进程中文化的作用和影响力不断彰显。主要表现在对内和对外两方面。对内而言，文化是兴国之魂和戍国之根，其对民众和国家精神力量的塑造作用是独一无二的，价值观引领作用凸显；文化软实力是当下综合国力的重要标志，其对政治合法性和提升国力至关重要；文化作为民族特有生存方式和信仰体系持久影响着民众和国家领导人，决定着民族特有的性格、处事方式和行为模式，以至于"文化不仅积淀着一个民族和国家过去的全部文化创造和文明成果，而且蕴含着它走向未

---

15 张骥 等著：《中国文化安全与意识形态战略》，北京：人民出版社2010年版，第30页。

来的可持续发展的文化基因"[16]。对外而言，文化的影响力是全球性大国的必备条件，缺此，则失去根和魂，不能成为有影响、有实力的世界性大国、强国；当前国际格局下，文化安全俨然已成为"国际关系的主要构架，是国际事务中国家行为的重要基础，也是国际冲突的重要原因"[17]；而文化外交已成为国际外交活动的重要内容，以文化为目的、手段甚至媒介的对外交往形式，层出不穷。三是文化安全战略是中国特色总体国家安全战略的"底线保障"和"固根兴魂"工程。2014年4月15日，习近平总书记首次提出了"总体国家安全观"，并从内涵和外延、时空领域和内外因素高度概括其核心要义，从而构建起具有中国特色的国家安全体系。作为一种新的安全形态，文化安全战略是国家大战略，关乎国家和民族的生存根本和未来可持续发展，关乎国家的根本价值取向，关乎国家文化主权的独立和完整，直接关乎着国家总体安全战略的最终实施。

三、文化安全是国家利益新型战略高地

边疆是国家视域下的边疆，边疆的治理必须紧紧围绕国家安全的根本来进行治理。正如学者周平所言，"从某种意义上说，中国能否实现持续发展以及能否成为真正意义上的世界大国和强国，在很大程度上取决于国家边疆的开拓、开发和治理。"[18] 因此，在中华民族伟大复兴的重要历史进程中，边疆民族地区文化安全等非传统安全领域已然成为国家利益争夺的新型战略高地和前沿阵地。

---

16 胡惠林 著：《中国国家文化安全论(第二版)》，上海：上海人民出版社2011年版，前言第1页。

17 [美]麦哲："文化与国际关系：基本理论述评(上)"，《现代外国哲学社会科学文摘》，1997年第4期。

18 周平："边疆在国家发展中的意义"，《思想战线》，2013年第2期。

经济全球化、政治多极化、文化多元化、网络信息化时代背景下，边疆早已不是一国边远之地和相对于中央政权中心格局的边缘化地区，其内涵概念、地位作用、功能价值已发生根本性转变，除保留以往国与国之间的军事战略要塞外，已成为域外势力的文化争夺、政治较量、宗教博弈、民生关注、民族矛盾丛生等重要区域。其中，"文化前线"的观念格局凸显表明，边疆民族地区安全事务中去除以往传统"边缘—中心"观念格局已是普遍共识和紧迫性问题。硬边疆是领土边界和传统物理疆土范畴；软边疆是基于硬边疆之上的政治、经济、文化、社会等人文边界，是利益相关、文化相融、信息相通的边界。硬边疆主要关涉传统政治安全问题，软边疆主要涉及非传统政治安全问题。非传统安全问题大量出现使得国家边疆安全形势愈加严峻，如何有效应对边疆民族地区的安全威胁和挑战，成为维护总体国家安全的应有之义。

文化安全是总体国家安全观中的"第一保障"。全球化时代国际格局和国际形势发生着前所未有的深刻变化，但"西方中心主义"思想犹在且更甚，表现在经济、政治、文化、国际关系等各领域，进一步加剧了世界各国发展的不平衡。文化以其"人的第二本性"和"兴国之魂"愈加彰显其价值理性的同时，其工具理性也不断扩张，成为当下国内外政治和意识形态争夺的重要领域和手段，导致国家文化安全面临日益严峻的风险和挑战。"文化安全问题实质上是一种政治问题"[19]，可以说"一旦发生危险将是全局性的，并且国内国外联动，国家的其他部分安全也将受到威胁。"[20] 由此可见，"文化牌"可以转化为"政治牌"、"外交牌"甚至"民生牌"、"社会牌"、"经济牌"和"军事牌"，牵一发而动全身，对国家政治、经济、社会等各领域产生全方位影响。例如，境外，西方敌对势力虎视眈眈，勾结境内外民族分

19　程工 等著：《世界主要国家文化安全政策研究》，北京：社会科学文献出版社2014年版，第10页。

20　周平："边疆在国家发展中的意义"，《思想战线》，2013年第2期。

裂主义、宗教极端主义、恐怖主义，甚至资助境内外"意见分子"、专家学者、社会组织，占领文化制高点，打"西化"、"分化"牌，以文化帝国主义和霸权战略妄图干涉我国文化主权乃至国家主权，威胁我国政治安全和意识形态安全，侵害我国核心的国家利益；以文化消费主义策略和"攻心术"潜移默化渗透资本主义价值观、人生观、世界观和现代生活方式，威胁我国社会安全；宣扬市场经济唯利是图和金钱至上价值导向，利用WTO规则冲击我国经济安全；别有用心地培植和勾结境内外民族分裂主义、宗教极端主义、恐怖主义，实施"分化"和颜色革命阴谋，策划和制造"藏独"、"疆独"、"蒙独"等恶性民族分裂事件，威胁我国陆地和海洋版图以及军事和外交安全。由此可见，作为保障作用的文化安全为总体国家安全观提供的是根本保障，是国家和社会整个价值取向的"方向性"保障，是民族精神和家园归属感的"根和魂"保障，是民心向背的"政治合法性"保障。因此，文化安全的这种多重保障，实质是国家安全最不可或缺的"内源性保障"、"根性保障"和"底线保障"，是"文化长城"。缺此，则会使国家和民族面临生死存亡这个"第一性"安全问题。

边疆民族地区文化安全的结构和格局对国家总体安全的地位和影响凸显。在以往的"边缘—核心"地域和政权的框架内，"核心区域乃国之根本……而边缘地带则是国家核心区域的外围地带。"[21] 发展至今，这种观念早已不可维系，边疆在国家发展中的价值和作用比此前任何时候都更为突出，边疆已从地域观念上的"边缘地区"变为实质性的"核心区域"，边疆的内涵外延都发生了深刻变化，除了关乎国家地域安全的硬边疆(陆海空天电网)之外，还有关涉国家发展性安全的软边疆(如利益边疆、战略边疆、高边疆、太空边疆、信息边疆、文化边疆等等)，尤其是利益边疆和战略边疆的提出，使边疆的地位发生了根本性的改变。学者们纷纷提出，利益

21　周平："边疆在国家发展中的意义"，《思想战线》，2013年第2期。

边疆已"成为全球化时代维护国家主权和制订国家战略的重要基点"[22]，战略边疆"是国家实力、战略意志以及国家战略能力的投射范围，也是国家利益的延伸区域，更是衡量一国国际影响力的重要尺度"[23]，而归根到底无论是"利益边疆"还是"战略边疆"都是文化边疆的较量。

边疆民族地区文化安全问题已从"底线保障"作用提升为国家利益的"第一前线"。原因如下：一是文化危机已成为全球化时代影响国家安全的"第一危机"。"文化安全事关国家生命的全部基因的活性程度和可再生程度。"[24] 从这个意义上说，文化安全的重要性再怎么强调也不为过。应对全球化时代的多重文化危机，必须构筑强有力的"文化长城"，从民族文化生死存亡和可持续发展的角度去考量文化危机问题。其中，"认同危机"形势最为严峻。少数民族作为特定"血缘与文化的共同体"的拥有者，民族认同包含有"我们的人民，我们的族源"之意；民族认同之所以在被动员时之所以能够明显转化为行为的强大动力，是因为无论是对于整个共同体还是每个个体，族姓就能够成为一种全方位的意识。[25] 现代多民族国家视野下，"认同危机"的困境在于未能真正实现"三个转变"，即从民族认同到国家认同的转变，从文化认同到政治认同的转变，从族际主义到区域主义的转变，从而在民族地区误将民族的观念而非国家整体观念上升为最高价值观并成为重大的政治性动员力量，造成对"我们是谁"、"我们支持谁"这两个关键性问题上的认知困惑和实践困惑，导致国家认同感降低。二是边疆民族地区的文化安全严重威胁国家利益，亟待构建"第一前线"的新文化安

22 于沛："从'地理边疆'到'利益边疆'—冷战结束以来西方边疆理论的演变"，《中国边疆史地研究》，2005年第2期。

23 陈迎春："战略边疆—助推中国和平发展的切入点"，《世界地理研究》，2011年第6期。

24 胡惠林 著：《中国国家文化安全论(第二版)》，上海：上海人民出版社2017年版，前言第1页。

25 [英]斯蒂夫·芬顿 著，劳焕强 等译：《族性》，北京：中央民族大学出版社2009年版，第124页。

全观。长达22000公里和毗邻14个国家的陆地边疆线，混杂"文化殖民主义"、"民族和宗教多元性"、"边疆问题复杂性"、"异质文化"等问题，存在政情复杂、文化冲突、宗教冲突、民族冲突、资源冲突、主权冲突等诸多文化不安全因素，极易成为军事、政治、社会、经济、生态等危机的导火线，严重威胁国家主权和领土完整，甚至威胁国家核心利益。可见，边疆民族地区的文化安全绝非仅仅起着"思想长城"和"文化保障"作用，应当有这样的意识，从更高的"发展性"而非"防御性"去认识和建构文化安全，即从"底线保障"到"第一前线"，积极主动，有为建构。三是边疆民族地区的文化安全问题源自"文化软实力短板"。文化"软实力"具有国家和民族的文化传统、意识形态、民族习性、社会和谐等方面的吸引力、影响力、凝聚力、亲和力、感召力，以其无形力量和隐性、间接性路径，对边疆地区的政治稳定、经济建设、社会发展以及人们的生活方式产生强烈影响。从本质上看，文化软实力是文化资源在实现国家战略目标和维护国家利益中的一种潜质和基础性能力。当今国际秩序下"文化显得越来越重要"，文化软实力作为特有和不可或缺的社会资本和文化资源，是提升国家综合实力的重要内容，也是边疆区域性综合实力的重要维度，在边疆民族地区经济发展、社会稳定、民族团结等方面发挥着愈加重要的积极作用。因此，边疆民族地区的文化安全问题源自"文化软实力短板"，亟待加强和提升。由此可见，全球化背景下，我国边疆民族地区的安全问题至关重要，它不是单纯的某一方面的问题，而是融合了国际关系、历史、政治、民族、宗教、语言、认同感等诸多因素在内的复合性问题和"系统工程"，涉及国内国外两方面的双源性特点，产生出跨界跨国性、安全问题突发、各种因素交织其中、危害性强、影响深远等严重后果。[26] 非传统安全

26　徐黎丽、易鹏飞："陆疆安全问题的识别与界定"，《云南师范大学学报(哲学社会科学版)》，2013年第4期。

领域的文化安全问题, 则更是如此。

互联网信息化大数据时代的网络文化下, 信息得以超越时空界限快速传播, 文化地域性消亡, 文化安全更是岌岌可危, "没有网络安全就没有国家安全"[27]。网络文化安全犹如一张信息之网, 把政治、社会、宗教安全等一系列安全信息纳入其中, 成为新的引爆点和导火线, 威胁文化安全和总体安全, 必须给予理论和实践的深入研究。无疑, 新全球史观下我国边疆民族地区文化安全作为总体国家安全观的关键性抓手, 其影响机制具有问题突发性、辐射全方位、传播快速等特点, 表明文化安全在总体安全安全观中的重要性得以提升, 影响范围广且深刻, 不容忽视。因此, 边疆民族地区文化安全是当今国家利益争夺的新型战略高地和前沿阵地。

第二节 我国边疆民族地区文化安全是政治认同及思想融合的保障

政治认同和思想整合是国家文化安全的基石, 其具有思想情感和行动力双重特征, 有助于一个政治共同体合法性的建立、有利于维护国家稳定和国家统一是国家安全的基石。但是, 认同作为一种心理状态是可以建构的。由于边疆民族构成的复杂以及民族边界和国家疆界的非对称性等先天因素, 多民族国家在全球化背景的政治认同培育和思想整合愈发困难。正因为如此, 边疆民族地区的文化安全对多民族国家培育政治认同、进行思想整合就具有决定性的影响。

---

27 习近平:《习近平谈治国理政》, 北京: 外文出版社2014年版, 第198页。

一、政治认同和思想整合是国家文化安全的基石

认同不仅是一种心理上的情感状态和思想意识，而且"是人们意义与经验的来源，为人们的行为和价值判断提供了基本的参照"[28]，政治认同也是如此。正是由于政治认同所具有的这种行动特性，所以它对于维护作为政治共同体的国家安全来说至关重要。因此，可以说政治认同以及思想整合是国家安全的基石，主要表现为以下特点。

政治认同以及思想整合是政治共同体获得合法性的基石。无论哪种性质的政治共同体，其实行政治统治都必须依赖强制性。但是单纯的强制性是无法实现长久的政治统治的，在传统的王朝社会中，各个王朝的统治者都要通过一些类似于神话故事将自己塑造成与常人不同的天子，并且通过一系列繁琐的礼仪来营造神秘感，以此来昭示自己作为统治者的合法性。当后继的王朝推翻前一个王朝时，也总要通过一些手段将此解释为顺应上天的旨意，来为自己新建立的王朝进行辩护。德国社会学家韦伯将这种类型的合法性称为传统型权威，此外还有卡里斯玛型和法制型权威。民众屈从于某种政治统治固然有慑于其强制性的因素，但合法性涉及的是民众对政治统治的自愿服从，也就是对国家、对中央政府高度的心理认同与信赖。如果一个政治共同体的民众对这个政治共同体不再产生归属感并进而怀疑为何要对其忠诚，即民众对其失去政治认同，那么这个政治共同体就产生了合法性危机。

政治认同以及思想整合是维护国家政治安全与稳定的重要力量。"对于任何一个国家而言，如果国民对它不能形成强烈的认同感，那么它的统一和稳定就缺乏稳固的心理基础，就会有沦至解体的可能。"[29] 这是由于国民

---

28 吴玉军：《现代性语境下的认同问题——对社群主义与自由主义论争的一种考察》，北京：中国社会科学出版社2012年版，第4页。

29 吴玉军："国家认同的基本内涵"，《中国特色社会主义研究》，2015年第1期。

对国家产生的强烈认同感不仅意味着在情感上将其看作自己的精神归属，而且会在行动上去支持国家的基本制度，拥护并去严格遵守履行国家制定的各项方针政策。如果一个政治共同体的所有成员都共享这种政治认同，产生休戚与共之感，那么国家就具有了强有力的凝结力量，使得所有成员都朝着一个目标共同努力，避免了由于分歧而可能产生的矛盾与冲突。

政治认同以及思想整合是保持国家和平统一、抵御外敌的支撑因素。"作为一种政治共同体……是一种合法武力的垄断与行政机构的设置，对外代表不容侵犯的主权，对内拥有裁决一切争端的最高权力。"[30] 人们的政治认同表现为对这一整套制度设计和权力机构的认可，因而对内会致力于维护国家权威，对外会捍卫国家主权。然而，国家并不是一个虚无缥缈的概念，在民众的认知中，国家表征为一定疆域内的领土以及这片领土上的人口，对于国家主权来说领土完整无疑是最重要的。当民众对国家产生强烈的认同感和归属感后，他会自觉的对这一国家所具象化的领土和人民产生亲切的感情，并将维护国家的统一与完整视为自己不可推卸的责任。相反地，如果一个地区的民众对国家的政治制度失去信任，同时在感情上不再留恋，那么他们很有可能会产生脱离的愿望。例如，苏联的解体就是一个十分重要的警示。苏联是由俄罗斯、白俄罗斯、乌克兰苏、外高加索等联邦共和国合并而成的社会主义联邦制国家。在苏联成立之初，社会主义制度具有强大的向心力，但随着体制的僵化，联邦制内的加盟国对整体政治制度和权力机构不再认可，纷纷脱离苏联而独立，苏联由此解体。由此可见，政治认同以及思想整合对于维护国家的统一具有非常重要的意义。

---

30 吴玉军："国家认同的基本内涵"，《中国特色社会主义研究》，2015年第1期。

二、边疆民族地区政治认同和思想整合面临的困境

政治认同就是对所处的政治共同体所产生的归属等感情，并自觉地外化为一种行动，并且将具有政治归属感的人们在思想上整合起来。并且政治认同有助于一个政治共同体合法性的建立、有利于维护国家稳定和国家统一，因而也是国家文化安全的基石。但这种认同是需要构建的，在建构的过程中，受到各种因素的压力。如前所述，政治认同及其基础上形成的思想整合对于国家安全来说至关重要，现代社会中的国家都不约而同的通过公民教育等方式来培育公民的政治认同，并进行思想整合。

在全球化的发展中，多种制约因素使得国家的政治认同和思想整合受到限制。美国政治学学者亨廷顿的《我们是谁？——美国国家特性面临的挑战》，则使得多民族国家的国家认同问题受到普遍关注。美国是世界上文化最多元的国家之一，其移民国家的特性使得美国国内人群构成复杂，但这并没有影响美国人对美国的归属感。因为"美国人对美国的认同，主要在于政治理念和体制"[31]。长久以来美国凭借这种对政治理念和体制的信念在族群如此繁多的情况下维持其统一的稳定性。与其他民族国家不同，作为一个移民国家，美国社会在很大程度上已经消除了人种和民族属性对国民身份的决定性影响。但是亨廷顿却指出自21世纪以来，美国开始面对亚族群等多元主义的挑战，仅仅依靠原先的政治理念和体制的共享认同已经无法维持。不仅仅是美国，在全球化的浪潮下，"去国家化"主张甚嚣尘上，世界各地的民族国家的政治认同和思想整合问题都在面临巨大冲击。尤其是对于多民族国家自身来说，首先，多民族国家内部本身就因为其民族构成的复杂性而使得政治认同主体和认同对象多元化。"各类政

---

31 [美]塞缪尔·亨廷顿 著，程克雄 译：《我们是谁？——美国国家特性面临的挑战》，北京：新华出版社2005年版，第44-45页。

治认同与地域、民族、经济等因素交织在一起，使认同各要素、各系统、各层次之间既相互联系，又相互区别。"[32] 其次，多民族国家先天的民族边界和国家疆界的非对称性也使得多民族国家在构建政治认同和整合思想时困难重重。"毋庸置疑，无论对'民族共同体'还是对'国家共同体'来说，'地域或边界'概念都是不可或缺的认识和分析工具。"[33] 这就对本国内的民族进行政治认同构成了困难，尤其是对边疆一些跨界民族而言。因为，认同不仅仅要界定"我们"，还需要区别"他们"。要让跨界民族认同自己和国家疆域内语言、宗教、习俗等都不同的民族同属一个政治共同体、是"我们"，而边界一线之外的那些和自己语言、宗教、习俗都具有极大相似性的群体是不同于自己的"他们"，这是具有很大难度的。再次，近年来，在极端民族主义的煽动下，一些别有用心的人试图通过民族分裂、构建新的政治共同体来解决跨界民族的问题，不仅带来政治认同和思想整合的困难，还威胁到了国家安全和领土完整。最后，多元主义和新民族主义的兴起使得多民族国家政治认同和思想整合愈发困难。目前许多国家都面临不同程度的"去中心化"影响，所谓"去中心化"就是指国内的民众对国家产生了认同危机，一些亚群体甚至产生了脱离国家自立的主张，而民族或者说族群是其中最为强势的一股"去中心化"力量。另外，多元主义和新民族主义的兴起使得各族群的民族意识空前凸显，并且极端推崇本民族的独特性，甚至提出了"一个民族，一个国家"的口号。这使得许多多民族国家都面临着分裂的威胁，如英国的北爱尔兰、加拿大的魁北克等都在民族独立的口号下寻求独立建国。面对这些分裂要求，多民族国家不得不重新调整自己构建政治认同和进行思想整合的战略。

32　蔡文成："多民族国家的公民身份培育与政治认同建构"，《贵州民族研究》，2014年第10期。

33　周平、白利友："多民族国家的政治认同及认同政治"，《思想战线》，2012年第4期。

三、边疆民族地区文化安全对政治认同和思想整合的影响

政治认同和思想整合对于国家安全来说具有影响深远的重要意义，但是随着全球化的不断深化，多民族国家的政治认同构建和思想整合愈发困难。而多民族国家由于其本身内在构成民族复杂以及民族边界和国家疆界的先天非对称性都使得边疆民族地区的政治认同和思想整合的重要性凸显。其中，边疆民族地区文化安全则直接影响着本地区民众的政治认同和思想整合。

文化安全有助于政治认同。作为政治共同体的国家不仅仅是一套完善权力机构的组合与一系列的制度设计，它还是一个文化历史共同体。现如今，"文化安全与否的一个重要表现就在于它能够在多大的程度上使人们在国家和民族问题上形成高度一致的认同。因为只有这种认同，才能形成有效的整合能力。"[34] 换句话说，就是文化安全决定着一个政治共同体的政治认同和思想整合。作为西方国家主流意识形态的自由主义，认为国家就是保障公民权利的巩固，因此公民是否认同某一政治共同体就取决于这一政治共同体的一整套制度设计是否能够保障公民权利。但是无数历史事实证明，当国家处于危难而无法向其民众提供保护时，民众不会就此放弃它，反而会义无反顾地承担起救亡图存的重担。并且，这时对政治共同体的归属情感会更加浓厚。这说明，单单是政治制度上认可和信任是不足以支撑起强烈的政治认同的，"只有从文化安全层面建构有利于强化对国家政权产生正向政治认同的政治文化……才能达到维护国家和社会稳定的效果。"[35] 由此可见，文化安全是增强政治认同和思想整合的重要力量。

边疆民族地区由于其独特的地缘位置，决定了其文化安全在本地区民众

---

[34]　胡惠林 著：《中国国家文化安全论》，上海：上海人民出版社2005年版，第18页。

[35]　张骥 等著：《中国文化安全与意识形态战略》，北京：人民出版社2010年版，第44页。

的政治认同构建和思想整合中具有重要影响。而边疆民族地区的文化安全就是指边疆民族地区与国内其他民族之间存在相同的思想基础、文化认同和政治方向。边疆民族地区的文化安全有助于明确政治认同中的"边界感"。民族地区有其边界，国家政治共同体有其疆界，政治认同中的"边界感"就是让边疆民族地区尤其是跨界民族以国家这一政治共同体的疆界为界构建认同感。边疆民族地区文化安全不仅仅是对本民族文化的继承和保护，更重要的是在国家这一政治共同体的疆界内与其他民族地区共享共同的文化特质。并且这种"共享的价值观、象征符号以及彼此接受的法律—政治秩序，才能提供必要的、广泛流行的合法性：顶层的一致协议和国际上的承认，都不足以构建或确认一个国家"[36]。因此，多民族国家需要通过各种方式来建构边疆民族地区与其他地区共属一体的想象，使他们认识到自己与疆界中心以及其他地区的民族一样拥有共同的历史命运、共同的文化传承以及共同的理想信念。"有了文化归属的共同性，不同的族群或群体才能相互认同，从而使族群与这种整体的国家形式的共同体相嵌合。"[37] 从古至今，多元一体是我国民族结构的基本格局，多民族大团结大融合构筑成了庞大的中国。必须注意的是，这里的多元仅仅是指民族文化的多元，而一体则是指具有多元文化的民族生活在统一的政治共同体中，这些民族的文化在历史发展过程中已经与这样的政治框架相适应。一体的政治结构就像屋顶一样，保护着多元民族文化的发展。民族对自己文化产生认同的同时也会认同使其文化繁荣发展的政治结构，即从各民族的多元文化认同走向统一国家的政治认同。因此，要对边疆民族地区进行思想整合和政治认同建构，文化安全是一个很好的切入点。由于边疆民族地区

---

36 [俄]瓦列里·季什科夫 著，姜德顺 译：《苏联及其解体后的族性、民族主义及冲突——炽热的头脑》，北京：中央民族大学出版社2009年版，第465-466页。

37 韩震 著：《全球化时代的文化认同与国家认同》，北京：北京师范大学出版社2013年版，第81页。

与其他地区尤其是国家疆界中心地区的距离较远，而与其他国家接壤，由于这种独特的地缘特征使得这些地区与接壤国家的亲密性更强。这种地理位置特征也使得边疆民族地区的政治认同和思想整合在权力转移背景下更加艰难。

综合以上分析，可以看出对于边疆民族地区民众的政治认同构建来说历史记忆和空间想象等文化手段更为重要。一方面，历史教育不仅是边疆民族地区的民众了解到国家边界的形成过程、了解到边疆民族地区与国内其他地区的互动过程，从而深刻地认识到自己是这个政治共同体的一部分。那些辉煌的历史和悲惨的历史都会让边疆民族地区和其他地区的人民一样产生休戚与共之感。例如，我国在抗日战争时期，东北三省的边界、东南的沿海边界、西南的云南边界都共同经历了日本的侵华暴行，也都进行了保家卫国的奋起抵抗。这种抗日战争中形成的民族精神就是边疆民族地区与其他地区所共享的，也支撑着边疆民族地区民众对中华人民共和国的政治认同。另一方面，"地理学习的一个重要功能是使人们形成某种'边界感'"。[38]而这种边界感对于边疆民族地区广大民众的政治认同的形成尤为重要，这是因为边疆民族地区的"边界"认同感不仅仅要认识到"我们"，还要将"我们"和"他们"区分开来，而这种区分较其他地区来说更为复杂。通过这些地理知识的学习，国家疆界的概念在民众的头脑中固化，增强了本地区民众作为本国公民对这一政治共同体的认同感和归属感。

除了历史教育和地理教育，文化中的价值观也对边疆民族地区的政治认同和思想整合具有重要作用。政治本身就不可避免地涉及到利益的分配，边疆民族地区由于其地理位置的特殊性，在整个国家社会的发展中有可能具有优势也可能具有劣势。因此在整个国家的政治生活中，它具有较为特殊的位置，也必须重点进行共同价值观教育。对于我国来说，社会主义核

38　吴玉军："论国家认同的基本内涵"，《中国特色社会主义研究》，2015年第1期。

心价值观是中华民族实现伟大复兴中国梦的重要文化基石与精神力量，边疆民族地区和我国广大国境内其他地区的人民一样，共享这一伟大目标。在这个意义上，社会主义核心价值观作为一个重要的文化资源，激发了边疆民族地区的政治情感，并由此上升为共同的政治信念和动力。

第三节　我国边疆民族地区文化安全是维护中华民族主体性的重要力量

中国作为统一的多民族国家，建立超民族或泛民族的国族认同是我们进行族际整合的重要手段。"中华民族"并不是一个单纯的"想象的共同体"，更是一个"现实的共同体"。中华民族形成的漫长历史过程为我国的国族建设提供了历史和文化渊源，也是构建国族认同的先决条件。而国族的建设需要把握好"求同"和"存异"的平衡：保护和支持各民族文化繁荣发展的"存异"要以保障国族最低限度的同质性为底线，而扩大国族同质性的"求同"也要以保证各民族文化自由发展的最低生存空间为底线。这两者的平衡统一起来就是多民族国家文化安全的两个纬度。边疆民族地区文化安全作为国家文化安全的重要内容，成为中华民族国族建设中的重要一环。

在中华民族悠久的历史发展过程中，各地区民族的文化之间交流、碰撞形成了独特的中华文化。边疆民族地区文化增加了文化的完整性和多样性，并且我国少数民族绝大部分都是跨界民族，它们的文化安全使得中华文化的跨境交流在一个正常、友好的环境中进行，有利于中华文化的繁荣。尤其是一些边疆民族地区受其特殊的地理位置影响，人口规模较小、发展水平低下，因为难以维持本民族文化的长久发展，最终导致民族文化的衰落，这都是中华文化的损失。

大多数生活在边疆的少数民族虽然与国内其他民族保持着长期的文化

交流，但是由于其处于国境的边缘，受地理环境的严重限制，这种交流和融合程度相较于其他地区的民族来说较低，因而对中华民族的国族认同相对较弱。而且"我国边疆地区的跨境民族与境外同族有共同的宗教信仰，再加上传播宗教的地缘优势，特别容易受宗教极端势力影响，境外反华势力常常利用宗教在我国边疆地区制造民族矛盾和民族分裂"[39]。这些都妨碍了中华民族国族建设和国家的统一，因此边疆民族文化安全不仅是我国国家文化安全的重要一环，也是中华民族国族建设的本质要求。

中华文化影响着边疆地区民族文化。在历史上，"中原王朝所创造的强大的国力和辉煌的文明，对其产生了政治上的吸引力、军事上的威慑力，也具有经济上的影响力和文化上的感召力"[40]。在相当长的历史时期里，一些边疆民族对中原王朝的认同是一种辐射式的认同，而不是共属一体的认同。另外，由于这些民族原先是独立的政治单位，因而具有对其民族的政治认同，这就与中华民族的国族认同形成了紧张关系。这些历史遗留问题表明，构建边疆民族地区的国族认同，就要处理好中华文化和本民族文化之间的关系。中国自古以来就十分重视文化，常常以文化而非血缘来区分人群。例如自春秋开始的华夷之辨就对历代中原王朝处理民族问题有重要的影响，"华夷之辨"就是指以文化区分华夏民族和夷狄民族，虽然其本义是"强调的是保卫先进的华夏文化以求发展，反对的是屈从于落后的'夷狄'习俗而倒退苟安"[41]，但是不可否认的是这种观念在历史发展产生了阻碍了汉族和其他少数民族进行平等交往、融合。尤其是边疆民族地区，由于更加远离中原文化的辐射区，其文化也往往被贬低。即使现在我国各族人民地位平等、互相尊重承认对方的民族文化，但是这种华夷之辨的思

39　董江爱："我国国家文化安全中的边疆文化治理研究"，《探索》，2016年第4期。

40　周平："边疆治理视野中的认同问题"，《云南师范大学学报(哲学社会科学版)》，2009年第3期。

41　王盛恩："'华夷之辨'对民族融合的影响"，《南都学坛(人文社会科学学报)》，2003年第5期。

想仍有一定残余，影响了中华民族内部团结。

一言以蔽之，边疆民族地区的文化安全在中华民族的国族建设中具有重要地位。"现代意义上的国家文化安全是建筑在国家和民族整体性利益及其认识的基础之上的。"[42] 与此相对，边疆民族地区文化安全的一个重要向度就是在保护边疆民族地区特有文化的同时，防止差异性强化至压制国家整体文化，从而维护中华民族国族建设。

第四节 我国边疆民族地区文化安全影响国家对外关系

边疆民族地区文化安全的特殊性主要表现为：地缘位置突出，边疆民族地区传统民族文化与中华文化既存在同质性又具有一定的差异性，边疆民族地区多为少数民族并且大多数信仰宗教。这导致其在对外战略制定中具有重要意义，并影响着对外关系的走向。尤其从地缘政治的角度来讲，边疆民族地区的跨界民族既有助于周边外交的友好开展，也会产生冲突威胁地区稳定。重视和发展边疆民族地区的文化，有利于塑造一个统一多民族国家的形象，也有利于塑造我国和平崛起的国际形象。

一、边疆民族地区文化安全影响对外关系

"在经济全球化背景下，文化安全和意识形态已成为影响国家对外关系性质与走向的重要因素，必须从国家大战略的角度加以重视成为世界各国政府的普遍共识。"[43] 而边疆民族地区由于其独特性与复杂性，日益成为影

42　胡惠林 著：《中国国家文化安全论(第二版)》，上海：上海人民出版社2011年版，第62页。

43　张骥 等著：《中国文化安全与意识形态战略》，北京：人民出版社2010年版，第48-49页。

响国家对外关系的重要因素。这可以从以下两点来分析。

第一，边疆地区文化主权安全是国家利益里不可或缺的组成部分。国家战略的制定和外交关系的处理都是从国家利益出发的，国家的主权和领土完整是最大的国家利益。所谓文化主权安全是指："一个国家的文化主权神圣不可侵犯，一个国家的文化传统和文化发展选择必须得到尊重。"[44] 可以说，维护文化安全就是维护国家文化主权的完整性与独立性，保护国家的主权不受他国侵犯。文化主权安全不仅与国家文化安全直接相关，它还与国家利益密切相关。

第二，敌对势力试图通过文化的伪装而达到分裂我国领土的目的。这一点在西藏和新疆表现的十分明显。西藏地区地处我国西南的青藏高原上，是我国领土的重要组成部分，也是中华文化的重要组成部分。由于西藏特殊的地理位置和文化氛围吸引了一些学者进行藏学研究，这些研究使人们能够更加深入地了解西藏。但正如格兰菲尔德(Glanfield)所指出的，一些西方的藏学研究者"都用过分简单的、极端的政治观点来描述汉藏关系……都避免深入描写1950年前西藏社会的性质，因此，他们忽视了按惯例进行的严格的阶级划分，忽视了大多数人(二百至二百五十家除外)所处的农奴的境遇，忽视了西藏法律允许的酷刑，忽视了西藏奉行的佛教思想的压迫性和残忍的迷信等等"[45]。一些西方藏学研究中刻意歪曲西藏历史与现实，并且与极端的民族主义和宗教主义一起，企图为"疆独"进行文化论证。不仅如此，由于西藏独特的宗教环境，也使宗教成为分裂西藏的借口。例如1955年印度政府与印度佛教组织摩诃菩提协会协商举办释迦牟尼圆寂2500年纪念会，他们绕过中央政府直接联系达赖，而一些媒体对达赖参加这次活动的大多数报道中称印度是西藏人"心灵上的故乡"[46]。但事

44　胡惠林 著:《国家文化安全学》，北京: 清华大学出版社2016年版，第33页。

45　张植荣 主编:《国外藏学研究译文集(第10辑)》，拉萨: 西藏人民出版社1993年版，第155页。

实上，公元七世纪的时候，唐朝的文成公主和尼泊尔的公主和亲松赞干布，她们将佛教带入了西藏，佛教自此在西藏生根、发展并具有自己的特色。印度此举却刻意通过佛教强化西藏与印度的关系，淡化西藏与中央人民政府的联系。这次活动暴露了印度以佛学交流为幌子，企图干涉西藏问题，致使自《中印协定》签署以来的友好的中印关系走向低谷。

可见，在国际格局变化的当下，我国边疆民族地区文化安全危机的现状使得在对外交往中不得不将边疆民族地区的文化安全视为重要因素。

二、边疆民族地区文化安全是地缘政治的风向标

民族的核心在于文化，而文化总是一定民族的文化。"作为特殊的地理单元，'边'和'远'以及桥接内外疆界的特性构成了边疆的基本地域属性，而特殊的地域属性结构，又影响了边疆特殊社会事务形态的构成。"[47] 这种独特的地缘特征是我们一直所强调的边疆民族地区文化安全的特殊性。除了"边"和"远"之外，边疆民族地区文化安全的特殊性还在于其民族构成的多样性与民族文化的多元化，边疆民族地区的传统民族文化与中华文化既存在同质性又具有一定的差异性，这就导致边疆民族地区的文化安全既具有重要意义但又难以治理。此外，由于边疆民族地区多为少数民族并且大多数信仰宗教，宗教问题就使得边疆民族地区的文化治理更加复杂。"边"、"民族"、"宗教"这三个重要因素，使得边疆民族地区在地缘政治中具有突出的战略位置。

边疆民族地区文化安全有助于与周边国家的友好交往。边疆民族地区

46　吕昭义、孙建波 编：《中印边界问题、中巴领土纠纷研究》，北京：人民出版社2013年版，第128页。

47　方天建："中国建构良性边疆外交中的跨界民族因素"，《西北民族大学学报(哲学社会科学版)》，2017年第6期。

最突出的特点在于"边"，由于与其他国家的接壤，使边疆民族地区与疆界外的国家和地区在历史上形成了长期的政治、经济、文化交流。边疆民族地区文化的安全稳定能够"充分调动边疆地区的民间对外关系资源，利用边疆地区的有利民间优势和民间历史积蓄起来的积极对外因素"[48]。例如，我国的"一带一路"发展倡议就是在充分挖掘古代丝绸之路和海上丝绸之路文化辐射圈的历史资源的基础上所提出来的。

边疆民族地区文化安全有助于减少地区冲突。边疆民族地区文化安全的一个重要向度就是保证边疆民族地区的广大民众对中华文化的高度认同感，从而维护国家统一、民族团结和社会稳定。但是20世纪末期以来，极端民族主义利用多种文化途径对我国边疆民族地区进行渗透，蓄意挑起争端，将国内的民族问题周边化、国际化。国际化的极端民族主义思潮严重威胁了边疆民族地区的文化安全，"而且这种民族分离主义一旦得逞，将会对整个亚洲和世界安全构成严重威胁。"[49] 例如，"疆独"问题就直接影响了我国与印度、巴基斯坦等南亚国家的关系，而这一地区的冲突会直接影响国际局势。

边疆地区的跨界民族文化的双重性对地缘政治产生的影响深远。边疆民族地区即位于边疆又以民族为主体的独特性产生了一个更为复杂的结果，即跨界民族。我国的边境线绵长，在东北、西北、东南、西南方向都与其他国家接壤。有些学者的调查表明我国的跨界民族有30个，有些学者认为有31个，有些人则指出有32个。忽略其中的调研偏差，我国的跨界民族至少有30个。在我国的周边邻国中，有13个国家与我国有跨界民族，有些民族甚至是跨三国、四国而居。这些数量庞大、构成复杂的跨界民族由于其独特性势必会对我国周边的地缘政治产生影响。其表现在"跨界

48　方天建："论边疆外交与良性边疆外交"，《学术探索》，2016年第9期。

49　张骥 等著：《中国文化安全与意识形态战略》，北京：人民出版社2010年版，第217页。

民族相互之间的联合力既产生了传统民族的向心力，同时又造成了对国家的离心力"[50]。边疆民族地区的民众本身就具有双重文化性，一方面是本民族的传统文化，另一方面是其所处的政治共同体的整体文化，或者说是国族文化。如果跨界民族对本民族的传统文化的认同远远超越了对国族文化的认同，就会生产民族整合的想法，影响到周边地缘政治的稳定。比如我国东北边疆的朝鲜族和生活朝鲜半岛上的朝鲜和韩国的民族在民族节日、民族服饰、语言、文字、日常饮食上都具有极大的相似性。在朝鲜半岛上，一些学者"近几年不遗余力地宣扬大高丽主义和'韩人共同体'构想"[51]，这极大地影响了东北亚地区地缘政治的稳定。此外，邻国政府对待跨界民族问题的态度，也是影响地缘政治的一大因素。比如，保加利亚曾对国内土耳其族人的强迫同化政策，导致保、土两国关系一度处于紧张状态，严重影响了中东地区的和平与稳定。

三、边疆民族地区文化安全有助于中国形象塑造

在全球化背景下，文化引起延展性、渗透性越来越为世界各国在对外交往中所重视。文化外交也越来越受到人们的关注，文化外交就是指"政府或者非政府组织通过教育文化项目交流、人员往来、艺术表演与展示以及文化产品贸易等手段为促进国家与国家之间、人民与人民之间相互理解与信任，构建和提升本国国际形象与软实力的一种有效外交形式"[52]。对于在文化外交中国家形象的塑造来说，边疆民族地区文化安全发挥着不可或缺的战略价值。

---

50 曹兴："跨界民族问题及其对地缘政治的影响"，《民族研究》，1999年第6期。

51 张兴堂 著：《跨界民族与我国周边外交》，北京：中央民族大学出版社2009年版，第97页。

52 胡文涛 著：《美国文化外交及其在中国的运用》，北京：世界知识出版社2008年版，第32页。

边疆民族地区文化安全有助于抵制文化霸权。在权力转移的背景下，西方意识形态对我国文化的入侵已经十分严重。尤其是将其伦理思想、政治观念、价值观等包装成具有普世意义的文化观念。面对这种状况，我们要在开展文化外交时坚定塑造具有自己特色的国际形象。众所周知，国际形象的塑造离不开对于国家历史、文化与价值领域的探索与挖掘。充满活力的国家形象主要来源于自身所蕴含优秀的民族文化、历史传统以及价值观，也就是具有一种包含鲜明的民族性特征的形象，中国的国际形象的主要内容应该表现中国和中华民族特定的历史情感、历史文化和历史使命，而这种中华民族特定的文化历史资源的挖掘离不开边疆民族地区的文化安全。此外西方国家以文化和宗教的手段对我国推行的"分化"战略。我国新疆地区周边国家有着极为浓重的伊斯兰教背景，其内部民族构成也极为复杂。一些西方国家就通过组建社团、印刷和发散宣传资料的方式将"泛伊斯兰主义"和"泛突厥主义"向新疆渗透。因此，在国家对外文化战略的制定中，除了要加强与国外文化的交流和互动同时，更要采取有效措施防止这些具有不良影响的文化入侵。

边疆民族地区的文化安全有助于在对外交往中树立我国统一多民族的国家形象。"文化外交的主要功能是影响别国人民对本国的印象、建立良好的观念，并构建本国的良好国际形象和影响力。"[53] 一方面，中国是一个统一的多民族国家，中华民族拥有五千年悠久灿烂的文化。在构建国家形象时要有自己的故事，而这个具有丰富民族性的故事就是中华文化。中华文化是由各族人民共同创造的，各个民族的传统文化是灿烂的中华文化的一部分。虽然边疆民族地区的文化丰富了中华文化的多样性，但是一些边疆民族地区"由于其地理位置和传播途径的封闭性，在民族文化传播中

53　胡文涛 著：《美国文化外交及其在中国的运用》，北京：世界知识出版社2008年版，第55页。

力图保持本民族文化的完整性，而不接受他族文化影响，导致本民族文化不仅不能被其他民族认知"[54]。此外，在全球化的背景下，文化产业的发展也对边疆民族地区的民族特色文化造成冲击。这些都是统一的中华文化的损失。另一方面，边疆民族地区的文化安全的重要向度在于保证边疆民族地区的民众对中华文化、中华民族的认同，从而维护国家统一、民族团结和社会稳定。保障边疆民族地区的文化安全就保证了边疆民族地区的和平和稳定，从而在对外交往中维护了中国统一多民族的国家形象。

边疆民族地区的文化安全有助于塑造我国和平崛起的国际形象。在改革开放后，中国以迅猛的势头持续强劲发展。在新时代，中国又开启了复兴中华民族的伟大征程。在中国取得的一系列成就在得到世界各国赞赏的同时，也不乏有质疑的声音。一些西方大国以及中国的周边国家基于自身的危机意识开始鼓吹"中国威胁论"，部分西方国家甚至认为中国的发展崛起，将对其主导下的地缘政治格局与国际秩序的构成严峻挑战。而在中国的周边国家看来，中国的崛起势必会与其争夺地缘优势资源，并且对其国家安全造成严重威胁。事实上，这种所谓"中国威胁论"严重损害了中国与周边国家的关系，而且也妨碍了我国自身的发展。因为中国的发展不仅需要稳定的国内环境，也需要和平友好的周边环境和国际环境。面对这种状况，则要充分发挥边疆民族地区在与周边国家进行文化外交活动的地缘优势，向周边国家传达中国崛起的和平性，而要做到这一点就需要重视边疆民族地区的文化安全。

---

54 董江爱："我国国家文化安全中的边疆文化治理研究"，《探索》，2016年第4期。

第三章

国际格局变化背景下我国边疆民族地区文化安全的环境

在国际格局变化的背景下，在全球化风暴的席卷中，我国边疆民族地区独特的自然环境、政治、经济、社会、宗教等方面，都在西方强国不断的文化扩张中受到了冲击，边疆民族地区面临着异常严峻复杂的文化安全威胁，这种威胁呈现出了敏感性、多头性、蝴蝶效应等特征，形势急迫。唯有客观、全面、整体地分析国际格局变化背景下我国边疆民族地区文化安全所处环境、面临的挑战、内容的转移和主要特征，才能准确把握我国边疆民族地区文化安全的总体形势，进而有效地预防边疆民族地区文化安全隐患，维护边疆民族地区的和谐稳定及保障国家总体安全目标的最终实现。

第一节 我国边疆民族地区文化安全的环境分析

在国际格局变化背景下，西方大国不仅将中国周边国家作为"民主改造"的重点，还把我国的边疆民族地区视为其强势文化侵袭、西化、分化和渗透的前沿阵地。加之，我国边疆民族地区独特的自然环境、政治、经济、社会、民族、宗教以及地缘环境等原因，我国边疆民族地区：一方面，外有西方敌对势力通过在思想文化领域的长期渗透达到他们西化、分化的图谋；另一方面，内有"藏独"、"疆独"、"蒙独"等以文化或宗教或民族的面目出现的民族分裂势力，严重威胁了边疆民族地区文化安全以及该地区和谐稳定和国家安全。

一、复杂特殊的政治环境是边疆民族地区文化安全的生存环境

政治环境是各种不同因素的综合反映，作为我国边疆民族地区文化安全生存和发展的空间与条件，二者相互作用。我国边疆民族地区的政治环境包括以下要素：特色的民族区域自治制度、复杂而多样的政治权威、特殊的政权体系、迥异于内地的政治文化和边疆民族地区与中央的关系。这些要素势必会影响边疆民族地区文化安全。

我国边疆民族地区最基本的政治制度就是民族区域自治制度，它是在"国家统一领导下，各少数民族聚居的地方实行区域自治，设立自治机关，行使自治权的法律规定"[1]。它构成了边疆民族地区最基本且最重要的政治环境。这种制度的顶层设计和制度安排是综合考量了我国悠久的历史文化传统及现实政治实践。自古以来，中国就是一个统一的多民族国家，各族人民在悠远的历史长河中共同生活、劳动、交往、共同斗争，建立了经济、政治、文化等各方面的密切联系。民族区域自治制度是历史和现实结合而形成的产物，是符合中国国情和民族构成及分布、解决中国民族问题的正确抉择。

政治权威是公共权威中的一种，它是以国家政权为核心的政治体系。边疆民族地区由于其"边疆性"和"民族性"的突出特点以及二者的叠加效应，导致其政治权威复杂而多样。历史上，中央政权对边疆各民族地区基本采

1　许耀桐 著：《中国基本政治制度》，北京：国家行政学院出版社2013年版，第85页。

取的都是间接治理之策，如扎萨克制，羁縻统治、改土归流等，这在一定程度上造成了边疆民族地区长期存在独立性较强的地方性政权。1949年新中国成立以来，中央人民政府逐渐采取各种有效措施将其纳入整个国家政权体系当中来，收到了良好的效果。毋庸置疑的是，边疆民族地区的传统政治权威与政治独立性仍然在一定范围内存在，因此，边疆民族地区"便形成了体制外权威与体制权威同时并存的局面——这一点在边沿一带的民族村社中表现得尤其突出"[2]。此外，鉴于国家安全的需要，边疆民族地区沿边、界处是国防和边防重要之地。因此，数量众多的军队、武警机构也是影响重大而深远的权威构成。

政权系统即政权的管理系统的差异性是边疆民族地区文化安全管理环境。"边疆地区政权的组织、职能和面临的问题都有自己的特殊性。"[3] 新中国成立后，边疆民族地区开启了将传统的政治权威纳入国家统一的政权体系中的进程。其间，民族区域自治制度加快了这一进程。边疆民族地区构建起来的新政权，在广阔的边疆民族地区开展了社会主义改造，全面建立起人民民主专政，为国家的统一和政权的稳定打下了坚实的基础。不过，边疆民族地区官员的民族构成、行为方式、具体施政举措、自治权力等方面与国家核心区以及东中部的地方政权相比较，存在很大的差异性，从而构成了其特有的政府文化及政治文化。换言之，在独特的政权环境以内所面临的突出问题则造成边疆民族地区的政府职能及相应的职权配置，和内地存在或多或少的差异。

政治文化是我们对政治生活有所感知的一种主观价值是边疆民族地区文化安全的政治环境。包括政治认同、政治心态、政治信任等诸要素。由于受历史上复杂多样的政治权威影响，在边疆民族地区长久生活的民众

2　周平　主编：《中国边疆政治学》，北京：中央编译出版社2015年版，第9页。

3　周平　主编：《中国边疆政治学》，北京：中央编译出版社2015年版，第9页。

们都具有不同于内地的独特的政治心理状态以及组织、职能和面临的问题, 加之地理上远离国家的政治、经济、文化的核心区等因素综合在一起, 形成了内容丰富复杂的政治文化, 有些地区的民众对中国共产党的认同、对国家的认同、以及中华民族与中华文化的认同程度高, 但有一些地区对中国共产党的认同、对国家的认同以及中华民族与中华文化的认同低, 甚至还存在影响国家政权统一而宣扬分裂主义的政治文化。综合形成的政治文化制约着人们的政治行为, 影响着边疆民族地区的文化安全。

边疆民族地区与中央的关系也会影响边疆民族地区的文化安全。中国自古以来就是统一的中央集权制国家, 中央与地方的关系相对比较稳定, 形成了一定的政治模式。但边疆民族地区并非一般性的地方政府, 它既位于国家疆域的边缘部分, 远离政治、经济、文化中心, 又具有突出的"民族性", 是少数民族聚居的地区, 实行民族区域自治制度。因此, 它和中央的关系更加特殊和复杂。边疆民族地区处于政治能量及信息传导系统的末端, 能量及信息衰减的情况很严重, 中央的决策、政策在边疆民族地区的推行、实施及评估显得更为困难和复杂, 中央对边疆民族地区的管控及治理更为困难和松散, 容易出现边缘化现象。

二、多样的民族宗教特色是边疆民族地区文化安全的社会环境

社会环境是指人类生存及活动范围内的社会物质、精神条件的总和, 对文化的形成和发展起着重要的作用。边疆民族地区文化安全的社会环境由民族特色、宗教特色和社会矛盾突出的特点构成。

边疆民族地区最主要的两大特点是"边疆性"和"民族性"重叠, 在决定边疆民族地区的社会特征的因素中, 民族因素是最为重要且影响最深远的因素。我国的少数民族绝大部分分布在边疆民族地区, 与汉族群众一起形成大杂居小聚居的社会环境。在漫长的历史演进过程中, 边疆民族地区形成

了独特的民族文化及深厚的民族认同。边疆民族地区的"民族性"要求执政者必须高度重视民族关系，积极化解民族矛盾，努力解决民族问题，以实现边疆民族地区的稳定及发展。就目前而言，我国的民族关系总体上是好的，但在局部地区存在着比较严重的民族问题，民族关系紧张，民族矛盾突出，处理不当，很可能激发社会矛盾，影响国家的统一及和谐稳定。

边疆民族地区的很多少数民族信仰宗教，如信仰伊斯兰教、佛教、基督教等等，某些少数民族甚至几乎全民信教，影响着边疆民族地区民众的生产生活方式，影响着广大的信教民众对国家、对中国共产党以及对中华民族的认同，使宗教文化与世俗文化以及政治文化之间的张力凸显。更重要的是，与宗教相关的宗教极端势力的存在及其发展，对边疆民族地区乃至国家统一和稳定的影响甚大。宗教极端势力与民族分裂势力，以及"作为危害人类社会和平与发展的公敌"[4] 的恐怖主义势力相结合，形成的"三股势力"严重威胁边疆民族地区社会的稳定和国家的文化安全，乃至国家的稳定和统一。

边疆民族地区的社会矛盾及冲突不容忽视。经历了长达几十年的改革开放，中国经济获得了飞速发展，社会也进步很大，尤其是解决了广大民众的温饱问题，迈入新时代的中国正走在全面建成小康社会的征程中。可聚焦到边疆民族地区，可以发现其面临的贫困问题较为严重，是目前国家开展精准扶贫工作中最难的地区以及最后攻坚之地。不仅边疆民族地区范围内的民众之间收入差距过大，而且边疆民族地区与东、中部地区的收入差距也过大，加之处于全球化、信息化时代，以及国际格局变化的阶段，这种发展带来的差距过大问题不仅客观上更容易被收入低的民众感知到，还会被域外敌对势力利用，通过便捷的互联网以及其他途径大做文章，从

---

4 都永浩、左岫仙："恐怖主义与民族、宗教问题关系研究"，《中南民族大学学报(人文社会科学版)》，2017年第3期。

而激发潜在的社会矛盾，造成社会摩擦甚至冲突。而且，边疆各民族地区的社会安全环境相当复杂，宗教问题、民族问题、贫困问题、恐怖主义等问题都盘根错节地交织在一起，错综复杂，严重影响边疆民族地区的社会稳定及和谐发展。

三、险要的地缘环境是边疆民族地区文化安全的周边环境

在国际格局变化大背景下，西方大国不仅将中国周边国家作为"民主改造"的重点，还将我国边疆民族地区视为其强势文化的侵袭、霸权国有意的"西化"渗透的前沿阵地，因此，认清中国自身所面临的复杂的地缘环境对认识和维护文化安全至关重要。由于中国边疆民族地区涉及的是省、自治区一级的行政区划单位，对地缘环境的分析仅涉及陆上地缘环境，而不涉及海上地缘环境的分析。

中国疆域面积广阔，陆疆漫长，陆上邻国众多，数量多达14个，分别是朝鲜、俄罗斯、蒙古、哈萨克斯坦、吉尔吉斯斯坦、塔吉克斯坦、阿富汗、巴基斯坦、印度、尼泊尔、不丹、缅甸、老挝、越南。所以，应该具体分析中国陆上邻国的具体的地缘政治环境：首先，在周边国家中，大部分是欠发达的发展中国家。这些国家大部分经济发展滞后，经济水平欠发达，经济发展方式粗放，人们生活水平及现代化程度不高。有些国家政局动荡，不时发生激烈的战争，甚至波及中国边疆地区。由于民族、宗教的联系，某些国家的民族及宗教问题会影响到中国的安全。加之有些国家的恐怖主义势力泛滥，对中国边疆民族地区造成了很大的负面影响。其次，在周边国家中，还包含区域性大国，如俄罗斯、印度。俄罗斯是国际舞台上举足轻重的角色，尤其是在军事实力方面。而印度随着这些年的发展，人口数量逼近中国，其疆域面积也不小，军事力量尤其是海上军事力量发展迅猛，加之其扼印度洋的战略优势位置，是印度洋的霸主，因此成为中

国未来必须重视的地缘竞争对手。这两个大国相比于周边其他国家而言，皆为国际格局中的重要战略博弈主体，对中国的地缘环境的影响是深远的，在现今以及长远来看，都是必须重视的对象。再次，从国家安全角度来看，全世界9个拥有核武器的国家有4个分布在中国的周边，包括俄罗斯、印度、巴基斯坦、朝鲜。这些核力量分布在中国的周边，既对中国构成新的潜在威胁，又在某些时期有可能成为引发连锁反应或外来干涉的外部因素，对于中国地缘政治形势的影响至关重要。最后，在周边国家中，与中国存在历史遗留问题或者现实争端的国家不少，如俄罗斯、印度、越南。不仅有过传统的陆地争夺，甚至发生过激烈的战争，包括领土争端、边界划分问题，尤其是中国与印度到现在都还未解决边界划分问题，给中国的地缘政治形势增加了很多的复杂性和不确定性。尤其是考量到当今中国正处于全球化和信息化时代，对地缘环境的清醒认知对于认清中国边疆民族地区的文化安全形势显得更加重要。

四、西方文化强权是边疆民族地区文化安全的国际环境

冷战以苏联的解体而结束，美国成为全球唯一霸主。国际格局划时代地变化给中国边疆民族地区的文化安全环境带来巨变。虽然美国并非与中国毗邻，但在特殊的时代背景下，尤其是全球化快速推进以及信息技术飞速发展而带来技术革命，人类又迈入了信息化时代。中美两国不同的国家发展模式、不一样的价值观及思维模式，导致美国认为中国是最有可能威胁到美国霸权的国家。在这样的背景下，美国试图采取以前对付苏联以及其它国家的卓有成效的方式来施压中国。如和平演变，向中国输出美式民主和自由，以人权问题施压中国等等。

从文化的角度讲，美国对中国的设计和安排是尽可能采取和平演变战略，这是美国冷战思维在现今国际格局大变动以及全球化背景下的延续，尤

其苏联解体与美国和平演变战略不无关系，更加大了美国延续此文化战略的信心。和平演变战略的基本路径是以文化问题为切入点干涉中国的内政，通过文化方面的举措迫使中国的政治制度、经济制度朝向有利于美国国家利益转化。具体而言，这样的举措主要包括政治层面的文化攻击、传播媒介的换代升级以及对中国进行文化产品输出。

首先是政治文化的攻击，首当其冲的是人权问题。美国对人权采取的是双重标准，在美国是主权高于人权，在其他国家就是人权高于主权，意图凭借人权问题指责中国，损害中国的国际形象，抹黑并粗暴干涉中国内政，以期实现美国的战略目标。在西藏和新疆问题上，美国一直毫不放松地歪曲事实抹黑中国，干涉中国内政。"美国为了自身的战略意义一直利用'西藏问题'干涉中国的内政，把'西藏问题'纳入到了对华战略的总框架中。"[5]其次，大力扶持"东突"势力，企图干涉中国新疆内政；再次是传播媒介的换代升级。从第二次世界大战时期的美国之音(VOA)到1996年的"自由亚洲电台"，再到如今的互联网传播，美国不断根据形势需要以及技术条件升级换代了其传播媒介，现在已拥有集广播、电视、卫星、互联网为一体的服务于美国战略目标的传播媒介系统，几乎霸占着对全球发生的具有重大影响力事件的描述、诠释甚至引导的话语权，以更好地服务其战略目标。另外，是对中国进行文化产品输出。这种输出一方面能够获得巨额的经济收益，另一方面，能够通过文化产品的消费在文化方面来影响中国，还有一点不容忽视的是，"美国对外文化战略的一个重要特点，就是把技术和贸易输出与文化输出相结合"[6]。此外，欧盟对中国战略的调整及变化也是中国必须高度重视的一个影响中国边疆民族地区文化安全的环境因素。众所周知，在冷战时期，美国联合欧洲不少国家形成资本主义阵营对抗以苏联

---

5   郑群："反恐背景下当代中国民族分裂问题透视"，《中国人民公安大学学报(社会科学版)》，
     2009年第5期。

6   胡惠林 著：《中国国家文化安全论》，上海：上海人民出版社2011年版，第174页。

为首的政治集团，并最终取得了胜利。在这个过程中，美国与欧盟，尤其在意识形态、价值观方面存在诸多的共识和利益上一致性。欧盟在对中国的认知以及所采取的战略及政策中移植西方价值观念、拓展西式民主及西方国家的理念、制度，以和平的方式试图影响中国政治进程的战略意图，确是毋庸置疑的，尤其是在人权问题、西藏问题以及新疆问题上对中国的态度及影响不容忽视。

第二节 我国边疆民族地区文化安全内容的转换

全球化、信息化、时代主题及国际格局发生时代性变迁，文化的力量愈加凸显，成为影响国家和民族前途命运的关键性要素之一。文化安全的内容随之发生深刻变化，在边疆民族地区表现尤甚。随着国家治理现代化过程中边疆内涵和外延的不断拓展和延伸及其开拓开发开放，"边疆+民族+文化安全"的三重要素叠加，使得边疆民族地区的文化安全问题更为严峻。其内容由原来的语言文字、价值理念、宗教信仰、生活方式和风俗民俗转变为政治文化、民族文化、产业文化、消费文化、网络文化，聚焦于非传统安全和软治理领域，更为隐蔽、间接和潜在，危害也更为严重。

一、价值取向：从"族际主义"到"区域主义"

学者周平认为，"在陆地边疆的治理中，存在着两种基本的价值取向：一是'族际主义'的取向，一是'区域主义'的取向"[7]。族际主义的边疆治理理念是指，把解决边疆民族之间的矛盾与冲突为主要内容；而区域主义则是把

7　周平："陆疆治理：从'族际主义'转向'区域主义'"，《国家行政学院学报》，2015年第6期。

边疆地区视为整个国家的一部分，把解决民族矛盾和冲突纳入边疆社会治理之中，目的在于促进边疆的巩固和发展。

全球化时代边疆民族地区文化安全的环境和形势发生了较大变化。从治理的价值取向来看，边疆民族地区文化安全治理，之所以需要有从传统的"族际主义"到"国家主义视野下的区域主义"新的理论架构来支撑，主要原因是国际格局变化的背景下，我国边疆民族地区的文化安全环境发生了巨大的变化。"边疆文化安全"问题进一步错综复杂，并产生了一系列新的问题与矛盾，原有以"民族问题路径"为核心的文化安全治理内容已经不可维系，取而代之以"国家主义视野下的边疆问题"为问题核心，更具有解释力度和现实依据。"边疆文化安全问题"由"边疆+民族+文化安全"的三重要素叠加，其核心是"边疆问题"，其性质和类型是"文化安全问题"，其对象是"民族地区"，本质是国家安全问题之一，是"文化长城"是否足以"去重大文化危机和风险隐患"的问题，根源在于"内生型+外源型"的境内外诸多不安全因素，关键在于政治文化和意识形态领域的安全问题；而"民族问题"的实质是国内民族矛盾和民族利益纠纷问题，性质上属于国内人民内部矛盾。因此，若还以历史上形成的族际主义看待和解决边疆民族地区文化安全问题，有可能导致割裂民族认同和国家认同之间的联系，人为制造"去国家化"、"去认同"、"去合法性"的"族际政治"或"宗教问题"假象，把民族和宗教问题"泛政治化"，导致"认同危机"，最终造成重大的文化安全隐患和国家安全隐患。

现代边疆治理视域下，以国家整体主义为理论支撑和价值取向去阐释边疆地区文化安全问题，更能够抓住问题的实质和关键。在族际主义者看来，民族利益高于国家利益或者更大的人类整体利益，先是民族利益的，然后才是国家利益或全人类整体利益。这是族际主义的利益优先秩序；而在国家公民身份视野下的区域主义者看来，宪法下的公民身份权益至关重要，"公民民族主义为政治凝聚提供了情感源泉，希望建立'强大而平等'的国家以消灭民族暴力"[8]。显然，族际主义容易发生"去国家化"的政治安全风险，而区域主义则恪守"文化多元"和"政治一体"的价值取向和信念，以此整合国家利益下的情感、价值观和公民团结。因此，前者以民族来界定国家，后者以国家来界定民族。无论如何，后者是一种更有理论说服力和实践可行性的价值取向，近几十年来，国际国内范围内的边疆民族地区文化安全问题无不说明了这一点。

二、战略定位：从"风险预警型"到"战略高地型"

一般意义而言，文化对于一个国家具有终极意义的力量，无论大国还是小国文化都是他们国家的灵魂，只要魂还在一个国家的气就不会散。德国著名哲学家黑格尔更是认识到了文化之于民族和国家的深远价值："离开它的源头愈远，它就膨胀得愈大。"[9]可见，文化对一个民族和国家所起的"国魂"和"源头"作用。作为关乎国家核心利益的根本性战略，边疆民族地区文化安全战略面临着重要的战略机遇期和重大安全使命感。从目标定位来看，构筑从"风险预警型"到"战略高地型"的战略目标，也即，变防守为进攻，变被动为主动，变低位安全为高位安全，变"维稳应急型"为"文化战略型"，以此高视野、大格局、长远考量来建构边疆民族地区文化安全战略。

在国家总体安全中，"文化安全是国家大战略"，"直接关系到国家的现状和未来，关系到一个国家在变动中的世界格局中的战略位置和分量"[10]。我国边疆民族地区的文化安全问题怎么强调都不为过。文化安全战略关

8　朱伦，陈玉瑶：《民族主义：当代西方学者的观点》，北京：社会科学文献出版社2013年版，第161页。

9　[德]黑格尔 著，贺麟 等译：《哲学史讲演录》第1卷，北京：商务印书馆1959年版，第6页。

10　胡惠林 著：《中国国家文化安全论(第二版)》，上海：上海人民出版社2011年版，第2-3页。

乎国家生存与发展的"立国之根"和"兴国之魂"的"根魂"工程，是争夺"人心"的"攻心术"，是文化戍边的"思想长城"，其重大战略价值不可估量。以美国为首的西方国家早已认识到文化安全的重大战略意义，积极占领文化和意识形态制高点，向世界尤其是广大发展中国家成功输出"美国文化"和"美国价值观"，实施"文化扩张"和"文化殖民"战略，妄图以"和平演变"实现称霸世界的野心。由是观之，我国边疆地区文化安全战略应高瞻远瞩，争夺"文化软实力"高地，实施"文化外交"，占领"中国民族文化制高点"，去"文化危机"，在发展中防御，在建设中前行。

安全研究核心由传统安全视域到非传统安全视域的转向是文化安全战略的显著标志。新世纪以来，随着国际格局的变化，非传统安全问题的凸显，使边疆民族地区文化安全的风险来源、安全主体、安全内容和安全形式都相继发生了深刻变化，进而使文化安全的核心内容发生了巨大位移，"认同危机"成为影响文化安全的"第一危机"。总体而言，在经济、政治、社会、历史文化、民族与宗教等综合因素作用下，"安全已不是单纯的'客观'问题和个别主体的'主观感受'问题，而是'主体间'复杂互动的'社会安全性'与'体制合理性'重新确认的问题"[11]。

文化边疆的提出是对边疆概念的又一诠释，是基于文化和文化利益视域的安全问题，文化边疆在保障社会安全与稳定、发展经济、维护国家统一等国家总体安全体系中具有至关重要的作用和地位。"文化戍边"是文化边疆的实践形式，是最根本和最具保障性的"戍边"，苏联解体、东欧剧变就是"文化戍边"缺失导致国家政权变质的典型案例。

11　余潇枫："'认同危机'与国家安全——评亨廷顿《我们是谁?》"，《毛泽东邓小平理论研究》，2006年第1期。

三、关键领域: 从"观念世界"到"生活世界"

边疆民族地区文化安全内容的转移, 突出表现在从"观念世界"到"生活世界"的关键领域变革上。文化的渗透性、隐性作用实则呈现了文化软实力"情理交融"的运行规律, 表明当今文化安全的内容已从"内心深处革命"的观念世界转移到"民众日常生活场域"的生活世界, 由政治文化、意识形态、价值观念、民族文化、宗教文化、消费文化、文化产业等构成的边疆民族地区文化安全从以往的理论灌输转变为民众日常生活化渗透的重大新问题。

先从学理视角解读所谓的"观念世界"。正如列宁所言, "思想的社会关系"[12], 而概念的符号"构成了一个不变的思想系统"[13]。概念最基本的特点是文化的作用, 特征是"观念地被把握的东西", 是人类理智活动的结果。因此, 所谓生活世界, 现象学创始人胡塞尔所言"那个唯一现实的、在感知中被现实地给予的、总能被经验到并且也能够经验到的世界, 即我们的日常生活世界"[14]。也即, 是"我们之中与我们的历史生活之中的一种精神结构"[15]。总之, 胡塞尔的生活世界主要包括作为经验实在的客观生活世界和作为纯粹先验现象的主观生活世界的综合,前者是导致科学技术使人类社会异化和产生"现代性危机"的根源, 后者则是解决危机的理论前提。交往行为理论倡导者哈贝马斯也以"生活世界"为其理论基点, 他认为生活世

12　[俄]列宁 著, 中共中央马克思恩格斯列宁斯大林著作编译局 译: 《列宁选集》第1卷, 北京: 人民出版社1995年版, 第18页。

13　[德]埃德蒙德·胡塞尔 著, 倪梁康 译: 《逻辑研究(第一卷)——纯粹逻辑学导引》, 上海: 上海译文出版社2006年版, 第507页。

14　[德]埃德蒙德·胡塞尔 著, 倪梁康、张廷国 译: 《生活世界现象学》, 上海: 上海译文出版社2005年版, 第242页。

15　[德]埃德蒙德·胡塞尔 著, 吕祥 译: 《现象学与哲学的危机》, 北京: 国际文化出版公司1988年版, 第138页。

界是交往主体之间以理解为前提、以语言为媒介的交往背景场所, 是包含文化、社会和个性三维结构的生活领域和"信念储存库", 现代社会的一切病症正在于生活世界被金钱和权力侵入而导致"生活世界殖民化"。因此, 必须通过坦诚、平等、无偏见、协商的交往行为, 回归生活世界的符号意义结构, 使其合理化。

作为凝聚血缘、族缘、精神和信念之源的文化, 以其所属民族生活样式的总体性概貌而与每一个人的生活世界紧密连接。一种文化越能走进人们的生活世界, 也就越具有生命力和活力, 越能深入人心。深度全球化时代, 认同危机最为人们诟病, 成为了文化兴盛最大的安全隐患, 亨廷顿认为"全球认同危机"将是最大的时代特征, 无法克服。[16] 忠于人民、忠于民族、忠于祖国、忠于社会主义, 这些基本的信念和价值观最终靠生活世界而非观念世界打动和长久影响人们。"文化长城"的构筑重在"走进人心、得人心", 重在"以文化特有的规律和方式"去塑造文化。"政治文化路径最基本的信条就是'文化发挥作用', 这无疑是正确的。"[17] 在全球化的今天, "一种文化在国际上的地位和影响力也是以其在本土的文化生活的活力、文化认同、文化吸引力为基础的"[18]。正因为如此, 美国好莱坞大片对其他国家传达了一种非常吸引人的理念, 即美国的生活方式是最完美的、美国的政治环境是最自由的, 只有美国才是公平民主的代言人。无疑, 以美国为首的西方文化都以此为标杆, 引领文化全球化和实行全球文化扩张。政治文化和意识形态文化要想走进边疆民族地区民众的生活世界, 进行"无意识"和强有力的文化渗透, 同时抵御西方敌对势力的文化干涉和文化

---

16 Samuel P.Huntington, Who Are We? The Challenges to America's National Identity, New York: Simon&Schuster, 2004, pp.12-13.

17 李风华: "政治共识: 一种新的政治观念研究路径", 《政治学研究》, 2012年第2期。

18 Des Gasper,The ethics of development, Edinburgh, Edinburgh University Press, 2004, p.223.

侵略，必须打好"民众牌"，关心群众们的疾苦和衣食住行，实施情感和温暖工程，变灌输的意识形态文化为民众日常生活的意识形态，变强制的政治文化宣传为潜移默化的"五个认同"[19]教育，警惕西方资产阶级文化的"糖衣炮弹"攻击，警惕消费文化的"西化"风险。对于宗教极端势力和民族分裂势力利用风俗民情和民众感情蛊惑他们，扰乱国家安全的行径，应做好民众思想工作，在民众生活世界中感知对比，揭露"西化"险恶用心，以此克服西方文化的渗透。未来，"文化安全牌"实质是"民心牌"+"民众生活世界牌"的组合，前者是主观生活世界，后者是客观生活世界，唯有真正走进民众的生活世界，赢得民心，才能真正克服"文化安全危机"。

四、制度建构：从"单向文化安全"到"系统总体安全"

系统论的总体方向和趋势是"从分散走向集中、从部分走向整体、从破碎走向整合"[20]，其基本特征是整体性、协同性、关联性、时序性、等级结构性、动态平衡性等等。文化安全作为国家总体安全的一环，应当在国家总体安全的系统论视域下进行制度建构，边疆民族地区文化安全与国家总体安全息息相关且十分关键，建构从"文化安全"到"总体安全"的制度协同系统是边疆民族地区经济社会文化发展的必然选择。

作为族群和人类社会化的标志性成果及其生活样式的文化，与政治、经济、社会、军事、历史、民族、宗教等因素紧密相关，彼此影响、相互决定、相互转化。"文化安全牌"实质是"政治安全牌"、"民族安全牌"、"经济安全牌"、"宗教安全牌"、"人民安全牌"、"社会安全牌"等全方位的综合反映。2014年习近平总书记正式提出了"总体国家安全观"，"强调要准

---

19 "五个认同"是指：1.认同伟大祖国；2.认同中华民族；3.认同中华文化；4.认同中国共产党；5.认同中国特色社会主义。

20 竺乾威："从新公共管理到整体性治理"，《中国行政管理》，2008年第10期。

确把握国家安全形势变化新特点新趋势，坚持总体国家安全观，走出一条中国特色国家安全道路"[21]，并进一步指出，要精确把握国家安全形势变化新特点，坚持总体国家安全观，增强忧患意识，做到安不忘危，居安思危，保证国家安全是头等大事。现如今我国国家安全所包含的内容和其延伸的东西都较之以前要更加的丰沛，时空领域也比历史上任何时候都要更加的宽广，内外要素也比历史上任何时期都要更加的复杂多样，因此要更加坚定的坚持总体国家安全观。2015年7月，新《国家安全法》正式通过实施，第三条明确规定："国家安全工作应当坚持总体国家安全观，以人民安全为宗旨，以政治安全为根本，以经济安全为基础，以军事、文化、社会安全为保障。"[22] 文化安全实质是国家安全最不可或缺的"内源性保障"、"根性保障"和"底线保障"，是"文化长城"，是国家命运共同体的"第一位保障"。

我国国家安全治理，是全面、整体、系统的安全治理体系，多个对立统一体共存于系统之中，构成蔚为壮观的系统错综复杂的结构体系和功能体系。正如习近平总书记所指出当前国家安全治理的"五个对子"："既重视外部安全、又重视内部安全；既重视国土安全、又重视国民安全；既重视传统安全、又重视非传统安全；既重视发展问题、又重视安全问题；既重视自身安全、又重视共同安全。"

不过，文化认同的"人心向度"之重要之深刻，是别的社会子系统所不能替代的，也存在一定范围内的"文化伪相关性"，尤其表现在把国内外反华事件异化为国内民族和宗教问题，人为制造国内社会矛盾，蛊惑和欺骗不明真相的群众，以达到分裂中国的险恶用心。为此，应当客观分辨文化子系统和其他子系统以及国家安全总体系统之间"子—合"、"子—子"、"合

21　刘跃进："总体安全为人民—学习习近平总书记关于总体国家安全观的重要论述"，《紫光阁》，2018-07-10。

22　《中华人民共和国国家安全法》总则第三条。

一子"的关联性、时序性和动态平衡性，以防其他子系统的恶意渗透和别有用心的篡改，最终影响总体国家安全观的实施。还应当看到，文化命运共同体视域下文化自信尤为重要，要警惕"西化烟雾弹"和"西方中心主义"以及非西方文化的"被边缘化"建构。[23]

总而言之，边疆民族地区要走出一条中国特色的边疆地区文化安全治理之路，应该在国家总体安全的整体系统和全局视野中找寻文化安全的联动式动因，在文化安全的子系统中有效回应国家总体安全的文化诉求和"第一保障"作用。

五、治理类型：从"应急维稳治标型"到"多元发展治本型"

进入新世纪以来，全球安全形势严峻，"维稳型"安全治理模式虽成本高、动用人员数量多，一再为人们所诟病，但其应急反应和快速处置的经验性模式也成为全球安全治理的"首推模式"。我国新疆和西藏地区是"维稳"重点地区，"维稳型"边疆安全治理模式对我国边疆民族地区的安全、稳定和发展带来了深刻影响。总体来看，这种"维稳型"治理模式尽管有其紧迫性原因和重要方法论价值，但在国家治理现代化的长远目标和视域下，从"应急维稳治标型"到"多元发展治本型"是边疆民族地区文化安全治理的必然转变。

文化本是一个"文而化之"、"久久为功"、内外兼修和从长计议的工程，有其自身的规律和变迁特点，也与经济、政治和社会的发展不完全同步。"安全作为人类自身最优先、最重要的公共资源与公共产品，有着生存意义上的善的本质特征，因此，安全作为人类生活的'第一伦理'，表明人的安全是一切安全的基点，也是边疆安全的基点。"[24] 由此可见，"人的安全"不仅

---

23 陈忠 著：《发展伦理研究》，北京：北京师范大学出版社2013年版，第306页。

是总体国家安全观的根本价值理性, 更是边疆民族地区文化安全的关键性依据和最终价值依托。只有树立以人为本和符合族群生活的根本理念, 才能构建真正符合文化规律和特质的文化安全治理。

文化具有自身独特运行规律, 本身是一个宏大的治本工程, 但短期内的治标性不可或缺。稳定始终是文化安全工作压倒一切的"生命线", 但要摒弃"只要不出事就是最大的安全", 在以人为本的安全理念基础上, 应当从"治标底线安全观"转变为"治本安全观", 根本思路在于把"生命线"变成"起跑线", 把"缓和矛盾"变成"消除矛盾", 把"单一维稳"变成"多重发展", 意即, 全方位发展边疆民族地区的经济、政治、文化、社会、信息、民生、民族和宗教等工作, 全方位推进文化内部各要素与时代重大主题发展变迁的动态安全观, 快慢与否要因文化特性和规律而定。居安思危、未雨绸缪, 把"单一治标型"变为"治本和治标综合治理型", 全面整体推进边疆民族地区的文化安全治理。

第三节　国际格局变化下背景下我国边疆民族地区文化安全的特征

新世纪以来随着大国实力对比和大国间盟友关系的改变, 西方文化强国加快了对外文化战略的步伐。在国际格局变化背景下, 我国边疆民族地区文化安全更趋全方位和联动复杂性、文化主权安全风险和冲突将长期存在、文化多元和政治一体的认同危机短时期内难以消除、民族和宗教问题"泛政治化"趋势明显、文化产业和消费文化愈加成为"没有硝烟的战场"、边疆民族地区地域文化安全形势差异性较大。

24　余潇枫、徐黎丽: "'边安学'刍议", 《浙江大学学报(人文社会科学版)》, 2009年第7期。

一、文化安全更趋全方位和联动复杂

作为我国边疆民族地区第一保障和前线的边疆文化安全问题，在"文化安全变得愈加重要"的新边疆安全观背景下，成为异常严峻的边疆重大议题，呈现出文化安全问题来源的境内外双源性、问题成因的全方位联动性、问题表现的多元复杂性和相互转化性等非传统安全视域下的典型特征。

(一) 文化安全的双源性加剧了多重风险

现代社会是风险社会，风险无处不在，"风险是预测和控制人类活动的未来结果"[25]。在国际安全从传统安全向非传统安全转移的情势下，文化则成为国家之间竞争和较量的重要工具和有效手段。对发展中国来说，文化危机愈加严峻。由于地处国境线的地缘关系，我国边疆民族地区文化安全问题具有境内外"内生型"和"外源型"双源共生互动的典型特征，问题源自国内和国外地缘因素，具有突发性、成因复杂、内外交互、传播极快、影响极大、风险不可控、后果错综复杂等一系列特点，危及我国国家安全、损害我国根本利益。作为捍卫国家主权和领土完整免遭颠覆、维护国内安定团结的政治、经济和社会局面免遭危害的"底线"屏障，边疆民族地区扮演着非常重要的作用。边疆民族地区裹挟着国外敌对势力干涉、国际泛民族主义分裂运动的威胁等"外源性"因素，以及国内经济、政治、民族、宗教、社会等多重"内生性"因素，边疆民族地区境内外双源性属性加深了文化安全问题的多重风险。

来自境内外双源性风险最典型的例子，就是我国西北边疆民族地区衍生

25　[德]乌尔里希·贝克 著，吴英姿 等译：《世界风险社会》，南京：南京大学出版社2004年版，第4页。

的三股势力，即"民族分裂势力、暴力恐怖势力、宗教极端势力"。一方面，国外"反华"势力为达到遏制中国崛起和颠覆我国政权的险恶用心，在国内精心挑选和培养民族分裂势力、暴力恐怖势力、宗教极端势力，处心积虑地利用我国民族和宗教问题，挑拨离间，阴谋策划分裂活动；另一方面，国内这三股势力受国外反华势力控制和指使，制造多起暴力恐怖等分裂活动，如西藏的"3·14事件"、青川藏三省交界的"僧人自焚"事件等多起恶性事件；如新疆的"7·5事件"、昆明"3·1事件"等恶性暴力恐怖事件，境内外反华分子相互勾结，假以"民族牌"、"宗教牌"等危害我国国家安全和社会和谐稳定。

(二) 文化安全的全方位联动性加重了复杂性

文化和文化安全问题的形成源于经济、政治、文化、社会、网络信息等多种因素相互叠加、交织和影响的结果，是整个系统全面性、发展性、交互性的使然，这就使得很多看似各自孤立的问题，却表现出了相互影响的连锁效应。各种问题之间盘根错节且有多重属性，互相影响和互相制约，问题与问题之间就犹如多米诺骨牌一样，'牵一发而动全身'。一种性质的非传统安全问题也会因此繁衍出其他性质的安全问题。这其中，经济是关键性致因，政治是决定性因素，文化是前提基础，这三个因素最为重要。社会、生态、网络信息等其他因素也不可或缺。全球化和现代性不可避免地给世界各国带来了文化巨大变迁和发展问题。这些总体性、系统性发展和变迁被哈维兰(William A. Haviland)称之为"结构性暴力"，即"由处境、制度以及社会、政治和经济结构造成的暴力"[26]。也即，全球化和现代性等诸多"结构性"问题之间具有整体关联性和系统影响性，必须

26　[美]威廉·A·哈维兰 著，瞿铁鹏 等译：《文化人类学》，上海：上海社会科学院出版社2006年版，第514页。

整体、全面、发展而非孤立、静止、片面地看问题。

随着我国边疆民族地区经济社会的加速发展和文化的快速变迁、内外要素联动的深入、利益分化与社会矛盾的增多，使得边疆非传统安全领域中的文化安全因素也因此激增，其间的因果关系复杂多样，呈现出国际与国内因素双源头、民族宗教与文化社会因素交互，经济、政治、生态和社会等因素联动的趋势，加剧了系统性风险和结构性暴力危机。一般来说，边疆民族地区文化安全系统联动性风险，大致有以下几种主要致因：国内外政治敌对势力相互勾结引发的政治风险和危机，利益结构失衡诱发的发展不平衡矛盾，异质性多元民族文化认同诱发的国家认同危机，群体性事件引发的政治危机和社会公共安全危机，国内政策失误导致的政策危机，网络舆情引发的网络安全危机，等等。[27] 从本质上看，这些联动性致因主要涉及发展、稳定、安全等三大类问题，根源在于发展，发展是解决问题的关键所在。边疆民族地区文化安全危机主要表现在"认同危机"。据云南大学调研组做的关于云南边疆地区国家认同的一项调研表明，市场经济的深入发展对边疆地区国家认同产生了深刻影响，跨界民族主义意识日趋增强，其中现实利益的满足与否越来越成为国家认同的关键力量。[28] 从调研结果不难看出，认同危机源自利益分配失衡的短板。利益分配失衡问题不仅是经济问题，也是社会问题，更是重大的政治问题，也是影响社会安全、政治安全和文化安全的关键致因和短板。一直以来，相对于内地的发达，虽然有一系列优惠扶持政策和倾斜措施，但总体而言，边疆民族地区的经济和社会发展还是相对落后。

上述种种表明，边疆民族地区利益结构失衡现象较为严重，相对影响和剥夺了边疆少数民族群众的"获得感"和公平感，并被国内外敌对势力加以

---

27 史云贵："我国陆地边疆政治安全：内涵、挑战与实现路径"，《探索》，2016年第3期。

28 廖林燕："云南边疆地区国家认同研究"，《云南行政学院学报》，2017年第1期。

利用, 成为诱发边疆重大安全问题尤其是文化安全问题的导火线和重要致因, 助推了文化安全问题复杂性。

(三) 文化安全的多元复杂性阻碍问题的解决

边疆民族地区文化安全的多元复杂性和可转化性, 不同要素之间存在耦合和嵌入关系, 其属性特征互相关联、互相影响且互相转化。加之跨界民族问题涉及边疆民族地区事务的多个方面, 不再是一个简单的、单一的民族问题, 而是一个典型的多元交互性问题, 容易发生异化和扩大化, 使文化安全问题转化为政治安全、社会安全等问题, 最终危害国家总体安全。因此, 国内外敌对势力大打"文化牌"、"民族牌"、"宗教牌", 以此成为策划反华活动的桥头堡和挡箭牌。

国内外政治反华问题异化为国内民族和宗教问题。近年来面对中国强劲崛起, 国内外反华势力极力遏制, 为掩人耳目达到其不可告人的目的, 利用文化大做文章, 把国内外政治反华问题异化为国内民族和宗教问题。境外敌对势力及国外非政府组织、宗教组织和境内民族分裂主义、宗教极端主义、暴力恐怖主义"三股势力"联手, 进行意识形态渗透, 强化族群意识, 人为制造民族和宗教矛盾, 使部分群众民族认同与国家认同失衡, 国家合法性和政治安全遭遇严峻风险和挑战。一个重要特性就是, "往往同民族与宗教问题交织在一起, 敏感且棘手, 由此给边疆政治安全带来潜在的巨大隐患"[29]。把国内边疆民族地区经济、社会问题转化为边疆文化问题。"文化牌"的优势在于为政治合法性提供必要的价值观、信仰和心理基础, 达到"攻心术"的目的。当前, 边疆经济发展和民众生产生活的整体水平仍比较落后, 仍属于国家"欠发达地区", 影响了少数民族民众的国家认同情感, 成为国内外反华势力借机蛊惑群众和推进反华攻势的根本诱

29　史云贵: "我国陆地边疆政治安全: 内涵、挑战与实现路径", ≪探索≫, 2006年第3期。

因之一。

边疆文化安全问题恶化为边疆政治安全问题。边疆民族地区文化安全问题的涉外性、敌对性、敏感性、潜在的民族宗教性等特点，相对于内地而言更难解决。若处理不当，极易造成更大的政治问题，进而恶化为危及国家社会稳定的安全问题。因此，边疆民族地区文化安全问题更趋全方位和联动复杂性的总体趋势，已成为我国政治安全的重大挑战性问题之一。

二、文化主权安全风险长期存在

主权对于国家安全至关重要，"是国家具有独立自主地处理自己对内和对外事务的最高权力"[30]，国家文化主权是指国家对维护和增进本国文化利益的一切行为具有最高、不容争辩和排他的权力。一旦国家文化主权遭到削弱甚至剥夺，就会对国家的生存和发展产生不可估量的严重后果，国将不国。因此，国家的文化主权安全将是国家最具关键意义的安全。上世纪90年代冷战结束国际格局发生重大变化以来，国家间的利益矛盾更多表现为文化冲突。以美国为首的西方大国大肆推行文化扩张和文化霸权主义，直接对广大发展中国家的文化主权造成严重挑战和威胁，由此产生了空前的文化主权危机。我国边疆民族地区是维护国家主权和国家文化主权"前线"，也是各种文化较量、冲突风起云涌，斗争异常激烈，必须给予高度警觉。

(一) 文化全球化对国家文化主权的挑战

全球化是现代性的全球扩张，始于经济领域后辐射至政治、文化、社会等领域，出现马克思所言的"历史向世界历史转变"不可阻挡的必然趋势，

---

30 周鲠生 著：《国际法(上册)》，北京：商务印书馆1976年版，第75页。

呈现以"西方中心主义"为主的"一体化"和"同质化"的世界图景和总体格局。"文化全球化就是非西方文化被西方文化同质化与一体化的过程,"[31]从某种程度上说,文化全球化就是"文化西方化"甚至是"文化美国化","全球化逐渐意味着耐克、牛仔衣和NBA在世界范围内的胜利"[32],美国文化标准成为了世界文化标准,甚至连其他西方国家概莫能外。对此,各国开展了"民族文化保卫战",法国提出"文化例外"和"文化多样性",德国提出"文化立国",日本提出"文化艺术立国",中国提出"文化自信"和传统文化传承创新,以此来增强民族文化的"平等话语权",以文化独特性和多样性屹立于世界民族之林。

应该看到,全球化中蕴含着深刻的"二律背反"悖论,作为一体化和多元化、同质化和异质化等对立共存的矛盾统一体,全球化加速了一体化和同质化的过程,但并没有真正消除异质化和多元化,"全球化的反题是由它的正题激发出来的……一体化、同质化等在事实上反倒激发了对特殊性、地域性寻求"[33]。总之,各国文化主权和民族文化虽被"文化美国化"和"西方中心主义"削弱和裹挟,但文化差异性、民族性、多元化依在甚至更为明显,"瑞典人会更瑞典化,中国人会更中国化,而法国人也会更法国化"[34]。

(二)"西化""分化"对我国文化主权安全的重大挑战

国内外反华势力以"西化"、"分化"为目标的"和平演变"战略加紧对我

---

31 [日]星野昭吉 著,刘小林 等译:《全球政治学—全球化进程中的变动、冲突、治理与和平》,北京:新华出版社2000版,第196页。

32 Salman Rushdie, "Rethinking the War on American Culture", New York Time, March5, 1999, p.54.

33 黄皖毅 著:《马克思主义世界史观:文本、前沿与反思》,北京:知识产权出版社2008年版,第119页。

34 [美]约翰·奈斯比特 著,孙道章 译:《大趋势》,北京:中国社会科学出版社1984年版,第75页。

国实施文化霸权和文化扩张战略，对我国文化主权安全乃至国家主权安全造成重大威胁。其一是"西化"战略，即对我国边疆民族地区的意识形态、政治文化和民族文化实行全方位"西方化"，去"中国化"，利用一切可以利用的力量，以此作为遏制、瓦解中国的理想着力点和"最大化收益"。这种静悄悄的文化输出无异于摧毁"思想长城"的"攻心术"，"不再或者很少攫取别人的领土，但却攫取别人的意识、思维方式和生活方式"[35]。手段更高明、效果更甚、危害更大。打着"人权"、"普世价值"、民主、自由、平等、博爱等旗号的国内外反华势力，借助经济、文化、社会、民族宗教信仰、民众生活等多个平台，千方百计宣扬和输出资本主义价值观，造成边疆民族群众对中华民族整体文化的相异感和对国家的疏离感，削弱了国家整体认同。其二是"分化"战略，即，大肆搞分裂我国领土、主权和削弱民众国家认同等文化和政治阴谋活动。思想上，宣扬"民主社会主义"、"新自由主义"、"新民族主义"、"新个人主义"等思潮，妄图制造狂热的宗教信仰和民族仇恨心理，"去国家认同"，策划民族自治独立；行动上，建构和培植"民族分裂主义、宗教极端主义、恐怖主义"三股势力及其精英，利用民族和宗教问题，极力支持"达赖藏独外交"、"热比娅疆独活动"等，策划和制造"藏独"、"疆独"、"蒙独"等多起民族和宗教骚乱活动，对我国文化和政治领域的主权造成重大挑战。可以预见，"西化"、"分化"图谋以及国内外敌对势力的反华战略将是未来我国文化安全乃至国家安全的重大威胁之一。

(三) 网络舆情严峻挑战了国家文化主权

"没有互联网安全就没有国家安全"。网络舆情传播所引发的文化主权

35　[加]马修·弗雷泽 著,刘满贵 等译: 《软实力: 美国电影、流行乐、电视和快餐的全球统治》, 北京: 新华出版社2005年版, 第65页。

危机成为边疆民族地区文化安全的重大新挑战。毋庸置疑，网络文化安全和"大数据霸权"早已升级为国家重大安全议题。网络信息社会的迅速崛起极大地改变了人们的生产生活方式，以去中心、提倡自由、平等、民主、个性化、解放为特征的互联网超越时空疆域和地理界限，犹如人类的"第三只手"和"第二个大脑"，成为现代社会不可或缺的基础性工具。但网络犹如一把双刃剑，以网络为特征的"网络边疆"极大地改变了边疆的传统内涵和固有观念，争夺信息制空权的"信息边疆"的国家战争早已打响。如，"斯诺登棱镜门事件"就是冰山一角。

针对网络黑客攻击、网络恐怖主义、网络间谍的不耻行径。我国特别强调："网络空间的划分应与国家维护陆、海、空的主权原则一致，凡是进入我国陆、海、空疆域的有线互联网线缆和无线互联网电波上的活动及数据信息，都属于我国网络空间主权管辖"[36]。信息化时代维护网络主权意识尤为重要，信息科技、网络技术悄然改变着边疆民族地区的政治秩序与文化生态，给国家文化主权带来前所未有的重大安全隐患。"网络化逻辑的扩散实质地改变了生产、经验、权力与文化过程中的操作和结果。"[37]网络化逻辑的这种特性，使得现代性转变为"液化了的、流动的，凌乱、松散、违反常规的现代性"[38]。更重要的是，互联网也改变了权力方向，使"权力正在从'资本雄厚型'转向'信息丰富型'"[39]。这表明，网络权力旦属于信息拥有者，实质是"信息霸权"，是对国家主权的又一新型威胁。与此同时，网络文化软实力凸显，其认同力、影响力、传播力和辐射力轻而易举

36　程琳："网络安全牵一发动全身"，《人民日报》，2016-06-01。

37　[美]曼纽尔卡斯特 著，夏铸九 等译：《网络社会的崛起》，北京：社会科学文献出版社2002年版，第568页。

38　[英]齐格蒙特·鲍曼 著，范祥涛 译：《个体化社会》，上海：上海三联书店2002年版，第14页。

39　Joseph S. Nye, Softpower and American foreign policy, Political Science Quarterly, Vol. 119, No.2(Summer, 2004), pp.255-270.

就可以在网络平台获得，有可能对网络主权构成潜在的和致命的威胁，进而威胁国家文化安全。

三、认同危机短时期内难以消除

在国家整体视域下，要想解决导致多民族国家文化安全的内生性，就必须在国家内实现双重认同：即民族认同和国家认同。这也是构筑边疆民族地区"去认同危机"的"文化心理边疆"的必然选择。但实现从文化性民族认同与政治性国家认同的双重认同是一个渐进的过程。

(一) 认同危机：边疆民族地区文化安全的根源性危机

作为多民族国家政治合法性来源的"认同问题"，自20世纪70年代以来早已成为多民族国家文化安全的核心议题。认同之所以能够为政治合法性提供重要依据，其重要作用在于："其一是作出选择；其二是与他人建立起可能的关系；其三是使人获得力量和复原力"[40]。更重要的是，文化认同则"提供了(人们)自我认同的根基，轻易可靠的归属安全感"[41]，有助于形成人们的自我认同。而且，基于血缘、地缘等至上的"民族认同尤其适合作为'认同的原始焦点'，因为它是基于归属，而不是基于养成。如果认同不是基于养成，那么就会更加安全，更不容易受到威胁"[42]。由是观之，民族认同是一种基于归属的稳固的文化认同，天然由血缘和文化共同体构建而成，能够为自我认同提供根基。在此基础上，菲利克斯·格罗斯(Feliks

---

40 何佩群、俞沂暄 主编：《国际关系与认同政治》，北京：时事出版社2006年版，第72页。

41 [加]威尔·金利卡 著，马莉 等译：《多元文化的公民身份》，北京：中央民族大学出版社2009年版，第130页。

42 [加]威尔·金利卡 著，马莉 等译：《多元文化的公民身份》，北京：中央民族大学出版社2009年版，第130页。

Gross)认为多民族国家的公民应共同拥有一种更高的认同："地域的(在民主国家里，从某种意义上说，也包括意识形态的)纽带构成了这个前提，并且产生了必要的双重认同，其中的第二种认同是政治认同，相当于对国家的认同，这种认同非常明确地体现在公民身份上。"[43] 显然，这种政治认同并非源自共同血缘、族裔或文化共同体，而是国家公民身份。德国当代哲学家哈贝马斯深刻阐释了公民身份的双重特性："一种是由公民权利确立起来的身份，一种是文化民族的归属感。"[44] 可见，公民身份有政治认同和文化认同两种，政治认同基于后天的养成，文化认同基于先天的归属感，因此后者比前者更为稳固和安全。

多民族国家的文化安全危机源自于"认同危机"，即本国的人民并没有把民族认同上升到国家层面的政治认同，这就导致了国家欠缺政治合法性。以这两种认同为基础，可以把民族划分为"文化民族"与"政治民族"两类，"按照德国史学家弗里德里希·梅尼克(Friedrich Meinecke)的诠释，文化民族是'基于某种共同的文化经历而凝聚起来的'，政治民族则建立在'一种普遍的政治历史与法则的统一力量之上'。"[45] 公民身份视域下，不同血缘和文化背景下的民族"都是国家的一员"[46]，国家是公民的保护伞，公民是国家的拥护者只有这样多元民族文化认同才能得以上升到国家的政治认同。我国边疆民族地区多元文化的民族认同容易诱发国家认同危机，跨界30多个少数民族中，宗教信仰多元，经济、政治、社会等矛盾错综复杂，加之境内外敌对势力的干涉，从文化认同到政治认同，从民族认同到

---

43 [美]菲利克斯·格罗斯 著，王建娥 等译：《公民与国家——民族、部族和族属身份》，北京：新华出版社2003年版，第183页。

44 [德]尤尔根·哈贝马斯 著，曹卫东 译：《包容他者》，上海：上海人民出版社2002年版，第133页。

45 暨爱民："从民族认同到国家认同：理论与路径评析"，《教学与研究》，2014-11-15。

46 [美]菲利克斯·格罗斯 著，王建娥 等译：《公民与国家——民族、部族和族属身份》，北京：新华出版社2003年版，第7-8页。

国家认同，仍然需要很长的一段时间才能基本实现。

（二）从文化性民族认同到政治性国家认同

建构"文化多元"和"政治一体"的双重认同是"去认同危机"的重要路径，即构建从异质性"文化性民族认同"到一体性"政治性国家认同"相统一和重叠共识的文化安全战略。基于民族认同的文化归属，在国家主义视域下，整合文化安全的内生性根本要素"认同"，培养具有政治合法性的国家认同。长期以来，我国56个民族形成了"你中有我、我中有你"多元一体的民族关系，以及各民族"大杂居、小聚居"的地理分布。边疆民族地区虽地处僻远，认同危机严峻，因此构建"文化多元"和"政治一体"的文化向心力和政治共识依然有很长的路要走。

四、民族和宗教问题"泛政治化"明显

当前我国民族和宗教问题凸显且"组合建构"，深刻影响着国内政治和边疆民族地区文化安全，这其中有着复杂的国际与国内诱因。国际方面有：20世纪末国际格局变化以来族裔民族主义在全球的高涨与扩散，宗教极端势力和恐怖主义在世界范围内的兴起与扩散，国际格局的演变与大国地缘政治博弈为"三股势力"提供了生存夹缝；国内方面有：社会身份结构转型与民族宗教身份的复兴，市场经济、利益竞争与民族宗教意识的激发和族际信任危机，改革中出现和积累的其他社会矛盾与民族宗教因素的结合。[47]

我国边疆民族地区的民族宗教问题"泛政治化"趋势明显。作为"共享历史和文化的地域共同体"[48]，民族在历史发展的长廊中，通过语言、文化、

47　王怀强、张雪雁："当前我国民族宗教问题凸现原因及治理思路"，《西北民族大学学报》，2015年第1期。

48　[英]爱德华·莫迪默、[英]罗伯特·法恩 主编，刘泓、黄海慧 译：《人民·民族·国家》，北京：

风俗、心理认同、宗教等特征慢慢具有了民族认同，宗教在其中充当着统领的作用。它作为社会信仰和认同系统的意识形态，宗教都在支配着人们的思想和生活方式。可见，作为显形文化结构和隐形文化软实力的重要组成部分，民族和宗教具有特殊的社会动员和团结功能，因而容易被境外反华势力和境内"三股势力"所利用，使民族、宗教问题"泛政治化"。把本该属于政治安全事件的恐怖主义、宗教极端主义、分裂主义等暴力行径和恶性骚乱活动异化、恶化和扩大化为属于国家内部矛盾的民族和宗教问题，用心险恶，招摇撞骗、蛊惑民众，政治目的邪恶。如此一来，境内外政治安全问题披上了民族和宗教外衣，变成了国内社会矛盾问题，"政治文化化"、"文化政治化"，使得安全问题更为复杂、严峻，文化成为国内外敌对势力争夺的重要战场和高地。

边疆民族地区一直是我国多民族、多宗教信仰的集聚区，跨界民族多，宗教信仰复杂，民族宗教烙印贯穿于边疆人民群众生产和生活的始终，根深蒂固。全球化民族主义和民族维权意识的增长，增加了族际关系的矛盾及其复杂性，使问题越来越难以化解。国内，国家主义和族际主义两种治理理念的冲突和矛盾，"三股势力"的破坏，民族和宗教问题出现的新特点，非法宗教活动呈现增多趋势，及其与经济、政治、文化、社会等问题相互交织，边疆地区民族和宗教治理现代化面临着诸多挑战；国外，境外组织以民族和宗教为幌子对边疆民族地区处心积虑地进行全方位渗透，宣扬"民族自决"、"宗教信仰自由"、"宗教圣战"、"普世价值"、"人权高于主权"，支持边疆地区的极端宗教活动、民族分裂活动和恐怖活动，将边疆民族地区经济和社会发展中出现的一些社会问题，扩大化为民族和宗教问题，蛊惑民众，利用人民群众对本民族和国家的情感，煽动和制造民族和宗教仇恨，甚至公开对抗政府，大作民族和宗教文章，使得边疆文化安全

中央民族大学出版社2009年版，第58页。

"伪"民族宗教性问题多, 客观上增添了边疆民族地区文化安全问题处理的难度。

五、文化产业和消费文化成为"没有硝烟的战场"

文化产业是边疆民族地区文化软实力的"短板", 未来将会成为影响边疆民族地区文化安全的重要竞争力。其中, 无处不在的消费文化将决定边疆民族地区文化安全未来的走向。

(一) 文化产业: 边疆民族地区文化安全的重要文化竞争力

"文化产业"或"文化工业"的观念始于德国法兰克福学派, 其代表性人物西奥多·阿多诺(Theodor Adorno)认为, 现代性使文化生产变成了诱导和操纵, 不再是人们文化需求的产物, 其"祛魅"的过程是无压迫无意识的过程, 导致个性受阻和被迫沦为消费文化的受害者, 揭示了商业文化资本与意识形态所造成的隐秘操纵。文化全球化时代, 文化作为一种软权力、软实力、新兴产业和消费符号, 正日益改变着现代社会的生产和生活格局。文化产业和消费文化的迅猛发展使边疆民族地区文化愈加成为"没有硝烟的战场", 国际国内争夺愈加激烈, 随着"一带一路"战略的纵深推进, 未来将成为国家总体安全的"第一前线"和"战略高地"。

文化产业是一种独具文化特色的新型朝阳产业, "由于文化建设处在一个复杂而敏感的社会结构之中, 既与经济基础密切联系, 又与上层建筑天然结合; 既与传统文化根基血脉不断, 又与现代市场经济体制利益粘连; 既是人民群众生活中如同阳光、空气一样的必需品, 又是国家、民族和社会文明进步的灵魂"[49], 这也使得了文化产业具有了双重属性——商品属性

---

49 柳斌杰: "中国文化产业八大政策取向", 《瞭望中国》, 2017年第7期。

和精神属性，双重功能——文化和产业，两种业态——"魂"和"体"。尽管从全国范围来看，我国文化产业发展迅猛，文化产品消费呈现井喷趋势，文化产业整体实力和竞争力增强，2016年文化产业增加值首次突破3万亿元，达30785亿元，与2015年相比增长13.%。中国文化名片具有一定的世界声誉，但与世界先进水平相比仍存在明显差距，所占GDP比重不高，尚未成为国民经济支柱性产业，精品不多，创新不足，文化投资和融资平台缺失，文化企业不具强大的国际竞争能力，文化产品的市场经济属性过强而文化价值内涵赢弱，且缺乏对地域特色文化资源的有效开发，盲目跟风，出现"同质化、低质化、空壳化"等现象。国内文化产品的市场占有率不高，低于国外欧美进口文化产品。《文化部"十三五"时期文化产业发展规划》明确提出，要坚持创新驱动，促进演艺、娱乐、动漫、游戏、创意设计、网络文化、文化装备制造等行业的全面持续可协调发展，直至2020年，将会形成一批新的增长点，全面提升文化产业发展的质和量，增强文化产业在国际中的竞争力。就边疆民族地区而言，文化产业竞争力依旧薄弱。因此境外文化产品被西方意识形态挟持和利用，成为"西化"的桥头堡和"第二阵营"，不断向中国边疆民族地区输入境外反华文化产品，文化产业安全形势不容乐观。未来，文化产业极其重要的文化竞争力将成为影响边疆民族地区的文化安全。

(二) 消费文化：决定未来边疆民族地区文化安全的潜在走向

融入民众生活世界的消费文化对文化安全至关重要，其隐形化、常态化、"始终在场"的特有文化路径加深了边疆民族地区文化安全隐患，同时也决定未来边疆民族地区文化安全的潜在走向。消费文化的总体性特征大体有："第一，消费文化是消费社会的产物，故论及消费文化必得以消费社会作为基本前提；第二，消费文化首先把文化变成商品，然后遵循着市场逻辑行事；第三，消费文化取消了商品与艺术品的分野，商品艺术化，艺术商品化成为一种主要趋势; 第四, 消费文化的核心内容之一是消费主义, 而消费主义又与享乐主义关系密切; 第五, 消费文化固然也会让人想起商品的使用价值, 但它更重要的功能在于刺激人的感觉, 激发人的想象, 再生产出人们的消费观念, 于是, 时尚、情调、格调、符号价值等等就成为消费的主要内容。"[50] 由此可见, 消费文化倡导的是"图像导引"的视觉文化, "消费社会乃是视觉文化的温床"[51], 重感官体验轻高尚旨趣, 轻物质性享受轻精神性侵染, "重形而下轻形而上, 以拜物主义、消费主义、享乐主义为其基本价值观念, 使"娱乐道德观"(funmorality)代替了原来的"行善道德观"(goodnessmorality)"[52], 其根本诟病在于"生产力、科学技术和文化的合作, 以前所未有的高效率创造出更多的新奇的人造消费品, 刺激和引诱人类本身在身体和精神方面的无止境欲望扩张"[53], 根本上是物质主义和意义的丧失, 是"内部的空虚"。由此一来, 大众消费文化成了资本主义文化和社会主义文化的决胜战场, 成为了"西化"和"分化"的思想前线。在这个最基础的文化生活领域隐藏着最深的文化逻辑: "随风潜入夜、润物细无声"。从阳春白雪到下里巴人, 从文化殿堂到千家万户, 通过影视、网络、书籍杂志等舆论媒介以及无孔不入的文化娱乐休闲旅游等路径, 以资产阶级物化价值观、西方精致化生活方式、个性自由和解放等为特征和内容以及"语不惊人死不休"的视觉文化为形式的消费文化, 极大冲击和侵蚀着边疆民族地区的"年轻一代"和普通民众, 扭曲民众的价值观, 威胁文化安全。

作为文化软实力的重要竞争场域, 谁占领了文化产业和消费文化市场,

---

50   赵勇: "从审美文化到消费文化", 《中国中外文艺理论学会年刊》, 2008年卷。

51   周宪: "视觉文化与消费社会", 《福建论坛》, 2001年第2期。

52   [美]丹尼尔·贝尔著, 赵一凡 等译: 《资本主义文化矛盾》, 北京: 三联书店1989年版, 第102页, 第113—119页。

53   高宣扬 著: 《福柯的生存美学》, 北京: 中国人民大学出版社2005年版, 第248页。

谁就占领了未来文化市场，对未来文化业态和文化安全产生至关重要的影响。例如，东盟视域下的"一带一路"边疆民族地区将成为未来消费文化的强劲场域。由中国首倡的"一带一路"战略根本上是一个文化全球化再平衡战略，涉及60多个国家、40多亿人口和20多万亿经济总量以及东盟这个区域性合作组织。作为目前全球第7大经济体的东盟，预计到2030年人口总数超过6.3亿人，15至64岁的劳动人口占65%位居世界第三，中产阶层人口作为消费主力将稳步增长，GDP超过4.5万亿美元，将跃升为全球第四大经济体。至2020年东盟家庭可支配收入的年增长率将达5%左右，未来会催生消费文化及其需求井喷发展，成为未来10年内我国文化产业极为重要的战略性市场空间，对于边疆民族地区文化安全具有十分重要的战略意义。

当然，"文化多样性"和"多元一体"是多民族国家的文化总格局，这种区域性、族际性、异质性的文化差距和格局，势必会对未来边疆民族地区文化总体安全造成不可估量的影响和后果。总体来看，边疆民族地区的文化安全形势各不相同，发展、稳定、安全这三大主题的凸显程度也不尽相同，西北边疆文化安全问题形势严峻，民族和宗教问题异常复杂，文化安全隐患多、风险高，宜采取严防死守的维稳策略，但也要标本兼治；东北和北部边疆发展和稳定问题凸显，东北边疆受朝鲜核问题影响，安全形势变化多端，发展任务紧迫；西南边疆民族成分复杂，跨界民族居多，文化安全形势较好，但边疆社会问题错综复杂，文化安全隐患较大，经济社会发展问题更为重要。

第四章

国际格局变化背景下我国边疆民族地区文化产业安全的挑战

我国边疆民族地区人口结构复杂、宗教信仰多元、邻国众多、地缘位置重要，不可避免地成为西方大国"价值观外交"等文化渗透的投射中心和所谓"软实力"杀伤覆盖的重灾区。西方大国往往在"现代化"的旗号下，挟其技术优势、资本优势、战略模式等对我国边疆民族地区珍贵文化资源进行掠夺式开发。相对而言，我国边疆民族地区市场发育程度、商品经济意识及手工艺技术相对弱势不能保证在文化产业多方博弈中的优势地位。实际情况是，本地文化遭受外部文化的严重渗透，大多数边疆民族地区的广大民众沦为发展文化产业的旁观者角色。因此，如何在发展边疆民族地区文化产业的同时，正视这一现代化过程中的政治风险和经济威胁以及由此转化而来的文化产业发展危机，已经成为事关我国边疆民族文化安全的重要问题。

第一节 世界文化产业发展的趋势

苏东的剧变，冷战宣告结束，国际格局发生了重大变化。美国作为全球唯一的超级大国，霸权护持是其国家战略的内核要素。新世纪以来，随着德国、日本、中国、印度等国家的相继崛起，美国实力开始相对衰落。大国兴与衰本是历史发展的必然，但维护霸权是美国的本质属性。不过，在国际格局变化的背景下，美国传统意义上霸权的"权力基础、表现形式在发生变化，美国霸权的外在环境在发生变化，美国霸权的护持方式也在发生变化"[1]。于是，以美国为首的西方大国积极调整对外战略，文化战略作为隐形的权力资源便为他们青睐。

一、文化产业是发达国家主要的支柱产业

西方大国日渐强化的文化战略对我国的文化安全提出了挑战，在我国边疆民族地区的文化产业领域表现得尤为明显。一方面，边疆民族地区社会发展水平相对落后，经济基础薄弱，借助民族文化资源推动产业升级换代并实现跨越式发展的呼声很高；另一方面，全球化浪潮下日益模糊了不同国家和民族文化之间的界限，文化产业化的推进及民族地区特殊的社会生态在削弱政府管控的同时，不断放任资本的自由；除此之外，信息技术、知识经济的兴起所带来的文化产业化、技术化、集团化和全球化为西方大国文化权力的实现提供了经济支持和技术助力。2015年12月3日，联合国教科文组织发布全球文化与创意产业的最新报告：《文化时代——第一张文化创意产业全球地图》，该份研究报告明确指出，"文化创意产业是国民经济和地区经济的战略性资产，在创造就业岗位、增强城市魅力、提高发达国家和新兴国家人民生活质量等方面发挥了举足轻重的作用"[2]。因此，自上世纪90年代以来，经过推动和运作，很多国家确立了文化产业在经济社会发展中的重要地位。时至今日，一些发达国家的文化产业已初具

1 　门洪华："权力转移、问题转移与范式转移——关于霸权解释模式的探索"，《美国研究》，2005年第3期。

2 　疏影："文化创意产业是世界经济的主要贡献者"，《中国文化报》，2016-01-11。

规模，不仅是国民经济中的支柱，而且在提升国家的"软实力"，扩大影响力和国家形象等方面发挥了重要作用。所以，文化产业有着"朝阳产业"的美誉，成为世界产业发展的大趋势大潮流。

从所占国民经济的比来看，在西方发达国家，文体产业占GDP的比重普遍要高于10%。比如在美国，"文化产业的产值已占美国GDP总量的18%-25%。截止到2010年，美国有1500多家日报、8000余家周报和小报，1.22万种杂志、1965家电台、1440家电视台"[3]。虽然学术界还未针对"文化产业"的内涵进行严格的界定，但依大多学者认可的文化产业的统计数据而言，"世界文化产业市场营业额达到2.337万亿美元。分区域看，北美市场份额最高，达到35.2%；欧洲、中东和非洲共占30.9%；亚太占27.4%，中南美洲占6.5%"[4]。

从产业整合程度上看，发达国家的文化产业在全球化浪潮中开始了相互连接，逐渐形成了一个跨越国界的强强联合的产业集团，使得其"文化产业的发展达到一种巅峰状态，其总体实力和竞争优势无人能及"[5]。当前，英美法德等国为了促进以文化产业为核心的资本整合活动，纷纷修改法律，以此来促进电信、计算机、媒体、娱乐业之间的收购与合并。其中一个典型案例就是《哈利·波特》。英国女作家在进行文学创作的同时，也创造了一个新的文化产业。《哈利·波特》一书超乎寻常的畅销并且迅速风靡全球。此外，哈利·波特的出版成功还推动了电影公司的资本红利。八部《哈利·波特》电影在全球范围内收获了77亿美元的票房，也捧红了不为人知的巨星。华纳兄弟在英国的哈利·波特制片厂自从2008年12月开始对外开放后，至今已经接待了超过800万名游客。围绕哈利·波特这个

3　郑雄伟："美国榜样"，《资本市场》，2013年第8期。

4　"世界主要经济体文化产业发展现状研究"课题组："世界主要经济体文化产业发展状况及特点"，《调研世界》，2014年第10期。

5　刘锦宏、闫翔："透析美国文化产业发展战略"，《经济导刊》，2007年第9期。

文化品牌，依靠极具黏性的全球粉丝，目前已经形成了一个价值250亿美元的"哈利·波特"文化产业链，横跨书籍、电影，以及主题公园、文化旅游、戏剧演出和玩具等周边产业。[6]

从市场发育的程度来看，据世界文化产业创意中心统计，以美国为首的西方国家，它们在文化项目上的消费占家庭总消费的30%左右，其中包含旅游开支。欧美地区文化产业的发展势头良好，在世界范围，文化产业的年增长率为6%，而其他产业的平均增长率则为3%，文化产业的增加值要大大高于其他产业。美国消费者在娱乐项目中的开支，诸如录制音乐、电影电视等的总消费，在1997年达350亿美元，而在同年，外国购买美国文化娱乐产品达170亿美元。一件T恤衫原本只卖10美元，但是，印上美国迪斯尼的图案，售价就可以高达40美元一件。在日本，汽车制造业有一半的收入来自于出售"文化符号"，而植入"文化符号"的新型车收入高达2万亿日元。日本女性为了追求某一文化符号，情愿花费70000日元购买700日元的商品。在其他发达国家，文化市场的消费热潮也是居高不下，英国的"歌剧魅影"剧院每年都会吸引无数来自世界各地的观众，收入超过15亿英镑。类似于英国剧院的知名剧场还有瑞士巴塞尔的"幻影"剧场和德国波鸿的星光快车，这些剧场是为了吸引本国及外地游客而建，并取得了斐然的营销收入。

由此可见，发达国家文化产业发展已经日臻成熟，从传统的文化产业，如广播、电视、出版、视觉艺术到今天的"互联网+文化"，这一产业的内涵和外延也得到了不断的扩展。文化产业作为国民经济的支柱产业，经过自我发展已经初步构成了一个庞大的产业链。通过政府的大力推动和鼓励，产业链上的各个部分的自我拓展和创新，将会形成巨大的文化产业体系。

6　侯春鹏："'哈利·波特'怎样风行全球20年"，《中国新闻出版广电报》，2017-09-25。

二、文化产业的全球化趋势不可改变

21世纪是一个人类文化通过贸易、金融、科技等活动得以在各国迅速传播与融合的全球化时代。不同社会发展程度和国家民族特征的文化形态正以多路径、高频次、大范围、宽领域等特征互动交流，并由此带动了文化产业的全球化趋势渐次形成。正如学者王哲平所说，"作为一种自然历史进程，'全球化'是指在市场经济和科技进步的双轮驱动下，不同国家和地区之间相互渗透、相互依存的程度不断加强，最终使人类活动突破区域限制，世界成为一个统一的发展整体"[7]。可见，国际文化贸易发展迅猛，文化产业的全球化潮流势不可挡。

(一) 文化产业在全球化趋势中的表现

在经济全球化浪潮席卷全球的情势下，文化产业是全球经济的主要支柱产业之一，在全球化趋势中表现为三个方面：一是基于卫星通信技术的发展所带来的影视音像制品在全球范围内的传播、接受和反馈链条的形成。比如西方发达国家的新闻媒体长期占据国际传播的几乎全部渠道和主要领域，美国有线电视新闻网(CNN)是全球第一个24小时不间断地向全球播送新闻的媒体。二是以互联网为驱动的人类信息产品的数字化存在和双向流动。当前先进的计算机技术已经投入到影视产业中如数字模拟道具和虚拟演员，复杂的数字化设备减低了文化产品的全球流通成本。印度的宝莱坞开辟了24小时的数字频道，向全世界各地播发印度电影1000部以上。美国好莱坞大片《泰坦尼克号》能够风靡全球，同样得益于高超的数字化合成技术带来的原生质视觉效果。此外，互联网技术也为个人提供了以最低成本向全世界发布信息的机会。当前活跃在

7　　王哲平："'全球化'背景下世界文化产业发展的新趋向"，《南京社会科学》，2003年第8期。

Facebook, Twitter为代表的社交媒体和自媒体的"网红"、"草根明星"都说明了"互联网+文化产业"形成的双向互动为文化穿越阶层、种族和国界提供了载体工具。三是以各种跨国旅游、商务往来和移民流动所交织形成的全球性文化网络。冷战时期，由于东西方的敌视和意识形态的对立，国际间人员流动规模、范围和层次都被人为地限制和压缩。自上世纪末以来，随着冷战的结束，全球化道路上的阻力陡然减轻，各国间的人口流动速度不断加快、流动规模不断增大、人员互动更加频繁。由于现代交通技术发达，陆海边界控制难度加大，再加上来自劳动力缺口和雇主压力等，使得各国政府逐渐放松了对移民的管制。而且在全球化时代，人口的流动主要不再是以往的从发展中国家向发达国家的单向流动，而更多地表现为两者之间的双向流动。随着人口的流动性加剧，国家之间在经济、社会尤其是文化上的各种交流互动层次、水平不断提升，自然不可避免会对当地的文化生态产生影响。

(二) 文化产业全球化趋势已不可逆转

文化产业在全球化浪潮中起到了增加全球文化供给，促进各国文化繁荣的正面作用。可以预见，未来的文化产业发展趋势只会是在全球化潮流下，朝着更大范围、更深程度的方向继续发展。

文化产业的全球化符合现代社会价值日益多元的基本取向。全球化的发展，各国之间经济、文化交流日益密切，不可避免促使不同国家、不同民族之间的文化糅合。因此，在国与国之间联系日益密切的当今世界，各国很大程度上并不存在纯粹的本土文化，它们都不断地从外来文化因素中汲取异质成分并将其融入自己的文明机体。例如，花木兰、武术、大熊猫本来是中国的本土文化元素，可是经过好莱坞的艺术加工，动画电影《花木兰》、《功夫熊猫》却风靡全球。可见，我国的文化产品并没有被排斥，全球化的到来为文化产业带来了新思路新视野。伴随着经济产业全球化的展开和深入，文化产业的全球化使得世界范围各个国家、各个民族的普通民众可以实时地同步地收看来自世界各地的广告、电影、电视和娱乐节目，而这种文化产品和服务的全球化传播又会深刻影响不同国家、不同地区人们的价值和观念，给本土文化带来冲击和影响。所以，在全球文化与本土文化相结合的过程中，通过多元价值观的并存与相互碰撞，更多的结果不是旧文化的消失不见，而是在"吐故纳新"之中造成了一种新的"包罗万象"的混合文化。更为宝贵的是，在这一过程中所催生出的包容、开放的民族心态本身就是一笔难得的文化资产和精神财富。

文化产业全球化符合资本整合集中的经济逻辑。文化消费的全球性时代的到来，使得文化市场不再局限于一城一地之得失，立足区域、布局全球开始为更多文化企业提供新的视角和方向，它们的活动范围和文化工作也逐渐从单一的一个国家横向发展到跨区域、跨国的工作，从而推动了文化产业的国际化。由于企业联合可以最大力度地动员各种人脉和文化资源，快速整合生产力进行大规模的生产，进而获得更为广阔的市场份额和社会影响，于是跨国文化集团交叉持股、相互兼并蔚然成风。"20世纪90年代经历了一场史无前例的全球媒体巨头之间的合并、收购浪潮。迪斯尼买下ABC，西屋买下CBS，时代华纳收购CNN，这就使得广播、影视、报纸、杂志、音像制品的所有权归为一综合性媒体巨人，出现了全球性的"巨无霸"传媒公司。"[8]凭借媒体市场的集团化为先声，整个文化创意产业空前集中并且垄断趋势不断增强。这种趋势甚至已经溢出这一领域自身，开始同其他营销和零售组织结成独家战略联盟，以便交叉销售。由此可以看出，企业通过自由选择适合自身发展的伙伴进行优化组合，借助各自的优势技术和生产销售网络实行最有效最直接的全球化经营，最终利用垄断地位来获取超额利润已经成为文化产业发展中的基本路径。

8　王哲平："'全球化'背景下世界文化产业发展的新趋向"，《南京社会科学》，2003年第8期。

文化产业全球化得到信息社会和数字经济的技术加持。与传统产业有所区隔的是，文化产业具有典型的知识密集、信息密集、技术密集的产业特征。很长一段时间由于受信息传播技术和通信条件所限，不同国家和地区之间的文化交流范围和影响程度还处于较低水平。自20世纪90年代伊始，现代信息技术获得突破，并很快对其他产业形态形成技术外溢，而文化产业则是受信息技术影响时间最早、程度最深的领域之一。借助互联网信息技术优势，文化创意数字化智能化趋势明显，西方发达国家的文化创意产业获得了持续快速发展。与此同时，互联网的产生、发展以及剧变又为个人提供了发布和传播信息的便利渠道，降低了进入文化产业领域的市场准入门槛，提供了一个公平的竞争环境和公平的发展平台，各国文化产业开始在同等条件下交流碰撞。从中可以看出，信息产业可以和文化产业一起良性发展，从而实现了两者的双赢局面，网络为文化的全球流动提供了载体，而文化为虚拟网络充实了内容。结合信息技术的未来空间和无尽潜力来看，文化产业的全球化趋势将日趋明显，难以阻挡。

三、我国边疆民族地区文化产业形势

改革开放以来，我国开始重视文化建设和文化发展，但与西方文化强国相比，我国文化的发展尤其是文化产业发展还处于后发阶段。虽然我国对于文化的意识形态性一向有比较清醒的认知，可是对文化的产业属性却理解不深，以至于存在文化市场机制构建滞后，文化产业的市场化程度不高，文化产品供给重数量轻质量，文化产业规模较小、结构不尽合理，文化产业的经营管理人才严重缺乏等问题。进入21世纪后，伴随我国文化体制改革的推进，文化产业日益受到重视并有了长足发展。2000年十五届五中全会中，中央文件首次使用"文化产业"的概念。2003年召开了全国文化体制改革试点工作会议，对公益性文化事业和经营性文化产业进行明确划

分。国务院在2009年下发的≪文化产业振兴规划≫，将推动文化产业发展上升为国家战略。中共中央2010年在关于制定"十二五"规划中提出"推动文化产业成为国民经济支柱性产业"的构想。2011年党的十七届六中全会通过的≪中共中央关于深化文化体制改革推动社会主义文化大发展大繁荣若干重大问题的决定≫则进一步对加速深化文化体制改革，大力发展文化产业，促进文化创新发展，致力于将文化产业打造成为国民经济支柱性产业，不断开创文化建设新局面。从此以后，文化产业成为我国经济转型升级、实现"创新、协调、绿色、开放、共享"发展的重要内容，而边疆地区的少数民族文化发展则作为独具特色的优质资源被寄予厚望，其产业化进程随之进入到高速发展的黄金时期。仅例如，文化部文化产业司公布的"'2015年度丝绸之路文化产业重点项目'，出自少数民族或民族地区的项目占比高达70%"[9]。正是在来自中央和地方各级政府的促进文化产业发展的政策激励下，边疆民族地区的文化产业方兴未艾，获得了长足发展。与改革之初相比，发生了从无到有的质变。边疆民族地区的文化是中华民族传统文化的重要组成部分，而且以它自身的鲜明特色为世人所瞩目。发展边疆民族地区的文化产业有利于国家振兴，边疆安定，边民富裕。

"少数民族文化市场"的开发路径逐渐成形。过往的少数民族文化事业发展囿于民族身份和区域划分的限制，相互间泾渭分明，与邻为壑。文化活动雷同程度高，表现形式单一。随着少数民族文化事业走向市场化、产业化，文化资源要素按照市场规律予以优化配置，从而打破了以往的行政区隔，不断实现传统产业门类的整合，不同的族别界限得以逐渐消融。以西部边疆地区的"藏羌彝文化产业走廊"为例。2014年3月，我国第一个国家层面的区域文化产业发展专项规划≪藏羌彝文化产业走廊总体规划≫

9　郑茜："少数民族文化的全球化故事"，≪中国民族报≫，2016-01-01。

正式出台。作为国家实施"一带一路"建设的主要内容，规划从顶层设计入手，旨在打破区域限制，整合丰富多元文化资源，促使文化资源向文化产业转变，并使文化资源和产业资源能够跨区域流动，实现不同地区、不同民族文化产业的交流借鉴、求同求异，有利于找寻一条具有边疆民族地区特色的文化产业发展之路。"藏羌彝文化产业走廊"建设项目实施以来，在中央和地方各级政府的政策推动和资金扶持下，通过实施一系列具有带动示范作用的文化产业项目，已经取得了积极进展，对于弘扬少数民族优秀文化、推动特色文化资源开发与保护、拉动经济发展、带动就业创业、促进民族地区和谐稳定等方面发挥了重要作用。

开启少数民族文化资源与资本市场的深度对话。在很长一段时间内，少数民族文化资源难以产业化的重要原因在于自身资金不足，难以形成规模优势，囿于社会发展水平较低、基础设施的缺乏，以及对文化资源产业化认知的欠缺等，以至于边疆民族的文化产业在资本市场上处于边缘化位置。例如，少数民族舞蹈艺术家杨丽萍在2011年创办了杨丽萍文化传播公司，此后尝试走向资本市场，但2012年、2013年两次在A股寻求上市未果。[10] 这一局面的转折点出现在2015年的资本市场变化，在当年12月11日，来自西藏的"扎西德勒藏文化传播有限公司"伴随着深圳股权交易中心的一声锣响，正式挂牌上市，成为国内少数民族特色文化品牌中第一家上市企业。此后，资本化成为边疆民族地区文化产业发展的新现象之一，越来越多的少数民族文化产业开始进入资本交易平台。少数民族文化资源进入资本市场的意义不仅仅在于获得更多的资金注入，提升产业化、社会化的程度，使少数民族文化资源在文化市场平台之上实现全社会最大范围的共享，同时还是少数民族文化获得更多社会认同的一个过程。

文化创新成为推动边疆地区文化产业发展的新助力。边疆地区少数民

10　陈妍妍："杨丽萍：艺术不是没有商业价值"，《证券日报》，2014-10-11。

族众多且文化资源丰富，产业化的潜力巨大。但问题在于，上述地区多集中于"老少边穷"地区，社会发展程度偏低，大多数文化活动都是前现代社会下的农业经济甚至游牧生活的产物，与工业社会下的现代都市消费人群的认知模式、生活习惯和价值观念存有落差，如果过分强调民族文化的原汁原味，难免会给产业化带来负面影响和现实阻碍。与此同时，传统民族文化无法避免地与现代化浪潮发生碰撞。社会的转型与变迁，工业化、城镇化的推进，少数民族传统文化生存的土壤和环境也随之不断改变。创新是文化的生命，是民族文化传承、延续和发展的根本所在。因此，对民族地区传统文化进行重建与重构，借助现代生活内容和形式实现文化的挪借或移植，用现代形式弘扬传统或用传统手段描画现实，就成为后传统时代边疆民族文化产业化的重要环节。

随着我国政府高层对创新创业的日益重视，出台了一系列鼓励大众创业、万众创新的政策措施。在这样的政策背景下，边疆地区的文化产业创新活动得以迅速发展。一系列旨在推动民族文化创新的机构在纷纷建立，如"武陵山片区民间文化传承与发展协同创新中心"在2015年4月成立；"蒙古族及北疆少数民族文化传承与发展协同创新中心"在2016年12月成立。同时，以追求创新为特色，以发展民族文化产业为己任的各类文化会展活动，如"创意云南2015文化产业博览会"、"新疆丝绸之路文化创意产业博览会"、"中国西藏旅游文化国际博览会"等也相继举办。文化产业尤其需要注重创意与创新，文化产业的创意与创新已经成为边疆少数民族文化产业发展的强大动力。例如，近年来，在国内发展一直相对滞后的贵州省，文化创意产业发展方兴未艾。在2011-2013年，贵州文化产业平均增速更是高达25%。贵州省通过把多元民族文化与现代创意和技术相嫁接，借助文化产业园区(基地)建设，通过园区(基地)创意孵化企业，不断提升文化品质，从而创造了巨大社会、经济、文化效益。[11] 同样，西南边陲的云南省，着力打造"七彩云南"的文化产业项目，主要对象为服饰、民间工艺、餐饮等具有云南地区少数民族本土特色的文化，对普洱茶、地方食品、服装、工艺品等产品进行文化产业运作，借助淘宝网等电商平台开设"旗舰店"，经营"昆明七彩云南"微信公众平台，提供酒店与旅行预订、文化创意产品购买等服务，形成了"互联网+文化产业+少数民族风情"的样板"[12]。不仅为云南边疆民族地区带来了经济利益，宣传了当地文化，也为各边疆少数民族地区的发展提供了宝贵的经验。

追求"技术含金量"成为边疆文化产业发展的新共识。当前，边疆民族文化的同质化现象较为严重，面对外来资本和强势文化的冲击，民族传统文化难免处于尴尬的边缘化位置，一些优秀的民族传统文化资源，如服饰、音乐、饮食以及民俗等往往面临程度不一的生存危机。为此，国务院早在2009年颁布的《关于进一步繁荣发展少数民族文化事业的若干意见》明确要求，大力推动少数民族文化创新，必须"促进现代技术和手段在少数民族文化发展中的应用，鼓励具有民族特色和时代气息的优秀文化作品创作，提高少数民族文化产品数量和质量"[13]。在这样的政策引导和鼓励之下，把现代技术手段应用到民族文化的保护和发展方面，留住本民族的特征符号和文化记忆，已经在部分边疆民族地区开始试点并取得了良好效果，并逐渐成为指引边疆地区民族文化产业化进程中的开拓性思路。科学技术是第一生产力。边疆民族地区民族文化资源的保护传承需要科学技术的支持。技术的不断提升为文化的传播扩张提供了更多的可能性、更广阔的发展空间。人们看到，正是音像、数字、灯光、烟雾、镭射等技术的广泛应用，为民族影视作品、演艺作品提供了生动形象的画面，带来了

11　"贵州：文化产业在创意中再现多元性"，新华网新闻，2015年5月14日。

12　韩晗："文化产业：在创造与创新中传承优秀传统文化"，中国民族报，2017-11-24。

13　"国务院关于进一步繁荣发展少数民族文化事业的若干意见(国发〔2009〕29号)"，国务院政府网站政务信息公开专栏，2009年7月23日，http://www.gov.cn/zwgk/2009-07/23/content_1373023.htm。

无与伦比的视觉效果，增强了作品的可欣赏性、可展示性，从而为少数民族非物质文化产品的发展、传播创造了良好的条件。由著名导演张艺谋执导的大型山水实景演出《印象·刘三姐》可以说就是一个典型例证。公演以来，《印象·刘三姐》票价过百，年均观看人次超过百万，每年票房收入过亿，取得了很好的经济效益、文化效益和社会效益，由此成为广西旅游重要的一张文化名片。《印象·刘三姐》能够获得如此巨大的成功，其中一个重要原因就在于紧扣时代脉搏，大量运用声、光、电等高科技手段，从而使得演出既具有丰富的文化内涵，又具有强烈的现代元素。此外，现代工业技术的发展，也极大提高了民族手工艺品、服饰、饮食等物质文化产品的生产效率，降低了生产成本，从而带动了边疆少数民族文化旅游、民族特色产品销售的发展。

第二节 我国边疆民族地区文化产业安全的挑战

我国边疆地区的民族文化是中华文化的有机组成部分，但受制于生产力、自然地理、人文环境及教育发展等一系列主客观因素，总体上处于落后欠发达的状态。这种东西文化强弱分异，边陲文明隶属中原文明的弱势地位使得边疆民族地区的文化安全问题尤为严峻。一方面，它在学习和模仿国内发达地区先进文化经验的同时，又需要小心翼翼地维护地方民族特色，避免为主流文化所同化遮蔽；另一方面，沿海沿边的地缘位置又为西方文化和周边民族或宗教文化的渗透提供了方便之门。正因如此，在悬殊的文化发展落差和便捷的文化渗透条件之下，处于全球化浪潮中的边疆民族地区要走的文化产业之路注定不会是一片坦途，挑战和考验将始终伴随它的前行。

一、现代化进程中的文化误读：文化生态安全

西方学界虽然承认全球化在带来文化繁荣，但同时也认识全球化会带来消极因素和负面影响。"资本主义卖的不再仅仅是商品和货物，它还卖标识、声音、图像、软件和联系。这不仅仅将房间塞满，而且还统治着想象领域，占据着交流空间。"[14] 然而，他们反对针对这一问题的泛化理解，认为只有当个人、民族、国家所拥有的"共有价值"被他者所渗透、威胁进而异化变质的时候，文化安全才能称之为"问题"。不过，更多的发展中国家并不认可这一判断，中国学者则明确文化安全应该是指"一国在文化、精神生活方面不受文化的干扰、控制或同化，从而保持本民族的价值观念，生活方式的民族性以及本国意识形态的自主性"[15]。之所以出现这种迥异的理解，是与发展中国家和发达国家之间的文化产业发展水平及保护现状分不开的。美国借助"三片"(薯片、大片、芯片)优势，垄断世界文化市场，获得超额文化红利，自身并不存在文化安全危机。与发达国家相比，各发展中国家相对缺乏文化安全的风险意识，并且政策资源不足，文化产业发展水平比较落后，由此导致的后果也远甚于发达国家。以中国为例，"图书、报纸、期刊出口额为1764万美元(比上年增长5.5%)，而进口额为6904万美元(比上年增长19%)，进口是出口的四倍，而音像制品、电子出版物的进口额的14倍。"[16] 从上述数据可以看出，我国文化产业总体还不高，发展程度相对落后，市场规模小可以预见在未来在很长一段时间都将面临着较为严峻的国家文化安全问题。政府如不尽快制定相应的政策，妥善处理文化安全问题，势必影响国家的长治久安。

14　王列、杨雪冬 编译：《全球化与世界》，北京：中央编译出版社1998年版，第10页。

15　刘静波 主编：《21世纪初中国国家安全战略》，北京：时事出版社2006年版，第225页。

16　[美]斯坦利·J·巴伦 著，刘鸿英 译：《大众传播概论—媒介认知与文化》，北京：人民大学出版社，2005年版。

文化生态学最早由美国人类学家弗兰兹·博厄斯(Frans Boas)和克罗伯(A.L Kroebe)共同开创, 提出了文化是由环境决定的。此后, 这一学说大致沿着人类学和哲学的不同路径衍生出广义与狭义的不同。广义上的文化生态是一种世界观, 强调人类对生态系统的依赖性。狭义的文化生态指精神文化与外部环境(自然环境、社会环境、文化环境)以及精神文化内部各种价值体系之间的生态关系。国内有学者基于边疆区域和民族划分的特征理解, 提出民族文化生态是"由特定民族和特定地区各民族的生产方式, 生活方式、风俗习惯等文化因素构成的统一体, 是追求人与自然协调发展, 维护人类与自然界共存的文化体系"[17]。基于上述理解, 审视边疆民族地区的文化生态, 可以发现其内外部环境都不容乐观, 存在诸多不确定性。从外部环境看, 我国边疆民族地区上连东北亚、中亚地区, 下通东南亚各国, 西接印度、巴基斯坦等南亚国家, 地缘政治关系十分复杂, "有21个国家与中国通过陆地或海洋相邻……这就决定了周边环境有许多不确定的复杂变数"[18]。可以说, 对于一个多民族、大疆域的中国, 在全球化的时代, 处于西方强势文化和民族分裂意识、宗教极端思潮暴风眼之中的边疆民族地区文化生态环境相当恶劣。

外在环境的不良状态已经对边疆民族地区的文化系统带来了消极影响, 进而衍生出一个具有多元性、冲突性、非均衡性的文化格局。具体而言, 我国边疆民族地区的文化构成主要包括了三个部分: 一是中国特色的社会主义文化。作为主流文化形态, 它构成了当前中国文化中的主体部分, 并对其他亚文化发挥了引导与凝聚的作用。二是本民族原生态文化。各边疆地区少数民族都有其特殊性, 区别于其他民族的特殊的地理环境、生产方式、宗教文化、传统习惯等, 独特性还体现在与众不同的文化内容。三

---

17 罗曼、马李辉: "西部大开发加强民族文化生态保护的几点建议", 《中共伊犁州委党校学报》, 2006年第1期。

18 刘稚 著: 《中国—东南亚跨界民族发展研究》, 北京: 民族出版社2007年版, 第117页。

是外来文化。它主要是近代以来伴随资本的扩张，西方文化大举进入，东西文化在边疆民族地区交织碰撞的产物。在这种多元并存的文化格局中，社会主义文化居于主导地位，尤其体现在政治生活方面。而原生态文化和西方外来文化则对边疆民族地区的经济和社会生活产生重要影响。基于"传统-现代"的二元划分，处于当代中国社会转型和全球化潮流两面夹击之下的边疆民族原生态文化必然面向工业文明和现代都市社会，进而实现传统文化的现代转换。但问题在于，产业化的资本逻辑会要求大大缩减这一转换的时间跨度，无论是来自边疆少数民族内部的发展热情还是外来资本的利益导向，都在对边疆民族地区的文化生态予以全方位的社会解构和重构，这不可避免会造成当地原生态文化的存在危机，进而演化为严重的文化安全问题。

边疆民族地区社会环境的改变侵蚀了传统文化的根基。长期以来，由于狭隘的将现代化理解为城市对乡村的扩张和占领，并把城镇化水平视为考核地方政府工作绩效的主要标杆，于是在城镇化浪潮的裹挟之下，众多边疆民族地区纷纷被纳入城市开发的规划之中。结果就是现代生活方式被强行植入并替换当地的生活传统，从而造成边疆民族地区的原生态文化自然环境和人文环境的改变，割裂了原生态文化存在发展的现实土壤。从现实看，当原有的刀耕火种被机器轰鸣所取代，传统的吊脚楼变成了现代的建筑样式，民族传统服饰只在庆典仪式活动中才出现时，也就意味着边疆民族地区的原生态文化在现代化的狂飙突进中已经泯然无存了。

人口流动与文化传播导致边疆民族地区民风民俗的变异。人口流动和文化传播之间有着密切的关系。现代化的过程意味着社会封闭性的减弱、生产要素流动的加速，由此不可避免会导致人口的流动和外来异质文化的传播与扩散，从而对边疆地区传统民俗文化带来冲击和影响。在人口流动方面，具体来说就是乡村人口大规模向城镇地区转移；在文化上，表现为都市文化的外溢，导致边疆民族地区的文化变迁。在现代化的过程中，那些原本生活在农牧山区的边疆少数民族人员往往通过务工经商、升学就业等途径进入城市地区，为了更好地融入城市生活，他们主动接受城市的主流文化，不可避免深受都市经济文化生活的影响，而传统的民族文化生活却被搁置，随后又通过自身的人际网络扩散到家乡故土，难免会给民风民俗的传承带来冲击和影响。

生产生活方式的改变导致边疆民族地区文化身份认同的淡化。随着社会开放程度的提高，市场逻辑的不断渗透，边疆民族地区经济生产方式发生了巨大改变，经济生产方式的变化又不可避免会深刻影响民族地区的文化生活，结果原有的文化内容失去了存在的土壤。人们对本民族文化的认识发生转变，新的文化身份的认同并不是民族意识的需要，只是少部分精英人群开始用现代化技术手段开发利用原生态文化所蕴含的经济价值，但回报却使民族文化的失真。另外，互联网信息技术时代的到来，尤其是大众传媒的广泛普及，大众传媒的力量无孔不入地渗入人们的日常生活，深刻改变了他们日常生活的内容。互联网、电脑、手机等现代传媒极大程度上丰富了人们的精神世界，改变了人们的生活方式，拉近了空间距离，潜移默化地影响人们的思维意识、价值取向，激发他们对现代物质消费、都市生活的无限向往，这可以认为是现代性对原生态文化的一种深层次影响。人们在追求自己向往的生活空间、生存空间的时候也在不断改变自己。在这种情况下，他们往往只能凭借一些外在的形式来维系自己的民族身份认同，但文化的身份认同却不断趋向于弱化。

西方国家文化入侵导致边疆民族地区政治观念的西化倾向。冷战结束后，西方意识形态取得相对优势，从而加快了在其他国家地区推行颜色革命的步伐。其中通过在社会主义国家边疆民族地区不断渗透，大力推行西方观念，从而激化当地民族文化和主流社会主义文化之间的矛盾冲突，这是西方的一贯战略。全球化的进程为西方发达资本主义国家推行其"分化"、"西化"战略创造了便利条件。"由于信息技术的发展，广播、卫星电视覆盖了整个地球……各种国外势力的意识形态和价值观念, 对我国边疆民族地区进行舆论渗透、文化侵袭"[19]。西方国家不断鼓吹其西方价值观, 推销西方制度的优越性, 以民主为借口, 抨击和歪曲中国的政治状况, 并在边疆民族地区掀起分裂思潮, 这造成了边疆民族地区的文化生态出现恶化态势。

二、网络文化崛起与数字化侵害: 文化信息安全

在21世纪的信息革命中, 以互联网、移动终端以及数字化为主要特征的网络文化迅速崛起, 现代传播业受此影响, 开始进入了新媒体与自媒体时代。受新媒体时代到来的影响, 边疆民族地区的文化产业发展呈现出正反两方面的效应。

一方面, 相对于传统文化传播中的绝对弱势地位, 新媒体时代边疆民族地区文化传播的生态环境得以极大改善。这主要体现在互联网络使少数民族文化传播走向了大众传播、单向传播走向了双向传播。传播少数民族文化内容的网站、边疆文化博物馆的社交账号、民族文化电影视频的虚拟化发送等纷纷涌现。信息技术的快速发展也为系统完整地传承和保护少数民族文化提供了技术支持, 网络媒体巨大的存储功能不仅有利于保存边疆少数民族文化资源, 而且为公众的搜索和应用给予了方便, 可以实现各民族优秀资源的共享, 有利于少数民族文化的传播。此外, 新媒体技术的发展还可以更好地开发和利用边疆民族地区的文化, 并将资源最大化利用转变为地区观光旅游、民间艺术品、食品等产业的发展, 为民族地区的经济发展提供助力。

另一方面, 信息的加速流动又给边疆民族地区文化传播带来了负面影

---

19   陈太平: "论边疆民族地区的政治文化安全", 《民族论坛》, 2014年第9期。

响，给文化产业化进程蒙上了阴影。信息技术革命本身就带有解构国家权力的因素，"信息技术意味着，权力更加分散"[20]。这就决定了我国的边疆民族地区在产业化进程中必须面对信息浪潮的冲击。但是基础设施落后、资金投入不足、专业人才匮乏等因素都在不同程度上阻止了边疆民族地区对信息社会的适应。以互联网网民普及率为例，截止到2016年12月底，尽管我国各地区互联网普及率较之于2015年均有所上升，但由于我国东西部经济发展不平衡、网络普及率及基础设施建设方面差距大，给文化发展带来不同程度的问题。比如网络普及率排名靠前的省份主要集中在东部发达地区，而普及率排名靠后的省份主要集中在西南边疆地区，如西藏、贵州、云南、广西的网民普及率分别为46.1%、43.2%、39.9%、46.1%，而经济发展水平较高的北京、上海、广东等地网民普及率均在70%以上[21]。网络社会在给边疆地区带来信息红利的同时，也会因为各种不利因素从而给当地的文化发展带来困难。

网络信息技术的落差凸显了边疆民族地区的文化弱势地位。网络文化的出现在为少数民族文化提供了更多话语支持的同时，也被动地要回应现代化信息的流量冲击，进而使其文化弱势地位更加凸显。换句话说，网络信息技术的快速发展，为多元文化的广泛传播提供了重要途径，因此不可避免会对弱势的少数民族文化带来巨大冲击，从而更容易造成文化的断层现象。众所周知，一个民族语言是一个民族文化传承延续最重要的载体，但是在外来强势文化的冲击之下，随着多元文化的渗透，一些少数民族的语言正在消失。据统计，"中国正在使用的120余种少数民族语言，使用人口在10000人以下的语言约占语言总数的一半；在1000人以内的有20余

20　[美]小约瑟夫·奈 著，张小明 译：《理解国际冲突：理论与历史》，上海：上海世纪出版集团2005年版，第263页。

21　"第39次《中国互联网络发展状况统计报告》"，中国互联网络信息中心，2017年1月22日，http://www.cnnic.net.cn/hlwfzyj/hlwxzbg/hlwtjbg/201701/t20170122_66437.htm。

种，它们基本上处于濒临消亡的边缘"[22]。网络文化的功利化、娱乐化倾向不断侵蚀边疆民族地区文化的本真性质，在市场经济面前，少数民族文化呈现过度商业化、娱乐化的错误倾向，这从根本上毁灭了少数民族所蕴含的精神内涵与民族特色。尽管需要市场的帮助使更多的国民了解少数民族文化，保护少数民族文化，但过度的市场化会破坏文化本身的严肃性和民族精神。这样不但不能传承文化，反而使文化变得没有内涵，还会动摇少数民族文化的深层根基。网络流行文化的快速、广泛传播使得边疆民族文化的同质化、形式化倾向愈加凸显。边疆民族文化有别于西方文化和国内主流文化的现代性特质，具有与其自身的民族生活和地区风貌相一致的独特性。它是一个完整的系统的全面的复合体，不仅有物质文化，也包含精神文化。在新媒体时代的背景下，随着边疆民族文化经济产业化运作逻辑的展开，导致其文化特质的功利化、娱乐化。在现代化交流平台普及下，快餐文化对青年民众更具有吸引力。传统少数民族文化的影响力逐渐日薄西山，更是不利于文化的传承与保护。

数字化落差导致了边疆族群和地区文化两极格局的出现。由于边疆民族地区经济社会发展存在较大的差别，各地信息化数字化发展水平不一，结果导致不同民族文化发展空间的差异巨大。以云南省为例，云南是少数民族大省，不同的少数民族在经济实力的强弱，手机电脑的配置，民众对新事物的接受程度等等方面存在明显差距，也使不同少数民族在网络普及程度方面相差甚远。这种文化发展落差不仅存在于民族之间，也反映在不同的边疆地区。"与族群差异原因类似，由于不同民族地区经济社会发展程度不同，价值观念不尽一致，导致地区之间文化传播出现区域鸿沟。例如公众对文化传播效果突出的拉萨、丽江、凤凰等地区耳熟能详，这些地区的少数民族文化也就获得了广泛传播。"[23] 但相当多的边疆少数民族地

22　文种："挽救濒临死亡的民族语言"，《黄金时代》，2011年第11期。

区由于偏僻落后、交通不便、信息闭塞，对大部分公众而言相对陌生，并且信息化程度非常低，网络传播的技术储备严重不足，以至于信息的吸收能力和转化能力较差，民族文化资源难以在新媒体时代得到很好的开发利用，一些珍贵稀缺的少数民族文化元素因为缺少传播变得岌岌可危。

三、文化遗产保护的窘境与功利化倾向：文化遗产资源危机

2009年，新中国成立60年来国务院发布第一份关于少数民族文化工作的指导性文件——《关于进一步繁荣发展少数民族文化事业的若干意见》中明确提出要"加强对少数民族文化遗产的挖掘和保护"，"对濒危少数民族重要文化遗产进行抢救性保护"[24]。但问题是，长期以来受限于资金、人才和技术投入的不足，大量民族文化遗产资源出现了生存危机，一些地方政府为了改变这一困局将商业化作为唯一有效手段，却忽略了文化产业的商业逻辑。这决定了民族文化遗产的开发利用更多是从经济利益的角度来予以认知的。现实状况来看，边疆民族地区的文化产业开发在急功近利，急于变现的经济利益导向下，出现了文化遗产资源枯竭的严重危机。

少数民族文化遗产流失严重。现代性的发展往往意味着传统的流失。在席卷而来的西方化、同质化、消费化潮流的裹挟之下，弱势的少数民族文化难以应对，流行文化、时尚文化大行其道，文化的趋同现象日益突出。尽管近年来，我国不断加大对边疆地区少数民族传统文化的重视程度，加大对民族文化资源的保护力度，但往往事与愿违，民族文化遗产流

---

23 李达，"新媒体时代少数民族文化传播的困境与策略"，《湖北民族学院学报(哲学社会科学版)》，2015年02期。

24 "国务院关于进一步繁荣发展少数民族文化事业的若干意见(国发〔2009〕29号)"，国务院政府网站政务信息公开专栏，2009年7月23日，http://www.gov.cn/zwgk/2009-07/23/content_1373023.htm。

失、甚至遭到人为破坏的现象并没有从根本上得到缓解。一些边疆少数民族地区的服装饰品、手工制作、建筑民居、文物古籍、音乐舞蹈、传统节庆、歌圩庙会等特色文化资源逐渐没落、消失或变异。还有一些少数民族地区拥有如此大量丰富的文化资源却无法开展工作，令人感到惋惜的同时还应该想到，许多边疆民族地区就是因为缺乏足够的法律法规，经济实力，技术支持才导致有特色的民族文化逐渐没落直到消失。如云南省内许多民族地区"上世纪民间普遍流传和使用的榨油、榨糖、纺织等传统机具现在已经很难看到；木楞房、剁木房、土掌房等民族民居建筑类型逐渐消失；很多民族的创世神话、传说、史诗、古歌等民族民间文学随着民间老艺人的去世而面临失传；曾保存在云南佤族、景颇族、拉祜族等地区的传统取火方式现已基本消失。[25]

民族传统文化的人文环境遭受不同程度破坏。近年来，一些边疆民族地区凭借独特的自然人文资源，大力发展旅游产业，旅游发展给民族地区带来了可观的经济效益，但不可避免也给当地的文化生态带来潜在影响。伴随大量游客涌入，多元、异质的强势文化不停地渗透和侵蚀边疆民族地区原有的文化生态环境。从全国乃至世界各地蜂拥而入的都市游客所承载的现代社会生活方式对少数民族地区的文化产生强烈的冲击，并引发"模仿效应"，进而解构了民族传统文化的人文环境、生存土壤，使得边疆民族地区逐步放弃自己的文化特色，这对其语言文字、生活方式等带来剧烈地冲击。以云南丽江古城为例。1997年丽江古城被列为世界文化遗产，之后随着旅游市场的日益火爆，丽江的传统文化特色却变得越来越淡，一些文化遗产的境遇也每况愈下。

民族遗产资源"伪文化"现象严重。当前，一部分企业和地方政府利益至上，片面迎合主流消费者的口味，肆意歪曲传统民族文化的现象日趋严重，

25　吴晓东："如何传承'被遗忘的绝技'"，《决策探索》，2016年02期(下半月)。

或制造一些根本不存在的假民族文化, 或者蓄意挑战民族禁忌, 严重践踏和伤害本民族意愿和感情。例如, 上述提及的云南丽江, 伴随文化旅游产业的过度开发, 一些非物质文化遗产项目越来越呈现出表演化、庸俗化、商品化的趋势, 甚至出现了借"非遗"之名欺骗游客、收敛钱财等恶劣现象。[26] 值得注意的是, 此类现象在其他一些少数民族地区同样普遍存在。类似"伪文化"的存在使得民族文化变形、变味, 失去其本真性, 对边疆民族的文化遗产资源的传承保护产生了严重的负面影响。因为传统文化遗产需要在一个相对稳定的文化氛围中自然传承, 并对它的民族共同体发挥潜移默化的影响。"伪文化"是一种自欺欺人的文化, 既不能增强民众的文化自豪感, 也不能提升民族的自信力。若少数民族文化不断被强大的外来力量所改造, 那么它本身所具有的创造力, 自我发展能力就会消失。边疆民族地区文化遗产资源就很可能会在表面的"泡沫化"繁荣中不断累积并产生导致机体恶化的"反蚀基因", 进而影响我国边疆民族地区的长治久安, 不利于我国民族大团结大融合。

少数民族文化遗产保护与商业发展之间的矛盾日益凸显。这突出表现为边疆民族地区在旅游产业上的文化"碎片化"和"符码化"趋势。由于边疆地区文化产业相对落后, 希望通过开发旅游市场, 进而带动周边地区和衍生产品的发展成为不少边疆民族地区的不二选择, 这种发展模式本身无可厚非, 也符合经济发展规律的内在要求。但是在现实之中, 基于经济利益导向下的当地旅游企业只会对游客感兴趣的少数民族文化成分进行"碎片化"截取和利用, 而这种通过断章取义式或者说碎片式开发的文化成分可能只是单纯地迎合游客的趣味, 却很可能不是民族文化的精粹, 不是民族文化真正的精神内涵。也就是说, 将民族文化单纯地用娱乐表演的形式向游客展示, 极有可能会变相地加快民族特色文化的消亡。如不及时转变

---

26 杨杰宏: "丽江古城: 盛名之下的困局", 《中国文化报》, 2010-04-13。

开发理念与发展方式，当少数民族传统文化发生将会质变甚至是异变，影响少数民族地区的文化旅游的可持续发展，当地旅游业的发展潜能就会在这种"杀鸡取卵"的做法下迅速耗尽。

四、文化市场建设滞后：文化产业化水平较低

随着西方文化产业的迅速发展，文化市场作为文化产品和服务流通交换的场所得以普遍形成。可以说，自从有了文化产品和文化产品交换关系，便有了文化市场。直到1988年发布的《关于加强文化市场管理工作的通知》才清楚地提出了"文化市场"这一概念。1989年国务院批准在原文化部设立文化市场管理局，从此之后我国的文化市场管理体系才开始建立。经过一段时间的发展，到了1996年，党的十四届六中全会提出"文化市场是社会主义精神文明建设的重要阵地"，强调"要积极培育和完善文化市场"。2000年10月党的十五届五中全会通过的《中共中央关于制定国民经济和社会发展第十个五年计划的建议》则明确要求"完善文化产业政策，加强文化市场建设和管理，推动有关文化产业发展"。在这样的政策支持下，作为朝阳产业的文化产业在我国迅速发展，文化市场的规模迅速扩张。边疆民族地区的文化市场作为国内文化市场的一部分，同样发展迅速。总体来看，经过多年的努力，我国边疆民族地区的文化市场体系初步建立，文化市场已经初具规模。与此同时，也应看到，边疆民族地区的文化市场建设也存在若干不足，其中既表现在市场主体不明确、市场进入门槛限制以及供需结构失衡等国内文化市场上的通病方面，也有着边疆民族地区囿于地域偏远、经济滞后和教育投入不足所造成的自身不足。具体来说，当前我边疆民族地区文化市场建设的问题突出表现为以下几个方面因素。

文化市场开发规模与程度的不对称性挤压了边疆民族地区传统文化的

发展空间。长期以来，由于对文化的意识形态性过分强调，国家对于文化宣传阵地严格管控，把文化产业主要作为事业进行管理，缺乏产业经营的理念，这就造成国内尤其是边疆民族地区的文化市场发育存在先天不良的状态。但是在我国于2001年加入WTO后，由于我国在文化产品和服务市场等方面做出了一系列承诺，我国稚弱的文化产业就必须直面西方成熟、强大的国际文化产业资本。在这种极度地不平等不公正的国际贸易竞争条件下，国内市场需求根本无法帮助边疆民族地区文化产业的发展。我国特别是民族地区的文化企业和外资企业在资产规模、技术条件和人才储备上都不在一个水平线上，造成事实上的文化市场准入条件的不平等，结果大量文化项目成为国外资本投资圈钱的"跑马场"，而民族地区的文化企业却无法发育壮大实现对外文化输出。外部资本优势明显，它们拥有雄厚的经济基础、先进的技术保障和大量文化创意人才等条件来掠夺对边疆民族地区的文化市场，破坏边疆少数民族的文化市场，打击各族人民的文化自信。

文化产品结构的不平衡导致边疆民族地区的对外输出能力低下。伴随着产业化发展进程而进入边疆民族地区的强势文化，不可避免会根据自身的经济逻辑对民族地区的文化产品结构予以适应性调整和改造。在现实中可以看到，从文化资本到文化产品，从文化形态到文化意识，从语言教育到宗教信仰，从影视传媒到日常节日，边疆民族地区的文化产品结构大致都在朝着"去工业化"、"去实体化"的方向发展。这其中，旅游业异军突起，其基本模式就是"'吃农家饭、住农家院、干农家活'，产品尽是'千人一面'"[27]，结果造成与旅游业相关的周边产业，如餐饮、住宿和表演等在产业结构中的比重不断加大，需要以工业化生产为基础并具有高附加值的旅游纪念产品开发设计与制造却相对滞后，至于涉及文化价值深层次输出的出

27　马耀峰等："推进旅游与文化产业融合打造旅游新业态"，《旅游调研》，2012年第3期。

版、影视等方面的产业甚至出现萎缩状况。例如，近年来云南以其独特的、丰富的少数民族文化资源为依托，以民族文化差异化为诱因，大力发展旅游业，文化也已渗透到各个经济领域。尽管民族文化产业有了发展，但依然存在产业结构薄弱、文化建设各要素之间发展不平衡、资源利用率低等问题。[28] 文化产品结构单一还会造成文化市场规模难以做大做强，一方面当前边疆民族文化产品高度雷同，各地区主要依靠旅游产业的门票收入作为盈利手段，相互间恶性竞争；另一方面，对于如何开发高端市场，增加个性化需求，提升高品质服务的文化产品却办法不多。一些地区在民族艺术会馆、健康养生会所以及宗教文化产品上有所尝试，但总体上规模不大，示范效应不强。

文化产业要素的短板导致边疆民族地区文化贸易的高逆差。据测算，在人均GDP3000美元的发展水平上，边疆民族地区的文化产业大大低于其他省份的平均发展水平，仅及其五分之一左右。导致这一落后局面的根源并不在于外部因素的威胁，而是在于内部生产要素的不健全。第一，资本短缺。近年来，国家加大了金融扶持边疆文化产业的力度，但与当地文化产业快速发展的资金需要仍存在巨大缺口，边疆民族的文化企业融资难问题仍然没有得到解决。第二，技术落后。当前，边疆地区的文化产业的制造技术、传播技术、展示技术和经营管理技术等方面都高度依赖国内外发达地区的单向输入，自我造血能力严重不足。第三，创意不足。文化产业是内容创意产业。边疆地区文化资源极其丰富，但缺乏依靠现代创意促进其产业化的内容孵化器，守着金饭碗要饭的情况在边疆民族地区绝非个例。第四，人才缺乏。边疆民族地区落后的经济状况和教育水平决定了文化产业经营管理人才储备方面的严重不足，当地文化产品的市场运作能力

---

28 李昶罕、秦莹："对培育和完善少数民族文化市场的思考——以云南为例"，《民族论坛》，2012年第1期。

整体不高。

生产要素存在短板不可避免导致边疆民族地区的文化产品竞争力不强，这又导致了无论是国际贸易还是同国内其他经济发达地区的文化贸易，边疆民族地区一直存在高额的贸易逆差。边疆民族地区的文化产业收入主要依靠旅游门票及相关饮食、住宿和表演作为经济来源，周边的衍生文化产品不多，附加值不高。而从外部输入的文化产品多为出版、表演艺术、电影电视等文化产品，双方市场处于资源不均衡，信息不对称的强弱二元状态。

五、文化行为的审美危机：文化内容安全

在文化产业中，文化产业的内容是最重要的，是文化产品在产业集合中获得最大化经济效益的经济活动。当前，在全球化背景下掌握话语权的跨国文化集团更多是以经济属性和西方视角来看待产业链条上各种文化活动的，这就不可避免会对弱势文化和小众文化带来严重的冲击。联系我国边疆民族地区的文化发展来看，本来民族文艺工作者、文艺作品、欣赏人群与周边世界共同构成了边疆民族文化产业活动中的基本内容和审美主体，在过往的文艺创作和演出活动中，上述主体构成大致能维持相互间平等、积极、自由的互动与沟通，共同寻求共同的情景与情感体验，从而营造出边疆民族艺术较为独特的审美空间。然而，跨国企业在整合文化产业资源、开发文化创意产品、进行文化产业链的营销与运作以及文化创意人力资源储备等方面具有压倒性的优势。特别是面对文化产业化发展所带来的社会生产和生活的变化，边疆民族地区传统的文艺行为和审美取向遭受严重的冲击，甚至面临文化内容传承与发展的危机。

(一) 内容创作和传承队伍出现断代危机

边疆民族的文化活动既是艺术审美活动产生和开发的行为表达过程，也是文化主体之间情感的融汇与沟通过程。在边疆民族地区活跃的各少数民族艺术工作者既是本民族共同记忆的传承者，也是审美价值的表现人。目前，少数民族文艺工作者因为自身活动局限，以及新生代价值观的变化等原因以至于出现了断代危机，这无疑给边疆民族文化内容审美空间的生成和维护造成了困难。如广西壮族流传已久的歌唱盛会——歌圩，在农闲、春节、三月三、中秋节日时男女老少盛装赴会，于山林坡地举行的对唱山歌活动。尽管在2007年，广西歌圩文化已被国家列为非物质文化遗产保护项目，但随着时代的变迁、多元文化的冲击，壮族山歌却濒临衰微的边缘，出现了山歌无人唱，歌师无处传，山歌后继无人的局面。[29] 传统上歌圩的主角都是年轻人，但现在基本上却是老年人在唱，很多年轻人已经不会唱了。"以前一代又一代的人都会唱，那是他们在山歌遍地的环境中自学而来。由于壮族山歌没有教歌的传统，造成了山歌传承在家庭中出现断层。"[30] 现在唱山歌的大都是中老年人，年轻人不再把唱山歌当成一种潮流，无法真正喜欢唱山歌，越来越多年轻人无视这种文化精粹，学习山歌的人多是因为金钱利益的驱使。长此以往，山歌将慢慢淡出人们的视野，可能变成一种只有少数人掌握的民族文化。并且，"原本应致力于继承其民族艺术的青壮年已经开始顺应现代潮流，追求时尚，将原先对本民族文艺的参与需求转移至新的媒介文化与大众文化上"[31]。"千里不同风，百里不同俗"，边疆民族地区本应文化多元，内涵丰富。但如今各民族的年轻人都被现代快餐文化所同化，审美趣味渐趋一致，这必将会置民族特色文化

---

29 农冠品、覃承勤："壮族山歌文化传承与发展展望"，《中国社会科学报》，2010-03-18。

30 谢洋、庞王霞："山歌有一种熟悉的味道"，《中国青年报》，2015-05-22。

31 李芝："论我国少数民族文艺审美活动主体的现实境遇"，《美与时代(下)》，2014年第6期。

于危机之中。

(二) 民族文化对生产生活现实的表达功能趋向弱化

文化创作与生产、生活有着直接联系。把生产和生活中的心理情感投射到文化活动中去, 是边疆少数民族文化内容产生和获取生命力的主要源泉。随着生产方式与生活方式的现代化, 边疆少数民族传统文化与本土社会生活的现实联系逐渐被割裂, 其表现形式和反映内容越来越与自身族群的情感抒发相距甚远。生活于黔西北的彝族过去一直种植麻以制作衣物, 于是流行一种叫"撒麻舞"的劳动舞蹈, 彝族人民借助歌声和舞步表现了从开垦麻地到织布缝衣的整个生产劳动过程, 从而抒发对生活的热爱之情及丰收的美好愿望。但是随着社会不断发展, 生产方式的不断进步, 人们生活水平的相应的提高, 黔西北彝族聚居区种植麻的生产劳动逐渐消失, "撒麻舞"对当今彝族民众生产生活的表现能力随之弱化。[32] 全球化进程的快速发展, 整个社会的开放性不断增强, 边疆少数民族不断融入现代社会, 民族传统文化和现代文明相互冲撞、相互融合, 从而极大改变了人们的思想观念, 形塑民族文化的内容和形式。

(三) 民族审美的想象异化和趣味变更

边疆民族的文化作品需要受众借助审美想象将其对世界的情感认知及体验纳入其中, 进而在欣赏和表演互动中寻觅和实现其艺术价值。然而, 文化的产业化却要求审美主体由过去的民族区域走向全国乃至世界, 与大众化的消费人群实现自由交流和平等对话。但语言、宗教和社会发展程度的差异又会阻碍主体间的交流, 使外部人群对民族文化的特殊意蕴无法

---

32 邓江: "黔西北民间艺术文化生态的保护与发展", 《贵州大学学报(艺术版)》, 2009年第3期。

理解。流传于云南楚雄彝族自治州姚安、大姚、永仁、牟定等地的彝族文化史诗《梅葛》，体现了彝族人民的精神信仰、价值判断、情感归一和心理认同。对于生于斯、长于斯，长期在彝族民族文化环境中生活的人们而言，自然能够深切体会到"梅葛"存在的价值和意义，但对于生活在其他文化背景中的"他者"而言，必然难以产生审美心理上的共鸣。诸如这样的文化隔阂在经济逻辑的操纵下不可避免会倒逼边疆民族地区的人们为了迎合主流消费人群的文化习惯，对传统文化资源进行商业开发，过度包装，使其脱离了原有意义，成为一种商业性的观赏文化，从而造成民族文化自身审美的想象异化和趣味变更。

六、知识产权与文化技术标准的缺席：文化技术安全

随着21世纪信息技术的迅速发展，网络成为改变文化产品产生条件、流通速度和消费方式的变革性技术。网络在提高文化生产力，改变产业结构的同时，也对各国的"信息疆界"和"信息主权"带来挑战。网络信息技术所带来的文化安全问题在边疆民族地区的民族文化产业发展过程中同样广泛存在。虽然边疆民族地区的现代信息技术迅速普及并得到广泛使用；然而，由于边疆民族地区文化产业的民族性和历史性等特征，与现代技术在发展中不可避免会产生碰撞、冲突或不协调，一些边疆民族地区的文化产业在面对现代信息技术的改造中难免出现"水土不服"的状况。

知识产权意识淡薄，宣传和实施力度不够。边疆民族地区地理位置大多较为偏僻、信息相对闭塞、经济发展水平比较落后，因而文化产业技术水平较低，缺乏必要的知识产权意识，以至于民族文化中一些有价值的传统工艺，出现扩散、外泄、流失的状况。例如，贵州省黔东南苗族侗族自治州黄平、凯里一带的革家人蜡染，是一门古老的传统工艺，也是当地特有的文化资源。改革开放以来，随着乡山门打开，港台同胞、欧美友人、日

韩邻邦，纷至沓来。一些"有心的人们"以旅游考察、"采风"的名义，通过对制作生产工艺的现场观摩，辅之以文字音像的详尽记录，从而导致"如今的革家蜡染工艺已经没有秘密可言了"，甚至还选派具有代表性的、优秀的革家蜡染艺人到国外交流、表演，把这当作非常荣耀的事情，全然不知先辈遗留下来的珍贵文化资源已经泄密流失了。"多年来，革家蜡染工艺在国内外的人为扩散，被恶意窃取和不当利用，技艺扩散外泄，蜡染制品(含蜡染文物精品)大量流失，或知识财产被强占等，构成了蜡染工艺传承，流失的外患。"[33]

民族文化资源流失，文化凝聚力被消解。好莱坞动画巨制≪花木兰≫、≪功夫熊猫≫取材于中国传统文化，本应该是我国向外文化输出的重要资源。但美国梦工厂凭借强大的数字处理技术制造出了虚拟化的东方场景，结果获得了巨大的市场成功，全球票房高达数十亿美元。由于信息技术的巨大落差，类似文化资源流失的案例在边疆民族文化发展中更是屡见不鲜。≪蒙古王≫、≪西藏七年≫等外国电影不需要少数民族演员参演，不用在边疆地区取景，完全依靠数字技术就可以将原本经典的边疆民族故事加以呈现，并在这一过程中植入西方的生产方式、生活方式、消费方式以及社会心理、价值判断，发挥其教化、审美、消费功能，常常会因此造成会边疆民族文化的人情民俗、民族史诗等文化凝聚力被消解、替代，导致民族文化样式的"空心化"。

民族文化品牌观念淡薄，生存处境艰难。民族文化通常"具有较强的地域性，与所在地域的自然条件、传统工艺、人文风俗有紧密联系"[34]。一直以来，边疆民族地区由于缺乏品牌建设和保护的观念，导致各种"山寨"文化、"山寨"产品大行其道，从而破坏了传统文化资源、文化品牌的原生性、

---

33 国际行动援助中国办公室 编：≪保护创新的源泉——中国西南地区传统知识保护现状调研与社区行动案例集≫，北京：知识产权出版社2007年版，第145-148页。

34 潘鲁生："民间手工艺的知识产权保护与文化传承"，≪传承≫，2012-04-15。

真实性, 损害了相关地域文化产品生产者的品牌权益。在技术支持不力的情况下, 边疆民族地区的文化品牌的存在已经岌岌可危, 遑论其发展。特别是在新媒体环境下, 以信息高速传递流动为前提的文化产业发展进程往往是以强势文化为取舍标准的, 这不可避免会与本土文化摩擦碰撞, 严重威胁到了边疆民族地区的文化品牌的生存空间。

民族文化产业技术标准认证存在认识误区。长期以来, 一些人认为少数民族文化产品或技艺就应当是纯原始的、纯手工的风格。还有人认为, 如果按照产业规则对民族文化资源进行标准化改造, 就容易肢解民族文化完整性。但现实表明, 边疆少数民族文化资源的传承和保护实际上可以与文化产业化并行不悖、相得益彰。以内蒙古自治区为例, 蒙古族自古以来就被誉为"马背上的民族", 蒙古族制作马鞍历史悠久, 距今已有2000多年。"马鞍制作技艺受到现代文明的冲击, 已面临后继乏人的境地。"[35] 相同的情况在其他的民族的服饰、乐器、石雕等文化产品上比比皆是, 因此采取现代科技的标准化手段保护民族文化产品就大有必要。

第三节 我国边疆民族地区文化产业安全的应对

发展中的问题只有通过发展才能予以解决, 文化产业安全问题的应对同样需要立足文化产业发展的实际。来自西方大国或地区的文化产业化经验表明: 提高文化产业的安全系数, 只能立足于产业外部环境、文化结构和产业功能的良性耦合。也就是说, 只有立足于边疆民族地区文化主体发育良好, 民族文化产品供给有效, 文化市场健康有序, 民族文化品牌效应

---

[35] 籍凤英、刘默、姚继红: "用标准化技术保护传承少数民族服饰文化", 《中国文化报》, 2013-10-24。

突出等前提条件下，才能真正实现边疆民族地区的文化产业安全，从而更好地维护边疆民族地区的文化安全。如果脱离这一解决问题的思维方式，企图仰赖于严防死守、拒绝开放的保守心态和弱者思维来对待边疆民族地区的文化产业运作，表面看似乎为文化产业的生存赢得一丝喘息之机，但实质上却坐失民族文化借全球化潮流进而实现产业转型的良机。

一、坚持边疆民族地区的文化产业安全不动摇

当西方强势文化通过电影、电视、网络、信息技术等现代传媒手段强势进入我国边疆民族地区，不可避免地深刻影响或是改变了少数民族民众的思维习惯，价值观念和生活方式。面对全球化潮流的冲击，那种试图迎合后现代主义的东方想象和猎奇心理，片面强调边疆民族文化的原生态、非技术和去商业化的"盆景文化"是没有出路的，民族文化资源的开发不可避免需要向产业化、集团化和技术化转型。我国边疆民族地区社会发展相对落后，经济发展水平不高，其文化产业在全球化背景下又天然处于弱势地位。面对西方发达国家利用其资本、技术和市场优势强行渗透和强行"市场准入"，以及宗教极端势力、民族分裂集团在"文化"名义之下的蠢蠢欲动，如何在西方强势文化的渗透之下选择符合我国边疆民族文化利益的产业化发展道路无疑是保证边疆民族地区文化安全的根本之所在。

边疆民族地区文化产业起步晚，发展慢，问题多又受多方斥肘，但其得天独厚的文化资源，灿烂丰富的历史遗产是我国建设文化强国的宝贵资源。我国边疆民族地区多与邻国接壤，众多的跨界民族与邻国比邻而居，尤其是跨界民族与周边国家的民族在生产方式、语言、文化、风俗习惯以及心理认同等方面具有共同特征，这种民族之间在文化上密切联系在很大程度上表现为跨界民族间的合作。因此，边疆民族地区发展文化产业当务之急是脚踏实地、灵活变通，依据当地特色文化发展方向，借助跨界而

居的特点加强对外联系，打造富有民族特色的民族文化产业。

要正确处理文化保护和开发的辩证关系，走可持续发展的文化产业之路。我国边疆各少数民族的文化资源是在漫长的历史变迁过程中发展演变形成的，是民族地区宝贵的精神财富。作为长期积淀下来的不可再生资源，特定形式和内容的传统文化一旦失去就难以恢复。在发掘民族优秀文化，打造民族文化产业的同时，要珍惜历史文化遗产，采取先进的技术，有效的措施加强保护。可是，仅仅强调保护还不够，还必须与时俱进，对优秀的传统文化进行提升与创新，通过产业化手段加以开发利用，从而发扬光大，这才是最好的保护。当然，发展文化产业，对传统民族文化资源进行开发利用，绝不能只考虑短期的经济利益，忽视长远的社会效益，任由民族传统文化在开发利用中走形变样，以开发利用之名，行毁文化之实。我国很长一段时间，由于单纯追求经济增长速度，文化作为弱盈利领域没有得到应有的重视。因此，边疆民族地区必须摒弃以往重经济轻文化的错误观念，实现跨产业升级。在这个过程中，需要注意将文化发展和保护同时并举，对于公益性的边疆民族文化要采取政府投入、社会参与的方式予以保护，注意积极协调好文化产业和文化事业之间的关系。既要加快文化事业的发展进度，也要强调文化产业的良性发展。

"特色"是建设民族文化产业之魂。我国边疆民族地区各民族之间风格迥异，差异巨大。可以发掘上升为文化产业的文化数不胜数，既有独具特色和边疆民族风情的建筑、歌舞、服饰也包括各种富有魅力的人文景观、宗教文化等，具有极大的开发潜能和优势。因此，对边疆少数民族文化产业的发展，重要的就是最大程度发掘各民族独有的风俗特产，以民族特色吸引游客，以民族文化独有的魅力为突破口，发展具有优秀民族传统文化的旅游业，从而推动边疆民族地区文化产业大发展。边疆民族地区要着力打造民族特色文化品牌，通过加强科学规划，创新营销手段打造属于本土民族文化的品牌，努力扩大民族特色文化的规模，发掘出独具匠心且富有潜力的文化，提高边疆人民发展文化产业的专业化水平，使边疆文化产业实现跨越式发展。

加快边疆民族地区的文化产业体制的改革与创新。中央有关部门通过了《深化文化体制改革实施方案》，明确了新时期我国文化体制改革的方向。尽管近年来我国文化体制改革不断推进，但改革不可能一蹴而就，各种制约文化发展的体制性障碍和结构性问题仍然大量存在。特别是边疆民族地区，文化产业发展起步晚、基础弱，拥有丰富的文化资源，文化产业发展的步伐却大大滞后，文化管理体制问题无疑是其中重要的障碍因素。在管理活动中，政府还存在政企不分、管办不分的现象，对文化企事业单位往往干预过多。由于边疆民族地区普遍存在市场发育不充分、市场体系不完善的状况，政府仍然大量承担"办文化"的职能，在文化产业发展方面盲目跟风、盲目投资，导致产业规划、产业布局不合理、不科学。因此，必须进一步深化边疆民族地区文化体制改革，转变政府职能，继续推进民族文化事业单位转制改革，实行政企分开、政事分开、管办分开；加快文化产业结构调整，优化资源配置，规范市场行规，增强发展活力；重塑文化管理架构与文化产业发展中各种要素的结构关系，形成符合现代文化产业发展要求和特点的文化管理体制和文化生产经营体系；建立健全规范统一、公开透明、公正有序、诚信守法的现代文化市场体系；加快资本、技术、产权、信息、人才等文化生产要素市场的发展，加强文化行业组织和中介机构建设；完善文化产业发展的金融支持政策，降低社会资本的进入门槛，吸引社会资本投资民族文化产业，扩大非公有制文化企业的准入领域，为文化市场注入新鲜血液；扩充文化产业人才队伍，健全文化人才引进机制，为文化产业人才创业提供必要条件。

二、化解产业化进程中的功能冲突

长期以来，边疆民族地区文化产品内在的功能冲突和认同模糊一直是制约其文化产业进程的绊脚石。也就是说，在边疆民族地区文化产业化进程中，一方面需要处理文化的商业功能和教育功能之间的平衡这一普遍性的文化产业难题；另一方面还需要处理文化的民族认同和国家认同这一特殊性文化产业难题。前者会成为文化产业和文化事业在资源分配、受众人群以及政策重点上的纠葛麻烦，后者则直接关系到边疆民族文化产业的发展空间和政治界限。价值系统的紊乱难免会造成民族文化系统的不稳定状态进而产生崩溃瓦解的潜在可能。基于发达国家的经验考察，上述两种关系是可以在产业化进程中予以纾解的。例如，《阿甘正传》作为商业电影的成功并无损它对美国主流价值观的宣扬，同时电影中将印第安人的服饰、舞蹈转变为流行文化符号并没有伤害到这一族群反而凸显了国家对他们的人文关怀，同样黑人在音乐、体育上等文化产业上异军突起，对于缓和美国的种族关系更是功不可没。所以，问题的关键不是将上述冲突视为零和状态下非此即彼的关系，而是需要寻求将两者予以协调从而共生共荣的发展道路。

必须明确民族文化产业在国家文化战略中的地位，提升文化软实力。文化是一个民族的灵魂与血脉，是支撑民族进步的脊梁，是把一个民族先辈与后辈联系起来的精神纽带，是一个民族得以维系、存续的精神支柱。边疆少数民族文化是中华文化不可或缺的重要组成部分。多元一体的中华文化正是由不同民族、不同地域的文化以和而不同的方式共同构筑而成。千百年来，各民族之间优秀文化的相互影响、相互融合，从而构成了中华文化的基本样貌。民族文化作为一个民族生产、生活方式的历史积淀，弥足珍贵。"越是民族的，就越是世界的"，多姿多彩又个性独特的少数民族文化不仅是各民族自身的宝贵记忆，也是中华民族的共同财富。因此，推进边疆少数民族文化的产业化，有利于实现民族文化资源的共享，增强国家文化软实力，满足人民群众文化需求的根本要求；也是促进边疆少数民族地区经济发展，弘扬少数民族文化，实现民族文化资源保护和传承的重要途径。

必须正视文化产品意识形态的特殊属性，构建文化产业安全"防火墙"。在意识形态功能上，文化产业安全是指通过产业层面构筑安全防护机制以确保国家主流文化安全。边疆民族地区的文化产业直接面向当地民族的精神文化需求并可能影响外在的文化消费人群，这就必然会与国家主流文化和核心价值观发生直接或间接的关联作用。全球化时代的到来，使得发达国家文化商品、资本和技术在全球流动，异域文化将实现跨国界的网状传播。目前我国正处于经济转型和社会结构调整的关键时期，"文化冲突最明显的地方在不同文化的交汇处，文化冲突最激烈的时刻在社会转型期"[36]，各种社会矛盾集中最有可能出现并有激化态势。这其中，边疆地区的各族群众思想观念也在发生深刻变化，过去的主流价值观在当地广泛性的遭遇挑战和冲击。因此，边疆地区文化产业发展必须要服务于文化安全这一目的，构建文化产业安全的"防火墙"，以社会主流意识形态和社会主义核心价值理念为主导，在产业化过程中注重提升文化的凝聚力与感召力，从而确保国家主流文化安全。

必须警惕边疆民族地区的认同混乱，实现双重认同的良性互动。在发展边疆民族地区的文化产业中，不少地区出现了将经济效益视为文化产业唯一衡量标准的情况，以至于出现了相对强势的现代文化对边疆传统民族文化的取代替换趋势，其结果是要么边疆群众尤其是青年群体受现代文明的冲击、影响，拒绝学习和传承民族文化，对本民族文化缺乏认同；要么还存在民族文化保守主义沉渣泛起，拒绝外来文化的进入和影响，甚至把本

---

36 周平 著：《民族政治学》，北京：高等教育出版社2003年版，第86页。

民族文化自外于中华文化，对中华文化缺乏认同的现象。"如果处于主导地位的民族政治文化与处于亚文化地位的少数民族政治文化能够相互兼容并实现有效地整合，能巩固多民族国家的政治体系，反之，则会导致极为严重的政治后果"[37]。换言之，一个民族区别于其他民族，其关键就在于存有不同于其他民族的文化特质，而对本民族文化的认同则是该民族得以存续的现实前提。因此，边疆民族地区在实施文化产业化战略时，既要重视少数民族传统的文化习俗与特色，也要尊重民族文化的多样性与特殊，建构中华民族民族内部的文化认同；同时，也需要加深对中华文化多元一体格局的认识，处理好个性与共性的关系，把少数民族的文化纳入到中华民族整体文化系统之中，强化中华民族共同体意识，提升国家认同。

三、完善边疆民族地区的现代文化市场体系

文化产业安全涉及的不仅仅是文化问题，也是经济问题，所以不能局限于文化本身来论安全。维护边疆地区文化产业的安全，归根到底需要按经济规律办事，努力提高边疆地区民族文化产业的市场竞争力，不断做大做强，这样才可以从根本上实现该地区的文化安全。边疆民族地区的文化产业安全从市场的视角来看，就是要从消费、要素和产品三个环节来追求文化资源在占有权、经营权、收益权和处分权上的基本安全。针对当前边疆地区的文化市场出现的各种问题，诸如知识产权观念薄弱、文化企业整合有限、产业链条松散、政府支持力度不够以及文化产业结构单一等，主要可以从以下环节予以补差补缺，通过一系列改进措施增强文化市场安全。

加大产业扶持力度，拓宽文化产业投融资渠道。尽管近年来边疆民族地

37　李庆霞 著：《社会转型中的文化冲突》，哈尔滨：黑龙江人民出版社2004年版，第256页。

区文化产业不断发展，但其发展仍然面临诸多问题。文化部于2017年印发的《"十三五"时期文化产业发展规划》明确提出，到2020年文化产业要成为国民经济支柱性产业，即文化产业增加值占到GDP5%以上。边疆民族地区本身因为先天不足，经济发展水平较低，文化产业增加值占GDP比重同样大大低于全国平均水平。如，新疆甚至是在2009年国务院出台《文化产业振兴规划》后才起步发展文化产业，2015年新疆文化产业增加值占GDP的比重仅为1.21%；广西虽然GDP总量位居全国中游，但文化产业成长仍处于起步阶段，2015年广西文化产业增加值占GDP比重为2.52%，也远远低于全国平均水平（3.97%）。[38] 制约边疆民族地区文化产业成为国民经济支柱性产业的一个重要根源是资金供求矛盾突出，文化企业融资难。因此，要推动边疆民族地区文化产业发展，不断增强其生产竞争力，政府需要针对性地在税收优惠、税收减免、税收返还等方面制定相应的文化产业扶持政策，同时必须破除文化产品和服务进入市场的各种障碍和壁垒，放宽文化资本的准入条件，降低社会资本进入门槛，不断拓宽文化产业投融资渠道，实现投资主体多元化、融资渠道社会化、投资方式多样化。

培育优质文化企业。市场中的核心主体是企业，文化产业的市场竞争力，主要就表现为市场主体，即文化企业的竞争力。边疆民族地区具有丰富的文化资源，随着我国经济的发展，民众对于精神文化的需求越加旺盛，加之近年来边疆民族地区文化产业已经有了长足发展，众多文化企业不断兴起。但是由于边疆民族地区经济发展水平比较落后，文化市场开发较晚，因此文化企业普遍规模较小，实力较弱，竞争力不强，缺乏重大文化产业项目支撑和骨干文化企业的示范带动。边疆民族地区应该抓住机遇，从

38　王资博："中国西部地区文化产业成长指数评估及对策研究"，《中华文化论坛》，2017年第8期。

实际情况出发，利用自身资源优势，实施差异化发展战略，发挥重大项目的突破和带动作用，整合边疆民族地区丰富的历史、自然、生态、宗教、民俗等特色文化资源，加快建设一批基础支撑和示范带动效应强、经济社会效益好的精品文化工程。利用文化强渗透、强关联的效应，大力推动旅游业、医疗健康、养老养生、民族餐饮等产业与文化产业深度融合发展，增加相关产业的文化含量，提高文化附加值，重点扶持和打造一批综合性的、具有较大影响力的骨干文化企业，增强其辐射力和扩散效能，从而推动文化产业持续稳定健康良好的发展。另一方面，也需要关注培育小微企业，加大对小微型文化企业的扶持力度。在着力培育市场主体的基础上，实现由文化内容提供业、经纪业、产品制造业、传播业、产品销售业构成的整个文化产业链的整体优化，并以此为基础实现文化产业集群式发展。

发掘民族文化元素，打造民族文化精品。文化是一个地区、一个国家重要的无形资产，是国家形象、国家软实力的重要表现，文化产业则是构成新型国家核心竞争力的重要一环。发展民族文化产业，传播民族特色文化也就成为塑造中国形象、扩大中国国家影响力，吸引外部民众认知和消费中国传统文化产品的重要途径。目前在现代文化产业和新兴文化产业中，边疆民族地区缺少知名文化品牌、产业规模比较弱小，依然是边疆民族文化产品"走出去"的一大难题。从商务部、财政部、文化部等部门公布的《2015-2016年度国家文化出口重点企业和重点项目目录》可以看出，边疆民族地区在文化出口重点企业和重点项目方面相对国内其他地区还有较大差距，例如西藏地区这两者都是空白，新疆地区则各仅有一项，广西、内蒙古、贵州等进入名录的也是屈指可数，云南省稍微好一点，但也只是相对于其他边疆民族地区而言。[39] 边疆民族地区文化产业发展弱小的

39　中华人民共和国文化部："2015-2016年度国家文化出口重点企业和重点项目目录"，2016年5

重要原因在于对民族文化资源的内涵缺乏提炼，原创能力严重不足，跟风模仿的现象比较突出。因此，文化发展从"制造"到"创造"的关键是打造本土化品牌，深度发掘民族文化种具有潜力的独特元素，增加文化产品的创造力和想象力，凝练文化产品的内容品质与精神涵养，大力促进文化资源优势向文化产业优势转变，实施精品工程，加快品牌建设。

月18日，http://www.mcprc.gov.cn/whzx/ggtz/201605/t20160518_612303.htm。

第五章

国际格局变化背景下西方媒体对我国边疆民族地区文化安全的影响

在互联网信息技术高度发达的现代社会里，大众传媒在文化的建构与解构中均扮演着关键角色。报纸、电视、无线电、网络等现代传媒手段被认为是政治社会化的"超级武器"，其核心竞争力是公信力与影响力。随着以大众媒体为代表的文化软实力竞争的加剧和文化软实力的作用日渐凸显，国家文化安全愈发受到关注。新世纪以来，由于中国的快速崛起，以美国为首的西方大国日益凸显其文化战略价值，凭借发达的现代传媒工具裹挟着所谓的"公信力"，大肆"入侵"我国，一定程度上解构了我国的国家文化，建构了代表西方国家利益和价值观的西式文化。这对国家文化安全造成严重影响，尤其对我国边疆民族地区文化安全的危害最为明显，直接构成严重威胁。

第一节 国际格局变化背景下国际传播语境的演进趋势

随着全球化浪潮迭起，世界各国相互依赖程度的不断加深，尤其是在互联网信息技术推波助澜下，进一步推动了国际传播格局发生了重大改变，世界范围内各种思想文化、价值观念以及新闻舆论竞争交锋和碰撞。在核恐怖、国际关系民主化、权力相互依赖的世界里，以美国为首的西方大国再难以通过武力实现其战略目标。曾任美国总统的尼克松一语道破天机："在下个世纪，进行公开侵略的代价将愈加高昂，所以经济力量和意识形态方面的吸引力将起决定作用。"[1] 于是，文化战略不失为其霸权护持行为的一种较佳的选择，以图再次实现昔日发生苏联和东欧身上"和平演变"的美梦。因此，西方大众传媒大肆对华渗透西方的意识形态，竭力宣传其发展模式、民主制度、价值观念、历史文明，在政治、经济、军事、科技、文化、民族、宗教等全方位、多角度的对中国进行大肆抨击、诋毁和污蔑，互联网信息和新媒体的发展，则进一步加强西方文化强权对华舆论攻势的强度和频度，这一切极大地破坏了中国的国际形象，严重威胁到我国国家文化安全，而文化安全形势在我国边疆民族地区表现得尤为严峻。

一、西方大众传媒中的西方文化霸权历史考

在传播学中，传播被定义为信息的交流与分享。国际传播就是指以国家、民族为主体的进行跨文化、跨语言的信息交流、沟通以及分享。在大众传媒中国际传播又可区分为广义与狭义来释义，在广义上是指国与国之间的外交往来行为，包括外交访问、举行会议、参加国际组织活动以及其他相关事务等；从狭义上讲，国际传播是指由大众传播媒介所提供的在不同国家和地区间信息的流动与共享。由于国际传播一般具有跨国界、跨民族、跨文化、跨语言传播的特殊性，它所涉及的对象和内容往往与国际关系、国际政治以及国际经济贸易等方面相关联，带有明显的政治取向

1　[美]理查德·尼克松 著，王观声 等译：《1999：不战而胜》，北京：世界知识出版社1987年版，第51页。

与意识形态色彩。随着国际格局的变化，科学技术的进步、大众传媒的多样化、国际传播的涵义、特征以及内容也会发生深刻的变化。

国际格局的每次变化都会推动西方强权国家文化战略的调整。二战后建立的以美苏争霸为主要特征的"雅尔塔体系"，国际社会分裂为以美苏为首的资本主义和社会主义阵营，开始了经济、文化、政治、军事等全方位激烈对抗。不过，冷战期间虽然美苏军事力量对比有起有伏，但基本发展为势均力敌。一方面，在核恐怖的阴影下，西方大国意识到难以通过武力赢得冷战；另一方面，美国认为，仅用武力传播"自由、民主、博爱"等西方价值理念、资本主义政治制度以及基督教式"福音"文明，一般只能在短期内产生效果。如果通过利用文化软实力"更隐蔽"的文化战略方式，向其他国家进行意识形态渗透才是长久之策。美国情报人员艾伦·杜勒斯(Allen Dulles)曾形象表述道，"如果我们教会苏联的年轻人唱我们的歌曲并随之舞蹈，那么我们迟早将教会他们按照我们所需要他们采取的方法思考问题"[2]。在二战结束之时，美国负责文化宣传工作的助理国务卿就要求政府利用报纸、电台、广播、电影等大众传媒手段去影响和改变世界对美国的政治态度。1961年，美国政府在给好莱坞的一份备忘录中，要求好莱坞电影进一步配合美国的国际战略，为其服务。[3] 在美国有效的文化战略推动下，果不其然，以美国为首的西方阵营不费一兵一卒最终赢得了冷战的胜利。对此，美国第37任总统尼克松在《1999：不战而胜》中总结赢得冷战的经验时说道："没有一个共产党政权会同意自杀。在新闻检查的大坝上出现一个漏洞，就会爆发对党和国家进行指责的洪水。"[4] 这个"新闻检查大坝上的漏洞"就是维护国家文化安全网上的"漏洞"。苏联的硬实力不谓

2　王晓德 著：《美国文化与外交》，北京：世界知识出版社2000年版，第219-220页。

3　柳静 编著：《西方对外战略策略资料(第1辑)》，北京：当代中国出版社1992年版，第6页。

4　[美]理查德·尼克松 著，王观声 等译：《1999：不战而胜》，北京：世界知识出版社1987年版，第167页。

不强大，是可与美国并驾齐驱的超级大国。可苏联的灭亡、东欧的剧变正是其国家文化安全网上的一个个漏洞作用下的悲剧。

苏联解体，美国由此成为世界上唯一的单极霸权，其对外政策鲜明特色的单边主义源自这个世界的"单极霸权"。冷战后以美国为首的西方强权国家利用其在国际传媒和互联网信息科技上压倒性的优势，向非西方国家大量倾销文化商品，鼓吹资本主义民主思想、政治制度、推行西方的意识形态和价值观念、炫耀资本主义国家的生活方式和文化，已经成为其企图对外文化扩张、干涉他国内政重要的手段。西方强权国家企图通过"欧风美雨"的文化战略，希望未来国际社会如同日裔美国学者福山(Francis Fukuyama)在《历史的终结与最后之人》一书中所说的那样，全世界都实行所谓的西方"自由民主制度"。以美国为首的西方文化强权秉承"上帝选民"的豪情，而拥有雄厚科学技术的现代大众传媒就成为美国实现"山巅之城"梦想的助推器。

现代国家之间的竞争是综合国力的竞争，全球化时代"文化"已成为最具竞争力的国家之间争夺的制高点，文化成为一种关键性的新型权力资源和"世界性的权力话语"，对国家生存和发展乃至国际政治产生至关重要的影响，以至于"一个迥然不同的，以知识为基础的权力结构正在形成"[5]。现代权力观已从强权走向"没有硝烟的战争"，中国古代"故远人不服，则修文德以来之"或许也有此意。

美国凭借着文化强权和雄厚的软实力，以科学技术优势为基础，以大众传媒为手段，将"欧风美雨"撒播向全世界。正如美国学者J·希利斯·米勒(J. Hillis Miller)所说："传媒就是意识形态"[6]。实际上，美国政府早已意识到，大众传播媒体是政治的传声筒。20世纪50年代，美国前总统艾森豪

---

5   [美]阿尔文·托夫勒 著，黄锦桂 译：《权力的转移》，北京：中信出版集团2018年版，第28页。

6   [美]J·希利斯·米勒："现代性、后现代性与新技术制度"，《文艺研究》，2000年第5期。

威尔在谈到对社会主义国家进行和平演变时直截了当地地指出："应当慷慨的支持美国新闻署和自由欧洲电台……在宣传上花1美元，等于在国防上花5美元。"[7] 在网络全球化的今天，美国在经济、互联网、卫星等高科技方面的水平都领先于世界各国，美国的西方霸权主义趋势不断向发展中国家进行文化倾销，强行推行其政治观点、价值观以及文化理念输出。例如，当今世界最主要的四大通讯社--美联社、合众国际社、路透社和法新社都属于西方资本主义国家。据统计，早在20世纪80年代，"美国新闻署已经在128个国家设立了211个新闻处和2000个宣传活动点，在83个国家建立了图书馆"[8]；其中，"美国之音(VOA)每天以19种语言48个国际频道向100多个国家播音，美国还控制了世界上75%的电视节目，其电影产量虽然仅占世界的7%，却占去了世界电影放映时间的50%以上"[9]。畅销世界的"《读者文摘》以19种文字、48种国际版本在100多个国家发行近3000万份"[10]。芬兰学者卡拉·诺顿斯登(Kaarle Nordenstreng)与基奥斯蒂·瓦利斯(Kyosti Varis)在做联合国一项调查研究时，调查数据显示美国所输出的电视节目总数是世界各国所输出电视节目总和的两倍之多。

总而言之，美国借助于强大经济实力、信息科学技术以及市场经济高度现代化，基本上已经掌控了国际新闻信息传播的主流渠道与领域，美国文化生产与传播占据全球市场的绝对优势。国际传播秩序是以美国为首的西方发达国家传播媒体按照西方国家所标榜的信息自由原则构建起来的，维护的是西方国家在国际传播中的利益。尽管西方媒体一再标榜自己遵

7　姚宝权、唐芬艳："二战中的广播舆论战"，人民网，2007年01月23日，http://media.people.com.cn/GB/22114/42328/77497/5316669.html。

8　方立："美国全球战略中的文化扩张与渗透"，《前线》，1999年6月。

9　包仕国、陈锡喜："试论信息技术条件下的国家文化安全"，《宁夏社会科学》，2006年第1期。

10　杨运忠："'新帝国论'——21世纪美国全球称霸的理论范式"，《当代亚太》，2003年第1期。

循新闻专业主义的规范标准，坚持新闻报道中的客观性、公正性原则，在言辞上准确、中立、不偏不倚，然而实际报道中却隐藏着背后政治力量的渗透和操纵。美国《1966年电信法》率先放松了对传播媒介的管制和垄断，通过国家和政府力量仍然通过各种间接方式对其媒介进行管理。冷战结束后，美国政府对美国之音(Voice of America)国际传播公司提出六大任务："对抗共产党和极权国家；鼓动美国式新闻自由；输出美国的价值观；提供广泛的学习机会；向全球解释美国的政策；为美国的文化、贸易、旅游服务。"[11] 可以说，美国媒体实质上就是美国政府与美国利益的发言人、传声筒。从现实情况可以看出，"国家对于传播业的影响，还不只是在于其作为管理者和政策制定者的角色及其功能之变，更在于它本身就是大众媒介的主要使用者"[12]。由于国家的权力机构具有绝对的统治权威性与专断性，自然拥有对媒介信息资源优先独占权力等特性，能够采用各种方式实现对大众媒体的有效操控，传播媒介对政府所掌握的核心信息的依赖使它必然承担意识形态宣传的任务，"政府通过对传媒在信息传播过程中各主要环节的监控和管理，达到意识形态大众化的目的"[13]。西方媒介宣扬所谓客观性原则去报道发展中国家的新闻，但是这种客观性在实际的国际新闻报道中却失去了中立性和平衡性，呈现在世界各国民众面前的只是片面性和偏见性，"他们(西方媒体)不是直截了当地去报道新闻、陈述新闻，而是带着偏见去报道新闻。这种偏见可能包含记者对某种人的好恶，对某件事情的个人态度，甚至潜藏着记者、编辑的政治议程、政治纲领和目标"[14]。因此，爱德华·萨义德(Edward Said)的"文化帝国主义"理论明确

11　[美]杰弗里·科恩："冷战后美国之音的六大任务"，《世界广播电视参考》，1996年第9期。

12　黄旦 著：《传者图像：新闻专业主义的建构与消解》，上海：复旦大学出版社2005年版，第302页。

13　王亚南："传媒的被控制与传媒的控制"，《读书》，2003年第12期。

14　李希光 著：《畸变的媒体》，上海：复旦大学出版社2003年版，第141-142页。

指出，"在我们这个时代，直接的控制已经基本结束；我们将要看到，帝国主义像过去一样，在具体的政治、意识形态、经济和社会活动中，也在一般的文化领域中继续存在"[15]。

二、西方大众传媒中国际传播的新语境

20世纪90年代以来，在国际格局变化的背景下，"非西方社会"的崛起和"权力转移"或者说"权力东移"趋势愈加明显，国际传播领域竞争随之发生了深刻地改变。尽管冷战结束之后，美国无论在经济、政治和军事方面的硬实力上，还是文化方面的软实力上，都处于世界绝对领先的位置。但是随着国际格局的变化，在今天的国际舞台上，除了美国、欧盟、日本三大经济体，"金砖国家"和中东国家也开始扮演着各自举足轻重的角色。为了谋求更多的国际话语权，各国都开始重视国际传播能力的提升，尤其是中国、印度、巴西、俄罗斯、南非和中东国家都在积极努力地打造具有国际影响力的传媒机构，"去西化"的浪潮开始席卷全球。

安全作为现代国家提供的最不可或缺的公共产品，是每个人生存和发展的基础性需要和"底线保障"。美国耶鲁大学和约翰·霍普金斯大学教授阿诺德·沃尔弗斯(Arnold Wolfers)的观点认为："国家安全在客观意义上指不存在对既定的价值观构成威胁的状况,在主观意义上指不存在既定价值观受到攻击的恐惧感。"[16] 简而言之，安全就是免除威胁的主客观状态。文化安全关系国家根本利益，是时代重大命题和国家大战略，为总体国家

15　[美]爱德华·W·萨义德 著，李琨译：《文化与帝国主义》，北京：生活·读书·新知三联书店2016年版，第9页。

16　Arnold Wolfers: National Security as an Ambiguous Symbol, in Theory and Practice of International Relations, ed. Mclellan, Olson&Sondermann, Drentice-Hall, Inc., 1960, p.189。

安全提供"思想和意志保障"。关于文化安全的概念和内容，我国学者胡惠林提出"国家文化安全是指一个国家的文化生存的系统运行和持续发展状态及文化利益处于不受威胁的状态"[17]。伍业兵则认为，"文化安全是指一个主权国家在文化、精神生活方面不受外来文化的干扰、控制或同化，从而保持本民族的价值观念、生活方式的民族性以及本国意识形态的自主性"[18]。文化安全的核心就是国家意识形态和主流价值观不受威胁，民众对待自己的国家文化没有被威胁的心理状态。"四个自信"即，"道路自信、理论自信、制度自信和文化自信"对此作出了最好的阐释。

新世纪以来国际格局的变化，西方不仅加强了文化软实力的建设，而且还加紧文化战略的推进。一方面，由于对以美国为首的西方模式提出挑战的主要力量来自东方，所以有的学者认为这是"非西方社会"崛起和国际权力转移或者说是国际权力的东移。尽管以中国、印度为代表的东方文化生产中心正在迅速崛起，但是以美国为首的西方发达国家仍然是国际传播的主导性力量，而且在未来很长一段时期，美国仍然将主导国际传播秩序。另一方面，尽管当前国际传播在很大程度上仍然依赖于传统媒体，但是移动终端、新媒体等新型信息技术的高速发展，新媒体全面发展和普及，国际上Twitter、Facebook、LinkedIn、Pinterest、Google+、Instagram等社交媒体的大量应用，使得新的媒体模式已经基本形成，人类开始进入了一个全新的网络新媒体时代。根据相关的专业市场机构的调查数据显示："2017年，美国Instagram月活跃用户数量将增长23.8%，达到8550万人。其中，12岁以下的用户群将增长19.0%，12至17岁用户群将增长8.8%"；"全球将新增2.43亿手机通信应用。2017年，美国成年人每天平均花12小时1分钟访问媒体，主要受到移动设备的推动。移动设备目

17　胡惠林　著：《中国国家文化安全论(第二版)》，上海：上海人民出版社2011年版，第15-17页。

18　伍业兵："中国加入WTO后文化安全问题的思考"，《理论月刊》，2003年第3期。

前占美国成年人媒体时间的1/4以上"。在亚太地区, "2017年, 印度将有1.829亿人定期登录Facebook, 相当于印度社交网络用户的69.9%和42.6%的网民"[19]。作为"攻心术"的文化软实力是来自文化、政治价值观和外交政策等三种资源, "像提升民主和人权等目的则可以通过软实力更好地获得"[20]。其中, 互联网尤其是社交媒体的广泛应用, 使得国际传播在面对信息受众的文化背景多样化、人员结构复杂化以及跨国界、跨民族、跨文化性的同时, 还要根据全球化的趋势增加多元性和互动性的内容, 让持有不同观点立场和文化背景的人能够交流互动。人们可以随时随地表达自己的观点和看法, 并在网络上与他人公共讨论公共话题, 从而构建起一个全球化的网络虚拟空间。与传统媒体模式相比较, 新媒体模式更便利、更廉价, 并且由于迎合了传播的受众碎片化的时间而更容易被接受。

大国之间软实力博弈使文化软实力的竞争发生政治化转向。约瑟夫·奈认为文化软实力本质上"是一个国家的文化与意识形态诉求"[21], 其实质是一种说服人心为本质特征的"合法性"权力。将文化视为一种软权力, 是当前国际政治学科发展的结果。随着全球化时代生产关系的变化和权力运作方式的变迁, 现代政治完全依靠强制的强权时代已经难以维系, 即是韦伯所言的"权力意味着在一种社会关系里哪怕是遇到反对也能贯彻自己意志的任何机会, 不管这种机会是建立在什么基础之上"[22], 及至米歇尔·福柯(Michel Foucault)的规训说道, 现代权力观已从强权走向"没有硝烟的

---

19 "eMarketer: 2017年印度Facebook用户将超过1.8亿人", 中文互联网数据资讯中心, 2017年7月7日, http://www.199it.com/archives/608057.html。

20 唐彦林: "奥巴马政府'巧实力'外交政策评析", 《当代亚太》, 2010年第1期。

21 [美]约瑟夫·奈 著, 何小东、盖玉云 等译: 《美国定能领导世界吗》, 北京: 军事译文出版社1992年版, 第28页。

22 Mauch JG. The Power of power[C].//March JG. Decisions and Organizations. Oxford: Basil Blackwell Ltd., pp.116-149.

战争"，"强制性手段更可能让人们失权，而不是掌权"[23]。文化力的比较优势在于其"民心合法性"的优质权力结构，以不动声色的"攻心术"赢得民心获得政治合法性。汉斯·摩根索坦言道："文化帝国主义的东西……的目的，不是征服国土，也不是控制经济生活，而是征服和控制人心"[24]。中国古代"修身齐家治国平天下"(《礼记·大学》)，"故远人不服，则修文德以来之"(《论语·季氏》)、"不战而屈人之兵"(《孙子兵法·谋攻》)、"式于政，不式于勇"(《战国策·苏秦以连横说秦》)等德治思想，其主旨要义都是"以德服人"而非"以力服人"。可是，"全球化进程的加剧，使得文化与经济利益、政治权力密切相关，政治权力正越来越明显地发生'文化转向'，而文化研究建立在对政治的新理解与对权力的新定义之上，也正在发生'政治转向'"[25]。全球化权力转移背景下"政治文化化"和"文化政治化"的趋势表明，在某种程度上文化问题实则成为政治问题，以至于多民族国家内部的民族问题也变成了"族群政治"问题。

然而，传播技术的信息化发展和网络空间的形成并没有彻底改变国际传播的权力格局。正如传统的CNN，VOA，这些西方国家"老"媒体开始了新媒体时代的转型。全球性的数字鸿沟仍然存在，网络在线信息仍然以欧美发达国家为中心，以Twitter、Facebook为代表的主流社交媒体、以微软、谷歌为典型的互联网企业以及全球13台互联网根服务器有10台都在美国。"新兴的跨国媒体和传播网络，不会自动摧毁现有的等级制度并重新分配权力，不会自动促进国家内部和国际社会对话。"[26] 换句话说，美国

---

23 [美] 著，译：《权力的悖论》，北京：中信出版集团2016年版，第75页。

24 [美]汉斯·摩根索 著，卢明华、时殷弘 译：《国际纵横策论》，上海：上海译文出版社1995年版，第90页。

25 张小平 著：《当前中国文化安全问题研究》，北京：社会科学文献出版社2012年版，第35页。

26 吴飞、王怡霖："国际传播研究的新语境"，《社会科学文摘》，2018年第2期。

可以随时随地影响国际传播的几乎全部领域与渠道，甚至利用各类互联网企业轻易控制发布的信息，从而达到西方主流文化传播的目的。

三、中国传媒在国际传播话语权的缺失

"历史向世界历史转变"的全球化时代，文化安全问题何以凸显？这是因为"全球化是一个十分复杂的社会现象，它涉及社会、经济、文化、政治等人类生活的一切领域"[27]。有学者甚至提出"全球化是伴随现代性而来的文化现象"[28]，将全球化视为文化扩张运动；并认为文化全球化是全球化纵深发展的必然产物，人类社会生活轴心向全球的转变，不可避免地要产生文化反应，这是由于"全球化包含了这样的压力，它迫使社会、文明和传统的代言人转向全球性文化场景，寻求被认为与他们的认同相关的思想和象征"[29]。马克思早就预言了全球化的本质和后果，"它迫使一切民族——如果它们不想灭亡的话——采用资产阶级的生产方式；它迫使它们在自己那里推行所谓的文明，即变成资产者"[30]，并清晰地预见了全球化四个"从属于"的必然结果："正像它使农村从属于城市一样，它使未开化和半开化的国家从属于文明的国家，使农民的民族从属于资产阶级的民族，使东方从属于西方。"[31] 从中可以看出，这是作为流动的现代性的必然趋势和根本结

27　[美]里斯本小组 著，张世鹏 译：《竞争的极限——经济全球化与人类的未来》，北京：中央编译出版社2000年版，第38-40页。

28　[英]约翰·汤姆森 著，郭英剑 译：《全球化与文化》，南京：南京大学出版社2002年版，第1页。

29　[美]罗兰·罗伯森 著，梁光严 译：《全球化——社会理论与全球文化》，上海：上海人民出版社2000年版，第67页。

30　[德]马克思、恩格斯 著，中共中央马克思恩格斯列宁斯大林著作编译局 编译：《马克思恩格斯选集》第1卷，北京：人民出版社1995年版，第404页。

31　[德]马克思、恩格斯 著，中共中央马克思恩格斯列宁斯大林著作编译局 编译：《马克思恩格斯选集》第1卷，北京：人民出版社1995年版，第404页。

果。文化全球化的扩张侵略性、西方殖民化、强势同质化由此一窥。但作为多维度世界变革的全球化也存在着深刻的"二律背反"现象，"本身衍生了与自身相对立的力量，构成了全球化悖论的反题……全球化的反题是由它的正题激发出来的，在历史总体的发展中蕴涵着解构历史总体的趋向。一体化、同质化等在事实上反倒激发了对特殊性、地域性寻求。"[32]总体来看，全球化始于西方工业文明，是一个矛盾对立面共生共存的辩证统一，文化全球化尤其如此，是世界性与民族性、同质化和异质化、一体化和多元化、西方中心主义与反西方中心主义等的对立统一。

中国国际传播经过几十年的发展历程，已经形成了包括广播、电视、报刊、杂志、互联网等在内的多样化媒体阵容，构建起了以中央电视台国际频道、新华社、中国国际广播电台、中国新闻社、中国日报五大对外传播平台为首并辅以其他形式和手段的国际传播格局，这些媒体在国际传播语境中已经获得了一定的影响力，具备了通过文字、音像、图片等方式向世界发声的能力。中国国际传播媒体在增进世界对中国的了解、维护我国良好国家形象方面发挥了重要作用，但是从国家传播格局的整体层面来看，这些国际传播媒体的发展仍然不能适应国际格局变化背景对我国传媒的要求。在国际舆论中，中国国际传播媒体的声音还比较薄弱，中国及中国政府在世界人民心中的形象的塑造仍然由以美国为首的西方媒体主导。另一方面，中国国际传播媒体的受众绝大多数都是中国观众，这些受众中绝大多数都是以"学习英语"为主要目的，而不是为了获取新闻信息，所以这些媒体在国外几乎没有影响力，在国际传播语境下存在传播对象、传播定位、传播布局等严重失衡。

正是我国传媒在全球传播中的话语权缺失，使得本来属于我国文化创造

32　黄皖毅 著：《马克思世界史观—文本、前沿与反思》，北京：知识产权出版社2008年出版，第119页。

变成了对西方的话语体系的主动复制与接收。当前我国绝大部分媒体缺乏对国际传播的引领、主导能力，多数错把西方的视角当成自己的视角，无法真正起到对核心价值观、主流意识形态的广泛宣传教育作用。在舆论传播过程中，这种错误理念必然导致对传播受众的误导，甚至造成不可逆的舆论思潮混乱局面。与此同时，我国主流媒体对西方社会的影响力非常有限，与美国媒体为首诸多西方媒体相比，这种影响力几乎可以忽略不计。在这种信息传播的状态下，一方面，我国的媒体国际传播竞争力严重不足，我国的国际话语权将进一步丢失；另一方面，国人由于受到西方舆论、价值观念的错误引导，会不断削弱对本国文化的自信心、自信力。

第二节　国际格局变化背景下西方传媒与我国边疆民族地区的国际形象

我国边疆民族地区位于物理"硬边疆"的边陲，也是信息网络"软边疆"的薄弱之地。既是中西方文化交流的十字路口，也是多民族，多文化汇聚之所。历来是西方强权武力侵犯和域外文化"入侵"的重点区域。二战后虽然传统安全对我国威胁程度有所减弱，但包含文化安全在内的非传统安全威胁却在逐步上升。随着中国的快速崛起，国际格局的变化，以美国为首的西方强国加快了向我国推进其文化战略的步伐，大众传媒是其战略的主要依托，高科技化提供了西方强权文化战略国际传播的便捷。以美国为首的西方国家对我国文化渗透的步伐愈演愈烈，而我国边疆民族地区首当其冲，沦为西方大众传媒渗透的重灾区，对我国国家文化安全产生重要影响，对我国边疆民族地区的文化安全更是一种严重威胁。

一、西方传媒主导国际传播秩序中的话语权

"话语即权力。"国际传播秩序与话语权是由以美国为首西方发达资本主义国家控制的，借助其超强的信息技术优势、媒体传播经验以及先进的商业化管理模式，几乎在国际传播渠道、领域占据着主导权，控制着国际传播信息的生成与流通。"对新闻的垄断依然存在，现存的交流路线是垂直的，由西方中心向南方边缘传递国际新闻，发展中国家之间很少有直接的国际新闻交流。"[33] 因此，大众传媒在国际传播进程中，西方强权国家通过掌握新闻的议程设置，就可以采用扭曲事实、移花接木等报道方式将世界舆论误导至特定方向。不同国家的传播媒体，由于使用的新闻来源、新闻视角、编排手法的不同，所呈现的国家形象是不同的。这是因为，大众传媒"无时无刻不在为人们编织着信仰、价值和集体认同……大众媒介已成为支配意识形态的核心体系"[34]。可以说，现代大众传媒成为控制社会的一种新机制、新手段。毋庸置疑，西方强国同样可以利用发达的现代传媒手段和技术工具对我国民众，特别是边疆民族地区民众进行文化渗透。在新闻传播学中，西方传统的议程设置理论认为大众传媒可以根据自己的价值观，针对现实中的新闻信息进行筛选和过滤，将其认为符合价值理念的重要进行深度加工后，再将其呈现全面呈送至观众面前。在这里，"议程设置(agenda-setting)"作为一种理论假说，最早见于美国传播学家唐纳德·肖(Donald Shaw)和麦克斯威尔·麦克姆斯(Maxwell McCombs)1972年共同发表《大众传播的议程设置功能》一文，该理论认为"往往不能决定人们对某一事件或意见的具体看法，但可以通过提供给信息和安排相关的议题来有效地左右人们关注哪些事实和意见及他们谈论的先后顺序。大众

---

33 关世杰 著：《国际传播学》，北京：北京大学出版社2004年版，第287页。

34 [美]托德·吉特林 著，张锐 译：《新左派运动的媒介镜像》，北京：华夏出版社2007年版，第9页。

传播可能无法影响人们'怎么想', 却可以影响人们去'想什么'"[35]。因此, 媒体可以充分利用议程设置的功能, 引导受众关注其希望传达的内容与价值理念。作为大众传播媒介影响社会, 也即政治社会化的重要方式, 议程设置作用就是使"公众通过媒介知晓事件或问题, 依据媒介提示的角度思考, 按照媒介对各种问题的重视程度来调整自己对这些问题重要性的看法"。换句话说, 受众对新闻信息的关注程度主要受到媒体的影响, 即媒体对某一新闻信息的传播越多, 则观众关注该新闻信息的程度就相应地越高。

边疆民族地区是国家视域下的边疆, 边疆的治理必须紧紧围绕国家的根本来进行治理。正如中国学者周平所言, "从某种意义上说, 中国能否实现持续发展以及能否成为真正意义上的世界大国和强国, 在很大程度上取决于国家边疆的开拓、开发和治理"[36], 也可以这样认为, "不管是对民族国家建设的探讨, 还是国家主义民族政策价值取向的提出, 还是区域主义的边疆治理模式的提出, 都将国家利益作为前提和目标"[37]。新世纪国际格局变化背景下, "中国威胁论"、"中国人权"、"中国制造"等同于劣质产品的代名词等在西方文化强权国家的大众传媒中的该频率出现, 这些不实的话语严重损害了我国的国家形象。其实质就是以美国为首的西方国家对中国文化渗透不断加剧的表现, 尤其是在意识形态领域, 妄图通过鼓吹其所谓普世价值, 在我国特别是边疆民族地区搞民族分化, 国家分裂活动, 破坏我国和谐稳定大局, 达成其通过文化渗透从而维护霸权的目的。因此, 边疆民族地区的安全, 尤其文化安全等非传统安全事关国家整体利益, 必须高度重视。在筹建所谓的"文化帝国主义"的美梦中, 西方的大众传媒扮演了不光彩的角色, 可以说, 西方文化强权国家凭借技术优势进一步掌握

35　麦克斯韦尔·麦克姆斯 著, 郭镇之 等译: "议程设置理论概览: 过去、现在与未来", 《新闻大学》, 2007年第3期。

36　周平: "边疆在国家发展中的意义", 《思想战线》, 2013年第2期。

37　李陶红: "周平: 多民族国家中的族际政治整合研究", 《民族论坛》, 2014年第7期。

了国际话语权。

西方发达国家的传播媒介常常利用议题设置来掌握其在全球范围内的话语权, 向发展中国家输出西方价值观, 但是"由于意识形态和价值观念的对立, 这种合法性多是以损坏对方的国家形象为代价的"[38]。大众传播媒介通过对"第一手资料"的筛选和加工, 为人们创造一个"信息环境", 即"由人或者群体接触可能的信息及其传播活动的总体构成的环境"[39]。信息环境只是客观环境的复制品, 但是并不是对等的。美国语言学家诺姆·乔姆斯基(Noam Chomsky)的"信息过滤理论"认为, 在信息传播的过程中存在很多种过滤器, "反共、反中"则是美国为代表的西方资本主义国家大众媒体进行国际传播的重要信息过滤器。西方媒体对我国边疆民族地区的传媒报道中, 不断美化达赖、歪曲边疆史、攻击民族政策、丑化我国政府和领导人, "不断地提升反共意识在西方公众意识形态、价值体系中的地位"; "刻意丑化共产主义, 从而对于一切异己之见都冠以共产主义之名加以排斥"[40], 以图达成弱化乃至推翻居于中国领导地位的中国共产党, 破坏和谐稳定的社会主义制度和分化民族感情, 达到分裂中国的目的。

二、西方大众传媒国际传播污损我国边疆民族地区形象

全球化和信息化双重变革带来地域"去边疆化"趋势越发明显, "边疆省区对周边国家传播的战略价值和重要性进一步凸显"[41], 我国传统的物理边疆治理理念与模式难以适应现代社会的发展需要。信息科技的发展, 大众传媒超强的"穿透力"已经腐蚀了有形的地理边疆。在西方文化强权的

38　赵雪波 主编:《传播视野中的国际关系》, 北京: 中国传媒大学出版社2006年版, 第231页。
39　郭庆光 著:《传播学教程》, 北京: 中国人民大学出版社1999年版, 第125页。
40　李希光、周庆安 主编:《软力量与全球传播》, 北京: 清华大学出版社2005年版, 第144页。
41　王瑞林: "边疆省区对周边国家传播的趋势与观念转变",《编辑之友》, 2015年第2期。

话语体系中，国家对主权的拥有是建立在权力、条约和制度之上，对我国拥有边疆民族地区主权不从中华文化、中国历史视角去分析，不试图理解我国从多元走向一体的历史脉络。在西方文化强国主导的国际话语之下，对我国的"民族观"、"国家主权观念"、"宗教观"、"国家意识形态"与"极端民族主义自觉"产生了冲击，削弱了我国拥有边疆主权的合法性，制造了边疆民族地区的离心力，降低了我国政府对社会的整合能力。当然，这一些都是西方凭借着科学技术优势，推动大众传媒技术的现代化，使信息传播即时便捷在世界每个角落流转。

传媒的"议程设置"是西方大众传媒的国际传播中惯用的手段。在以美国媒体为首的西方传媒中，对中国的报道主要集中在民主、人权、专制、新疆、西藏等话题。在西方强国的文化战略的国际传播中，大众传媒把涉及中国新闻议题设定成：中国缺乏民主和人权，中国人不享有言论自由；中国的发展对其他国家造成威胁，应对其进行有效遏制；中国是邪恶的共产主义国家。在西方传媒构建的媒介社会里"中国是专制的，封闭的，落后的。西方是自由的，开放的，发达的"。一旦确定了这样的议程设置，美国为首的大众传媒在对中国问题或某一事进行报道时，就会只摘取有利于上述议程设置的片面事实进行突出报道。依据西方的价值判断，在国际舆论强大的影响力下，不明真相的世界各国人民对中国的某些问题会逐渐形成偏见，甚至对中国产生敌对情绪。这种议题设置在西方传媒反复报道中不断强化，使中国政府的负面形象不断得到国际舆论的肯定。

在西方传媒涉及中国边疆民族地区尤其是涉疆、涉藏的新闻报道中，中国各级政府多以负面形象出现。我国边疆民族地区地处边陲，多民族多宗教的汇聚之地，历来是各种社会矛盾和冲突的高发之地，一直是西方大众传媒镁光灯下"关注"的重点，并大肆歪曲宣传报道，使诸多本于我国国内事务被推向国际社会。毫无疑问，西方政府和媒体是所谓"西藏问题"、"新疆问题"国际化的重要推手，企图以舆论方式干涉我国内政。由于人们对于边疆民族地区的现实环境所能了解到的"第一手资料"相当匮乏，所以只能在大众传播媒介所创造的信息环境中获得对于这一地区的认识。而西方传播媒介对我国边疆民族地区问题的描述和评论常常采用"议程设置"，通过新闻选题的策划、新闻报道的用语、新闻事件的刻画达到塑造某种信息环境的目的。

自上世纪90年代以来，美国已在国家主流媒体设置"中国人权"、"中国民主"等议题，而这种议程设置所传播的我国边疆民族地区的内容与客观事实严重不符。例如，2008年3月14日，我国西藏自治区首府拉萨爆发达赖集团策划的打砸抢烧暴力恐怖事件，大量恐怖分子手持利器涌向拉萨街头，肆意殴打和砍杀无辜群众，纵火焚烧学校和商店，哄抢商店和银行，肆意破坏公共设施，"圣城"拉萨弥漫在极度恐慌之中。据统计，在这起事件中，共有18名无辜群众被残害致死，382名群众受伤(其中重伤58人)，242名公安民警、武警官兵在值勤中伤亡(其中牺牲1人、重伤23人)。面对这一暴力事件，西藏自治区的武警官兵和人民警察没有使用任何杀伤性武器，以血肉之躯保护群众生命财产安全，极力维护社会秩序。然而，西方媒体从各种层面进行所谓的新闻报道，总体上都是以西方中心主义的角度和立场对中国政府在该事件上的处理措施持批评态度，甚至不惜牺牲新闻客观主义原则，通过各种大放厥词，耸人听闻的新闻报道，达到污蔑中国及中国政府的图谋。"一个从来没有来过中国的美国人在脑海中形成的中国图像当然是有媒介构成的，对于美国媒体来说，构建一个'妖魔化'的中国大陆要比构建一个妖魔化的迈阿密容易。"[42] 在"3·14"事件的报道中，美国CNN、英国BBC、《泰晤士报》等知名国际媒体针对广泛的全球新闻受众，利用其高效的传播手段，以西方固有的偏见采用各种歪曲事件本来事实的方式，并大量不实的新闻报道来误导本国民众与国际舆论，从而对我

---

42 李希光、周庆安 著：《软力量与全球传播》，北京：清华大学出版社2005年版，第182页。

国边疆民族地区以及中国政府的国际形象造成极其恶劣的负面影响。

以《纽约时报》(New York Times)为例，其作为美国媒体的标杆和参照物，长期以来被视为美国乃至国家新闻界最客观公正的主流媒体，根据议程设置理论，媒体的新闻报道主题往往具有较强的主观性导向，从这种导向中我们看出其对具体内容的实际立场与关注程度。其在2008年3月22日的报道，"He(referring to Dalai Lama) has been pressing, without success, to return to China to advocate for greater cultural and religious freedom for his followers."(为更大的文化和宗教自由，达赖一直要求返回中国为他的追随者呼吁。)在纽约时报刻意操作下，把"政治和尚"的达赖喇嘛居然刻画成追求宗教和文化自由的和平形象。据相关《纽约时报》数据库统计分析，历年来《纽约时报》对我国边疆民族地区的报道数量非常巨大，每年对西藏、新疆的新闻报道均高达数百篇。从这些直接涉及西藏、新疆的报道都可以看出《纽约时报》试图将中国的边疆民族地区的内政问题扩大化、国际化。这些失真且带有强烈主观立场倾向的报道，对于中国边疆民族地区稳定团结以及文化安全都是极为不利的。这种失真与主观立场在宣传美化诸如达赖喇嘛、热比娅这类民族分裂势力头目时就更为明显，比如赋予热比娅诸如"维吾尔精神母亲"、"人权斗士"等等所谓称号。除此之外，在宣扬民族分裂势力的同时，《纽约时报》还蓄意抨击中国在边疆民族地区的政策，这极大地影响了我国边疆民族地区和谐稳定的社会局面。比如凡是涉及报道中国"西藏问题"时，其立场明显倾向于达赖喇嘛分裂活动，包庇甚至配合帮助达赖喇嘛从事民族分裂舆论引导，对西藏的真实情况进行大量错误报道，以达到破坏中国及中国政府国际形象的目的。

另外，《纽约时报》将针对我国边疆民族地区的报道的主题和焦点放在政治层面上，而不是经济社会发展层面，用"人权侵犯"、"抗议遭镇压"之类的言论来抹黑中国政府的形象。值得注意的是，尽管这种带有严重倾向性的失真报道脱离了新闻报道客观求实的本质，但其广泛的影响力依然会误导全球人民对中国边疆民族问题的关注方向，从而误导各国民众对我国边疆民族地区的政策的看法，对我国边疆民族地区的形象与国家形象造成了巨大损害。特别是冷战后，随着苏联的彻底崩溃，美国媒体似乎失去了抨击的对象国家，然而中国的迅速崛起，成为当今世界的次强国，给美国的西方霸权主义造成了威胁，美国媒体将抨击的目标转向中国，开始对中国打起了舆论战，大势宣扬"中国威胁论"和"妖魔化中国"等言论。在这样的言论抨击影响下，对中国政府的合法行为往往带上"入侵"、"镇压"这样的字眼，而对我国边疆民族地区的不稳定和社会事件则往往用"起义"、"抗议"来形容。又如美国开展所谓的"新疆工程"研究，报告言明道，A third Uyghur strategy aims at outright independence and is willing to use violence to achieve it……among the Uyghur diaspora in Central Asia reports that a high proportion of exiled Uyghurs see independence as the only legitimate goal. But so far, the Chinese state has responded with overwhelming repression to crush any expression of this sentiment.[43]（维吾尔族人的第三个战略目标是断然的独立并将通过暴力实现……在所有被驱赶至中亚的维吾尔族人有一个很高的投票比例把独立作为一个合法的目标。但迄今为止，中国政府以不顾一切的手段镇压这种情绪作为回应。）这样歪曲事实的报道经常出现在美国的CNN、VOA或《纽约时报》等有影响力的主流新闻媒介当中，让传媒受众在快速阅读标题后就形成了对中国政府和我国边疆民族地区的根深蒂固的"妖魔化印象"，加深了世界各国人民对我国边疆民族问题的成见。

---

43 Freaderick Starr (editor): Xinjiang: China's Muslim Borderland, M.E. Sharpe: Armonk, New York: Lond England, 2004, p.347.

美国主流电视媒体CNN对我国边疆民族地区在报道，不惜违背新闻客观、中立的原则，肆意歪曲事实、混淆是非。例如，2008年西藏"3·14"事件发生后短短一个月内，美国有线电视新闻网(CNN)对该事件的舆论报道高达110于篇。美国有线电视新闻网(CNN)3月14日当天的一则报道如此描述道："10日一队僧侣进行和平示威游行，十余名被捕；次日，武警使用催泪瓦斯；13日部分绝食却遭拒捕；14日游行被阻止后出现混乱场面。"[44]其新闻报道的基本倾向就是西藏僧侣本来是在和平游行，但是由于警方的镇压而导致最终的暴力流血事件，从根本上歪曲了事件的客观事实，目的就是制造不利于中国的国际舆论，破坏中国的国际形象。对新疆乌鲁木齐"7·15"事件，CNN则是添油加醋的歪曲报道："周日下午，中国新疆的首府乌鲁木齐市，维吾尔族人上街进行抗议活动，警方封锁了城市；人群为了突破警方的障碍物，发生了一些暴力行为；而后防暴警察用催泪瓦斯驱散人群，有人还称听到了枪声；再后来警察就开始追赶抗议者，抓捕了许多维族人。"[45]谎称中国政府不满少数民族民众和平游行请愿，故采用暴力手段对游行活动进行镇压清场。不难看出，以美国为首西方国家公然抹黑中国，从我国西藏的"3·14事件"和新疆的"7·5"事件的报道中，采用几乎相同的基调和倾向性，发表了同样严重的倾向性言论，肆意混淆视听，以期误导国际舆论，给我国在国际上带来了极大的负面影响。

美国传媒似乎习惯以"有色眼镜"式的偏见歪曲报道我国边疆民族地区，这严重误导包括美国普通民众在内的西方人对中国政府以及边疆民族地区的印象。在他们的观念中，美国传媒已经为他们建构了另一种我国边疆少数民族地区印象，即"经济落后，社会发展迟缓"，只看得到由美国主流媒

44　石正义：《影响我国边疆民族地区安全稳定的美国因素研究》，北京：中央民族大学2012年博士学位论文，第102页。

45　石正义：《影响我国边疆民族地区安全稳定的美国因素研究》，北京：中央民族大学2012年博士学位论文，第103页。

体编造的中国政府侵犯少数民族人权的"故事"——中国少数民族言论自由被剥夺、文化与宗教信仰被强行亵渎、民族传统被肆意践踏侵害，甚至其基本的生存权与发展权都得不到保障等由传媒建构起来的另一种"人造文化"。西方国家的一些文化的传播侵蚀，以及西方媒体的不实报道，对我国传统文化的发展，民族的团结统一造成了严重的阻碍。

新闻媒介的传播反映出一个国家的综合国力、民族文化的差异等，让世界各国相互了解，促进各国的交流与交融的，是各国友好往来的一个中介平台。然而，西方主流媒体凭借其强大的国际舆论操纵实力，高度掌握了国际传播的话语权。西方大众传媒作为强权国家的软实力代表，不遗余力地以"人权"、"民主"、"自由"为口号，大肆扭曲我国边疆民族地区真相，将宗教极端势力、民族分裂势力、暴力恐怖势力等"三股势力"制造的骚乱事件歪曲成"少数民族长期受到歧视的结果"，把中国政府在边疆民族地区的合法的维稳行动歪曲成"以反恐为借口对少数民族镇压"，其最终目的就是利用虚假宣传丑化中国政府的国际形象，对我国边疆民族地区的真实文化进行解构。这既损害边疆民族地区普通民众对国家的政治认同、文化认同，也削弱中国政府在民族地区政治合法性的基础，降低政治共同体和民族共同体的凝聚力，建构起分裂、西化、分化以及"和平演变"中国的"西方文化"。因此，我国大众传媒应积极主动地承担起维护我国边疆民族地区文化安全的战略使命。

第三节 维护我国边疆民族地区文化安全的战略使命

探究二战后的世界历史便可知，国际格局每次发生重大变化时，西方文化强国的对外战略中更加凸显其文化战略的价值和效能。赢得冷战就是西方强国文化战略的极好的例证，而大众传媒是其文化战略的重要工具之一, 发挥了重要作用。当下国际格局正处于变化的背景下, 西方强国对我国加紧了文化战略的步伐, 西方大众传媒仍然扮演着"急先锋"的工具性角色。因此, 我国国际传媒应当遵循传播媒介的发展规律, 顺应国际传媒发展趋势, 加大对中国宣传的数量与频率, 让世界上更多的人了解真实的中国。同时, 充分利用媒体议程设置原理主动引领国际舆论导向, 有效掌握国际舆论的话语权, 增强国际舆论影响力, 从而全面提升中国国际形象和边疆民族地区安全形象, 这是我国传媒在维护边疆民族地区文化安全上的战略使命。

一、突破西方媒体对我国设置的议题框架

信息时代的新闻舆论具有重要的导向作用, 其最初的理论来源是"议程设置"理论。美国著名国新闻评论家和作家, 传播学史上具有重要影响的学者沃尔特·李普曼(Walter Lippmann)开创了今天被称为议程设置的早期思想。"议程设置"理论认为媒介虽然不能决定人们应该怎样思考, 却能决定人们应该思考什么。传播学家丹尼斯·麦奎尔(Denis McQuail)与斯文·温德尔(Sven Windahl)在其合著的《大众传播模式论》一书中认为, "那些得到媒介更多注意的问题或论题, 在一段时间内将为人们所熟悉, 它的重要性也将日益为人们所感知; 而那些得到较少注意的问题或论题在这方面则相应地下降"[46]。也就是说, "受到某议题影响的受众成员会按照该媒介对这些问题的重视程度调整自己对问题重要性的看法"[47]。这种影响虽然不能说起着绝对的决定作用, 但也应该是起着主导作用的。新

---

46 [英]丹尼斯·麦奎尔、[瑞典]斯文·温德尔 著, 祝建华 译: 《大众传播模式论》, 上海: 上海译文出版社2008年版, 第85-86页。

47 [美]梅尔文·L·德弗勒、[美]埃弗雷特·E·丹尼斯 著, 王冶红 等译: 《大众传播通论》, 北京: 华夏出版社1989年版, 第344页。

闻媒体通过选择"报道"或"不报道"影响着普通民众关注和讨论的是什么，通过对不同的事物给予不同的报道程度影响着社会舆论热点。换句话说，大众传媒可以应用"议程设置"原理有选择地引导舆论议题，具体包括有效选择关注舆论议题，采用有效报道方式与形式等等。简言之，作为大众传媒不仅要明确"报道什么"，而要重视"如何报道"。所以传媒突出或淡化什么，往往影响公众重视或忽略什么，就是说关注媒介想让公众关注的，讨论媒介想让公众讨论的，而不是公众自主地选择关注和讨论的事物，可以说公众无法自主做选择和关注舆论，传播的议程对公众议程起主导作用。新闻媒介是舆论导向的载体，促使舆论控制者的方向，在国际舆论话语权中起着至关重要的战略作用。

随着我国的快速崛起，早在2010年中国GDP世界排名第二位，加之处于社会的转型期，各种社会矛盾相对比较突出。西方媒体始终关注着我国社会矛盾冲突比较激烈负面新闻；诸如政治异见、官员腐败、贫富差距、生态污染、社会危机、人权话题等等。其根本目的在于丑化，企图分化、西化，甚至是"妖魔化"中国。尤其是我国边疆民族地区的重大事件往往能吸引世界各大媒体的注意力，经过这些媒体的大量地高频地新闻报道，从而对我国边疆民族地区的国际形象产生巨大的正面或负面的影响。大众传媒通过议程设置，引导受众的关注点和控制舆论方向。然而，我国国际传媒在对边疆民族地区的相关报道往往流于形式，以相对固定的报道模式、报道基调来应对边疆民族地区的事态变化；停留于表面事件的报道，鲜有对问题的分析和探究。

事实上，大众传媒传播的并不是客观事实。它体现的是多元化现象，既有消极，也有积极的一面。正如美国新闻评论家和作家沃尔特·李普曼所述，"媒介对现实的反映像'探照灯'，它通过突出法和选择法这两种方法来'构造世界'，以引起人们注意某些方面，而忽略其他一些受众可能会作出不同反映的方向……每个人的行为依据都不是直接而确凿的知识，而是他们自己制作的或者别人给他的图像"[48]。尽管这种做法本身无可厚非，但是如果某些媒体别有用心利用舆论制造话题，使得新闻舆论与本来事实相去甚远甚至黑白颠倒，就有可能引导错误的舆论，造成一定的社会舆论混乱。特别是在社会大众难以正确分辨信息来源真实性的同时，传播媒介的舆论导向就有可能成为传播受众行动的依据。通过媒介的传播一些西方反华势力、暴恐分子、宗教极端主义，对边疆民族地区文化特殊性和经济发展的不平衡性进行歪曲和误导，鼓吹宗教极端主义和民族分裂主义，引发政治共同体内主流价值观念和民族地区价值观念的冲突，制造共同体内的民族矛盾和挑拨民族之间关系，严重影响了边疆民族地区民族团结的和谐秩序，破坏了民族地区社会规范调节能力。因此，我国传媒必须突破西方媒体对中国设置的议题框架，积极主动地参与到国际舆论的议程设置中去，才能争取国际舆论的话语权和主导权，从而有效地维护边疆民族地区的文化安全。

二、高效迅速掌控舆论导向

"国家的疆域及边疆的状况不仅影响着国家的现实发展，而且决定着国家的未来"[49]。一直以来，边疆对于国家而言历是一个位于边缘性的特殊区域，是一个兼具政治、军事、文化、地理等多重涵义的概念。正如马大正先生所言，"边疆是一个含义较广的概念"，[50] 具体包括以下多种含义：第一，边疆是一个地理概念，是指国处于一个国界线内的一定宽度的区域；第二，边疆是一个历史的、相对的、发展演变的概念，"它是随着统一多民

48　[美]沃尔特·李普曼 著，阎克文、江红 译：《公众舆论》，上海：上海世纪出版集团2006年版，第18页。

49　周平 主编：《国家的疆域与边疆》，北京：中央编译出版社2017年版，第27页。

50　马大正："中国古代的边疆政策与边疆治理"，《西域研究》，2002年第4期。

族国家的形成和发展而逐渐形成和固定下来的"[51]; 第三, 边疆是一个政治概念, 它反映着历史上国家政权的统治中心区到域外的过渡区域; 第四, 边疆是一个军事概念, 它具备十分重要的军事战略地位, 是国家的国防前沿与边防重地; 第五, 边疆是一个经济概念, 期意味着经济发展水平与内地存在较大的差别; 第六, 边疆也是一个文化概念, 它具有文化差异、文化负责、文化多元等特点。[52] 可见, 边疆概念的内涵在不同历史时期、不同场景呈现出不同的含义, 这需要对边疆问题进行针对性的具体分析。尽管关于边疆问题的内容很多, 但总结起来主要有三个方面: 一是发展问题, 边疆发展主要涉及边疆开发、边疆建设、生态和环境保护等问题; 二是稳定问题, 边疆稳定主要涉及民族关系、宗教问题、利益分化和利益整合等问题; 三是安全问题, 边疆安全主要涉及边疆社会管理、边境管理、边防建设等问题。[53] 这其中, 以文化安全问题为典型的非传统安全日益成为威胁边疆地区和谐稳定的突出问题。

经济全球化、政治多极化、文化多元化、网络信息化的时代背景下, 边疆早已不是一国边远之地和相对于中央政权中心格局的边缘化地区, 其内涵概念、地位作用、功能价值已发生根本性转变, 除保留以往国与国之间的军事战略要塞外, 已成为国内外势力文化争夺、政治较量、宗教博弈、民生关注、民族矛盾丛生等的重要区域。其中, "文化前线"的观念格局凸显, 表明边疆民族地区安全事务中除以往传统"边缘-中心"的观念格局已成为普遍共识和紧迫性问题。"安全边界是国家利益边界, 利益走向哪里, 国家的安全边界就应该在哪里。"[54] 硬边疆是领土边界和传统物理疆土范

---

51 徐黎丽、李姝睿: "'大一统天下观对中国边疆治理的影响", 《国家行政学院学报》, 2015年第6期。

52 马大正: "中国古代的边疆政策与边疆治理", 《西域研究》, 2002年第4期。

53 周平: "我国的边疆治理研究", 《学术探索》, 2008年第2期。

54 张文木 著: 《世界地缘政治中的中国国家安全利益分析》, 济南: 山东人民出版社2004年版,

畴; 软边疆是基于硬边疆之上的政治、经济、文化、社会等人文边界, 是利益相关、文化相融、信息相通的边界。硬边疆主要关涉传统政治安全问题, 软边疆主要关涉非传统政治安全问题。非传统安全问题大量出现使得国家边疆安全形势愈加严峻, 如何有效应对边疆民族地区的安全威胁和挑战, 成为维护总体国家安全的应有之义。如前所述, 文化边疆"是从文化角度进行的边疆界定,是指在一个国家内,那些与该国主体民族或种族存在着明显文化差异的少数民族或种族文化区; 在外在层面上,文化边疆表现为与国家核心文化区明显的文化景观差异"[55]。文化边疆实质上是文化利益边疆。现代性全球化视域下的边疆观, 已从"边疆—核心"的关系结构上升为"多元核心"的安全地位, 对于国家的生存和发展意义重大。

在对内传播方面, 由于网络信息化的发展, 网民能够通过网络迅速关注民族地区的热点事件, 大众传播媒体如果对此类事件仍然采取回避的策略只会将问题更加复杂, 最终造成的影响只会与其初衷背道而驰。谁能掌握第一时间, 谁就能在传播中获得主动权, 掌握舆论传播的导向。对于涉及民族地区的热点问题和敏感事件, 如果我国的传播媒体不能及时作出回应, 西方反华势力、民族分裂分子就能迅速将议程设置权夺走, 歪曲舆论就自然会肆意流窜。为了适应信息网络化时代传播的需要, 我国的主流传播媒介必须在第一时间披露事件真相, 尊重和满足公众的知情权, 才能尽早设置议程, 引导舆论往正面方向发展, 否则别有用心者会用负面舆论极速扩张谣言和炒作空间, 掌控整个舆论的导向。

在对外传播上, 中国国际传播媒体首要任务是尽快提高对事关我国的重大新闻事件报道的媒体议程设置能力, 这是因为重大新闻事件往往能够吸引全球各大媒体争相报道, 如果无法把握这类重大新闻事件舆论的议程设

第399页。

55 Sauer CO. The Morphology of Landscape. CA: University of California Press, 1974, pp.315-350.

置导向或者议程设置不当，结果面对来自西方媒体的不良舆论引导，甚至会导致受众对中国国际媒体的公信力的产生怀疑乃至误解。与之同时，中国国际媒体面临是一个几乎不太了解中国国情的国际受众。在这些受众中绝大多数人长期都受到西方主流媒体对中国形象的"妖魔化"和"中国威胁论"的影响，对来自中国的新闻消息尤其是关于政治方面的内容存在很多偏见和误解甚至是敌意。值得注意的是，对中国国情尤其是边疆民族发生的某些重大事件，我国国际传播媒体经常出现"失语"现象，即面对某些敏感问题的时候，媒体没有及时起到舆论监督的作用，没有站出来报道新闻事实。这使得西方媒体可以更加肆无忌惮地进行歪曲报道，给中国的国家形象尤其是边疆民族地区的形象带来非常恶劣影响。我国负责对外传播媒体的记者应该深入新闻事件现场进行仔细观察和采访，尽量做到"第一时间"、"第一现场"捕捉最鲜活的信息，增强国际报道的时效性，还原事实以真相，主动出击，引领国际舆论风向。我国传媒只有积极吸收好的传播经验，才能以此为契机扭转我国边疆民族地区在国际上被西方传媒扭曲的形象。

三、国际传播需符合国外受众心理

国际舆论议题设置要考虑受众的导向需求，这就要求要遵循国际传播的通行规律规则，充分考虑国外受众的阅读习惯和思维方式，有针对性地进行对外报道，也就是说要用世界语言讲明、讲懂、讲好中国故事，扭转一直以来国外普通民众对中国不好印象，从而有力地塑造中国作为一个负责的大国形象。麦克斯威尔·麦克姆斯曾明确指出，"人们对导向的需求不一样，这大概是议题设置效果产生与否的决定因素……导向的需求基于两个因素：信息对个人的相关性和有关对象的消息不确定程度"[56]。由此可见，我国国际媒体在对外传播中尤其是结合议题设置时，也必须深入研究国外受众的导向需求，只有充分考虑国外受众心理需求，才能激活其关注新闻舆论兴趣点，产生符合中国国际传播舆论的正确导向。

国家形象的塑造得益于大众传媒，通过传媒影响国际舆论，透过国际舆论来及时修正和调整自己的形象，这是中国的国际传播媒体的主要态度和方式。从目前来看，我国传媒以正面报道为主，负面报道和问题建议类的新闻占的比例非常少。然而这种态度和方式是不符合国外受众的思维方式的。国外受众与国内受众在国家和地区、语言文字、风俗习惯、生活方式、宗教信仰等各方面都存在较大差异，他们的思维方式和判断角度决定了"好与坏的比例当然可以适当控制，但绝不能一边倒"。"弘扬主旋律"、"以正面报道为主"只会让这部分受众质疑中国媒体报道的真实性。一方面，随着中国经济的发展以及在全球化进程的日益深入，中国在政治、经济、社会、文化等方方面面的国际影响力都在不断崛起，这种崛起是任何国家不能忽视也无法阻止的。另一方面，必须要正视的是，中国在发展进程中仍然面临着很多问题，中国没有回避而是积极地去解决。任何国家都不可避免会遇到不同程度的危机和突发性事件，这既是对国家和政府的考验也是社会问题得到解决的机遇，所以我国传媒要"拿事实说话"，正面报道与负面报道兼顾均衡，避免在报道的内容上讲空泛的大道理，善于寓观点于客观事实之上，这"是对外传播的一条基本原则，也是一种方法、一种技巧、一种艺术"[57]。

我国国际传播媒介亟需加强新闻事件真实性时效性的研究和新闻的议题设置策划能力。根据媒体的议程设置功能理论，媒体决定了人们思考什么和如何思考，媒体通过议程的构建对广大的受众产生了潜移默化的影响力，这就要求媒介首先在价值观上保持公正、中立的立场，能够有效的平

56　[美]沃纳·赛佛林、[美]小詹姆斯·坦卡德 著，郭镇之 主译：《传播理论：起源·方法与》，北京：中国传媒大学出版社2006年版，第262页。

57　孙晓俄："如何去'说话'"，《对外大传播》，2005年第1期。

衡不同的甚至根本对立的观点。在报道内容上，要将新闻事实全方面多角度真实地呈现在受众面前，而不是一味将信息"灌输"、"说教"给受众。这就是说，如果我国传媒不能充分重视国外受众的思维方式，就很难真正改善西方媒体对于中国政府和边疆民族地区的形象。

四、原创新闻增强国际传播竞争力

对于任何国家的执政党和政府而言，灵活运用政治传播来获得民众支持是其巩固政权合法性的重要手段。引导公共舆论和维持公共讨论秩序，构建国家与社会之间的良性互动，获取民众对国家和政府的政治认同，这是传播媒介进行信息传播的重要目的。为了达成这一目的，传媒需要积极与政府部门合作，从而获取权威信息。我国传媒在报道边疆民族地区问题和事件上也需加强同政府部门合作，提高新闻信息的权威性。

我国政府也应从体制上创造鼓励我国国际传媒加大原创新闻信息的力度。在传播媒体千篇一律的报道中，原创新闻更能体现传媒的竞争力。由于我国在新闻体制上的不健全，国内很多对外传播媒体在对边疆民族地区的问题和事件的报道处理上，普遍存在依赖上级媒体的惰性。这主要是由以下原因造成的：一是担心自己的独家报道对政治风向把握不到位，会犯政治错误。二是可能上级管理部门要求全国各媒体统一发通稿；三是媒体自身缺乏原创独家新闻的能力和动力。这几个方面的原因导致媒体习惯于蜻蜓点水地报道一些表面的浅层信息，缺乏对新闻事件的深入挖掘，往往是将不同信息来源所获取的二手材料进行拼凑制成新闻应付了事。这种制作模式下产生的新闻报道只是对事件进行简单描写，难以满足对外受众的阅读需求。对外传播受众主要是西方发达国家的中产阶级，这类人群长期受到西方主流媒体等对中国负面议题设置的影响，再加上对中国现实状况缺乏了解渠道，这类受众对西方媒体的中国报道基本上采取认同态度，而对中国的国际传播媒体总存在偏见和不信任。

因此，如何有效抓住国外受众的眼球并进而引导舆论的导向，是我国国际传媒首先要解决的问题。媒体之间的竞争不仅仅在于传播技术和信息包装的较量，而是更加在于原创信息的运用。只有在新闻报道的材料、角度和深度等方面都能做到别具一格，才有可能吸引传播受众的眼球。

五、构建时代特征的现代国际传播体系

随着互联网技术带来的新媒体出现，当今传媒业已经进入新旧媒体大融合的阶段，国内外传播媒体生态正在发生深刻的变化，传播格局、传播手段、传播对象都发生重大改变。互联网等新媒体本着与生俱来的跨国界、跨民族、快速便利等特征，具有突破信息屏障的天然优势；其呈现的高度参与性和互动性，为公众提供了广泛的参与公共话题讨论的平等机会。充分利用各种新媒体资源，将传统媒体逐步实现向现代媒体转变，积极构建符合网络信息化时代特征的现代传播体系，成为我国国际传媒维护边疆民族地区文化安全的重要战略方向。

长期以来，以美国为首的西方发达国家利用传统媒体的优势，以强大的先进技术和软实力作为后盾，长期垄断着世界话语权的霸主地位，并形成了国际传播的排他性。西方国家控制了全球90%以上的信息传播，而绝大多数的发展中国家的传播媒体难以进入西方话语体系，无法将自己的声音传出去，在国际传播格局中处于劣势。互联网的普及和迅速发展给传统的国际传播带来了强烈的冲击，它突破了传统媒体的在时间和空间上的限制，使信息超越现实社会的边界，能够在瞬间传遍全球。只要连上互联网，世界各地的人们就可以自由浏览、下载、检索、转发，虽然可以通过行政手段进行信息来源屏蔽，或者采用信息过滤技术识别并组织某类信息的进入，但是由于信息源的复杂性和多样化特征，新媒体较传统媒体而言相对

难以完全控制。这就能够在一定程度上打破西方发达国家对国际传播的排他性，有效促进信息传播渠道的畅通，从而改变西方国家在传统媒体时代的话语权垄断地位。在西藏"3·14"事件的国际舆论传播中，这一点表现得特别明显。当西方媒体大肆扭曲事件真相进行歪曲报道时，国内和华裔网民通过新媒体发布照片、视频和文字，向外界公布事实真相。正是借助于新媒体的手段和工具，全球华人能够在较短时间内驳斥错误报道，戳穿媒体谎言，成功突破了西方主流传媒的话语封锁。

新媒体还具有隐蔽性和互动性强的特征。互联网为世界各个角落的人们提供了获取和输出信息的便利，使传统媒体时代的居于弱势地位的国家可以借助互联网传播自己的信息。在2008年抵制家乐福事件中，博客、微博、QQ等通讯媒体发挥了重大作用。这场对家乐福购物的抵制，源于家乐福的股东LVMH集团与达赖喇嘛的关系，而法国媒体的某些媒体言论以及巴黎奥运火炬传递中遭遇的事情，让中国网民们非常愤怒，于是先由电视、广播、报纸等传统媒体以及博客图片文字、网络论坛帖子等新媒体同时传播整个事件，其内容是火炬传递在巴黎遭遇的混乱场面和法国媒体的一些言论。这些照片、视频、帖子内容被迅速传递到国内。由于舆论和民众的抗议情绪等因素，家乐福最终决定取消"五一"期间的打折活动并向公众致歉。

与此同时，国际报刊、国际广播、通讯社主要是官办或者商办，而新兴媒体的经营主体种类则比较广泛，与传统的大众传播媒体，也有政府官方机构，有公司企业等经济实体，也有科教文卫等机构组织，甚至有世界任一角落中的个人。中国在国际传播上主要是由国家和政府主导，民间传播的比重仍然非常低。以往的传统媒体只体现了国家和政府形象，话语空间非常狭窄。从传播受众的心理特点来看，官方传播往往难以被充分信任和接受。于是，充分挖掘和利用民间资源和渠道，在一定程度上将大大提高传播效能。新媒体用户可以根据自己的兴趣在日常社会生活中收集信息，通过视频、图片、文字等方式自主制作新闻，并通过电子邮件、网络论坛、博客、朋友圈等新媒体的传播方式发布信息内容。互联网是无疆界的，只要具备通讯工具和上网条件，任何人都可以突破信息流通的封闭性和区域性，主动进行信息的国际传播。在传统媒体时代，我国国际传播的官方色彩太浓，国际传播媒体表达的都是官方观点，这就很容易给境内和境外传播的受众形成一种印象：中国的国际传播媒体发出的声音就是政府在表态，而传播媒体为了不做出格的评价，往往对事件的报道采取延缓的态度。这使国际传播的效能大打折扣，国际公信力受到严重影响。新媒体的民间新闻制作者更容易从社会公众的角度出发去观察、选择和理解信息，民间的自主建构也往往能具有不同于职业新闻记者的独特眼光。因此，充分利用新传播媒体建立政府官方和民间资源兼具的新时代国际传播体系，对于国际传媒的话语主导权和传播影响力会产生巨大作用。

总之，国家舆论安全战略作为国家安全战略的重要组成部分，首先要从我国舆论工作面临的国内具体情况和国际整体环境出发，结合我国现有的传播发展水平，综合性考量来自政治、军事、党建等社会各领域的影响，确立和谐社会稳步发展和国家安全基本保障核心理念，以提升现有传播水平和舆论引导能力为目标，特别是要重视文化安全工作在边疆民族地区的开展，努力营造民族团结、社会和谐稳定的基本环境以及客观真实、向我方有利引导的国际舆论环境，树立我国文明友善、民主进步、开放包容的国际形象，为我国努力实现社会主义现代化和世界命运共同体提供可靠的舆论支撑。改革开放以来，中国的发展世界瞩目，中国的国际地位持续提高，中国以一个负责任的大国形象赢得了世界的尊重。尤其是近年来，世界各地"孔子热"、"汉语热"等中国文化活动持续兴起发展，这对于全面塑造中国的良好国家形象和维护边疆民族地区文化安全，是一个前所未有的契机。国际传播虽然不具备传统政治、军事以及外交等硬力量的直接作用力，但其作用于国际舆论的影响力对塑造和维护国家的文化安全与国际形象具有重要的价值。甚至可以说，随着全球化不断深入发展，谁掌握了国际舆论的主导地位，谁就能在国际竞争中占据强势地位。在当前西方传媒国际舆论主导权的冲击下，我国传统民族文化价值体系正在逐渐失去其影响力与感染力，民众对国家政治认同与文化认同不断遭受侵蚀，国家文化安全与边疆民族地区安全稳定的局势日益严峻。因而建立有效抵制西方传媒的文化渗透国家舆论安全机制，增强我国国际传媒的影响力，切实维护边疆民族地区文化安全，这关系到国家安全大业之根基。

第六章
国际格局变化背景下国外宗教思潮对我国边疆民族
地区文化安全的影响

　　国家行为体在国际社会中行动的出发点是维护自身安全，而文化安全又是国家安全的支柱之一。宗教既是一种意识形态也是一种文化现象。在过去的国家安全研究中，往往忽视宗教因素在安全中的作用。宗教不仅是价值观和精神理念的载体，也因其与政治、经济关系密切而成为西方文化强国实施文化渗透的工具和载体。自冷战以来国际格局发生了重大变化的背景下，西方强国不断强化其文化战略，尤其是我国边疆民族地区因地理位置特殊性，民族多样性、宗教信仰多元性以及文化的多元性，在信息化时代里极易受到"舶来的"国外宗教思潮在文化安全上的威胁和影响。在探研我国边疆民族地区文化安全问题时，既要关注世界范围内宗教思潮的兴起情况，更要防范西方强国利用现代化技术手段，以宗教渗透的方式威胁我国边疆民族地区的文化安全。

第一节 世界范围内宗教思潮的复兴

　　宗教的历史大约在公元前3200年与文字的出现一同开始，印刷术的发明为宗教思想快速传播插上了翅膀。作为近代国际关系史的标志，三十年战争(1618-1648年)也是欧洲最后一次大规模的宗教战争。之后，各国开战的原因不再是宗教分歧，而是涉及民族国家的领土主权、政治、经济贸易等利益的冲突。然而，在当今的世界政治中，"宗教的作用却越来越从隐性转为显性，并且日渐出现跨地区和跨国界的影响，被称为'全球宗教复兴'"[1]。事实上，因世俗化发展及对宗教的理性认识，近代宗教经历了一个衰落的过程，但宗教并没有如思想家们预言的一样走向衰亡。20世纪60年代以来，宗教却开始悄然复兴，并在冷战后逐渐形成了一个世界性的宗教热潮。究其原因，这与国际格局的变化之间的关系密不可分。就政治学而言，对宗教政治学的研究也经历了一个"从被流放到流放归来的过程"[2]。宗教在世界范围内的日渐兴起已成为影响国际关系的一个重要变量，也成为政治学研究中的一个热门领域。

一、冷战后世界范围内宗教思潮的兴起

冷战后，两极体系的终结为世界范围内宗教的兴起提供了前提条件。苏联的灭亡，改变了世界大国之间的实力对比，引发了大国盟友关系的改变，也证实了世界国际格局已经发生巨大的变化。其中以中亚地区的宗教复兴运动最为典型。美苏争霸的结束，在广袤的中亚地区瞬间成为世界霸权争夺的"真空"地带。原本被冷战时期美苏争霸所压制住的，诸如经济、政治、文化、宗教、意识形态等各种矛盾宛如被打开的"潘多拉魔盒"迸发而出。再加上，苏联的加盟共和国纷纷独立为主权国家，各国之间又因边界、民族、宗教、水源、划界等问题导致争端不断。尤其是苏联的毁灭让中亚地区失去了"母国"的照顾，中亚这些刚刚独立的国家显得无所适从，

---

1   徐以骅 等著：《宗教与当代国际关系》，上海：上海人民出版社2012年版，第1页。

2   刘中民："将宗教带回国际关系理论"，《中国社会科学报》，2012-03-14。

而新世纪掀起的全球化浪潮则将宗教复兴的潮水冲向世界的每一个角落。中亚地区面临着经济的衰败、社会发展的迟缓以及贪污腐败盛行,人们生活的困苦,在冷战结束之时,中亚地区经济社会的发展陷入一片沉寂,毫无生机。沉闷的社会现实为伊斯兰教,特别是伊斯兰原教旨主义或称为宗教基要主义在中亚的兴起提供了契机。伊斯兰原教旨主义源于18世纪中后期随着奥斯曼土耳其帝国的衰落,伊斯兰世界面临着严重的宗教危机。于是,穆斯林原教旨主义者希望抛弃宗教陋习而净化伊斯兰教,回归《古兰经》中所描绘的人类社会最理想黄金时代。其表现特征就是:严格按照《古兰经》的教义规范教徒的行为,提倡节约反对奢靡浪费,追求内心的安宁并不主张暴力,行为上与清教徒类似以及自我封闭性。宗教既有深刻的历史渊源,更与社会的经济、政治、文化等问题交织一起。本是伊斯兰文化盛行的中亚地区面对着冷战后经济社会发展的困境,在冷战后国际格局变化的背景下,伊斯兰教文化复兴在中亚地区拉开了帷幕。穆斯林人口的迅速增长是中亚伊斯兰文化复兴的另一个重要条件。在苏联时期,中亚五国的穆斯林人口不足本国人口总数的一半,到1999年左右,该比例上升到60%以上,其中比例最高的塔吉克斯坦,其国内穆斯林人口比重达90%。[3] 由此可见,苏联时期备受压制的伊斯兰教开始在中亚地区迅速兴起。

20世纪90年代以来的全球化浪潮不仅是经济的全球化,也是世界各文化之间交流和碰撞的过程。全球化浪潮也加快了宗教思潮兴起。全球化使宗教问题的敏感性、政治化以及影响力逐渐扩大。宗教问题在当代世界的影响已涉及和平、冲突、国际政治、国家安全、外交关系、民族关系、社会稳定、经济发展、法律秩序等方面。新世纪以来,全球化高潮迭起"造成和加剧了宗教基要主义、政治伊斯兰、种族、宗教非政府组织、

3　彭树智　主编:《中东史》,北京:人民出版社2010年版,第70页。

宗教恐怖主义、宗教人权运动等跨国宗教现象"[4]。全球化对宗教的兴起主要有两点影响：一是全球化时代促进了科技的进步，也促进了传播媒介的快速发展，这如同给宗教的传播插上了腾飞的翅膀；二是以基督教为代表的强势宗教的全球传播，国际宗教格局的剧烈变化给其他宗教产生了一定压力。"各种改革开始打上了新的全球化的印记。几乎所有的穆斯林社会在每个重要领域都面临着改革。"[5] 更严重的是，全球化使伊斯兰文化和价值观面临着被西方世界"同质化"的危险。[6] 面对势力较强、影响力较大的宗教在全球化时代里"开疆拓土"，这也是宗教复兴的一大原因。随着科技进步，信息化技术的发展推进了宗教传播的方式，网络传教开始流行，信仰宗教的人数得到明显增长。根据《国际宣教研究公报》1998年的统计数据，从1990年到1997年，全球各类宗教的信教人数从42亿增加到47.8亿。十年后，该刊的统计数字显示，2007年全球各类宗教的信教人数达到57亿之多，人口比例已从1997的81%上升到85%左右。[7]

　　如果说全球化是宗教兴起的自然原因，那么国际格局变化是宗教兴起的文化霸权使然。宗教在西方人的生活上占据着很重要地位，尤其是美国。早先，就是来自欧洲的新教徒们带着他们的宗教热情和宗教信仰横跨大西洋来到新大陆，传播着他们的宗教理想，甚至美国的钞票上都印着"我们信仰上帝"(IN GOD WE TRUST)的字样，连总统就职典礼都要手按《圣经》进行宣誓等。可见，"基督教作为一种文化的精神内核，它主宰着西方社会人们的精神生活……它决非仅仅是一种神学理论，而且已经泛化成社会的

4　徐以骅 等著：《宗教与当代国际关系》，上海：上海人民出版社2015年版，第4页。

5　Simon W. Murden, Islam, the Middle East, and the New Global Hegemony. Lynne Rienner Publishers, Inc. 2002. pp.94-95.

6　闫文虎：《当代伊斯兰复兴运动与中国国家安全研究》，西安：西北大学2006年博士论文，第14页。

7　国家宗教事务局宗教研究中心 编：《当代世界宗教问题》，北京：宗教文化出版社2007年版，第122-140页。

文化特性"[8]。在西方，基督教已演绎成一种大众文化，在这种宗教文化的指引下，西方大国自认为是"上帝的选民"，有拯救世界脱离"苦海"的使命，传播基督教是他们的"天赋使命"。这是上帝的旨意。

宗教是一种意识形态，也是一种文化。宗教输出当然是美国外交政策或是其"和平演变"的重要组成部分。冷战后，美国头顶着赢得冷战胜利的"光环"，凭借着超强的政治、经济、军事硬实力，擢升为世界唯一的单极霸权。虽然美国实力超强，但清楚地意识到大国之间爆发大规模战争的可能性较小。因为不仅有"核威慑下的和平"制约，更与全球化进程中各种权力相互依赖密不可分。不过，美国有成功地让贵为世界超级大国之一的苏联一夜之间土崩瓦解，赢得冷战胜利的"宝贵经验"。新世纪以来，随着以中国为代表的第三世界国家纷纷崛起，国际格局又处在变化的关键节点。经济世界排名第二、被美国视为"潜在对手"的中国自然成为其竭力削弱的次强国，以维护单极霸权地位的目的。因此，在国际格局变化的新世纪，美国加紧推行自己的文化战略，希望昔日发生在苏联身上的噩梦在今日中国身上重演。于是，宗教输出、宗教外交成为美国手中对中国等国家施行和平演变的一支利器。所谓美国式基督教"普世主义价值观"就在外交思想和政策中体现得淋漓尽致。约翰·乔斯林(John Jocelyn)曾指出美国人在外交政策中有三个基本观念，即美国是上帝选定的国家，有改变世界的使命，在执行这项使命的过程中代表了惩恶的正义力量。这些宗教的基本理念使得美国的外交政策具有强烈的天命感，大力对外输出其自由、民主、人权的价值观。[9] 随着国际格局的变化，加上宗教自身传播扩张的本质属性，以及美国对外政策的需求共同推进了基督教在全球范围的兴起。一言以蔽之，基督教在全球的兴起，"其普适性和跨国性就与我们当前以美

8　王天一、方晓东 编著：《西方教育思想史》，长沙：湖南教育出版社1996年版，第96页。

9　谢志海："宗教与美国的外交政策"，《太平洋学报》，2010年第6期。

国为主要轴心的全球现实相匹配"[10]。所以说，冷战后尤其是新世纪以来，国际格局的变化促进了宗教在世界范围内的再次兴起。

宗教的兴起促使了国际冲突的频发。在全球化时代里，宗教大多扮演"分裂力量"的角色，宗教冲突大体可以分为宗教团体之间的冲突、宗教团体内部之间的冲突和宗教派系之间的冲突等方面。如，基督教与伊斯兰教之间的宗教战争(公元11世纪至13世纪的十字军东征行动); 比如，罗马天主教会的分裂，导致宗教改革运动的兴起; 如，伊斯兰宗教中"逊尼派"与"什叶派"之争。全球化以及国际格局的变化让宗教问题的敏感性和影响程度逐渐扩大，不少宗教问题直接导致地区动乱和对外关系改变。美国"9·11"事件后，已经激起普遍反伊斯兰情绪不断升级，更凸显出宗教常常激化种族对立。宗教问题在当代世界秩序的影响已涉及世界和平、国际政治、联合国维和部队的防御行动、国家安全、外交关系、民族关系、社会稳定、经济发展、法律秩序等诸多方面。不过，"宗教冲突"只是表象，实际上与政治权力，经济利益与生存权益等联系密切。[11] 随着宗教在世界范围内是在国际格局变化背景下的兴起，对国际关系行为体带来新的影响和展示新的特点。

二、冷战后中国显露的宗教极端主义

在冷战结束这个大背景下，原有的国际格局与国际体系发生了天翻地覆的改变，随之而来的是全球出现宗教思潮复兴趋势，与此同时，宗教内部与外部矛盾不断，不同宗教思潮的发生激烈碰撞，宗教极端主义借机大肆

10　徐以骅 等主编：《宗教与美国社会--当代国际传教运动(第6辑)》，北京: 时事出版社2009年版，第143页。

11　巨克毅："宗教冲突与世界和平—美国'9·11'事件后宗教与暴力关系之省思"，《宗教与民族》，2003年年刊。

兴起。宗教极端主义是打着宗教的旗号，披着宗教的形式外衣，从事暴力恐怖、民族分裂等极端政治活动的主张和行为。宗教极端主义从本质上来说是一种有目的的政治活动。尽管它仍保留着宗教的名义，其追随者或者说信众仍有所谓宗教信仰并积极参与宗教活动，但已不再是真正意义上的宗教信仰和宗教实践，只是这种极端主义借助了宗教的部分教化作用和功能从而具有更大的破坏力与危害性。宗教不过是其从事极端政治活动，并为达到一定政治目的的工具和外衣而已。当前，宗教极端主义迅速发展，并有蔓延全球之势，其影响与破坏不容忽视。

(一) 藏传佛教极端主义

佛教距今已有两千五百多年，其影响深远并流传至今。从公元七世纪印度佛教传入吐蕃时，当时在西藏所盛行的是本波佛教，二者有冲突，亦有融合。印度佛教与本波佛教之间各自互相吸收了许多对方的思想与内容而各自得到了发展，这是因为印度佛教与本波佛教在信仰的本源上是完全一致的，结果印度佛教更深入地根植于当时的社会并逐渐发展成了现代的"藏传佛教"，然而在其历史传承过程中却出现了极端化倾向。

极端主义的侵害，直接导致藏传佛教面临着严重的信仰危机，更不利于藏传佛教教义的传播，影响藏传佛教自身的良性发展。尤其是极端的宗教狂潮会对政治造成巨大冲击，不利于边疆民族地区的和谐安定和国家的长治久安。例如，达赖集团就是打着维护藏传佛教的名义谋求"西藏独立"的分裂主义集团，本质上是以暴力恐怖手段达成分裂国家的图谋。首先，达赖集团长期"利用藏传佛教对西藏僧俗群众的影响，想尽种种办法来蛊惑煽动他们与党和政府对立"[12]，导致有些普通藏族民众特别是宗教信众出现暴力恐怖倾向，从事国家分裂勾当。与此同时，达赖集团还蓄意提取政

12　袁新涛："达赖集团分裂祖国的行径及其应对之策"，《理论界》，2012年第5期。

治信息，断章取义歪曲藏传佛教真谛，用具有强烈认同感的宗教极端情感鼓动信众参与暴力事件，不惜强行制造摩擦，挑战政府底线，最终目标是把西藏从中国的版图中分裂出去。如1989年"藏独"分子在拉萨蓄意制造了一起严重骚乱事件，又如暴力阻碍2008年北京奥运会圣火传递活动，发动震惊世界的拉萨"3·14"打砸抢烧暴力恐怖事件。在这起事件中，为了掩人耳目，误导国际舆论，达赖集团还大量散布谣言，无耻"谴责"中央政府镇压了他们的所谓"和平抗议"。实际上，这些暴力恐怖事件行径极大阻碍了西藏地区的稳步发展，破坏了民族团结，是蓄意人为分裂祖国的恶性政治事件。此外，宗教极端主义还与暴力恐怖主义、民族分裂主义之间恶性"互动"形成臭名昭著的"三股势力"，进一步使得"西藏独立"问题愈演愈烈，并且达赖集团还利用佛教本身的悠久历史底蕴，借用"达赖"的称号在西藏社会的深远影响力，与国外敌对势力相互勾结、狼狈为奸，这为敌对势力借机渗透中国、西化分裂中国提供了一个重要的突破口。

由此可见，宗教极端主义是影响国家安全的重要因素，也是当前我国边疆民族地区文化安全的直接的、现实的、严峻的威胁。在几乎全民信教的西藏社会中，藏传佛教在藏族民众心中无疑是神圣的、至高无上的，可以说藏传佛教对西藏广大人民群众的影响是深远持久的。达赖集团这一民族分裂势力却是利用广大藏民的朴素的宗教信仰，以宗教的名义，裹挟民族分裂的私心，煽动民族情绪和宗教信仰，蒙骗和蛊惑广大普通藏族民众，大肆进行暴力恐怖活动，其根本政治目的就是分裂国家，企图"藏独"，对边疆之地的西藏自治区的社会政治稳定与安全造成了严重的负面影响。

(二) 伊斯兰极端主义

伊斯兰极端主义核心是反对将宗教信仰进行各种现代化任意解释，努力保持宗教纯洁性。"原教旨主义"原本是指基督教中严格遵奉原初的信仰的宗教运动，在20世纪60年代伊斯兰宗教势力在中东阿拉伯世界形成了一场社会运动时，被西方政治家们指称为了伊斯兰原教旨主义。起初，"伊斯兰原教旨主义"主要指的是宗教运动而非政治运动，其宗教色彩远甚政治色彩。随着冷战结束，国际格局发生了巨大变化，世界宗教热随之出现，伊斯兰原教旨主义也逐渐兴盛起来，从理论上和实践上都有一定程度的发展和变化，深刻影响着当前的国际格局。此外，我国边疆民族地区的文化安全也深受其影响，尤其是以伊斯兰原教旨主义作为理论基础的伊斯兰极端主义。

我国的伊斯兰教极端主义主要是在中亚伊斯兰复兴思潮和泛伊斯兰主义与"泛突厥主义"的影响之下形成的。关于中亚伊斯兰复兴，早在苏联解体之前就存在。苏联解体后，中亚地区出现了伊斯兰复兴的思潮，表现出强烈的政治参与倾向，使伊斯兰教的政治色彩日益浓厚，而伊斯兰原教旨主义也随着迅速发展起来。1990年，"全苏伊斯兰复兴党"成立，这是一个信奉"泛伊斯兰主义"与伊斯兰原教旨主义的政党，1991年后，该党在中亚建立了乌兹别克斯坦伊斯兰运动、塔吉克斯坦复兴党等组织，积极扩展势力，大力参与政治。中亚伊斯兰复兴思潮的出现既是中亚地区伊斯兰教信仰的历史延续，也与苏联强硬的民族宗教政策有关，同时也是伊朗伊斯兰革命对伊斯兰原教旨主义传播的结果。虽然这一思潮是宗教自身发展的结果，但是其对政治的密切关切致使伊斯兰原教旨主义走向了危险的一面，而这种危险直接关系到了我国新疆维吾尔自治区的文化安全。我国与中亚国家中的哈萨克斯坦、吉尔吉斯斯坦和塔吉克斯坦相邻，共有边界长达3300多公里，四国边境线上有近10个民族跨界而居。中亚大多数国家都是信仰伊斯兰教国家，穆斯林人数占这些国家人口总数的80%以上，我国西北边疆地区的跨界民族受到中亚地区的直接影响，大多信仰伊斯兰教。近年来该地区发生的一系列恐怖暴力活动中，不难发现伊斯兰原教旨主义等宗教极端主义活动的身影，而民族分裂势力甚至是国际恐怖主义也时常参与其中。中亚伊斯兰复兴思潮带来的泛伊斯兰主义对周边国家的意识形态形成了严重的威胁，我国边疆民族地区亦身处这种威胁之中。

另外，"泛伊斯兰主义最先产生于19世纪中叶的西亚，其创始人是伊朗人哲马路丁·阿富汗尼。他主张将全世界信仰伊斯兰教的穆斯林联合成一个统一的实体，振兴伊斯兰世界，并与西方文明特别是基督教文明相抗衡。"[13] 此后于19世纪末20世纪初得到广泛传播，推动了中亚伊斯兰复兴思潮的兴起。"泛突厥主义"产生于20世纪中叶，主张全世界的突厥民族联合起来成立一个统一的突厥国家联邦。"泛突厥主义"在土耳其生根发芽，"泛伊斯兰主义与泛突厥主义是当今伊斯兰世界和穆斯林民族中最具影响力的政治和社会思潮，它们在现实中往往相互援引，互为存在基础"[14]。实际上，极力推动泛伊斯兰主义的伊朗与"泛突厥主义"的土耳其本身都是以民族宗教为幌子实现其在地缘政治中的利益。"双泛"明显的宗教政治化企图对国际格局以及我国边疆民族地区产生了的影响不容小觑。

(三) 宗教极端主义对我国边疆民族地区宗教文化安全的影响

实施恐怖活动，危害宗教自由。我国的民族问题，在冷战结束后，尤其是受到新独立的中亚国家对新疆隐藏的三股势力的影响而变得更加恶化。在20世纪60年代民族分裂分子逃至中亚，以该地作为庇护所，与我国新疆境内的分裂分子里应外合，暗中支持推翻我国统治的独立运动。[15] 20世纪70年代末期，由于伊斯兰教在中亚复兴，我国宗教极端主义也随之滋生，蒙骗蛊惑了许多民众，把其中一些人变为受宗教极端主义驱使的机器，成为宗教极端分子和恐怖分子，导致其宗教信仰和精神世界发生了变化。

13　冯跃民，樊丽芳："东突恐怖主义成因分析"，《武警学院学报》，2004年第3期。

14　解松："伊斯兰原教旨主义对我国国家安全的影响"，《江南社会学院学报》，2006年第8期。

15　Felix K. Chang, "China's Central Asian Power and Problems," Orbis, Vol.41, No.3(1997), pp.407-408.

他们在宗教极端势力的策划组织下，实施了昆明"3·01"、乌鲁木齐"5·22"、鄯善"6·26"、莎车"7·28"、拜城"9·18"等暴力恐怖活动，无一不以宗教对抗的形式展现，造成了地区性的恐慌，破坏了宗教和睦，导致了某些人对伊斯兰教的误解，将正常的宗教活动和合法的宗教信仰与宗教极端主义混为一谈，盲目抵制，加剧了宗教之间的矛盾和冲突，危害了公民的宗教信仰自由。一直以来，民族平等都是马克思主义民族观的核心价值，我国以马克思主义民族观"反对民族压迫、民族歧视"为政策指导原则。"民族平等可以界定为在统一的主权国家内部，各个民族在政治、法律、经济、社会和文化诸领域享有相同的资格、地位、权利和资源，不受任何形式的歧视。"[16] 但极端宗教思想分子对新疆之渗透却是假借宗教之名，目的是为了进行暴力恐怖活动、制造民族分裂，图谋把新疆从中国分裂出去。其渗透往往从生活习俗细节方面开始，例如饮食、服饰、婚礼、葬礼，"由去极端化到去中国化"。如何将极端宗教思想与正常宗教、生活习俗区分开来并未有统一的共识，这对我国政府来说是个艰难的工作。

挑战宗教政策，动摇民众认同。宗教极端势力过分强调文化大革命时期的宗教政策对宗教的伤害，宣传马克思主义信仰的无神论就是对伊斯兰教的否定，刻意无视党长期以来的宗教政策，从而引起少数信众思想上的混乱。1990年，新疆阿克陶县巴仁乡出现了一个名为"东突厥斯坦伊斯兰党"的宗教极端组织，提出要复兴伊斯兰教，并以此为幌子叫嚣"要用伊斯兰教压倒马克思主义"，建立"东突厥斯坦伊斯兰国"，并组织实施了一系列武装暴乱。宗教极端分子的宗教策略就是将伊斯兰教信仰与马克思主义完全对立起来，提出要信奉伊斯兰教，就必然要反对马克思主义。马克思主义与宗教并不存在对立冲突，关键是要引导宗教与社会主义社会相适应。而宗教极端主义恰恰反其道而行，将二者对立起来，以此煽动信教群众，以

16　李占荣、唐勇："民族平等的宪法表述"，《浙江社会科学》，2015年第9期。

实现宗教极端势力的政治目的，这既是对党的宗教理论的歪曲，也是对党的宗教信仰自由政策的破坏，在信教群众中造成了恶劣的影响。此外，宗教极端势力认为新疆少数民族的文化现代化是对伊斯兰教教义的违背，从原教旨主义出发，用宗教极端主义歪曲对新疆少数民族文化现代化的认识。新疆少数民族文化现代化不等于否定伊斯兰教的存在，否定伊斯兰教的教义，而是要在社会经济发展的基础之上与之相适应，从而在传统的基础之上获得新的发展。在新疆的现代化过程中，中国共产党一贯坚持的是审慎的态度，尤其在宗教问题上，始终强调改革应当以尊重少数民族宗教信仰为前提，不能冒进，发生矛盾要积极沟通解决，并采取了许多具体的措施保护信众们合法的宗教信仰。因此，宗教极端主义完全忽视中国共产党在新疆经济发展中的核心作用以及党的宗教信仰自由政策，将新疆文化的现代化等同于对伊斯兰教的否定，挑动一些宗教极端分子与民族分裂势力以伊斯兰教原教旨主义为口号实施暴力活动，导致了部分信众思想上的混乱。

弱化国家认同，制造认同危机。伊斯兰原教旨主义影响下出现的"泛伊斯兰主义"宣称，将号召全世界的穆斯林联合起来。一些有伊斯兰背景的国际组织利用传教、创办伊斯兰经文学校、组织集体朝觐等方式向我国边疆民族地区宣传伊斯兰原教旨主义，形成了一股宗教极端势力，支持我国境内的民族分裂势力的活动，煽动对抗中央政府，弱化国家认同。以"泛突厥主义"为理论支撑的"东突"民族分裂势力在我国的严厉打击下转而试图将"东突"问题进一步扩大，广泛制造舆论话题，企图谋求更多支持，逐步实现其"疆独"的计划和目的。而在国际格局之中，为了遏制中国崛起，国际反华势力支持"东突"势力伺机从事分裂破坏活动。

"泛伊斯兰主义"与"泛突厥主义"都是对现存的主权国家制度以及现存主权秩序的挑战，借用宗教人权、宗教自由等口号弱化信众的国家认同，从心理机制上突破信众的认同防线，模糊其国家意识，用宗教意识取代国家意识，其本质是以宗教信仰为幌子实现其在地缘政治格局中的政治目的。

国家认同区别于民族认同，"对于不同民族的人们来说，对于本民族的认同是与生俱来的，而对于国家的认同则不一定是与生俱来的，它可以被强化，也可能被弱化，甚至产生背离"[17]。在边疆民族地区，民族与宗教之间关系紧密，往往一个少数民族信奉的都是同样的宗教，虽然其中会有教派之分，但相对于国家与民族的关系，宗教与民族的关系更为紧密。因此，宗教问题与民族问题往往会对边疆民族地区民众的国家认同产生重要影响。与此同时，"双泛"主义与民族分裂势力、国际恐怖主义结合在一起，形成了一股威胁我国边疆地区安全稳定的恐怖势力。从宗教世界主义到民族分裂主义，再演化到对国家主权的挑衅，是其一贯的策略。因此，宗教极端势力从国家认同方面给我国边疆地区的文化安全带来严重威胁。在西藏，"藏独"分子为了自身的政治利益，以宗教信仰为幌子策划了一系列的分裂活动，宗教问题、民族问题与政治问题纠缠在一起，在当前复杂的国际政治背景下问题变得更为复杂。由于达赖喇嘛历史上长期以来的宗教地位与政治地位，西藏分裂势力的宣传与鼓动导致部分藏族信众思想上的混乱，削弱其对国家的认同，从而达到西藏分裂势力借宗教信仰分裂祖国的政治目的。

宗教问题引起民族矛盾和冲突，在世界各国均有惨痛之悲剧，宗教问题也是民族问题中最敏感的神经，需要认真对待。西方为了遏制中国崛起，以宗教自由为幌子支持"藏独"、"疆独"势力，粗暴干涉中国内政，更加剧了中国维护边疆民族地区安全稳定的困难。因此，在考虑到国外宗教思潮对我国边疆民族地区文化安全的影响时，不可避免要考虑西方宗教外交的影响。

17　郑晓云："当代边疆地区的民族认同与国家认同——从云南谈起"，《中南民族大学学报(人文社会科学版)》，2011年第4期。

第二节 西方宗教外交对我国边疆民族地区宗教文化安全的影响

在国际格局变化的背景下，为了遏制中国崛起，西方国家采用了多种策略，宗教一直是西方国家对我国"西化"、"分化"的重要抓手，具体体现在应对国际恐怖主义问题上以及在宗教自由问题上采取双重标准。西方的宗教外交主要以渗透其所谓的宗教自由观，以及通过支持我国国内的宗教极端势力与宗教分裂势力实施暴力分裂行动。在当前宗教思潮多元并存，宗教对话与宗教冲突交织出现的背景下，西方宗教外交加剧了我国边疆民族地区的宗教矛盾与宗教冲突，从而直接威胁到我国边疆民族地区的文化安全，进而威胁到我国的国家安全。

一、西方文化强国宗教外交的实质

美国马里兰大学国际发展与冲突管理研究中心(CIDCM)在1985年至2000年间对105个宗教组织的跟踪调查，结果显示："第一，在宗教全球复兴的背景下，宗教性的国家安全问题在数量上显著增加；第二，随着宗教全球复兴的进一步深化，宗教之间的矛盾比宗教内部的矛盾更容易引发国家安全问题，并且，宗教之间的矛盾正变得越来越尖锐，而宗教内部的矛盾则相对变得越来越缓和；第三，在宗教组织所进行的活动中，因为宗教方面的原因而进行影响国家安全行为的活动比率正在随着宗教全球复兴的深化反而不断减少，但是，这种减少并不是数量上的减少，而是由于非宗教因素越来越成为宗教组织介入国家安全事务的原因而导致的比率上的下降。"[18] 这个调查结果可以认识到：首先，宗教性的国家安全问题在增多，随着世界宗教热的发展，更加需要重视宗教在国家安全问题上的意

18　徐以骅 等著：《宗教与当代国际关系》，上海：上海人民出版社2015年版，第126页。

义。其次，宗教矛盾容易引发国家安全问题，其中宗教之间的矛盾比宗教内部的矛盾更容易引发国家安全问题。再次，因为宗教方面原因宗教组织影响国家安全行为的活动在减少，而非宗教因素越来越成为宗教组织介入国家安全事务的原因，在宗教背后掩藏的是政治。因此，西方国家所奉行的宗教原则实质上是将宗教问题政治化，而宗教问题政治化是宗教干涉的基础。当代世界宗教随着现代化的发展，日益表现出世俗化的倾向，宗教更多关注社会，谋求在公共领域的发言权和影响力，体现出宗教世俗化的趋势。但宗教对公共领域的关注不应成为借宗教干预他国政治的借口，国际关系的基本准则需要得到尊重。宗教世俗化倾向的出现是客观现象，而将宗教问题政治化则是主观选择。宗教世俗化将对外交政策与国际关系产生影响，而将宗教问题政治化只会导致国际冲突。由此可见，西方宗教外交是西方为了谋取其在国际政治中的利益，刻意将宗教问题政治化，借宗教问题干预他国内政而形成的外交政策。

美国的对外宗教政策被称为"新宗教治外法权"，即通过宣传人权高于主权，尤其是强调宗教自由是第一自由，使教会团体在其他国家成为受其保护的"国中之国"，就如同鸦片战争时期一样。"教会团体成为一些分布在全国各地而受着外国保护的'国中之国'……许多中国人，因为看见强大的外国靠山的好处，就假装悔改而加入教会。也有不少传教士，用外国政府的保护为饵，引诱中国人入教。"[19] 这是美国学者对近代《中美天津条约》的评价，放在现代来看，1998年，美国通过的《国际宗教自由法》所希望达成的就是如同近代《中美天津条约》中美国所拥有的新的"治外法权"。在对华宗教问题上，美国以宗教问题为切入口，试图突破中国的主权防线。受其"新宗教治外法权"的驱使，自1999年起连续十七年美国都以关

---

19 G. Nye Steiger, "A History of Christian Missions in China. Kenneth Scott Latourette," The Journal of Modern History, 1929.

第六章 国际格局变化背景下国外宗教思潮对我国边疆民族地区文化安全的影响 **235**

注宗教问题为名对中国指手划脚，明目张胆于在我国边疆民族地区大打"地缘政治牌"，"新疆越是不稳定，他们就越'理想'"[20]。美国的宗教外交追求的并不是宗教自由，而是通过"宗教自由"的幌子煽动我国边疆民族地区的动乱，以求实现美国的政治利益。

二、西方文化强国宗教外交的实施方式

西方国家试图通过宗教来实现其地缘政治利益，需要具体的实现方式和途径，而观察西方国家对我国边疆民族地区的"关注"，可以发现其宗教外交主要通过以下方式实现。

(一) 宗教渗透

以美国为主的西方国家对我国边疆民族地区的宗教外交首先是通过宗教来渗透实现的，"这种渗透是指以颠覆中华人民共和国政权和社会主义制度、破坏祖国统一为目的的反动政治活动和宣传，以控制我国宗教团体和宗教事务为目的的活动和宣传"[21]。宗教渗透以所谓的"宗教自由"、"宗教人权"为名，指责中国的宗教政策侵犯了宗教自由、宗教人权，混淆视听，同时鼓动宗教分裂势力采取行动争取"自由"、"人权"，严重威胁我国边疆民族地区的文化安全。

2002年，美国成立"对华援助协会"，该协会系"非盈利基督教机构，旨在探索、讲述、捍卫涉及中国宗教自由问题的真理，并专注于非官方教会的命运"[22]。其自称为基督教机构，实际并不是传统的基督教宗教组织，而是

---

20 [美]恩道尔 著，吕德宏 等译：《霸权背后：美国全方位主导战略》，北京：知识产权出版社2009年版，第103页。

21 [英]戴维·赫尔德等著，杨雪冬等译：《全球大变革：全球化时代的政治、经济与文化》，北京：社会科学文献出版社2001年版，第465页。

以关注所谓"宗教自由"为宗旨的政治组织，该协会主办了一系列对华网站，并策划、推动、参与了中国境内一系列宗教分裂活动，提出要及时刊登传递所谓中国迫害公民宗教自由的信息报道，促进中国尤其是西藏和新疆地区居民的宗教自由，从而推动美国《国际宗教自由法案》在中国的实施。该协会炮制出的中国宗教迫害论，成为中国国内宗教极端势力和宗教分裂势力的重要理论工具。除此之外，美国还存在大量的对华宣教机构，认为中国迫害了宗教自由，宣扬要将福音传入中国。这些对华宣教机构，一方面向留美中国学生以及华人学生传教，宣传其宗教信仰，另一方面借助网络手段向中国国内传教，达到"使中国国内高校的BBS成为福音的大好禾场"[23]的目的。

结合当前境外势力的宗教渗透手段概括来讲，主要有如下几种：一是利用广播电视进行"空中传教"；二是利用多种途径输送、制造宗教宣传品；三是利用来华旅游机会进行"旅游布道"；四是非法在我国内地举办神学班、地下神学学校。[24] 这些宗教渗透方式既有合法的传教活动，也有借传教为名以实现政治目的的非法宗教活动，结合在美国等西方国家通过宗教机构向中国宗教渗透，这些非法的宗教渗透方式，一方面以传教为外衣向中国进行隐形的宗教渗透，导致了信众信仰与认识上的混乱，鼓励信众的非法宗教活动，直接损害到我国宗教界的稳定；另一方面，通过宣扬中国宗教迫害论，对我国的宗教自由政策横加指责，并且对我国宗教信仰自由的事实置若罔闻，以宗教极端势力和宗教分裂势力的观点为依据，根据某些编造的事实细节，歪曲我国的宗教政策，损害我国的国际形象，威胁到

22　黄超："美国对华宗教渗透新模式及其意识形态演变"，《中国党政干部论坛》，2012年第2期。

23　黄超："美国对华宗教渗透新模式及其意识形态演变"，《中国党政干部论坛》，2012年第2期。

24　赵晓峰："改革开放后的农村民间宗教研究：回顾与前瞻"，《学习与实践》，2009年第1期。

我国的宗教文化安全。

针对新疆维吾尔自治区，西方国家设立了大量电台，这些电台使用维吾尔语对新疆进行反动宣传，同时在境外组织出版了维吾尔、哈萨克、藏、汉、英等多语种的反动书籍、报刊、音像制品，向民众宣传"圣战"，煽动民族分裂，对新疆进行反动宣传。[25] 针对西藏自治区，西方国家和达赖集团相互倚重，达赖喇嘛试图通过西方国家实现其政治诉求，从而成为西方国家向我国西藏地区进行宗教渗透的重要工具。

历史上，西藏一直是一个民族关系敏感的地区，西藏问题十分尖锐复杂，对中国的稳定和发展带来重大影响。[26] 西方国家避谈达赖喇嘛历史上长期作为农奴制统治者的政治背景，将其包装成一个遭受"中共独裁统治迫害"的"宗教领袖"，一个"进行不懈抗争的'和平斗士'和为消除国际间宗教冲突、倡导世界和平的'亲善大使'"[27]，别有用心地煽动支持达赖喇嘛的西藏分裂势力在西藏地区开展分裂活动，混淆视听，引发了西藏部分地区的动荡。

(二) 宗教支持

除了宗教渗透外，西方国家也利用宗教策略挑动中国的部分宗教极端势力和宗教分裂势力，激化宗教矛盾，同时在中国境外采用支持性策略表达其对"疆独"势力与"藏独"势力的支持，从而影响到我国边疆民族地区文化安全。

一方面，西方国家支持"疆独"、"藏独"势力策划、实施暴力活动。2009年7月5日，由境外遥控指挥、煽动，由境内具体组织实施的乌鲁木齐"7·

---

25 张春霞、蒲晓刚："境外宗教渗透与新疆意识形态安全"，《新疆社会科学》(汉文版)，2010年第1期。

26 云秀清："中国民族问题基本特点透视"，《阴山学刊》，1999年第1期。

27 赵波："'西藏问题'国际化及'文化藏独'危害性探析"，《江南社会学院学报》，2012年第3期。

5"打砸抢烧严重暴力犯罪事件，这起事件中，暴力犯罪分子既有冲击政府机关的行为，也有大量针对平民的犯罪行为，事件共造成1700多人受伤，197人死亡，其中，无辜死亡156人，其中汉族群众134人，回族11人，维吾尔族10人，满族1人。同时，2009年7月7日，在华盛顿，热比娅及150多名分裂分子及其支持者打着"藏独"旗帜以及"解放东突厥斯坦"等标语，高喊"疆独"口号，在华盛顿市区杜邦环岛附近聚集，并企图冲击中国驻美大使馆。2008年3月14日，西藏自治区首府拉萨市区发生"3·14"打砸抢烧恶性暴乱事件。这些不法分子在市区的主要路段及人流密集处对过往车辆、行人实施烧杀抢掠的非法行为，冲击商场和政府机关，导致个人和集体财产受到重大损失。这起暴乱事件是由达赖集团策划组织的，当年1月，达赖集团下属的"西藏青年会"等5个激进组织就通过互联网发出了"西藏人民大起义运动"的叫嚣，同时组织策划了境外藏人的"挺进西藏运动"，宣称即使流血牺牲也要恢复"西藏独立"。上述"疆独"、"藏独"的暴力行动都是在境外势力的支持下实现的，是西方国家的反华势力与"疆独"、"藏独"分子相互勾结、相互推动的结果。

另一方面，西方国家还通过其他方式支持"疆独"、"藏独"分子。1989年，西藏分裂势力的代表达赖喇嘛被挪威诺贝尔和平奖委员会授予诺贝尔和平奖。美国等西方国家政要多次会见达赖喇嘛，并对中国西藏地区的人权状况表示关切。虽然近几年达赖喇嘛在西方的影响逐渐衰落，但达赖集团仍然是西方借以抨击中国宗教状况的有力武器。西方国家在支持达赖集团的同时，加紧了对"疆独"组织的支持，2006年，"东突"分子热比娅获诺贝尔和平奖提名。截至2009年6月，美国国家民主基金会累计向"疆独"组织"维吾尔美国协会"提供经费近224万美元。[28] 会见、授奖、声援、资金支持等都是西方国家惯用的支持"藏独"、"疆独"势力的方式，正是由于西

28　武磊、刘帅："美国介入'疆独'问题的原因及其影响"，《国际研究参考》，2015年第4期。

方国家不遗余力的扶持和帮助，"藏独"、"疆独"势力才有了兴风作浪的底气和资本，从而严重危及我国边疆民族地区的安全和稳定。

三、西方宗教外交对我国边疆民族地区宗教文化安全的影响

边疆民族地区文化安全问题历来与地缘政治、国际政治以及国际关系有着千丝万缕的联系，尤其在冷战结束后，以往掩盖在冷战两极格局下的大量矛盾被激化出来。"我国边疆民族地区有30多个跨界民族，与境外民族有着共同的历史渊源、相似的文化心理特征及价值观、相同的语言和宗教信仰、相近的经济发展水平等。"[29] 许许多多天然的联系很容易为民族主义思潮的传播提供便利条件，加上国际分裂主义以及宗教问题等因素，更容易引起民族争端。因此，在边疆少数民族集中居住地区，无论是动乱与反动乱、分裂与反分裂、独立与反独立、渗透与反渗透的各种矛盾，都是关乎民族地区政治社会是否稳定、国家边防是否安全，政权是否巩固的长期的矛盾问题。

如前所述，美国等西方国家之所以介入"疆独"、"藏独"问题，不是为了争取所谓的宗教自由，而是为了实现其遏制中国的战略目的，以此牵制中国。在国际社会上，西方国家总是打着宗教自由、宗教人权的口号来插手"疆独"、"藏独"问题，推行其"普世价值观"，借自由、民主、人权抨击中国，混淆视听，导致了国际社会对中国真实宗教状况的误解。

面对伊斯兰世界，美国等西方国家出于自身安全的考虑，总是防范多于合作，尤其是在"9·11"之后，美国在中东地区加快了其反恐步伐。但在面对"东突"分子、"疆独"势力这些恐怖分子的时候，美国等西方国家却采用

29　李庚伦、郭华："当前我国民族宗教问题的研究综述"，《云南社会主义学院学报》，2011年第4期。

了双重标准，对其表达了深切的同情，支持其在中国实施恐怖行动，并指责中国政府打击"东突"分子的反恐行动为宗教迫害行为，混淆了中国的反恐行动与宗教迫害之间的区别，使得国际社会不明真相者对"疆独"分子产生了同情，也加入了指责中国的队伍。国际社会对中国误解的加深，严重损害了中国的国际形象，危害了中国的国家利益。

中国与伊斯兰国家长期友好相处，新中国建立初期，西方世界曾对中国层层封锁，在这样的状况下，中国与伊斯兰国家相互理解、相互尊重，双方建立了深厚的友谊，和平共处、求同存异一直以来是中国与伊斯兰国家和平相处的原则。西方国家通过对"疆独"势力的支持在中国与伊斯兰国家之间肆意挑拨，试图将中国与伊斯兰世界对立起来，表现出明显的国际战略意图，对中国的文化安全与国际战略都产生了恶劣的影响。

不同于伊斯兰教对政治的深度关注与参与，佛教一直以一种和平、平等、神秘的样子出现在世人面前，"来自东方的佛教——这个世界宗教体系中唯一没有引起大规模长期战争和内乱的宗教，它向世界和平传教的历史、和平及平等的学说……给西方社会带来一种完全不同的感受和体悟"[30]。因此，达赖集团利用佛教在国际社会的良好影响，在西方国家的支持下不断作秀，为"藏独"争取到了更多的支持。国际社会难以辨别真正的佛教信仰与带有政治目的达赖集团的宗教作秀之间的区别，而西方国家为了帮助达赖集团赢得国际社会的支持，对达赖喇嘛所支持的西藏历史上血腥残忍的农奴主制度只字不提，刻意营造出达赖喇嘛宽容、和平的"亲善大使"形象以及被"中共迫害"的受害者形象，贴合西方社会对所谓的自由平等普世价值的追求。西方国家罔顾事实，胡乱指责中国政府的宗教政策，为"藏独"势力鼓气和撑腰，严重威胁到中国的文化安全，损害了中国在国际上的形象。

30　赵波："'西藏问题'国际化及'文化藏独'危害性探析"，《江南社会学院学报》，2012年第3期。

政教合一制度在西藏实行了近700余年，这在世界历史上也是罕见的。藏族人的价值取向、道德规范、心理素质及思维模式等诸多方面，深受佛教文化的影响。宗教对各民族的经济社会发展及精神生活产生着久远而深刻的影响，民族矛盾往往利用宗教的力量加以解决，宗教的因素往往又加剧了民族矛盾。[31] 西方国家利用此背景刻意挑动我国边疆民族地区的宗教矛盾，导致了新疆、西藏部分信众对我国宗教状况认识上的混乱，具体包括：

混淆视听，严重侵犯我国文化自主权。西方将宗教自由等同于中国政府应当允许信仰宗教的地区独立出来，以满足部分宗教分裂分子的利益诉求，刻意进行所谓的宗教自由的宣传，引发了少部分信众思想上的混乱，使之成为宗教极端主义与宗教分裂势力的工具。在西方国家的支持下，"疆独"、"藏独"分子制作了大量的宣传资料，通过散发宣传品、举办讲经课、播放录像片、传播互联网等方式对信众进行洗脑，"放极端宗教内容的视频录像到地下讲经点，进去的是一个老实巴交的农民，几十分钟时间出来的就是一个禽兽般的暴徒"[32]。"疆独"分子鼓吹"圣战"，要消灭不跟随他们的"叛教者"，如不参与就将受到生命的威胁，而"圣战"一词本身在古兰经中是努力奋斗之意，毫无杀人的意思。因此，这些极端分子强调的"圣战"本身就是对伊斯兰教的歪曲，这样的极端势力却被西方国家蒙上了一层争取宗教自由的斗士的遮羞布。西方国家将极端行为与争取自由混为一谈，借此大肆抨击中国。尊重伊斯兰教信众的信教自由与打击新疆地区伊斯兰极端分子都是中国政府维护宗教自由的行为，是中国作为主权国家的内政，无论哪一项都不应受到西方国家的干预，西方的宗教外交是对我国文化自主权的严重侵犯。

31　龚学增："论宗教与民族"，《中南民族学院学报(人文社会科学版)》，2002年第2期。

32　潘志平："2014极端势力活动'外溢效应'明显"，《人民论坛》，2015年第3期。

挑拨离间，渲染社会主义主流意识形态与宗教之间的冲突，对中国进行文化遏制。孙浩然对宗教渗透进行概念分析后提出了"宗教渗透三形态说"，提出"宗教渗透经历了文化意义上的广义宗教渗透、政治意义上的一般宗教渗透、资本主义针对社会主义的狭义宗教渗透(现代宗教渗透)三种历史形态"[33]。以这样三种形态来划分的话，西方宗教外交中的宗教渗透应是三种历史形态当中的第三种——现代宗教渗透。西方国家对中国的宗教渗透并不是以传教为目的，而是以传教为手段实现其政治目的。随着冷战结束，两种阵营的对立已经消失，但后冷战时代的到来使得传统的冷战思维有所延续，但现在的宗教渗透应当比这三种历史形态更进一步，除了意识形态上的差异所带来的西方国家与中国的冲突外，更多的矛盾来自于国际格局变化中国家实力的变化与国家利益的竞争。如果说第三种历史形态的西方宗教渗透是以宗教为手段以实现对社会主义阵营的西化话，那么当前的西方宗教渗透主要目的则是遏制中国崛起，而其中掺杂着中国的社会主义意识形态与西方国家的普世价值观之间的冲突。因此，当前的宗教渗透既是对中国政治的遏制，也是对中国社会主义意识形态的歪曲。西方国家强调宗教信仰与社会主义意识形态之间的冲突，将社会主义意识形态与宗教自由对立起来，这不符合中国的宗教实际，导致了我国边疆民族地区部分信众的思想混乱，达到西方国家对中国进行宗教文化遏制的目的，威胁到中国的文化安全。

第三节 国际格局变化背景下应对国外宗教思潮影响的措施

在国际格局变化背景下，部分西方国家借助宗教手段向我国渗透其所谓

---

33 孙浩然："'宗教渗透'概念辨析"，《世界宗教研究》，2007年第4期。

"民主"、"自由"、"平等"的价值观，将宗教问题政治化，以此达到遏制中国崛起，甚至分裂中国的目的。我国边疆民族地区首当其冲，该地区文化安全深受国外宗教思潮影响，面临严峻挑战。如何打破西方国家对中国宗教文化的解构或安全威胁，充分保障我国宗教信仰自由，维护我国的文化安全，需要我们采取合理有效的措施应对。

一、坚决反对西方国家宗教干预

应对国外宗教思潮以及西方宗教外交对我国文化安全的冲击，首先就要坚决反对以美国为首的国家对我国的宗教干预，排除不利影响，有针对性地阻断西方宗教外交对我国文化安全层面的冲击，抵御西方国家的宗教渗透，坚决回击西方国家对"疆独"、"藏独"的支持。

抵御西方国家的宗教渗透，首先必须坚持独立自主办教。"独立自主办教原则强调：中国的宗教组织不依附任何外国组织和势力，也不受任何外国组织和势力的支配和干涉；在宗教事务方面，中国的宗教组织独立决定自己的宗教事务。"[34] 独立自主办教是培养爱国宗教力量，运用中国特色宗教组织抵御西方宗教渗透。其次，根据西方宗教渗透的途径有针对性地采取应对措施，如合法控制宗教印刷品、宗教音像制品和其他宗教用品的入境，加强宗教交流与互联网传教的监管等等。再次，加强对外国人在中国开展宗教活动的管理。2000年9月26日国家宗教事务局令第1号公布，修订后的《中华人民共和国境内外国人宗教活动管理规定实施细则》自发布之日起正式施行，以此加强对外国人在中国从事宗教活动的管理，有效抵御西方国家的宗教渗透。

回击西方国家的宗教支持。第一，充分认识西方国家宗教外交的实质，

34　冯波："论应对西方对中国宗教渗透的策略"，《阴山学刊》，2012年第2期。

西方国家对"疆独"、"藏独"分子的支持不是为了实现所谓的宗教自由，而是为了实现其国家利益，其目的就是通过对"疆独"、"藏独"分裂分子的支持来遏制中国，阻碍中国的经济社会的发展。第二，处理好与西方国家正常的外交关系，与西方国家在维护共同利益的基础上加强合作，在利益不同之处加强沟通，以良好的外交关系挤压"疆独"、"藏独"分子的生存空间。第三，通过外交途径回击西方国家对"藏独"、"藏独"分子的支持，以维护建交原则和国家间根本利益为前提，向西方国家提出交涉和抗议。与此同时，通过外交平台和公共媒体揭露西方国家支持"疆独"、"藏独"分子的事实和依据，回应西方国家和西方媒体歪曲事实的报道和评论，向国际社会阐明真相，有力地驳斥西方国家的谣言和偏见。

二、严厉打击宗教极端势力与分裂势力

由于我国边疆民族地区经济长期落后，与东部沿海地区发展差距甚大，有可能使民族分离主义及国际反华势力在西藏、新疆等地制造问题的频率上升。到目前为止，周边邻国的经济发展水平略低于我国边疆民族地区，当这些周边国家经济发展步入正轨，便极有可能对我国边疆民族地区的稳定发展形成威胁。尤其是中亚地区，长期以来存在的"泛突厥主义"及"泛伊斯兰主义"，更是国际势力在此加以运作制造矛盾的主要工具，严重威胁我国边疆民族地区的安全和稳定。要想消除宗教问题导致的不稳定因素，就必须在边疆民族地区实施稳定的宗教政策。中国共产党一贯以来坚持宗教信仰自由政策，并从法律法规和具体行动上加以贯彻落实。

从法律法规上保障我国的宗教政策。为了切实保障宗教自由，国务院专门颁布了《宗教事务条例》，管理宗教事务。在边疆民族地区，还制定更加具体的且有针对性的条例，例如：新疆维吾尔自治区制定了《新疆维吾尔自治区宗教事务条例》，西藏自治区制定了《西藏自治区实施<宗教

事务条例>办法(试行)≫。除了这些条例外，新疆维吾尔自治区还针对宗教极端分子的活动，依照≪中华人民共和国反恐怖主义法≫及国务院≪宗教事务条例≫等有关法律法规，结合自治区的实际，专门制定了≪新疆维吾尔自治区去极端化条例≫。这一系列的法律法规，从根本上保证了我国宗教政策的顺利实施，促进了我国边疆民族地区宗教活动的有序开展，遏制了"疆独"、"藏独"等宗教极端势力的嚣张气焰，为边疆民族地区长治久安打下坚实的基础。

在行动上严厉打击宗教极端势力与宗教分裂势力。首先，要做好宣传教育工作，向边疆民族地区广大人民群众宣传党的宗教政策，向他们揭露宗教极端主义和宗教分裂主义的实质与危害，宣传边疆民族地区社会主义建设和改革开放取得的巨大成就，带来的巨大变化，教育和引导边疆民族地区广大群众热爱祖国，热爱家乡，热爱社会主义制度，珍惜来之不易的和平幸福生活，不受宗教极端主义和宗教分裂主义的蒙蔽和欺骗，自觉地站在反分裂、反恐怖的前列，积极参与反分裂、反恐怖斗争，形成全民反恐、全民皆兵的强大力量。其次，要加大反分裂、反恐怖主义斗争的力度，制定反分裂、反恐怖的规划和策略，动员和组织军、警、民为一体的联合反分裂、反恐怖队伍，密切关注宗教极端势力和宗教分裂势力的动向，对宗教极端势力和宗教分裂势力制造的恐怖活动及时、快速、准确地予以打击，始终保持打击宗教极端势力和宗教分裂势力的高压态势。再次，加强国际反恐合作。加强与俄罗斯的合作，充分利用上海合作组织相关机制，加强与邻国的往来互信和反恐合作，挤压和收紧暴恐分子的生存空间形成打击宗教极端主义和宗教分裂势力的国际阵线和国际联盟。

综合目前情况不难发现，针对宗教极端主义和宗教分裂势力的法律法规还需要进一步完善，要更加具有针对性和可操作性，还要重视法律法规的宣传教育工作，要充分解答民众心中的疑惑，在民众心中建立起牢固的精神防线，才能从根本上瓦解宗教极端主义和分裂主义的思想基础。同时，在行动上应注意宣传与打击并重，既要严厉打击宗教极端势力和宗教分裂势力，给暴乱分子和分裂分子以震慑，同时也要多向民众宣传宗教极端主义和宗教分裂主义的危害，教会民众如何辨别正常的合法的宗教信仰与宗教极端主义、宗教分裂主义的区别。加强文化监管、网络监管，不给暴恐分子以可乘之机。

三、积极引导宗教与社会主义社会相适应

面对边疆民族地区文化安全所面临的意识形态安全与认同危机，必须在边疆民族地区巩固社会主义主流意识形态地位，增强文化认同与国家认同。具体而言，要梳理清楚马克思主义宗教观与宗教自由之间的关系，积极引导宗教发展，使之适应我国社会主义主流意识形态，增强边疆民族地区的文化认同与国家认同。影响边疆民族地区社会政治稳定的其他因素，还包括边疆民族心理在族群环境中的调适，民族社会在现代化过程中所面临的变异等问题。就边疆民族地区社会来说，尚有许多值得重视的问题，如：犯罪问题、教育问题、廉政建设问题等，但最重要的是，一切问题的所有层面，在特定条件下，往往在民族、宗教等方面的一些事端中表现。如未在第一时间处理，将出现不可估量的社会反应。因此，增强我国边疆民族地区的社会主义文化认同与国家认同刻不容缓。

马克思主义宗教观与宗教自由之间的关系一直是西方国家攻击我国宗教现状的关键点，必须梳理清二者之间的关系，阐明我国宗教信仰自由的原则。在阶级社会，宗教是阶级统治的工具，但在一定的历史条件下也能起到积极作用。既要认识到宗教的本质，也不能一概而论对宗教进行简单的否定，而是要在具体的历史条件下客观地看待宗教的作用。同时更要认识到宗教的消亡是一个长期的历史过程，在生产力还没有发展到一定程度的时候，通过行政命令或其他强制手段强行消灭宗教的做法是不可取的。

在1982年印发的《关于我国社会主义时期宗教问题的基本观点和基本政策》中就提出了在现阶段一举消灭宗教的想法是背离马克思主义对于宗教的基本观点的，必须"使全体信教和不信教的群众联合起来，把他们的意志和力量集中到建设现代化的社会主义强国这个目标上来，这是我们执行宗教信仰自由政策，处理一切宗教问题的根本出发点和落脚点"[35]。在宗教问题上，始终要坚持将马克思主义宗教观和中国实际相结合，积极引导宗教与社会主义社会相适应。基于这样的观点，可以得出在现阶段应当发挥宗教的积极作用，同时把握好宗教管理的尺度。

我国在1949年建国前的政治协商会议订定之"共同纲领"中提及"各少数民族均有发展其语言、文字、保持或改革其风俗习惯及宗教信仰的自由"。也就是认同宗教本身是其民族的特色之一，但宗教的活动必须符合法律的界线，我国涉及少数民族宗教信仰的法规，除共同的《中华人民共和国宪法》之外，较重要的当推《民族区域自治法》。其中，《宪法》第三十六条规定："中华人民共和国公民有宗教信仰自由。任何国家机关、社会团体和个人不得强制公民信仰宗教或者不信仰宗教，不得歧视信仰宗教的公民和不信仰宗教的公民。"至于《民族区域自治法》第十一条第一句，亦提及"民族区域自治地方的自治机关保障各民族公民有宗教信仰自由"。其核心精神在于需在符合法律界限上的宗教活动且要服从国家的最高利益和民族的整体利益，此外还有《民法通则》第七十七条言明要保护宗教团体的合法财产；《义务教育法》第十六条规定不准利用宗教妨碍义务教育；《刑法》第九十九条规定不得利用"封建迷信"危害国家安全，第一百四十七条规定不准公务人员非法剥夺人民的信仰自由，第一百六十五条规定不准巫者借迷信从事诈骗活动。

---

35 "中共中央关于印发《关于我国社会主义时期宗教问题的基本观点和基本政策》的通知"，国家宗教事务局网站，2010年4月1日。

上述条文从主体上阐明了中国共产党的立场，在宗教工作中，共产党员要加强对党的宗教政策的认识，做好党的宗教工作，强调宗教工作本质上是群众工作，即指出了宗教信仰的主体是群众，做好宗教工作是党做好群众工作的重要组成部分。习近平总书记对于宗教工作的指示是对马克思主义宗教观的深化与创新，深入贯彻落实好习近平总书记对于新形势下如何全面提高宗教工作水平的认识，将有助于梳理清楚马克思主义宗教观的深远内涵，依法管理宗教事务，积极引导宗教与社会主义社会相适应。

从短期看，边疆民族地区经济发展与社会稳定还存在一定程度的矛盾，这些冲突和矛盾很容易以民族矛盾和宗教矛盾的形式表现出来，进而演化为具有敏感性的政治问题和社会问题。[36] 在梳理与引导的过程中，不仅要对信众正确引导，帮助他们正确认识马克思主义宗教观，也要在非信众中进行宣传，使他们对马克思主义宗教观与宗教自由之间的关系有更深刻的认识，对信众有深层的理解，将信众和非信众团结起来，"实行宗教信仰自由政策，出发点和落脚点是要最大限度把广大信教和不信教群众团结起来"[37]。这样才能从根本上破解西方国家对我国宗教状况的污蔑，帮助群众厘清对宗教的认识，消除宗教极端主义和宗教分裂主义带来的影响。

四、坚持边疆民族地区的宗教"中国化"方向

随着边疆民族地区经济的发展，宗教也面临着现代化问题。宗教极端主义的理论基础之一即是反对宗教现代化的宗教基要主义，在新疆地区主要是伊斯兰原教旨主义，认为宗教的现代化即是对"真正的"伊斯兰教的反叛，是对伊斯兰教的否定。这样的观点引起了信众思想上极大的混乱。为

---

36 张俊国、张亚楠："对我国当前维护国家主权与安全利益的思考"，《河南科技大学学报(社会科学版)》，2010年第5期。

37 "习近平：全面提高新形势下宗教工作水平"，新华网，2016年4月23日。

了解决这样的问题，应当明确伊斯兰教的现代化是伊斯兰世界与伊斯兰教自身发展的结果，而不是人为的外在的因素所导致的，"真正的科学是不会同伊斯兰教信仰，以及信仰真主创造一切发生矛盾的。"[38] 随着经济的发展，穆斯林的生活方式会相应发生变化，伊斯兰教中的某些教义也会相应变化。这些变化虽没有被伊斯兰教传统所预料，却并不违背伊斯兰教的精神，伊斯兰教本就有自我调节兼收并蓄的特点。

宗教极端主义打着回归伊斯兰教经典教义的幌子，破坏宗教现代化进程，难免使某些信众产生困惑。而非伊斯兰教信众又易将伊斯兰极端主义与伊斯兰教相挂钩，以为伊斯兰教是一个保守极端的宗教，由此产生抵触情绪，加深了信教群众和不信教群众之间、民族与民族之间的矛盾，而这恰恰符合了宗教极端分子的目标。因此，要解决这样的矛盾需要做到：一是推动我国宗教的发展，发挥宗教的积极作用，引导信众在合法合理的前提下信教。二是向民众做好宗教宣传与答疑解惑的工作，辨明一些常见的宗教误区。三是稳步推进边疆民族地区的社会改革与经济发展，谨慎处理改革与发展中出现的矛盾问题，尊重边疆民族地区的宗教信仰自由。

在处理好宗教现代化问题的同时，还要坚持宗教的中国化发展方向，增强边疆民族地区的国家认同，缓解认同危机对文化安全带来的威胁。全球化时代下，各宗教都不再是封闭系统，探讨宗教中国化问题，要将宗教置于世界宗教和文化发展的背景中，不能局限于宗教本身和中国范围，对宗教本义作出符合时代需求的阐释。各宗教在中国尽管已经完成主权上的中国化，但更深层文化意义上的中国化仍需要长时间建构完全实现。在宗教中国化的过程中，需突破原来的文化背景和教义阐释，对中国传统文化有深刻理解、认同与融合，运用法治思维和法治方式做好宗教工作，重新构建具有中国文化底蕴的中国教义体系。宗教与我国传统文化相融合并

38　姜桂石："伊斯兰教改革与现代化"，《内蒙古民族大学学报(社会科学版)》，2000年第3期。

和谐相处于中国社会，是宗教中国化的重要途径，而在其进程中必须强调中国文化的主体地位，以及自觉抵御极端主义思想渗透，维护国家安全稳定，坚决反对暴力恐怖活动，这亦是所有宗教在中国生存发展的基本准则。因此，尊重宗教传统的基础，不断提高宗教与社会主义社会相适应的广度和深度，自觉强调中国政治认同、主动适应中国社会。以中国文化之概念、语言和行为方式及思维习惯等阐述教义，积极吸纳中华文化的同时，也为中华传统文化丰富新的思维和智慧。

归根结底，要想真正增强边疆民族地区的文化认同与国家认同，还是要从经济社会发展的角度入手。首先要实现经济上的繁荣，我国边疆民族地区正处在一个经济社会快速发展的阶段。经济因素对国家认同的影响通常是积极的，随着中国经济的发展，各民族之间的经济文化交流持续扩大，国民生活质量普遍提高，民族政策赖以实施和改进的物质资源十分丰富，均质化的国民教育也日渐消弭了少数民族群众与汉族群众之间的文化差异，[39] 这对于增强少数民族对中央政权的合法性，强化少数民族的国家认同感都有着十分积极的作用。同时，也要注意到社会生活改善在凝聚国家认同当中的意义。西藏和平解放前长期处于封建农奴制的社会，以达赖喇嘛为首的僧侣集团根据等级森严的政治法律制度《十三法典》和《十六法典》来对人民进行残暴的统治，农奴如果触犯了农奴主的利益，会遭到挖眼割肉等残酷的刑罚。西藏和平解放和民主改革以后，封建农奴制被废除，藏族人民摆脱了奴役和压迫。但以十四世达赖喇嘛为首的西藏上层分裂势力为了维护其统治利益，表面上听从中央政府的命令，暗地里却策划着分裂活动。和平解放后，西藏的面貌发生了天翻地覆的变化，西藏人民安居乐业的生活是对达赖集团的最佳驳斥，也是增强西藏人民国家认同的最佳催化剂。因此，要增强边疆民族地区的国家认同，就要帮助民众认清

39　马毅："经济现代化对少数民族群众国家认同的影响"，《红河学院学报》，2011年第9期。

宗教极端主义与宗教分裂主义的伎俩, 认识到国家推动边疆民族地区的发展是从边疆民族地区自身利益出发的, 是尊重边疆民族地区的传统与文化的, 在此基础上, 才要求宗教与党和国家保持统一发展方向, 发展中国特色宗教, "积极引导宗教与社会主义社会相适应, 是要引导信教群众热爱祖国……服从服务于国家最高利益和中华民族整体利益"[40]。边疆民族地区的利益与国家整体利益是不可分, 是部分与整体的关系。这样的认识是以边疆民族地区的经济社会发展为基础, 在经济进步与理论引导的共同作用下, 边疆民族地区的国家认同才能不断地加强, 才能真正抵御国外宗教思潮与西方宗教外交带来的不利影响, 维护我国边疆民族地区的文化安全。

美国人类学者基辛(R.M.Keesing)指出: "如何让文化的多元主义与政治统一和内部秩序并存, 对于这项矛盾, 任何现代国家都需付出巨大的代价和遭遇最严重难题, 也未见得能加以解决或掌握。"[41] 在国际格局变化与世界宗教发展的背景下, 国外宗教思潮与西方宗教外交对我国边疆民族地区的文化安全产生了不利的影响, 为了抵御在西方宗教外交支持下的宗教极端主义与宗教分裂主义带来的威胁和危害, 必须坚决抵制国外不良宗教思潮的侵蚀, 坚决反对西方宗教外交对我国边疆民族地区的干预, 坚定不移地实行宗教信仰自由政策, 坚持不懈地打击宗教极端主义和宗教分裂主义, 积极引导宗教与社会主义社会相适应, 通过经济发展与理论引导增强边疆民族地区的国家认同, 构筑起维护边疆民族地区文化安全的经济防线、政治防线、思想防线与外交防线, 保护我国边疆民族地区的文化安全, 维护我国边疆民族地区的社会稳定, 促进我国边疆民族地区经济社会的全面进步。

40　习近平: 全面提高新形势下宗教工作水平, 新华社, 2016年4月23日。

41　[美]基辛 著, 于嘉云、张恭启 译: 《当代文化人类学》, 台北: 台湾巨流图书公司1981年版, 第753页。

第七章

国际格局变化背景下信息技术对我国边疆民族地区
文化安全的影响

　　随着信息科学技术飞速发展，日新月异，互联网科技已将全球紧密地捆绑在一起。网络信息安全关系着一个国家和民族的信息和文化安全。在技术层面上，网络信息技术"侵蚀"了有形的"国家物理边疆"，将信息跨国、跨境、跨地、跨界传输成为现实；在文化层面上，信息技术裹挟着文化、价值观念等信息迈向世界每个角落，这"强化了意识形态的特点，具有较强的政治功能"[1]。西方文化强国凭借科技优势，通过超强的信息技术，将诸如新自由主义思潮等西式意识形态借助信息技术优势向我国大肆输入。我国边疆民族地区首当其冲，各种思潮的交汇使边疆民族地区文化安全面临着巨大挑战。

1　刘健华、陆俊："网络时代国家信息安全的文化意义诠释"，《中国公共安全(学术版)》，2008年第Z1期。

第一节　信息技术的飞速发展对我国边疆民族地区文化安全的威胁

后冷战时代，综合国力角逐日益激烈。在仍然重视传统的经济、军事等"硬实力"竞争的同时，世界大国则将目光投向以文化为核心的"软实力"的竞取。依传统观念，军事力量及作战能力往往是检验一国实力的主要指标，但战后国际关系的民主化以及在全球化高度相互依赖的信息化时代里，以文化为主要表征的软实力成为竞争国际权力的"新宠"。对现代大国来说，诉诸武力获得权力的模式要付出远比过去高昂的代价，但通过浸润式的"文化战略"，同样可以获取传统武力才能获得的权力。或许，这就是"不战而屈人之兵"的最高境界。某种程度上，苏联的覆灭、东欧的剧变是以美国为首的西方大国文化战略下的"和平演变"所取得的"硕果"。权力，在信息化时代里由对"雄厚资本的拥有"转向"对丰富信息的拥有"。信息技术成为文化软实力竞争的主要载体，也可以说是西方大国进行文化渗透的"帮凶"。

一、信息技术对边疆民族地区文化安全的威胁

在网络信息时代,信息技术为跨边疆、跨地区、跨民族、跨文化不同群体之间的交流提供了有利条件。一般说来，文化的多元性主要源于地域上的差别,不同地区不同民族都具有自身独特的文化基因。信息化浪潮、国际互联网可以把西方发达国家的文化输入到世界各个地区,使得这些所谓的先进文化成为各个国家和各个民族争先效仿学习的对象。而不同民族、不同地区原有的特色民俗习惯和文化瑰宝在这个进程中被西方文明逐步的同化乃至于最终被解构。虽然传播学教授曼纽尔·卡斯特(Manuel Castells)指出，全球网络社会的特征，就是对其自身多样性的肯定，网络

社会的文化是一种通信协议文化，该协议能从根本上实现不同文化之间的通信，但不一定要共享价值观。[2] 事实上，网络连接带来的异质文化之间的交流愈多，其碰撞也愈明显，多样性的文化与传统文化之间的矛盾也越发的激烈。文化的交织是千丝万缕的，不仅仅是在某一领域或某一产业，而是全方位多角度的碰撞。"文化全球化既不是一种简单的重大的承诺，也不是一种简单的巨大的威胁……在文化层面上，这就是多元化的挑战。"[3] 除此之外，在信息技术的浪潮中还衍生出了新的子社会文化形式，信息技术的发展还催生了新的亚文化形态，例如，以新电子产品为载体的"网瘾"、"微信控"等新的社会文化新名词层出不穷，所代表的是一种新的态度和影响，或曰新的文化。这种新文化以新形态聚焦于网络生存，"不仅造成了人们对以往传统的占主流地位的文化价值规范的反思和检讨，而且也极大地扩充了现代社会中人们文化生活的深度和范围"[4]。多样化的文化选择渗透到边疆民族地区人民的思想意识中，不可避免的对他们的价值取向、意识形态造成了极大影响。

信息化建设的纵深发展在为边疆民族地区打开信息渠道和共享网络成果的同时，由于边疆民族地区的信息处理技术和文化控制能力较弱，也给我国边疆民族地区的社会稳定和文化安全造成了威胁。在网络信息技术的迅猛发展下，我国边疆民族地区民众在丰富见识和扩展视野的过程中，其政治认知也受到潜在的影响。以美国为首的西方势力不仅利用网络信息技术大力宣传和输入资本主义政治文化，给我国的社会主义政治文化安

---

2 [英]曼纽尔·卡斯特 著，夏铸九 等译：《网络社会的崛起》，北京：社会科学文献出版社2001年版。

3 赵有田、孙勇胜："论全球化的文化交融与中国面临的文化发展机遇"，《东方论坛》，2002年第5期。

4 斯科特·拉什 著，王庞龙 译："风险社会与风险文化"，《马克思主义与现实》，2002年第4期。

全带来了极大的威胁，还通过网络上的各种渠道散布民族分裂相关言论，境外"三股势力"，即"民族分裂势力、宗教极端势力、国际恐怖势力"[5]，为了满足不可告人的政治需求，通过网络信息传播制造舆论，宣传分裂主义和恐怖主义，诱导边疆民族地区人民开展恐怖活动和分裂活动，破坏社会治安，挑拨少数民族群众与中国共产党和政府之间的关系，严重危害了国家安全和民族团结以及边疆民族地区的政治文化安全。

然而，网络信息技术安全所带来的文化安全问题对我国边疆民族地区的影响，特别是对民族文化的解构并没有得到足够的重视和关注，关于少数民族的民族文化保护措施方面更是乏善可陈。"政治认同比军事认同更为有效，而文化认同又比政治认同更为长久。"[6] 整个社会大环境对于培养民众的认同感和爱国情感是非常重要的，甚至可以说是影响民众心理发展的决定性因素之一。社会舆论环境的好坏将直接决定民众的相关思想意识和价值观念是否与我国社会主义核心价值观的主旋律相适应。当今社会，利益至上的价值观扭曲了人们的经济观念，导致重物质轻精神的现象普遍存在。在这种大环境下，很难唤起民众保护传统文化的意识和主动性。从政府的角度讲，政府没有尽到营造良好文化氛围的职责，如文化部门对文化遗产保护问题的不重视，对社会思潮把握的不到位，以及相关法律法规的不健全等。边疆民族地区原本有着各自独特传统的文化内容，在这种潮流下如何保护和发展边疆民族地区的文化特色就成为一个重要议题。

西方大国拥有雄厚的信息产业基础，利用互联网技术进行文化渗透是国际格局变化背景下的新方式。信息技术处于弱势的发展中国家的传统文化显得格外单薄、主流政治文化遭受严重冲击、宗教文化面临被异质同化吞噬的危机。文化作为民族国家的精神基础，民族传承的遗传基因，决

5　2001年6月15日，上海合作组织《打击恐怖主义、分裂主义和极端主义上海公约》。

6　余潇枫 等："边安学刍议"，《浙江大学学报(人文社会科学版)》，2009年第5期。

定着这个国家政治经济制度、国民生产生活方式，是社会稳定和发展的重要根基。以美国为首的西方大国占领了网络信息的制高点，向中国等发展中国家"贩卖"兜售西式的文化价值观念，潜移默化地威胁着我国民众对中华文化的认同。一方面，我国边疆地区拥有众多的少数民族和少数民族聚居区，同时由于复杂的民族结构、经济发展较为落后、文化教育水平偏低等原因，边疆民族地区成为我国网络信息安全最薄弱的一环，在西方国家的新自由主义思潮、民主制度、选举制度、宗教、人权标准等非马克思主义意识形态利用信息技术侵扰我国文化安全时首当其冲；另一方面，网络信息技术弱化了国家对信息传播的控制能力，监管和技术弱势也使政府网络治理能力面临巨大挑战。边疆民族地区对中华民族的文化认同直接影响到它的国家认同，如果不采取措施应对这种"文化侵略"，将危及到中华民族文化的生存和繁衍。在互联网时代，各种各样的文化思潮在网络空间中交互和角逐，要确保中华民族优秀传统文化的完整与独立，从而有效抵制西方国家利用网络信息平台传播的意识形态和价值观念。

二、信息时代里域外文化对边疆民族地区的文化渗透

亚历山大·温特曾指出洛克式国际文化秩序、霍布斯式国际文化秩序和康德式国际文化秩序的异同：三者特性鲜明且都有其市场空间。霍布斯式的国际文化秩序遵循"丛林法则"，主要表现为赢者通吃的社会秩序，人与人之间是互为敌人的关系；洛克式的国际文化秩序是一种竞争性的国际文化秩序，但并不是霍布斯所说的那种人与人之间的战争状态；而康德式的国际文化秩序则是一种国与国之间相互合作的状态。现实中的国际文化秩序既不是康德式的也不是霍布斯式的状态，而是一种竞争性的文化秩序，国家利益的不同导致竞争的存在并反映在文化竞争上。有竞争就有强弱之分，就导致了强势国家文化和弱势国家文化。在互联网迅速发展的过

程中，西方国家凭借强大的技术优势向发展中国家大量灌输文化产品，从而逐步侵蚀相对较弱国家的文化价值观念。

西方社会思潮对我国边疆民族地区的冲击很大，西方思想已经逐渐渗透到经济政治领域的方方面面中，态势各异。不但影响了社会主义主流政治文化在边疆民族地区的主导地位，而且损害了我国的社会主义核心价值体系在边疆民族地区的构建。英国信息学家摩尔(Nick Moore)曾经提出："发达国家正利用信息资源来控制,而不是帮助发展中国家。"[7]信息资源在"西藏问题"的国际化进程中所起的推动作用尤其值得引起警惕此外，美国政府源源不断的对"藏独"分子进行财政支持，美国在藏区的空中渗透能力得到了极大巩固，极大冲击了藏区的社会主义意识形态。

在网络信息空前发达的今天，各个国家对其公民的一切行为很难进行普遍意义的控制。国家已经不能完全监控信息，每个角落都可以发布信息，信息的传播超越了时空限制，各种文化、经济、政治活动得到前所未有的发展空间。在对外战略上，美国利用互联网对其他国家进行政治控制的意图昭然若揭，且成为各届政府的惯用政策行动。在全球范围内大打文化牌，将美式价值观标准向全球推广，对发展中国家实行文化输出，文化倾销，并残酷打压其传统文化，企图最终占领其政治阵地，维护美国的全球霸权。

一种文化的诞生必定有其价值标准、规范和倾向，一个国家可以通过培育一种具有普适性的文化，并兼用政治策略和有效措施，将自己所期望的思想文化融入到主流价值观、渗透于民众的思维和行为活动中，从而在政治共同体内构建出主流政治文化。如果民族国家的文化阵地长期被外来文化渗透占领，其政治领地也将岌岌可危。在网络时代，网络文化霸权主

7　N. Moore. Developing the Use of A Neglected Resources: the Growth of Information Management. Journal of Information Science, 1989, 15(2), pp.67-70.

义的兴起，使国家之间在互联网上的竞争愈演愈烈，信息主权成为国家主权的又一重要组成部分，也就是在传统的领土范围内增加了网络空间的管辖范围以及国家对信息的控制力。网络技术的发展打破了传统媒体的垄断，全球化浪潮摧毁了国家地理意义上的"硬边疆"，发达的现代科技将西方文化强权国家的意识形态传播到世界各地，这对其他国家文化安全造成了严重影响。网络政治组织的滋生改变了传统的政治参与模式，对人们政治生活的影响是好是坏愈发难以把握。

互联网的普及和快速传播使地缘特色的政治文化发生了变化，各种文化的冲击导致民众的政治认同发生改变，给传统国家的对内对外治理带来了一定程度上的难题。政治共同体内民族文化共有点还没有实现统一，这集中体现在国家主流意识形态的认同危机上。作为政治文化重要组成部分的意识形态和主流价值观念是政治共同体精神文化的灵魂。在网络信息化时代，外来文化的大量输入无可避免的与本土文化产生了碰撞，这种文化全球化带来的多样化和复杂化特征，给当代中国主流意识形态的主导地位带来了严峻挑战。而多元化的文化在边疆民族地区带来文化上的民族主义，忽视了各民族文化内涵中所共有的中华优秀文化传统的共通性，只看到各民族文化上的独立性和差异性，作为整体统一民族的共同观念的缺乏，削弱了各民族对中华民族文化的认同感。

三、技术落后制约边疆民族地区的文化治理

网络是一个虚拟的世界，人们可以通过互联网发表自己的看法和意见，但是人们对于可以在网络上说什么和做什么并没有形成统一的道德认知和行为标准。网络道德建设的缺乏导致人们的言行没有方向，大部分人无法正确判断自己在网络上言行的性质和产生的影响，从而无法约束自己的言论和行为。而且，网络具有极强的隐蔽性和自由性，用户都是通过加密

的方式进行匿名操作, 带有极强的神秘色彩。这种数字化、电子化的保护措施使得人们毫不避讳自己在网上的所作所为。一小部分人在网上任意宣泄自己的情绪, 摆脱了现实社会传统习惯的压力; 一小部分人游走在法律的边界道德的低谷, 完全遵从自己的思想而无视道德的约束。值得注意的是, "黑客工具、病毒的制造者是人, 互联网防线最薄弱的环节也是人, 80%以上的成功入侵都是利用了人的无知、麻痹和懒惰, 所以人的安全意识对Internet的安全具有决定作用"[8]。国内大部分人对计算机知识只是略知一二, 有一大部分的民众对计算机的认识还是空白, 对网络安全的重要性不以为然。这与计算机作为新鲜事物在我国发展迅速的现状是矛盾的, 民众往往对网络安全的重要性认识不足, 对"信息战"的威胁更是知之甚微。

在网络自身很难具有完备的道德约束和安全保护的环境下, 国内相关信息安全法律也不健全。制定有效完备的网络安全法规, 是确保我国网络信息安全的坚实基础。西方国家对这类法规的制定和组织建设尤其关注。美国政府有关部门与加拿大、欧共体早在1993年就共同起草通过了单一的通用准则(CC标准), 目的是建立一个世界通用的信息安全产品和系统安全性评估准则。约瑟夫·奈在《信息时代的权力运行》一文中指出, 美国的信息优势将对美国维持全球中心地位产生积极影响。此外, 对于信息时代外来文化的入侵, 其他西方国家也十分警惕: "欧洲大陆一向将美国好莱坞电影视为一种对自身的文化入侵, 并敬而远之。"[9] 相比于美国的网络信息建设和西方国家对文化入侵的警惕, 中国在网络信息安全方面的投入和重视程度远远不够, 且存在着一系列的问题: 例如信息安全工作起步晚, 制度建设不完善, 信息安全工作执行者缺失, 信息安全工作法律不健全等

8　　何德全: "Internet时代信息安全要有新思维", 《信息系统工程》, 2002年第4期。
9　　沈昌祥, 左晓栋 著:《信息安全》, 杭州: 浙江大学出版社2007年版, 第114页。

等。尤其是在法律上没有一个权威的机构处理类似于网络犯罪这样的行为，政府各部门交叉执法，安全、工商、公安等部门都在管，权职不明确，导致各部门互相扯皮，执法质量低。

除了我国网络信息立法存在缺陷之外，网络信息注册监管也是漏洞百出。传统的法律法规已经不适用于互联网时代所产生的法律关系，完善健全相关的法律保障系统已是刻不容缓。人们在虚拟空间所进行的各种形式的活动，相对应的在线下达成了切实的法律责任。然而网络信息的独特性体现在：线上的网络地址并不能与线下的物理空间完全契合；信息的交互不再受国家地域的限制而达到高度一致；国别之间的信息传播也显得稀松平常。

到目前为止，我国网络信息安全的最大隐患就是缺乏核心技术，在核心技术方面受制于国外，对我国政府的网络治理能力形成巨大挑战。由于缺乏自主研发网管设备和软件的能力，我国计算机行业的诸多核心部件都要依赖美国进口，甚至包括军用网络也是如此。产业技术保障的不足是制约我国网络信息安全保护不足，是网络信息安全的发展前景堪忧的主要因素。所以，为了给自身发展提供必需的硬件和软件产品，摆脱外国技术的掣肘，要加快研发拥有自主知识产权，自己独立研制、主导开发的中国网络信息系统产品，从根本上摆脱不利于我国发展的被动局面，支持发展自主的网络安全高科技是提高政府网络管理水平的必然选择。网络安全技术的核心科技不外乎两大类："一是IT行业基础元器件和基础设备，比如芯片技术、高速计算机，都是发达国家不向中国转让或禁运的，我们只能自己搞；二是网络本身的安全防卫技术，因为涉及国家安全，我们必须自己搞。"[10] 突破这两个核心技术，我国就能拥有一套网络安全系统的产业链，从而为我国发展信息科技产业提供坚实的技术基础和物质保障。网络安全高科

10　周国平："网络发展对我国政治安全机制的冲击及对策"，《学习与探索》，2002年5期。

技将成为政府国家的一把防火墙, 为我国的信息安全保驾护航。

第二节 信息技术对我国边疆民族地区文化安全的影响

信息化时代互联网技术成为信息传播的重要方式, 信息以前所未有的速度、广度和深度飞速传播。科学技术的发展突破了地域的阻隔, 信息化浪潮给世界带来了前所未有的便利, 使文化交流的方式更加简单快捷。文化与信息有着天然的联系, 信息是文化的实际反映和唯一载体, 文化影响力的作用方式, 实质是一种信息的传递和接收过程。信息化时代脱离信息传播, 任何文化也无法生存, 这种信息在文化领域扮演重要角色使得它在文化安全乃至整个文化存续中发挥着重要作用。信息化下的国际竞争, 早已摆脱了单纯追求国家硬实力的竞争, 而是在文化领域开展了文化话语权强弱的软实力对抗, 这不但是国家间实力的抗衡, 更是对权力的争夺。

一、多元信息源冲击了边疆民族地区的国家认同

西方大国信息化发展历史久远, 且掌握了先进的信息技术, 而广大发展中国家信息技术薄弱且更新换代慢, 与发达国家的信息技术能力完全不对等, 以致在信息化时代里国家安全门户洞开。信息资源分布的不均衡与掌握信息技术能力的不对称导致国家和民族在竞争力上的"数字鸿沟"。也就是说, "世界已经离开了暴力与金钱的控制的时代, 而未来世界政治的魔方将控制在拥有信息强权的人手里"[11]。以美国为首的文化强国无限度

11　[美]阿尔温·托夫勒 著, 刘江 等译:《权力的转移》, 北京: 中共中央党校出版社1991年版, 第465页。

开发手中的网络信息控制权，同时利用语言优势，将英语作为载体植入西方文化强权国家的文化，大肆输出西式文化，销蚀他国生存的文化根基。这些强权国家正通过"信息殖民"的方式控制着发展中国家的文化命脉，从而一劳永逸的维护自己"山姆大叔"的国际霸权。

国内外传媒不时有西方信息技术强权国家利用雄厚的技术优势，叫嚣将"中国打回旧石器时代"，这既展现了西方技术强权的傲慢与狂妄，也说明了我国信息科技落后的尴尬，还间接证实了中国极容易遭到西方凭借超强的信息技术优势对我国的技术攻击和文化渗透。例如，"近3000个世界大型数据库中70%设在美国，话语霸权使西方学术界与新闻媒体的观点占压倒优势"[12]。众所周知，英文是目前国际第一大通用语言，当今世界上重要的国际会议、学术探讨，乃至重要国际机构和国际组织的网站都要以英语为第一语言，重要研究成果的付梓仍以英文为主要表达方式。一言以蔽之，只要你接触网络，只要使用信息技术，就已经不可避免地接受铺天盖地的西式文化的"熏陶"。虽然中文网页的数量在剧增，登陆中文网站的人数也在不断上升，但使用中文网站，接触中华文化的绝大多数是中国公民或少量的海外华人。以量来说，中文网页或许有一天会超过英文网页，但依影响力来说，英语仍是无可争议的国际通用语言。长期使用互联网，英文网站的强势地位必将导致我国网民驾驭、运用汉语的能力下降。英语在潜移默化地侵蚀我们的母语，促使世界语言由多样化转变为纯英语化。可以说，全球化甚至可以说是"英语化"。另一方面，英语的强势代表着主要以英语为载体的强势西方文化也将占据更多的宣传阵地，他们所推崇的所谓普世价值等观念将会不断对非英语国家进行文化单向输出，最终结果或许就是西方学者鼓吹的"同质化"，甚至是"美国化"。如同英国学者约翰·汤林森(John Tomlinson)在《文化帝国主义》中所云："人们发现他

12　胡惠林 著：《中国国家文化安全论》，上海：上海人民出版社2004年版，第47页。

们的生活、生计，愈来愈不受到其母国的机构制度之影响……他们归属于安定安全的文化感觉也就一步一步被吞噬了。"[13] 对广大发展中国家而言，这是典型的文化安全危机，对多民族国家以及多民族的边疆民族地区的文化安全威胁更加严峻。

信息技术是一把双刃剑。世界范围内的信息技术越来越完善和普及，"对促进各国文化交流具有不可替代的作用，是我国加强与世界各国联系的重要方式"[14]。作为世界上最大的发展中国家，中国生产力相对落后是不争的事实，信息技术发展水平低下短期内难以实现跨越式发展，致使我国文化安全面临诸多安全隐患，不仅会受到发达国家强势文化的冲击，还会受到周边国家和民族文化的挑战。主权国家如何维护和保障本国政治文化安全，成了一个严峻的时代课题。随着互联网的广泛普及，信息网络技术的发展早已普及到我国边疆民族地区。以西藏为例，政府出台了包括"宽带西藏"战略在内的一系列推进自治区网络建设的措施，加强网络通信工程设施建设，改善网络通信质量。目前移动信号已经覆盖了每个行政村，八成以上的村民选择联网，整个自治区互联网用户高达217万户。

民族国家的主流政治文化是公民政治认同的来源。在边疆民族地区，民族认同是少数民族社会自身天然存在的。在没有外界干预的前提下，民族认同与国家认同并不矛盾，但互联网的发展会给边疆民族地区提供多元的认同来源。当西方政治思潮与少数民族地区的民族认同相结合，容易激发民族认同与国家认同之间的矛盾，因此，边疆民族地区的国家认同观念容易受到外来文化冲击和动摇。国际格局变化背景下信息网络技术的发展对我国边疆民族地区的文化安全影响主要体现在以下几个方面。

---

13 [英]约翰·汤林森 著，冯建三 译：《文化帝国主义》，上海：上海人民出版社1999年版，第178页。

14 Barry Fulton, the information age: New Dimensions for U.S. Foreign Policy. Great Decisions Association, 1999, p9.

首先,互联网技术的发展带来了非主流意识形态的渗透, 对我国边疆民族地区民众的认同造成巨大影响。网络信息技术的发展, 数字方式的传输不仅突破了传统交流的时空障碍, 也消除了社会身份的藩篱。这种规模空前的跨国家、跨文化的交流孕生出一个超国家形态的虚拟社会空间。在这个虚拟空间中, 民族国家的身份被消解, 这对我国国民尤其是边疆民族地区民众的国民身份认同产生强烈的冲击。在网络信息的影响下, 大众的思想意识和生活方式逐渐脱离民族国家的制约, 其价值观和生活也呈现趋同的特征, 人们对生活在其中的民族国家的归属感逐渐淡化, 心理上的国家界限逐渐模糊。网络信息技术的普及使整个世界实现压缩, 人与人之间的交流超越了国家的界限。托夫勒曾这样形容互联网时代信息的无孔不入:"信息可以穿越严密防守的疆界", 西方国家利用其强大的信息技术优势占领了思想舆论高地, 通过网络对我国边疆民族地区进行文化渗透, 据相关统计显示:"当前具有浓厚宗教色彩的中文网站大约就有1500多个, 多数为天主教、基督教的网站。其中一些网站、网页已经成为境外势力利用宗教对我国进行渗透的重要渠道之一。"[15] 这种宗教渗透往往效果直接、不易防范, 因此互联网更易成为"疆独"、"藏独"分子与国外宗教极端势力勾结的媒介, 给我国边疆民族地区的文化安全和社会稳定带来极大威胁。

在传统的大众传媒时代, 媒体是信息的把关者, 由于大众传媒的播出时间和空间受到限制, 他们一般都会根据自己的立场对信息进行筛选和过滤, 政府通过控制充当新闻宣传"把关者"角色, 对舆论的把控显得游刃有余, 将信息控制权紧紧地攥在自己手中。然而网络传媒的发展再一次改变了信息传播的内容和方式: 更少的限制约束, 更低的传播门槛, 每个人都能够表达自由, 言论自由成为一件实实在在的权力。在互联网上, 每个人

15　刘建华:"新时期我国防范境外宗教渗透的思考",《求索》, 2009年第5期。

都是独立的个体，可以自由而平等的发表自己的观点和看法。"在控制空间(或虚拟现实)中，乡巴佬心理消失了，这里没有'首都'，没有长官，也没有国家和政府。"[16] 美国学者尼古拉斯·尼葛洛庞帝(Nicholas Negroponte)甚至预言："就好像樟脑丸会从固态直接挥发一样，我料想在全球性的电脑过度掌握了政治领空之前，民族国家根本不需要经过一场混战，就已经消失无踪。"[17] 在不久的将来，国家的职能定位还会发生巨变，国家主权代表下的传统国家定义开始被更多的主权让渡与转移而受到限制和改变。信息技术革命打破了政治学理论中的"国家"观念，构筑起一个超越国界、不分民族的"网络帝国"，人们可以在其中随时随地接收和传播各类信息，并借助网络平台表达自己的观点和想法。在这个空间里，人们共同的身份是网民，各民族国家的国民不再去思考"我是谁"，国民归属感出现了迷失。

网络虚拟空间的国民身份认同缺失，伴随而来的是国民自我中心主义意识的强化和爱国主义情感的弱化。在信息技术构筑的世界里，个人成了真正的"自由王国"的主体，他可以自由选择最想认同的文化，可以随心所欲地表达自己的思想和进行社会活动。在这种状态下，国民逐渐脱离对民族国家和政府等权威的相对依赖以及对家庭和社会组织的控制，而趋向于个人主义和无政府主义。这对我国社会主义核心价值观念造成了极大的冲击，传统的爱国主义和集体主义精神被弱化和吞噬。

其次，互联网技术的发展对我国边疆民族地区人民的民族认同感产生巨大影响。"文化认同"是拥有共同文化，共同习性的人区别异类，寻找同类，增进同一感和凝聚力的标志。英国大理论家雷蒙·威廉斯(Raymond Williams)曾指出："人们的社会地位和认同是由其所处的文化环境所决定的,也就是说文化具有传递认同信息的功能。"[18] 边疆民族地区民众的国

---

16 沈国明 等编：《国外社会科学前沿》，上海：上海社会科学出版社1998年版，第676页。

17 [美]尼古拉斯·尼葛洛庞帝 著，胡泳、范海燕 译：《数字化生存》，海口：海南出版社1996年版，第278页。

家认同与其对中华民族共同文化的认同是紧密相连的。在漫漫历史长河中，我国国民已经形成了对于中华民族共同文化和历史的认同感：独特的中华民族文化是在悠久的历史中绵延发展的，中华民族引以为傲并世代延续相传。网络的迅速发展带来了一个跨国、跨民族的虚拟交流空间，这不可避免地带来外来文化的冲击，并由文化交融引起传统中华民族文化的变异与消解，给边疆民族地区对中华民族共同文化的认同带来严重挑战。

对于坐拥完整信息产业链条的西方国家而言，在互联网上进行文化渗透可谓是得心应手。在此情况下，在信息技术处于弱势的发展中国家的传统文化则面临被同化、被吞噬的危险。文化作为民族国家的精神基础，决定着这个国家的政治和经济制度、人们的生产和生活方式，是社会稳定和发展的重要根基。失去本土文化的屏障，也就意味着失去本土经济和社会稳定的保护伞。以美国为首的西方国家占领了网络信息技术的制高点，向中国倾销西方政治制度和价值观念，潜移默化地影响着中国国民对中华民族文化的认同。而边疆民族地区民众对中华民族的文化认同直接影响到他们的国家认同，如果不采取措施应对这种"文化侵略"，将危及到中华民族文化的生存和繁衍。在互联网时代，各种各样的文化思潮在网络空间中交互和角逐，必须要保护中华民族文化的独立性，争取中华文化在世界舞台上的话语权，有效抵制西方国家利用网络信息平台传播的意识形态和价值观念。

再次，网络信息化时代边疆民族地区传统的民族国家政治情感被淡化。传统的民族国家政治情感反映的是人们对民族和国家的情感表达，其最直接的表现就是爱国主义，即热爱祖国、忠诚祖国并努力报效祖国，这是社会主义主流政治文化的重要内容。在爱国主义这种传统的民族国家政治

18　M. Shelly: Aspects of European Cultural Diversity, London: Routledge, 2005, p.194.

情感驱动下，人们相信国家的利益高于个人利益。在信息网络化时代，个人主义和自由主义通过网络进入到国内大众的生活，个人至上、金钱至上的观念将传统的爱国主义政治情感冲淡，个人主义的驱动使得人们不再关注民族和国家而只埋头于自身的利益和发展。而个人主义引起的普通大众心理高期望值和低获得之间的落差感，经过互联网上各种经过加工和处理的不实信息的渲染，造成人们对国家和政府越来越缺乏信任，从而影响到社会稳定。

二、信息传播削弱了边疆民族地区主流政治文化的地位

在传统的西方世界秩序中，全球经济和政治发展基本失衡，随着经济全球化深入发展，西方国家凭借其拥有的雄厚的信息产业基础，利用互联网进行文化渗透，为达到某种政治目的，极力宣扬西方社会的价值观。美国认为自己的政治制度、社会观念是"最优越"的，因此有"责任"在全世界推广和宣传这种价值观和制度，只有效仿西方的民主制度，发展中国家"才能加入西方的共同安全体系，才能抵御各种风险，获得经济全球化进程中的优势地位"[19]。不管是弗朗西斯·福山的"历史终结论"、丹尼尔·贝尔的"意识形态终结论"，还是塞缪尔·亨廷顿的"文明冲突论"，都直接或间接地与文化和意识形态问题相关。正因为如此，西方发达国家意识形态的渗透在信息网络化时代更加强烈，因此需要倍加关注和重点防范文化安全问题。美国利用在互联网中强大的信息技术方面的优势不断向发展中国家进行文化霸权主义入侵，通过在互联网上输出大量蕴含西方价值观念和文化色彩的影视、文学、广告等对发展中国家进行意识形态渗透，强化西方中心主义意识，以西方国家的道德观念和行为准则作为标准，瓦解第三世界国

19　杨义先 等："信息安全综论"，《电信科学》，1997年第12期。

家和地区的主流文化观念和生活方式。"冷战期间，西方对苏联广播有41个，一昼夜播音累计253个小时……他们还利用科学交流和大学生交流对苏联青年进行西化渗透，宣扬西方的民主自由。"[20] 正是西方有针对性的意识形态渗透给苏联原本就混乱的意识形态领域雪上加霜，进一步加速了苏联的解体。西方国家的渗透具有不明显性和易传播性，西方发达国家掌握超强的网络技术，他们不仅从日常生活的方方面面进行渗透，而且在道德准则和宗教传统等多个领域层层侵入，对我国社会主义核心价值观的构建带来了负面影响，而分布在我国边疆地区的少数民族民众更容易受到西方文化的侵扰，各种非主流意识形态的攻击对边疆民族地区民众的民族认同感造成了冲击，严重削弱了社会主义主流文化在边疆民族地区的主导地位。

在信息网络化时代之前，传统的意识形态教育主要是通过学校完成的，负责思想政治教育的教师以较高的政治觉悟和丰富的知识体系赋予了这种教育权威性。从前受教育者的信息来源十分有限，然而信息技术革命的发展为意识形态教育提供了更广阔的平台，任何国家、团体和个人都可能通过网络推销各种思想和信息，进行所谓的"意识形态教育"。在信息全球化时代，以美国为首的西方发达国家在网络世界占有明显优势，它们借助电影、电视剧、电视节目、音乐、电脑游戏等形式通过网络大力宣传西方的思想文化。价值观念是指人们基于一定的思维和感知而做出的对某类事物的价值判断和理解，具体体现为人们对某类事物所形成的比较固定的信念信仰。全球化的浪潮在网络的加持下迅速打破思想意识传播的地域界限，"新自由主义、新保守主义、新民族主义、后现代主义等"意识形态在网络上随意散播，这些思潮派别林立、组织严密、交织传播，以求实现共振效应。新自由主义鼓吹市场万能，主张放松监管，反对国家宏观调

20　李渤 著:《民族宗教问题与国家安全》，北京: 时事出版社2013年版，第124页。

控，这对我国国民的政治认同带来了消极影响；新保守主义是传统保守主义的延续，它兼具保守主义和新自由主义的特点，在捍卫传统道德中糅合进了自由民主主义的血液，在强调市场经济无形调控作用的同时也关注道德与生活，反对经济利益至上；在反对福利制度的同时也不否认福利国家的优势。这种矛盾的观点对我国边疆民族地区乃至全国的政治社会生态都存在负面影响，极大冲击了我国边疆民族地区人民的政治观念；而反对传统、追求享乐的后现代主义对我国青少年学生的教育造成巨大影响，阻碍我国教育的稳步进行。同时还有提出构建单质民族国家即不支持多元化民族国家的新民族主义，这成为分裂势力分离我国边疆地区的理论来源，严重危害国家的和谐稳定与民族地区长治久安。新民族主义削弱了边疆民族地区对中国的归属感和认同感，减弱了民众对祖国的忠诚度。互联网等传播媒介成为西方国家对付发展中国家的有效控制工具，他们毫不避讳地公开鼓吹所谓的西方主张，长此以往我国的社会主义主流价值观必然会受到严重冲击。

随着全球化深入发展和社会竞争的日趋激烈，世界进入一个快节奏的社会。在这样的社会里，普通大众没有心思通过书籍和报纸等传统的方式获得和学习政治知识，尤其是网络化和信息化以来，互联网强大的娱乐和消费功能更是吸引住绝大部分的人。人们越来越依赖甚至沉迷于网络上的各种休闲娱乐，从而造成了精神空虚和道德沦丧，再加上互联网领域尚未形成统一的管理规范，在各种内容丰富的价值取向冲击下，人们的政治信仰逐步缺失，认同危机不断深化，这对政治文化安全的维护和保障带来了挑战。尤其是在边疆少数民族地区，由于少数民族的多元性和边疆的开放性，主流政治文化的宣传和域外思想渗透共存于网络上，潜移默化地影响着我国边疆民族地区民众的思想意识和价值取向，这使得我国的主流意识形态在边疆民族地区的主导作用受到强大冲击。

当前中国正处于改革开放的深入发展期，也处于社会矛盾爆发的转型期。由于社会结构和利益关系的日益多元化和复杂化，现实中形形色色的价值观在网络上进行交流和碰撞，主流意识形态被边缘化的风险正在加大。在这些传媒信息的影响下，享乐主义、个人主义、利己主义等价值观念在网络上蔓延，使人们的思想价值观念产生了异化现象，他们把自己的价值追求和人生理想定位为享乐主义、极端个人主义和拜金主义。在祖国边疆民族地区，需要的是强调集体主义和集体利益、要推崇的是奉献精神和不求索取，要追求的是自我与他人利益的平衡，这些都是维护边疆民族地区文化安全不能不面对的问题。

三、信息化弱化了边疆民族地区的信息传播控制力

因为网络无法自我管理，对于网络世界的管理还是需要各个国家政府积极维护。想要避免外部文化渗透所带来的危害，就需要国家拥有最高的权威，同时将网络这个虚拟空间融入社会体系，超越时空的限制。网络使人民在学习生活中能够更加方便，在工作沟通中能够更加顺利，当全球化的网络融入人们的生活，并且成为人们生活的一部分时，人们对眼下的国家领域和主导意向为目标的社会活动范围的依赖必将降低。网络的世界正在逐渐形成，信息革命改变着世界的中心，世界中心正在以国家转向网络。"网络信息技术一方面以现代化的信息传播技术为经济生活超越国家界限……另一方面也加速了全球范围内思想意识的传播和相互融合，这必然使传统民族国家的对内控制力和对外主体角色遭到进一步削弱。"[21] 在一定程度上国家对信息控制能力的减弱来源于现代信息流动的一些固有特征：一是现代信息来源的复杂性。传统的信息来源是从拥有信息优势、掌握信息渠道的信息源流出，然而在现代信息网络技术下，来自不同

21　任明艳："互联网背景下国家信息主权问题研究"，《河北法学》，2007年第6期。

国家、不同地区、有着不同文化背景和持有不同价值观念的人都可以成为信息源，从而导致了信息来源的复杂性和不可控性。二是现代信息流动的互动性。网络信息平台区别于传统信息传播平台的重要特点就是在于它的互动性，网络平台上的各个主体可以实现双向甚至多向互动，而传统的信息传播一般只能呈现单向流动。互动性容易聚集负面的思想交流，导致国家处理和控制信息的难度加大。三是现代信息数量的爆炸性。网络信息技术的发展大大提高了信息流动的速度和频率，然而目前国家的信息过滤技术无法实现对庞大信息量的有效控制，传统的网络监控机制尚未赶上信息技术的更新速度。在西方发达国家具有信息技术发展和信息处理能力的绝对优势的情况下，国家对世界范围内自由传播的信息的控制效果大打折扣。四是网络信息流通的虚拟性。这种虚拟性明显的体现为，虚拟世界中的人物和行为很难与三维世界对接，这就加大了国家管辖权实施的难度。传统的国家管辖权的基础是地域，而因为网络无国界的特殊性，国家有时难以控制网络中公民不正当的行为，甚至无法管制涉嫌侵犯他国信息主权的行为。

传统的大众传媒包括杂志、广播、电视、报纸等载体，而到了信息化网络时代，特别是计算机和互联网的普及应用极大地解开了大众传媒的时空束缚，传播的内容由专门的传媒机构收集和拟定，目的在于将传播内容及时准确地输送给受众。由于政府主管部门能够对大众传播媒介进行有效管理，将恶意的谣言和搬弄是非的言论提前过滤，因此社会舆论能够控制在主流意识形态的框架范围内。国家只需要通过控制电视、广播、报纸、书籍等传统传播媒介就可以使得大众获得符合国家主流价值观的要求的信息，在全社会形成主流政治文化。然而在网络信息化时代到来之后，随着信息网络化的迅速崛起，传统媒体逐步让位给网络，网络媒体信息传播的便利性、丰富性和互动性的优势使其在受众中的吸引力不断上升。CTR市场研究公司CNRS数据显示：受众在传统媒体上花费的时间逐渐缩短"用于上网的时间已经超过了读报时间，并且还在呈现上升趋势。就核心受众而言(即25-45岁、大专以上学历、个人收入超过2000元的受众)，5年来(2001-2005年)对于传统媒体的日接触时间明显减少(电视受众的日接触时间基本稳定)，其中对报纸的日接触时间减少了20分钟，而对网络媒体的日接触时间则足足长了1.7倍(增加了88分钟)"[22]。大众获取信息的渠道不再局限于报纸、电视这类传统方式，更多了一种更为开放、迅速、便利的平台——网络。只要在互联网信号的覆盖范围内，大众可以随时随地通过电脑、手机等通讯设备自由获取来自世界各个国家、组织、和个人在网络上发布的各类信息，并自由地表达自己的观点想法。在计算机网络还没有普及之前，传播信息的主要工具是传统媒体，人们只能通过如收音机、广播、杂志、报纸等传媒工具与外界信息接触。可以说网络的出现和大规模使用是人类历史上的又一个创举，书写了人类信息传递的新篇章。自由共享是网络信息传播的本质特征，网络信息的传递和互通是完全自由开放的，并且它难以被管理和控制。无论哪一个人或团体都可以借用网络这个工具随时随地向世界传播信息，也可以自主挑选和获取利己的有价值信息，而这种信息的共享一定程度上是脱离了国家控制的。"信息大爆炸"在给人们的生活带来便利和更丰富内容的同时，也带来很多违背主流价值观的消极腐蚀性的文化内容。国家虽然可以通过特定的技术手段对网络加强管理，但与控制传统媒介相比，其难度大大提高。尤其是我国的网络信息技术水平与西方发达国家相比还存在较大差距，因为在网络信息技术上我国开始发展的时间较短，起步比较晚，而且核心的网络信息技术一直掌握在西方发达国家手中，信息领域的产品几乎全靠进口，"信息与网络安全防护能力弱,信息产业面临发达国家的遏制和封锁,国外软件中隐藏着信息战、信息犯罪、计算机病毒等问题。"[23] 长此以往, 国家的

22　姚林:"大众媒体传播力分析",《传媒》, 2006年第9期。

安全尤其是信息主权将遭遇潜在的巨大危险。而以美国为首的西方国家拥有极强的互联网技术，无形中为资本主义国家的文化霸权主义提供了技术支持和有利平台，西方资本主义的政治主张、价值取向、制度结构等通过网络传播对人们产生巨大影响，普通大众尤其是青少年难以进行正确的辨别和评价，网络发展所带来的这些革命性变化对主流政治文化形成了强大的冲击。

第三节 信息技术对我国边疆民族地区文化安全冲击的解析

在信息化时代，互联网作为一种新的传播媒介特点显著，信息渠道来源广，随时播放，瞬间生成，并且可以互动可以共享。在虚拟的世界中，每一个用户都是平等的个体，没有歧视也没有权力中心，这使得全球一体化进程随之加快。信息技术发展下所带来的国家转型不是传统意义上对生产关系调整和变革，而是增加了国家职能所能涉及到的时空范围，是对原有国家利益的一次扩展。网络信息的共享性和传播途径的广泛性加大了国家管控信息的难度，为外来文化的入侵提供了可能，而边疆民族地区复杂的民族状况更加大了维护文化安全的难度。

一、边疆民族地区信息传播的复杂性

苏联解体后原加盟共和国爆发的"颜色革命"，以及近些年西亚北非地区的时局动荡，都离不开网络信息的影响。社会不满情绪借网络的"东风"蔓

23　张骥、方晓强："网络信息时代我国文化安全面临的冲击与对策"，《河北广播电视大学学报》，2009年1期。

延，"使这些国家的执政者失去了对社会舆论的控制力和影响力，并最终引发了政治突变、社会动荡"[24]。随着信息技术造成的异质文化间碰撞的加剧，文化的多样性与边疆民族地区传统间的冲突日益明显。在这种全方位多角度的碰撞中，警惕信息霸权主义、信息殖民主义、信息恐怖主义等对维护我国边疆民族文化安全尤为重要。我国边疆民族地区信息传播的特殊性主要有三点：

第一，多民族性。对于边疆少数民族地区来说，在社会转型中出现的贫富差距所导致的社会矛盾，弱势群体身上所发生的人身侵犯、资源分配不合理等都会迅速成为网民所关注的热点话题，而参与网上讨论的网民往往来自不同民族，其民族文化和思维模式的差异也造成网络上话语表达和价值观念的差异。

第二，复杂性。由于边疆民族地区特殊的地理环境和多元的民族关系，其社会发展进程中所面临的问题也就变得相对复杂。有一部分社会问题能够出现在网络平台上为网民们热议：由泥石流、地震等自然灾害引起的社会问题；由薪酬水平、资源分配等经济事件引发的政治问题；由个体矛盾所牵扯的民族问题等。这些问题借助互联网快速蹿红为网民热议。如果这些议题被宗教极端势力、恐怖主义势力、国内外分裂势力恶意宣传，必然由一个简单的个体事件演变成一种群体冲突，从而使得信息传播议题呈现出复杂性特点。由于民族历史遗留问题的复杂性和现实利益不均衡的矛盾性，使得往往个别性的利益争端，演变成群体社会问题，这种问题如果未能妥善处理就会被无限放大到整个民族地区。问题无限放大后民族情结和宗教因素，文化差异与社会问题杂糅在一起，事件的空间范围将会随着传播的蔓延愈发不可控制。"一个民族一旦在语言、文化、风俗习

24　吕薇洲："网络信息时代维护意识形态和文化安全的思路与对策"，《中共贵州省委党校学报》，2013年第4期。

惯和宗教信仰等某个方面受到影响和干涉，很可能会被认为是对整个民族的损害，以至引发民族间的矛盾和摩擦。"[25]

第三，不确定性。边疆民族地区异常独特的地理环境、复杂的历史背景、脆弱的生态结构、多元的民族关系，使其成为极其敏感的地区，一些事件若处理不当，容易在网络上被任意夸大。网民习惯于向弱势群体展示自己的关爱，同情他们的不公平待遇，而对欺负弱小的人群给予强烈的谴责，但为弱者寻求公平的同时往往存在语言过激的情感冲动，容易被别有用心的势力利用汇聚恶意的言论并用于制造其社会影响力。"在网络中，社会不平等信息的传播者，多是为了发泄积压在心中的怨恨心理，使社会不公曝光在舆论漩涡中，以求得更多具有同样怨恨心理的网民的支持。"[26]因此，当人民得知通过社会舆论可以够制造大量影响社会的负面情绪并且快速传播出去时，因各类怨恨心理集合的群体性事件也就增多了起来。当前我国正处于改革的攻坚期，社会潜藏矛盾随时可能显现激发。少数民族地区在我国边疆地区地位特殊且重要，由于特殊的地理和历史以及政策倾斜的原因，我国中、东部地区与边疆少数民族地区的社会发展差距不断加大，"无形的墙立在各民族各阶层中间，阻隔着人们之间的和谐和信任，成为怨恨和仇视心态生成的土壤。当弱势群体在现实中发现自身利益得不到保障时，就会形成抱团心理"[27]。社会舆论的不确定性及其强大的引导作用放大了边疆少数民族人民心中的不满情绪，近年来新疆地区频繁爆发的"暴恐"事件，极大地干扰了我国边疆民族地区的和谐稳定，其背后不乏一些别有用心舆论的煽动结果。

---

25 李冰心："论中国民族地区危机管理长效机制建设"，《甘肃社会科学》，2010年第1期。

26 燕道成 著：《群体性事件中的网络舆情研究》，北京：新华出版社2013年版，第131页。

27 胡建国："当前社会怨恨心态新动向"，《人民论坛》，2011年第31期。

二、信息时代边疆民族地区政治社会化的新方式

在国际格局变化背景下西方大国加强其文化战略实施途径和方法，给发展中国家的文化安全构成严重威胁。约瑟夫·奈曾提醒美国政府："信息优势将和美国外交、美国的软实力—美国民主和自由市场的吸引力一样，成为美国重要的力量放大器。信息机构……应作为比以前更强大、更高效、更灵活的工具来发挥作用。"[28] 信息技术的飞速发展，极大地推进了全球的信息化和网络化进程，以网络为依托的信息化时代已经开启。信息化社会描述的是一个转变的过程，在这个过程中信息扮演着主要角色，它改变了社会经济结构的重心，使得信息与知识的重要性日益凸显。

不同于以从事物质生产为主的农业、工业社会，在信息化的社会中，信息取代传统的物质和能源成为新宠。信息化社会到处充斥着迅速扩张的信息经济活动，通过一系列的方式方法深度开发和利用信息资源，使其逐渐代替工业生产活动，进而改变了国民经济活动的主要方式。eMarketer曾预测，"到2019年，全球互联网普及率将超过50%，网民数量达到38.4亿人。"[29] 人类社会跨入了信息化社会，一种新的生存状态冲击着人们的思想观念和思维方式。这种"虚拟化"、"数字化"的状态改变了传统的社会结构、权力架构、生活框架。随着通信方式的发展，尤其是网络的大规模普及，互联网这种新的媒体逐渐取代广播、电视等传统媒休，并在生活的各个领域都获得了广泛的应用。互联网集这些传统媒体功能于一身，为文化传播提供了新的路径和依托，为主流文化的传播带来了更有效的方法、更新颖的工具。当然，也为西方文化强国的"文化入侵"打开了方便之门。随着时代的发展，在计算机互联网的基础上，一批移动互联网随之发展起

28　张新华 著：《信息安全：威胁与战略》，上海：上海人民出版社2003年版，第405页。

29　"eMarketer：预计2019年全球互联网普及率将超过50%"，中文互联网数据资讯中心，2017年12月14日，http://www.199it.com/archives/661251.html。

来。智能手机、智能手表、平板电脑作为其杰出代表更进一步缩短了信息传播的时空限制。这些不同以往的信息交流途径，推动了各个国家和民族之间文化的传递、交互、共享。文化的普遍性和特殊性推动了人类的进步和繁荣，不同文化间的交流借鉴和互通有无，可以进一步带动各民族文化的共同发展。在这个全球化交流过程中，文化呈现了新的层次和新的境界，使得人类文明成果在各个国家得到吸收和借鉴。

根据CNNIC发布的统计数据来看，当今中国互联网的普及程度，网民规模以及以手机为代表的移动网络使用规模在全球而言都是位居前列的。[30]虽然中国的网络技术与西方发达国家相比仍然相距较远，但利用网络技术这种比传统信息传播手段更具明显优势的方式，向世界推广社会主义主流政治价值观，让网络信息技术与国家文化安全实现有机结合，将更好地提升自身文化安全能力。

第一，信息网络技术使普通公民可以通过网络进行更加广泛的政治参与，逐步认可社会主义民主政治的文化价值观。"政治参与是普通公民通过一定的方式去直接或间接影响政府的决定或与政府活动相关的公共政治生活的政治行为。"[31]互联网在全社会的普及为政治参与提供了便捷多样的方式。通过网络了解政府的政务公开信息，加强对政府的监督；通过网络投票等方式直接参与到政府某些政策的制定和重大事项的讨论中；通过网络向政府部门表达自身利益诉求；通过网络表达政治情感和政治意识等。网络政治参与传统政治参与在参与媒介上的巨大不同，也具有一些新的特点：首先具有虚拟性，无论是方式和效果都由网络这个客体承载；其次是全球性，无论是空间和参与者都带有全球色彩；再次是平等性，包括其受众和言论自由权利都是平等的；此外还包括观点陈述的间接性、使用

30　"第40次《中国互联网络发展状况统计报告》"，中国互联网络信息中心，2017年8月3日，http://www.cnnic.net.cn/hlwfzyj/hlwxzbg/hlwtjbg/201708/t20170803_69444.htm。

31　杨光斌 主编：《政治学导论》，北京：中国人民大学出版社2004年版，第254页。

的廉价性、便捷性、沟通的交互性等特点。[32] 网络在政治参与中的运用，大大改善了因为时空影响造成的参政困难的问题，为政治参与开创了一条新道路，也为广大民众能够更好地参与政治，更好地维护切身利益提供新思路、新方法。目前，民众可以通过微信、微博、QQ、论坛等方式表达建议，对政府部门进行民主监督，足不出户就可以直接通过网络进行参与，省时省力。通过互联网实现政府和民众间持续有效的互动是传统的政治参与方式所不能比拟的，是现代国家普通民众政治参与的重要渠道。

通过这种政治参与的现代方式，普通公民的民主政治素质得到有效提高，并在政治实践中逐步接受社会主义社会的政治信仰和和价值观念。政治社会化是一个公民政治态度和方向的形成过程。在特定政治关系和政治条件下，民众通过政治实践活动逐渐获得政治知识和政治参与能力。网络参与和传统的政治参与有所差异，但是网络中的政治参与也具有民主政治的基本要素，如协商、投票都有所体现。在互联网所提供的虚拟空间中，网民表达政治观点，参与投票、选举、协商等政治活动。普通大众在通过网络进行政治参与的过程中，一定程度上亲身体验了民主政治试验场，了解了公民的权利与义务，也逐渐认可社会主义社会的政治文化。

第二，信息网络技术可以提供更好的民意表达机制，化解社会主义主流政治文化在政治社会化过程中的阻力。互联网创造的是一个虚拟空间和交流平台，普通大众可以以虚拟的身份在这个平台上发表自己的意见和见解，并同不同意见的持有者进行辩论和探讨。网络民意表达不受时空制约，体现出相当大的开放性、公平性和自由性，只要连接上互联网，就可以随时随地表达自己的观点；同时它不受个人声望和职位的制约，社会各阶层都可以在互联网上畅所欲言，表达出自己的利益需求；此外网络民意表达的匿名性使民众的顾虑大大降低，可以进行比较真实的民意表达。随

32　王彬彬："网络政治与党的执政能力建设"，《广东行政学院学报》，2009年第3期。

着网络参与这种新的政治参与方式的推出，极大提高了公民进行利益表达的兴趣和积极性，这一方面缓解了转型期社会发展给普通民众带来的压力，将社会矛盾控制在一定程度范围内；另一方面也有利于政府快速地收集更广泛更真实的民意表达，并将这些意见建议整合传递给立法机构和政府机关，为法律法规的制定和政策实施提供合法性的民意基础。通过网络来实现民意表达的机制与传统的通过开会等形式的民意表达机制相比具有更全面更直观更快速的优点。

处于转型期的中国，一些原本隐藏的社会矛盾蓄势待发，对国家和政府的工作计划造成了一定的困难。如果没有体制化、规范化的压力释放机制，对抗性社会矛盾将会不断积累。政治系统复杂非常，而一个稳定的政治局面需要保持压力的平衡，矛盾的增长和压力的增大需要有一个释放压力的缺口，而互联网的兴起在一定程度上充当了压力释放的阀门。"互联网、博客等，在客观上就承担起社会情绪、社会心理的缓冲阀、调节器的作用。"[33] 其中尤其重要的是，网络为社会弱势群体找到了保护其自身权益的新平台。互联网的平民性、公平性，使其成为弱势群体争取权益、改变生活质量的重要渠道。民众意见得到更好的表达，社会主义主流政治文化自然被接受从而实现政治社会化。弱势群体通过网络曝光自己的遭遇，使问题得到关注和解决。近年来发生的"江歌被害案"、"于欢案"、"红黄蓝事件"等等案例，成为网民乃至全社会关注的焦点。通过博取民意并且制造巨大的舆论导向，引起有关部门的高度重视，迫使有关部门展开相关工作，最终事件得到妥善处理，民众自身权益得到捍卫。民意表达机制的完善最终将化解主流价值观的社会化阻力。

---

33 吴垫辑："学者解读中国互联网政治：民意直达高层直通车"，《北京日报》，2007-06-18。

三、信息化时代西方文化霸权的新途径

信息化的飞速发展所引发的世界深刻变革，随之而来的信息安全问题引起了各国的高度重视，"将信息安全视为国家安全的基石，从国家安全的高度看待和处理信息安全问题"[34]。信息化水平成为当今时代衡量国家综合竞争力和现代化程度的重要标志，信息也成为国家与社会发展的重要战略资源。互联网的普及"将彻底改变人类生存及生活的模式，控制与掌握网络的人就是未来命运的主宰。谁掌握了信息，控制了网络，谁就拥有整个世界"[35]。一个国家在信息能力上的强弱，直接决定了它在国际社会中的竞争力和发展潜力。在大力发展信息技术的同时，发达国家都将信息网络技术作为其科技发展战略的重要内容，他们争先恐后地争夺信息网络技术的制高点，力图在信息时代占据绝对霸权地位。信息技术本质上是科学的，是文化的载体，本身没有其他人为加注的色彩。但是技术毕竟是人设计出来的，无论是理念和框架都带有信息技术开发者的思维方式、价值理念的影子。由于信息技术发端于美国并兴盛于美国，它在发展过程中无法回避美国中心主义这一特征，作为信息技术领域的龙头，美国的起步比一般的国家都要早，导致东西方国家在信息技术水平上的差距天差地别。目前世界网络从硬件到软件的各种标准都是由西方发达国家控制的，而这种控制为发达国家通过网络技术向发展中国家输出自身强势文化和价值观念提供了便利，这种新的政治和技术优势使美国得以更加自由的向世界推销西方的价值观，即资本主义文化和美国的精神。以美国为首的科技大国，信息技术发达"既可以在国际经济竞争中获取比较利益，也能够对防务力量进行信息化改造，制胜信息化战争，而软实力是一种柔性力量，这种

---

34 沈昌祥，左晓栋 著：《信息安全》，杭州：浙江大学出版社2007年版，第6页。

35 [美]阿尔温·托夫勒 著，朱志焱 等译：《第三次浪潮》，上海：三联出版社1984年版。

力量主要依赖自觉或不自觉的社会各领域的制度、理念和进程的吸引力",[36] 信息的跨界流动, 各种权力利益的相互交织形成了一张复杂的国家关系网络。在软实力的博弈中, "内化于国际体系的权力格局中的软实力结构更接近于一种信息结构……当某个国家的软实力上升成为国际体系主导的信息结构, 该国就拥有了对国际政治体系的控制或影响能力"[37]。美国学者曼纽尔·卡斯特认为, 苏联巨人的衰亡与信息技术革命息息相关。横跨欧亚的超级大国没有受到正面战争的冲击, 在短时间内分崩离析, "显示了一个历史时代的终结, 表现出国家主义无能处理向信息时代的过渡"[38]。实际上在很多生产和技术方面, 苏联都领先于美国, 但是在信息技术领域内没能进一步发展, 甚至与美国拉开了很大的距离。因此我们可以把解体的原因归结到"国家主义和苏维埃式的工业主义在结构上无法确保社会顺利过渡到信息社会"[39]。西方的非马克思主义意识形态借助现代信息技术大肆入侵, 使苏联本就混乱的意识形态领域雪上加霜, 加快了苏联衰亡的步伐。

在当今的国际社会, 信息瞬息万变, 其传播速度之快、覆盖范围之广令人惊叹, 在这个时代, 知识就是力量, 信息就是实力, 美国作为世界上经济、军事的第一大国, 领导者信息革命的潮流, 这就意味着可以预见的竞争角逐中, 在面对信息的采集、传播、分析中美国又一次占据了相对优势, 同时控制着传统信息技术领域并且不断创新改造, 此外还兼备经济总量世界第一的经济基础、掌握着全球最发达的科学技术, 作为毫无疑问的

---

36 Joseph Nye: "Power and Interdependence in the Information Age", Foreign Affairs, Fall, 1998, p.86.

37 Joseph Nye: "The Challenge of SOR Power", Time Magazine, Feb 22, 1999.

38 [美]曼纽尔·卡斯特 著, 夏铸九、黄慧琦 等译: 《千年终结》, 北京: 社会科学文献出版社2003年版, 第2-3, 4页。

39 [美]曼纽尔·卡斯特 著, 夏铸九、黄慧琦 等译: 《千年终结》, 北京: 社会科学文献出版社2003年版, 第2-3, 4页。

信息大国，在全球化深入发展的今天，美国依仗浓厚的国家综合实力构建的信息领域的地位，已经使其占得了国际竞争中的先机。早在1980年代初，美国就提升了信息产业的地位，将它放在与经济、政治、军事同等的战略位置上。随后，克林顿政府于1993年提出了"国家信息基础设施计划"，将发展信息技术上升为一项国策；约瑟夫·奈在《信息革命与美国软实力》一书中指出，在当前全球化时代，美国有着它自己的信息优势，这种"软力量"将对美国在全球的中心地位产生积极影响。美国在信息产业领域重拳出击，打造优质信息产业的步伐还在继续。"美国互联网用户占全球互联网用户总量的一半以上，电子信箱量占全球总量的58%，电子商务额占全球总额的75%，商业网站占全球总数的90%。"[40] 发达国家拥有全球90%以上的电脑；作为信息领域的领头羊，美国一国坐拥全世界约70%的大型数据库。[41] 从互联网的语言运用的角度看，英文占据了主导地位，"英文内容占80%，法文占3.5%，其他世界上众多的不同语系只占2%，而中文只占千分之几"[42]。西方国家凭借发达的信息技术在互联网上构建起信息霸权，控制信息传播与信息交流的主导权，使本应该兼具双向互动性和平等交流性的网络信息传播变成了单向灌输西方文化的场面。

阿尔温·托夫勒认为，从今往后要想在全球性权力竞争中占得先机就必须要控制知识和信息，谁控制了知识和信息，就能在国际博弈之中取得先机，占尽优势。"发达国家倚仗雄厚的经济科技硬实力构建信息传播强势，取得了全球信息传播游戏规则的制定权和支配权"[43]。 通过制定规则规范

40　孙敬水："数字鸿沟：21世纪世界各国面临的共同问题"，《国际问题研究》，2002年第6期。

41　王十一："'中国网络威胁论'甚嚣尘上"，《国防科技》，2003年第4期。

42　周力辉、张新霞："网络时代的信息殖民现象及对策分析"，《高校社科信息》，2004年第5期。

43　郑元景："网络时代文化软实力竞争与国家意识形态安全"，《科学社会主义》，2012年第3期。

来建构一个经济政治以外的文化信息体系，而这个体系依旧被传统的西方国家所把持，他们步步为营在全球范围内经营着属于他们的信息文化势力。当一些发展中国家注意到信息文化的重要性时，他们的经营已经初具规模。与传统意义上的争夺权力方式不同，"历史上从来没有像今天这样，知识就是权力，强有力地领导着世界信息革命的国家比任何国家都有力量"[44]。在和平的年代，人们已经淡忘了关于战争的记忆，关于殖民的恐慌。在以自由为主旋律的今天，"直接的殖民主义在很大程度上完结，然而我们所看到的帝国主义仍以其在政治、思想、经济与社会实际中的特有形式，特别是在文化领域中徘徊"[45]。与我们所熟知的枪炮殖民方式不同，没有让人感觉到强加的压抑，这种柔性的方式它不急促不暴力，而是逐渐地侵蚀着民族主权国家的政治思想。就文化产品而言，加入了更多积极的元素，如梦想、拼搏、智慧、善良试图迷惑我们的双眼，披上高科技的外衣，通过电影电视等方式呈现在民众眼前，这显然更吸引消费者。相比于传统的文化产品有着无可比拟的优势，这种优势带来的提升不仅仅是西方文化产业市场的占有率和经济利益，更是以此产业为依托的带有西方文化霸权色彩的意识形态的全面传播，这种依靠实体经济文化传播，使得西方国家已经在全球性话语权竞争占得了先机，掌握了主动权。

---

44 Joseph Nye, William A Owens: Americans information edge, Foreign Affairs, Council on Foreign Relations, 1996, p.20.

45 [美]爱德华·W·赛义德 著，谢少波、韩刚 等译：《赛义德自选集》，北京：中国社会科学出版社1999年版。

第八章

国际格局变化背景下西方大国文化扩张的新特点

国际格局的变化，全球化浪潮的兴起，国际关系行为体之间的联系更加密切。尽管世界各国的资源禀赋、意识形态、历史文化等方面存在差异，在政治制度选择上也有不同，但是在经济全球化大趋势下国家间的商品、服务交换活动以及人员交往却从未停止过。进入21世纪以来，随着中国成为引领世界经济发展的重要力量，加之"上海合作组织"、"一带一路"倡议相继提出并成功实践，不但会加速中华文化与世界文化的交流，在"兼容并包"的精神下必将力推中华文化繁荣。可是西方的文化霸权、文化伦理、价值理念和宗教信仰等方面，西方大国利用现代信息技术为媒介、依托经济贸易为载体、构建信息文化霸权向我国进行文化渗透，危及我国的文化安全，尤其在文化多元的边疆民族地区。

第一节 西方大国文化扩张主体内容的高科技化

西方国家文化扩张具有鲜明的高科技化。进入新世纪以来，世界以信息技术为代表的高科技领域的新发明、新发现可谓层出不穷、日新月异，在竞争优势的加持下，这些高新技术快速地应用于社会各个领域，以推动人

第八章 国际格局变化背景下西方大国文化扩张的新特点 **285**

类社会的进步与发展。随着高新技术的不断发展，全球范围内的文化产业也呈现快速发展的势头，在国家综合国力中文化软实力成为一个新的重要指标。西方国家为了掌控国际综合国力竞争中的"制高点"，一方面，充分利用高科技领域的优势，发展与繁荣西式"文化"；另一方面，通过"文化"输出，实现符合其国家利益的文化扩张。

高科技发展有助于西方文化扩张。"文化"也许我们经常使用，并自认为很了解，但什么是"文化"却不一定能准确地说清楚。一般认为，"文化既包括有形的实物、符号和技术，也包括无形的信仰、观念和价值"。对于众所周知的"文化"，无论是有形的，还是无形的，都是真实且客观存在的，都需通过某种载体才能体现出来，这与通常意义上的"物质"是存在较大差异。不过，在全球化的大背景下，资本、技术以及人员等为代表的生产要素在国际间的流动已是大势所趋，从某种意义上来说"不可阻挡"，一超独霸的国际格局正面临着变化，西方国家直接操控他国的状况已越来越受到挑战，甚至遭到严重的反抗。所以，西方国家为了维持在国际格局的"霸主"地位，通过"文化"输出，即通过利用信息化、互联网等高科技上优势地位，巧妙地搭载符合他们国家利益的"文化"，有目的地向其他国家或地区宣扬着西方的语言文字、价值信仰以及意识形态的"魅力"，使得输入地自觉或不自觉地接受这种"文化"，从而达到潜移默化地影响或控制这些区域，以达到"不可告人的"根本目的。

语言霸权成为西方文化扩张的重要方式。语言是识别一个民族的重要标志，中国边疆民族地区居住着中华民族的不同成员，尽管西北边疆地区的少数民族语言传承要比西南少数民族完整，但是受制于经济发展水平和外来语言文字的强势影响，尤其是随着市场经济条件下出于商品交易和人员交往的需求，无论是西北、西南还是东北边疆，越来越多的民族群众日

1　双传学："'一带一路'视阈下的我国文化开放战略"，《东岳论丛》，2016年第5期。

益忽视或淡化，甚至放弃对本民族以语言为代表的民族文化学习，对其研究、服务的更是严重不足。根据课题组2015年7月对延边朝鲜族自治州的实地调研，朝鲜语在朝鲜族家庭，尤其在年轻一代中有消失的风险。了解到越来越多的朝鲜族家庭将适龄儿童送往"汉校"，而不是"朝校"学习。"朝鲜语使用范围还是很小"是导致这种现象的重要原因。当然，延边朝鲜族是中华民族大家庭中非常重视教育的一个民族，朝鲜族文化的保护与传承工作做得都非常好。不过，在我国其他边疆少数民族地区，尤其是经济欠发达、人口极少的少数民族，在民族语言、民族习俗、民族服饰等方面的流失现象严重，保留与传承面临着巨大的压力。加之，长久以来民族文化保护的乏力，这就为境外的包括语言文字在内的文化渗透打开了方便之门。

语言成为高科技时代文化扩张的重要载体。语言是一个民族的基本标志，很多民族都以本民族语言为荣，称自己的母语是天底下最美的语言。所以，语言是各民族文化的核心部分。在经济全球化的背景下，世界各民族间的交往日益频繁密切，西方国家为了持久地垄断在经济、技术等方面的竞争优势，尽管没有按照以往的诸如不合理的价格歧视、要素控制，甚至不惜战争等直接方式进行干预，但是却通过在高科技领域使用"语言"达到潜移默化的干预，譬如算法、程序以及规制的设计，单是在高科技使用、交流过程中所使用的交流工具，即通常意义上的"语言"，如，"英语"高科技化——在当前高科技领域最为通用的书写、交流用语，经常将其命名为"科技英语"。根据初步统计，当今世界有1/3的人讲"英语"，80%以上的科技信息用英文表达，90%国际高科技会议通过英语交流，100%的软件源代码用英文写成，90%的网络上也是英文信息。毫不夸张地说，现在不使用点英语就感觉自己跟不上时代了。在我国，多数地方自小学三年级开始就开设"英语"课程，有些甚至从幼儿园开始就是"双语"幼儿园，并被鼓吹为"不要让孩子输在起跑线上"。另外，在高科技成为经济社会发展的决定性因素的指引下，我国全国上下，当然也包括边疆少数民族地区，为了抓住这一重要战略机遇期，就会被动地去接受这种被高科技化了的"语言"，即高科技书写"语言"和使用"语言"。在此过程中，也会夹杂着西式"语言"带来的价值观、意识形态等西式文化内容和西方的价值观念。

高科技不断拓展西式文化扩张的内涵。人类社会进入21世纪，国际格局由"一超"向"多强"转变，但是西方国家对发展中国家控制，尤其是对崛起的发展中大国从来就没有松动过，只是由原来"直接的"干预演变为现在的"间接的"管控。正如美国前总统安全顾问、著名国际关系学者布热津斯基在《大失控与大混乱》一书中早有明言："增强美国的文化作为世界各国的'榜样'的文化和意识形态力量，是美国维持其霸权地位所必须实施的战略。"[2] 从中可以看出，文化扩张与渗透是西方国家对其他民族国家进行遏制的发展战略及维护霸权地位的企图。西方国家在以信息化、网络化为代表的高科技迅猛发展的时代，不只是极力地利用高科技来拓展"文化"的范畴，还会巧妙地通过高科技来宣扬西方国家认同的价值观、信仰和意识形态。譬如，西方国家以往对其他民族国家进行价值观、信仰和意识形态的传播，主要通过广播电台、期刊书籍等媒介方式，甚至是以会议交流、传道游学等人员流动方式进行。在高科技迅猛发展的今天，西式的价值观、信仰、自由以及意识形态等内容不仅可以利用信息高速公路，通过手机、电脑以及网络等新媒体传输，更为重要的是还可以巧妙地"植入"到影视、游戏、文章、商品等作品中，使输入地的民族群众自觉或不自觉地接受，以达到渗透其文化的目的。高科技时代的"文化"不仅内涵不断拓展，而且"文化"本身也高科技化，这样不只是大大地节约了传播成本，也大大地提高了传播效率。早期由于传播媒介相对较少，传播成本较高，使得

2　[美]布热津斯基 著，潘嘉玢 等译：《大失控与大混乱》，北京：中国社会科学出版社1995年版，第120页。

西式"文化"的受众面相对较窄，对包括我国在内的国家或地区的传统文化的影响不太严重。然而，进入21世纪后，西方国家不再沿用以往的方式方法直接地控制其他民族国家或地区，而是借助"文化"渗透手段，尤其是搭载着高科技的"文化"渗透作用，从而实现"一代人之后，我们与其他人进行社会价值观念交流的好坏要比我们军事、外交优势对世界格局的影响更大"[3]。所以，在国际格局变化背景下，西方文化强国的"文化"对我国，特别是对边疆民族地区的渗透与侵蚀，将越来越借助高科技优势，通过影视、网游、无线电、出版物以及图书等多种文化产品，加强宣扬西方"文化"，贬低输入国的民族传统文化，从而培育亲近"西方"的势力，力图以西方的信仰、价值观、自由民主等西式"文化"，影响、征服和控制人们的思想意识，从而实现"不战而胜"的目标。

第二节 西方大国文化扩张手段的现代化

传播手段有助于扩大"文化"的影响力。"文化"本身不会发生作用，西方文化也一样，只有通过合适的传播手段才会让人了解、认同并上升为自我意识，从而通过人的自我行为来显示出"文化"的作用。这就体现了经常所说的"文化安全"的重要内涵。我国学者潘一禾认为文化安全是，"'国家—民族'的'基本价值'和'文化特性'不会在全球化大势下逐渐消失或退化的安全感"[4]，主要包括政治文化、社会管理制度；传统文化、独特价值体系；民族语言、信息传播；国民教育体系、国民素质的安全等。文化有广义和狭义之分，客观上文化安全是指文化主权不受侵犯，主观上是指一国民众对

3　[美]理查德·尼克松 著，王观声 等译：《1999年：不战而胜》，北京：世界知识出版社1989年版，第54页。

4　潘一禾 著：《文化安全》，杭州：浙江大学出版社2007年版，第32页。

自己的文化有高度的自信，没有任何"不安全的"心理状态。所以，受文化广狭义的特征影响，文化安全是一个涉及众多层面、内涵丰富的领域。传统的国家安全观一般是指政治、军事、领土主权安全等领域，但现代的国家安全观则包含除以上内容之外，越来越关注"文化安全"在内的非传统安全问题。一时间"文化"软实力、"文化安全"主体作用甚嚣尘上。不过，西方文化往往通过与经济、政治、民主以及其他意识形态相联系，借助传统的媒介，尤其是以信息化、网络化为代表的高科技化，实现对民族国家或地区更加隐蔽的侵入，将他们的霸权理念通过文化渠道披上了合法的外衣涌入处于文化安全弱势的国家和地区，破坏了多民族的文化传统，冲击了主权国家的主权完整和社会制度稳定以及意识形态的独立。那么，当前面对西方文化渗透、扩张，民族国家或地区的文化安全如何保障成为重要的研究课题。

西方文化强国利用传播媒介进行文化扩张。全球化时代，每天从早上打开广播电视、翻阅报纸、浏览网页等活动中，都会自觉或不自觉地接收着来自西方的，以新闻、美食、语言、节日等为符号标志文化的"熏陶"。其后果就是，不仅日益熟悉美联社、路透社等西方新闻媒体，也越来越了解"麦当劳"、"肯德基"等西式快餐；又如，大家对带有浓厚我国民族文化的"端午节"、"中秋节"等传统节日观念愈加淡化，相反的是"圣诞节"、"万圣节"、"感恩节"受到极大地关注，在商家的推波助澜下有着一年高过一年之势。这与西方国家充分利用包括电视、电台、报刊、杂志等传统媒介，以多媒体计算机技术为基础的现代媒介对民族国家和地区进行长久的宣传是分不开的。我国边疆民族地区灿烂的民族文化，由于长久以来我们忽视了对其的传承与保护，这就为西方强势文化的入侵提供了可乘之机。加之，西方大国借助广播电视、报纸杂志、影视资讯、互联网等传播媒介不遗余力地进行文化扩张，使得我国边疆民族地区像其他地区一样，几乎无时无刻地感受着西方国家文化的存在，实际情况甚至更严重。长此以往的后果就是，我国边疆民族地区的文化日益受到西方大国的民主自由价值观和意识形态的挤压、占领、甚至取代我国边疆民族地区的优秀灿烂文化和文明。例如，所谓"全民公决"、"个人中心主义"以及"家庭"责任意识等内容的输入，不断蚕食着我国边疆民族地区人们的精神世界，尤其是对那些民族文化传承和保护较弱的边疆民族地区而言，可能会毫无选择地全盘吸收，其严重性就是人们对这些西方国家所谓的"文化"顶礼膜拜。即使是对那些民族文化传承和保护有所作为的边疆民族地区，由于缺乏足够的判断力，类似以上的"文化"搭载在传统或现代的媒介上，源源不断地涌入也会使人们产生对本民族文化的怀疑，从而降低对本民族文化的认同。

不同传播手段在西方文化扩张中效用不一。传播手段从历史发展角度看，可以简单分为以广播电视、报纸杂志为典型的传统媒介；以多媒体计算机技术基础的，以智能手机、个人电脑等平台所进行的包括图像、文字、视频、音频为内容的现代传播媒介。传统媒介主要是利用机械设备定期向一定范围内社会公众发布资讯，而现代媒介则是利用互联网平台即时向全世界发布包括音频、视频或图像、文字等资讯。从中可以看出，传统媒介在传播范围、实时性上不及于现代媒介。同时，传统媒介前期工作需要通过资讯选取、音视频采集和文稿编辑等方面，不仅需要有专门的设备、人员，而且还需要对这些人、财、物进行综合管理和有效使用，否则就难以发挥传统媒介的作用。如下表所示，传统媒介和现代媒介，无论是在资源性、时效性、还是在互动性、权威性等方面存在差异。譬如，在智能手机、家用电脑普及化的今天，任何人可以不受时间、地点约束，借助互联网平台传播包括音频、视频，或图像、文字内容的资讯，这是传统媒介没法比拟的。随着互联网技术进步，现代媒介对传统媒介产生了很大的冲击。相比传统媒介而言，现代媒介由于传播资讯的门槛较低，加之互联网的虚拟性，良莠不齐的资讯，甚至虚假错误、以偏概全等信息内容泛滥，增加对有价值资讯的删选难度，从而影响社会民众对现代媒介所传播资讯的信任度。

现代传播媒介更有助于西方文化的扩张。现代媒介相较于传统媒介而言，尽管在权威性上有不足，但是现代媒介受众广、即时性以及互动性强等优点，是西方国家进行文化扩张的重要手段。

[表1] 传统媒介与现代媒介传播的差异性分析

项目	传统媒介 (主要以电视、电台、报刊、杂志等形式)	现代媒介 (主要以图像、文字、视频、音频等为载体)
资源性	需要占有较多专用的人、财、物资源	不需要占有专用的人、财、物资源
科技性	信息采取、文字编辑等传统技术	传统媒介技术+多媒体计算机技术
时效性	需要采集、编辑、修订、印制、发行等程序，使之最终到达公众手中需要较长时间，从而丧失了时效性	通过现代信息技术，可以实现在手机、电脑等不同的信息终端上的所有资讯瞬间传播，有较强的时效性
互动性	资讯传播是单向的，是被动、一对多的模式进行传播的，与公众很少实现互动。即使有互动，也是简单的方式	资讯借助网络媒介可以通过一对一、一对多和多对多等模式进行传播，公众通过该平台进行讨论、点评，互动性较好
权威性	主要资讯的获取方式，权威性根深蒂固	网络的虚拟性，资讯发布方等影响权威

首先，现代传媒受众广。随着互联网技术的进步，根据2017年中国互联网络信息中心(CNNIC)发布的第40次《中国互联网络发展状况统计报告》显示，"截至2017年6月，我国网民规模已经达到7.51亿，占总人口56.7%。互联网普及率为54.3%，较2016年底提升1.1个百分点"[5]。近年来，国家加强了对边疆民族地区的扶持力度，积极推进"村村通"工程，使得我国边疆民族地区互联网普及率与其他地区一样稳步增长。即使在我国边

5　"第40次《中国互联网络发展状况统计报告》"，中国互联网络信息中心，2017年8月3日，http://www.cnnic.net.cn/hlwfzyj/hlwxzbg/hlwtjbg/201708/t20170803_69444.htm。

疆的少数民族一样可以通过智能手机、个人电脑等方式获取所需的资讯，当然也包括西方国家新闻、影视以及西式"符号"的文化。其次，即时性。传统媒介从资讯选取、资料整理和后期制作都需要按流程进行，每一程序又需要花费一定时间，譬如报纸，从资讯到发行至少需要记者、编辑和印刷工等多人的协同，还不包括具体的过程环节，等到所谓的新闻资讯面向社会公众时，已不再具有"时新"性。这与以互联网为平台的现代媒介就明显不同，从资讯选取到传送到互联网与社会公众接收只需分分钟，即"实时"性。现代媒介传送资讯不受时间、地点限制，任何互联网用户都可以将采集到包含着音频、视频的资讯实时地传播，这就是我们所说的信息大爆炸时代的特征。还有，现代传媒互动性。现代媒介不同于传统媒介最重要的就是，社会公众可以通过互联网平台，对接收到的资讯进行讨论、点评，资讯发布方也可以即时地了解到这些反馈，甚至对这些"反馈"进行答复。通过这种"互动"，不仅有助于提升社会公众的参与感，也有助于增强资讯的可信度和社会效应。

现代传播手段搭配着传统的传播手段使用促进了西方文化扩张。不同传播手段尽管有不同的传播效果，但是搭配着进行西式文化扩张，可以发挥各自的优势，使得西方文化更容易被接受。首先，传播媒介有着锁定效应，即不同传播媒介有自己固定的客户群。根据调研得知，一般来说，从年龄的角度上看，55周岁以上的中老年朋友在接受新闻资讯上，80%-90%更愿意选择广播电视、报纸杂志；而45周岁以下的青壮年朋友却更愿意选择智能手机、个人电脑等方式获取自己所需要的资讯；45-55周岁间的中青年朋友中46%人选择现代媒介，32%的在现代媒介和传统媒介自由切换，只有不到22%的选择传统媒介。这就为西式文化的扩张进行了客户市场的细分。随着互联网在年轻一代中的普及，西方国家通过网络既可以传播包括音频视频、图片文字等内容的资讯，又可以实时且在不增加费用的条件下进行西方文化扩张。因此，现代媒介为西方文化传播大开方便之门。譬如，影视作品，包括好莱坞大片，是西方国家宣扬其文化软实力的一种重要载体。在传统社会受制于信息技术的传统媒介传播，一部大片需要经过制作、发行、审批、营销、流通等多个环节，需要耗费大量的人力资源和资金，尤其是需要在按照流传渠道的层级由高向低进行传递，由此需要经过漫长的时间，不仅受众有限而且流转时空受限。新时代下现代媒介传播则大相径庭，无论文字图片资料，还是音频视频资源都可以实现在互联网构建的地球村之间瞬间传播，例如，像《阿凡达》在全球同步上映、圣诞晚会、"超级碗"、苹果新品发布会等全球同步直播。这有助于西方文化强国利用现代传媒手段对其他国家或地区进行文化扩张或文化渗透。

现代媒介是西方国家文化扩张的有利形式。随着科学技术的发展，在现代媒介领域尤以互联互通为标志的互联网，在西方国家文化扩张中扮演着重要作用。尽管网络的虚拟性降低了公众对此的信任度，但在科学技术的作用下，通过剪接、拼凑以及其他资讯的添加，形成一种完整的资讯链条，甚至是"技术"化制造，从而向社会公众编造一个有公信力的资讯。我国边疆民族地区多与其他国家接壤，经济社会发展相对滞后，为了尽快发展生产力，长久以来忽视文化建设，在本民族文化的传承与保护上相对不足，这就为其他文化传播提供了便利。加之，西方国家从未放松对我国进行渗透和破坏，充分利用我国边疆民族地区实施的民族政策，在传统媒介的基础上，加大借助互联网技术进行不受时间限制、不需要增加成本以及不分年龄阶段的，通过以影视剧、音视频等表现出西方的自由思想、价值理念、信仰意识及其他的代表文化。一方面，通过剪接、编排来向我国边疆民族地区宣扬西方文化，对民族地区文化进行侵蚀，使之误认为西方文化才是先进，从而缺乏对本民族文化的自信；另一方面，通过对音视频、影视剧等资源中美好生活和文化元素的移植，培养民族地区的群众对西方文化的向往。现代媒介传播无论是从范围还是从效果上看，比传统媒介既能节省时间和成本，又可以通过编造的真实性与互动性，从而提高资讯的公信力，也就是迫使公众从接收到自觉与不自觉地接受资讯中所传播的文化内容，也就使得公众无论在有意或无意的情况之下接受到资讯中所传播的文化内容。也即，这就是政治社会化最重要的方式：明示和暗示。

第三节 西方大国文化入侵方式的隐蔽化

冷战结束后，世界各国间的力量对比发生重大变化，西方国家不能像以往那样直接对民族国家或地区进行武力扩张，只能选择通过文化交流、商品输出和对外援助等手段，向世界各地宣扬西方文化，或与文化有关西方文明，从而诋毁其他民族国家文化、腐蚀和麻痹其他民族大众的思想。当前正值"互联网+"时代，尽管各国深刻认识到维护文化安全的迫切性与艰巨性，并采取一定措施对文化传统、价值理念、社会风俗等方面进行有效文化选择与文化建设，从而加强维护文化安全。但是，西方国家凭借自身经济实力和文化优势，在继续发挥广播电视、期刊杂志等传统媒介作用基础上，积极通过智能手机、个人电脑等现代媒介来推行西方的民主自由、价值信仰以及意识形态，这威胁到其他民族国家或地区的文化安全。近年来，我国边疆民族地区时有发生的诸如"3·14事件"、"7·5事件"等恶性暴力事件，既映射了我国边疆民族地区文化安全的紧迫性，西方国家文化扩张方式日趋隐蔽，也说明了西方国家文化扩张与边疆民族地区多种力量媾和的复杂性，即西方大国文化扩张的隐蔽性。

通过文化交流进行文化渗透。文化是各民族在长期生产实践中形成的，因而文化也就成为民族特有的标志。尽管世界各国或民族自己的文化既有量上的多寡，也有质上的优劣。每个民族文化都有精华部分，值得其他民族借鉴和学习。因此，国家或民族之间需要取长补短的"文化交流"。文化是内涵于每个个体中，尤以其中优秀分子为代表，所以早期"文化交流"主要是通过人员往来，以专家学者访学、学术交流会议等形式来进行。这种文化交流在民间以传教士最为典型，具有浓厚的宗教宣传色彩。但随着世界经济社会发展，国与国之间不仅存在较大的发展差距，而且在国家利益作用下，具有经济文化优势地位的西方大国主导的国际政治格局，此时文化软实力逐渐成为资源、军事等硬实力之外的在国际竞争中重要变量，致使西方国家在对外扩张中越来越关注文化因素。由此，有学者提出"文化外交"概念。从文化外交内容上看，主要包括专家学者访学活动、学术会议交流活动、国际人才培育支撑计划等人员交往中进行思想洗礼，以及通过国际卫星电台、国际新闻资讯等进行西式文化灌输，已达到通过看似双赢的"文化交流"项目，即互通有无，既可以促进先进西式文化传播，也可以挖掘民族国家或地区文化中的精华，并对其发扬光大，以利于民族国家和地区文化的繁荣。但事实上，西方国家主导的文化交流项目，其主要目的是通过对民族国家或地区的优秀人才，提供优厚的经济报酬、雄厚的资金保障、良好的生活条件等多种优惠措施，使其自觉或不自觉地接受西方文化，从而实现这些"精英"在民族国家或地区的示范效应，迫使人们无意识地在思想上对西方文化的归顺，从而达到西方国家"不战而胜"其他国家或地区的目标。例如：二战结束后的"富布赖特"交流项目[6]。即美国凭借自己的经济实力、便利的生活条件以及优美的自然环境等优势，从申请者学历、语言以及课题设计等方面，按照社会精英的标准从民族国家或地区进行选拔。通过选拔出的"幸运"者不仅可以得到以美国政府为名义的大

6　富布赖特项目创建于1946年，以参议员富布赖特的名字命名，由美国国务院负责实施，是世界上声誉最高的国际教育交流项目之一。它在全球190多个国家选拔高水平的学者，每年不同学科的选拔人数加在一起不超过800名，平均每个国家不超过5名。即使像中国这样的人口大国，每年的名额也不超过40名。选拔出来的学者由美国国务院及中国政府共同资助到美国大学或研究机构进行为期10个月或一年的深造，并受邀到美国的政府机构、公司和其他研究中心进行访问。

额资助，还可以到美国政府、公司或相关研究机构进行访学活动。美国政府从服务机构到交流人员、从项目推进到日常工作、从政府部门到研究机构等都进行了精心的规划，这就为美国文化在被选中的民族国家或地区的"精英"中产生着潜移默化地影响，为美式文化扩张提供了很好的机会。同时，这些"精英"在民族国家或地区的影响力会使得美国文化的影响力成倍数的增加。当然，这些文化交流项目并没有像传统社会中传教士那样，直接地宣扬西式文化如何优秀，以及强制人们去接受，但是，通过文化交流项目设计，通过给予参与项目的"精英"们物质上、精神上，甚至是超物质或精神的诱惑，使其自觉或不自觉地接受，从而被西式文化所控制。

利用商品输出进行文化入侵。国际间商品交换活动是经济全球化背景下的一个基本现象。国家或地区间由于资源禀赋的不同、生产技术的差异以及发展的不同阶段，国际间的商品生产与交换活动不仅可以实现资源共享，还可以提高人类福祉。不过，商品由于是民族国家或地区人民劳动成果，必然内含着文化元素。景泰蓝、中国陶瓷、中国结、中式家具等，无论是在色彩、外形设计上，还是制作工艺上都深深烙上中国的"雍容华贵"、"四平八稳"、"开放包容"等儒释道文化。我国边疆民族地区基于生产实践开发出各具特色的民族商品，譬如，弓箭弩、马头琴、青稞酒以及种类繁多的民族服饰。一般来说，商品中包含的文化元素，随着商品输出而进行着文化交流，尤其是其中的优秀部分会被输入地吸收并发扬光大，从而促进人类文化的繁荣发展。但是，如果国家或地区有目的地将其文化元素，搭载在商品输出中进行文化扩张，就值得我们留意与警醒。近年来，随着经济全球化进程的加快，西方国家通过大规模的商品输出，不仅从经济上对民族国家或地区进行扩张，而且还在输出的商品上搭载着西方文化，不断向用户宣扬西方生活方式、价值观念，灌输西方自由民主、人权观念，从而达到影响乃至控制他国或地区的目的。我国边疆民族地区与其他地区一样，在长期的生产实践中，不仅形成了自己的民族文化，也发展了适合自身民族需要的生产生活规范。在经济全球化和市场经济作用下，外来商品不只是改变了人们的生产生活方式，也对人们的思想观念产生了重大影响。如，麦当劳、肯德基等带有浓厚西方文化基因的商品在中国大地随处可见，可谓遍地开花，在我国边疆民族地区大中城市也不例外。这种"西式快餐"带来了饮食文化当中便捷、宽松的思想，同时也包括AA制所倡导的分摊意识，都使得我国大众认为，相比中国饮食文化的礼节，西式快餐的自由让人觉得不受约束。西方国家通过商品输出搭载文化扩张，应该说是全方位、多层次的。在日常的影视大片、音像制品、报刊书籍中更是大量存在，通过对这些商品进行"文化"包装，使民族国家或地区消费者在购买并使用过程中，不仅支付了等价的货币，也兑出了自己民族思想，换得西式生产生活方式，甚至是意识形态。

借助对外援助进行文化移植。对外援助原本是发达国家通过有偿或无偿的资金、项目以及科技等投入方式，帮扶欠发达或不发达国家或地区发展的一种手段，是发达国家或地区履行国际社会责任的表现。在2008年金融危机席卷全球背景下，亚洲、欧洲的新兴经济体受灾严重，时任日本首相麻生太郎在当年达沃斯论坛上宣布，日本政府提供1.5万亿日元(约合170亿美元)援助湄公河以及南亚地区，帮助其应对金融危机，并重申向国际货币基金注资1000亿美元的承诺。我们能否就认为日本政府的这些对外援助，是日本政府作为经济大国履行的社会责任？实际上，日本并非只是到处撒钱，其根本目的是通过对外援助，在树立大国形象的过程中附加宣传日本文化。更直观地说，对外援助被越来越多的日本人当作在世界上宣扬日本正面形象的方式，希望通过对外援助而达到在世界上传播日本文明价值观的目的。日本之所以选择对外援助，是在变相地对外输出日本文化，本质上是日本文化与价值观向外扩张方式之一。可见，西方国家对外援助并非是无私的，利用对外援助进行文化移植，是西方国家利用经济技术优势对民族国家或地区控制的惯用伎俩，值得我国边疆民族地区在接受外国政府或机构援助时警醒。从表面上看，对外援助是"先进帮落后"、"发达帮贫穷"的一种社会责任，但事实上，西方国家的实施对外援助目的是隐藏其国家文化输出战略，即在援助进程中，将西方的价值观念、意识形态等内容在受助国家或地区传播、认同甚至迫使接受来自西方的文化价值观念。

操纵国际机构进行文化渗透。自经济全球化以来，国家间交往日益频繁，冲突和矛盾也就难以避免，国际议事或协调机构应运而生。尽管倡导并奉行国家间无论大小、贫富，参与国际事务中地位一律平等，但是，国家间发展的不平衡的客观存在，发达国家又往往以其雄厚的经济实力为要挟，操纵或主导国际机构是基本事实。正如亨廷顿在其著作《文明的冲突与世界秩序的重建》中坦率地承认，"西方实际上正使用国际机构、军事力量和经济资源管理世界，其做法是保持西方的优势、维护西方的利益、推行西方的政治经济价值观念"[7]。譬如，2015年联合国人权理事会第29次会议上，中国直接指出："美国土著人权益长期遭受侵害，种族歧视根深蒂固，种族矛盾愈发严峻，有色人种不仅在就业、住房和教育方面遭受歧视，而且成为警察针对性、歧视性执法的主要受害者，弗格森、巴尔的摩等美国多地接连发生警察杀害无辜黑人血案，近期还发生极端分子针对黑人教堂的屠杀事件，情报机构滥施酷刑、大规模境内外监控，但无人为此承担法律责任。"[8] 更进一步明确谴责："欧洲许多国家种族歧视、仇外现象和宗教歧视越发严重，包括穆斯林在内的外来移民和罗姆人等少数民族权利未得到保障。德国等欧洲国家，有的协助美国情报机构收集公民私人信息，新反恐与安全法案包含过度限制公民自由及排斥特定人权的内容。有的右翼极端组织的种族主义和排外行为抬头。"[9] 从以上西方国家在人权理事

7　[美]塞缪尔·亨廷顿 著，周琪 译：《文明的冲突与世界秩序的重建(修订版)》，北京：新华出版社2012年版，第280页。

8　"联合国：美欧应对人权问题反躬自省"，国务院新闻办公室网站，2015年6月25日。

会的表现，以美国为首的西方国家不顾自己国内的人权问题，而是利用操纵国际机构的机会，以自己的人权标准对包括中国在内的一些发展中国家横加指责，这不符合事实，其根本目的就是为了实现对发展中国家的控制。也就是说，西方国家利用国际机构将自己的意识形态国际化，向其他民族国家或地区兜售西方的民主自由、价值理念以及政治信仰。

简言之，高科技使西方国家文化扩张更趋隐蔽性。西方国家通过以上种种方式，可以说是不遗余力地在民族国家或地区的生活方式、价值信仰和思想意识等方面，进行全方位西式文化的渗透，西方大国改变了大棒式强制方式，在所谓"民主、人权"等糖衣的包裹下，通过文化交流、对外援助、商品输出等方式进行文化输出，同时还积极利用影视大片、报纸书籍、新闻资讯等现代媒介，促使民族国家或地区的公众自觉或不自觉地接受西式文明。尤其是对我国边疆民族地区，由于长时间的经济社会发展缓慢，各民族文化的传承与保护工作薄弱，加之我国改革开放以来以"经济建设为中心"和"让一部分地区和一部分人先富起来"的发展政策，文化建设方面没有及时跟进，这为西方文化入侵提供了便利。因此，不但要认识到西方国家文化扩张的险恶用心，而且要防范西方文化霸权的安全威胁。同时，更应该积极做好我国边疆民族地区文化建设，增强各族人民群众对中国特色社会主义文化自信。

第四节 西方大国文化扩张破坏作用的深重化

西方国家文化扩张存在严重地破坏性。冷战结束后，尤其是人类社会进

---

9 "联合国：美欧应对人权问题反躬自省"，国务院新闻办公室网站，2015年6月25日，http://www.scio.gov.cn/zhzc/8/4/Document/1438718/1438718.htm。

入21世纪以来，国际格局总体上说是"一超多强"，随着中国和平崛起，逐步走向世界舞台的中央，在国际事务中日益发挥着重要的作用。这必然会挑动以美国为首西方国家的敏感神经，因而会千方百计地制造散布"中国威胁论"，不遗余力地进行西式文化扩张。这正是哈佛大学教授约瑟夫·奈1990年提出"文化软实力"，其根本意思就是指，西方国家只要打好西式"文化"这张牌，"通过吸引而非高压赢得他们想要得到的东西"。在当前国际环境下，西方国家不是放松对民族国家或地区的遏制，只是由原来的直接干预为间接影响；由经济、军事制裁为主转向以民主自由、价值信仰和思想意识等西式文化控制为主，同时辅之以经济、军事为后盾。由此，西方国家对包括中国在内的民族国家或地区的遏制不是放松，只是改变了方式。通过西式文化入侵、渗透，通过控制人们的思想，其毒害性、破坏性更强、更大、更深远。这就是所谓的"和平演变"。

霸权护持行为是霸权国的本质属性。为了维护自己的霸权地位，西方强权要么通过各种手段削弱次强国的实力，要么支持与次强国有矛盾的国家发生冲突。在战后国际关系民主化以及核威慑的情势下，通过武力维护自己的霸权地位西方强权要付出难以承受的代价。于是，历史上西方强权屡试不爽的"文化战略"又重新"粉墨登场"了。苏联的灭亡、东欧的剧变就是西方文化战略成功的范例。西方国家面对着国际格局的变化，面对中国快速崛起，不是积极推进和平共处，不是增进人类共同福祉；而是希望通过唱衰中国文化，来遏制中国现代化进程。这是"经济上迅速崛起而政治制度极为不同的中国的顾虑"[10]。中国文化能长久的存续与发展，本身就证明中华文化是人类历史上最优秀的文化之一。虽然不能阻止西方文化强权对中华文化的不同意见，但是应该对诋毁和矮化我国文化的现象有清醒地认识。西方强权有计划、有步骤地对我国展开诸如政治制度、民主

10　汪晖 著：《东西之间的"西藏问题"》，北京：三联书店2011年版，第5页。

自由、领土争端、历史问题等方面进行舆论上攻击的文化战略，同时借助现代大众传媒雇佣别有用心的人专门制造针对中国文化的精神"毒品"，放大我国经济社会发展中存在的问题，并将"问题"通过引导指向中国国体和政体。这其中体现的基本理念，就是"灭人之国，必先去其史"，捣毁我国文化的根基。从目前西方国家惯用的伎俩和所谓的"文化战略"来看，其诋毁与矮化中国文化的手段或方式主要有：

污蔑偶像。偶像是一个国家或民族发展中为人们所崇拜、追捧的对象。国家或地区在经济社会发展中，之所以会形成自己的偶像？是因为偶像是人们学习的榜样，具有示范效应。崇拜偶像，是对其精神的认同；追捧偶像，是对其价值的追逐。偶像效应，主要是因为偶像代表着国家或民族文化中正能量的、值得推广以及发扬广大的价值。例如，雷锋树立了一个全心全意为人民服务，"先人后己、大公无私"的好战士，为人民子弟兵提供了学习的榜样。又如，焦裕禄是一个"严于律己、亲民爱民、无私奉献"的好干部，为党的干部树立了一个学习的楷模。还有，草原小姐妹"不畏严寒、团结互助、乐于奉献"的好群众，为社会宣扬了一种共产主义者高尚的品格。除此之外，在不同时期、不同岗位以及不同领域都会有学习的榜样，都会有自己的偶像。譬如，撑起"天梯学校的夫妇"——李桂林和陆建芬夫妇；哈萨克人民的好医生——李梦桃；尊老爱幼的伟大女性——林秀贞……等一大批感动中国的英雄人物。诚然，每个民族都有自己的文化，尽管在全人类共有文化，如真善美上有相同或相似地方，但是由于各民族发展基础和发展阶段不一，在对具体文化内涵上也会存在差异。也就是说，以上偶像、英雄人物是我国文化中典型代表，被国家和人民所敬仰。但是，西方国家(以美国为首)雇用专业资讯制作团队，借助操控的广播电视、期刊杂志以及互联网平台，通过剪接、编排，甚至颠倒黑白、歪曲事实，制作出类似《拆穿西点军校学雷锋的谎言》、《焦裕禄的事迹是两个人拼凑起来的》以及《草原小姐妹遇险和被救的真相》等新闻资讯，以达到抹黑偶像、诋毁英雄，从而瓦解偶像、榜样在中国人心目中的地位，从而使公众精神上出现空白与荒芜，为其进行西式文化扩张提供便利。同时，西方文化强国会通过影视剧、新闻资讯等方式来兜售所谓的西方国家的英雄。

毁损文化。虽然由于资源禀赋和地理区位等客观原因，我国边疆民族地区的经济社会发展水平低于全国平均水平，但是无论是西北边疆，还是西南边疆，抑或是东北边陲的少数民族，其民族历史文化早已是中华文化不可分割的一部分，全国56个民族共同构筑了中华文化。中华文化可谓包罗万象、博大精深。首先，中华文化是全国各民族共同创造，边疆少数民族为中国文化的兴盛、繁荣与传承做出自己的贡献；其次，边疆少数民族文化尽管有自己的民族特色，但各民族的基本价值信仰、思想意识是一致的。我国边疆少数民族文化精髓是什么？主要内容有以下几方面：其一，遵循国家统一。我国各民族尽管经历了分分合合，但总体上以"民族融合、国家一统"为主线，有着共同的"尊幼有序、礼义廉耻、勤勉持家、艰苦奋斗"的文化传统和价值取向。其二，坚持和谐相处。我国各族人民在长期的生产实践中和谐相处，并将其上升为中华文化的重要内容。"和谐社会"、"和为贵"不仅从儒释道等主要思想学派中找到理论基础，也是中华民族的处世哲学。如，儒家倡导"中和"，强调"礼之用，和为贵"，注重人与人之间在"礼"基础上实现和睦相处；道家提倡"遵道以行，率理而动，因势利导，合乎自然，海涵宽容"，主张按照一定行为规范和准则来引导建设"海涵宽容"的社会秩序。其三，秉承了自强不息精神。自强不息是中华文化的主线，也是我国各民族文化的精髓。不仅有被广为传颂"天行健，君子以自强不息"的思想，更有"三军可夺帅也，匹夫不可夺志也"、"舍生取义"等以"天下大义"为己任的奋斗精神。这些警句名言内涵了中华民族根深蒂固的文化传统，也锻造出中华文化中生生不息的自强精神。

中华文化博大精深，然而西方国家正是抓住了我国在经济社会发展过程中，尤其是改革开放以来，对边疆民族地区的文化传承与保护工作上的松懈，一方面通过利用影视剧、互联网平台等现代媒介，乘机向边疆民族地区输入西式文化；另一方面又通过广播电台、对外交流以及雇佣"御用"人才，对历史悠久的中华文化，包括边疆少数民族地区语言、习俗等方面，进行嘲讽诋毁、指责谩骂，甚至不计成本、不顾脸面地、赤裸裸地通过捏造历史、编造事实等方式，妄图将这些民族文化从中华文化当中分离出去。这直接威胁到我国文化主权安全。

编造历史。我国边疆民族地区同国内其他地区一样，有着自己民族发展的历史，在漫长的历史长河中，形成了包括语言文字、民族心理、民族习惯等以民族文化为代表的历史印记。通过对各民族历史研究，不仅可以了解该民族形成与发展，还可以提升民族认同感；更重要的是在对民族历史的研究过程中，获得更多民族自豪感。我国边疆少数民族是中华民族大家庭中的重要组成部分，在历史长河中，少数民族之间、少数民族与汉族之间是合作共赢、和睦相处、共同发展的关系，各民族间虽然经济社会发展水平未能同步，但是共同发展并形成了一部光辉的中华民族历史。我国边疆民族地区，尽管存在"跨界性"，即与"域外"民族同属某一族群，不仅拥有相同的语言体系，还能与国外其他各民族在生产生活实践中"融合"发展，但这并不能构成分裂我国的借口，实质上我国边疆少数民族无论在价值信仰上还是思想意识上都不同于"域外"民族。因为，民族的认同不仅只是语言文字上的相同，更应该是民族心理和民族意识上的认同。例如，当今世界上会讲英语的人越来越多，但不能仅凭能否会英语来将其认定为一个民族。我国边疆少数民族地区在历史发展过程中，在不断生产生活的实践中已经形成了"你中有我，我中有你"的融合发展关系，共同形成并不断发展着中华民族历史。任何不尊重我国边疆少数民族与其他各民族发展的历史事实，通过歪曲和编造历史方式来阻碍边疆少数民族自身发展，或边疆少数民族与其他民族融合的发展以及我国边疆少数民族分裂出中华民族大家庭的图谋，都应该值得引起国家的高度重视。冷战结束以来，尤其是随着我国和平崛起，总有些西方国家妄图通过编造历史，尤其是边疆少数民族历史的方式来制造事端，其用意如果得逞，既可以离间边疆少数民族与其他民族之间的和谐稳定的关系；又可以达到遏制我国和平崛起的进程。所以，应该正视西方国家在我国边疆民族地区历史问题上态度和做法，如，民族"英雄人物、代表人物"的历史追溯、民族"语言、信仰"等特征的"科学"归类以及民族历史问题上的种种言论，同时要加大边疆少数民族地区历史文化研究与传承工作力度。

破坏形象。国家形象是一个国家或民族文化的外在表现，我国是一个发展中大国，在和平崛起的道路上我们奉行和平与发展，不干涉他国内政对外发展政策；在国际事务中坚持国家无论大小、强弱都一律平等，不应以大欺小、倚强凌弱的国际交往原则。我国是由56个兄弟民族组成的大家庭，共同组成了中华民族，在各民族一律平等的基础上，除汉族外的其他少数民族，尤其是对少数民族制定并实施《民族区域自治制度》，扶持发展与自主繁荣少数民族经济、文化和社会生活。应该说，新中国成立以来，尤其是改革开放后我国国际地位逐步提高，积极向上、公平正义、敢于担当的负责任大国形象，越来越得到国际社会的认可。当然，在和平崛起的道路上，总免不了可能会出现这样或那样的经济、文化或社会问题，客观认识并正确对待是解决发展中问题的正确思路，西方强国却以此为由任何片面宣传、夸张编造，甚至恶意歪曲都是对我国国家形象的严重抹黑。这又是西方近年来进行破坏的基本做法，其影响极坏、其影响深远，值得我们高度重视。具体来说，主要有以下几种方式：

其一，片面宣传。文化力量是需要通过新闻媒介的宣传来实现。在信息化时代以前，西方国家尽管可以通过报纸、广播、电视等传统媒介，片面宣传中国社会发展、历史文化等内容，甚至通过歪曲历史、编造事实等方式，以达到对目标地区的群众进行混淆视听的效果和目的。这其中就包括利用我国边疆民族地区文化识别能力相对较弱，能够获取的正常信息渠道相对弱势，通过片面宣传少数民族发展与国家整体发展、少数民族文化与中华民族文化以及少数民族生活与其他地区生活等内容，过分宣传边疆地区群众的"少数"意识，煽动边疆少数民族情感，从而达到分裂中国的目的。不过，由于资讯是通过传统媒介的方式进行，通过海关监管、信号监控以及出版发行等环节，可以有效地防止境内外组织、机构和个人对我国边疆民族地区进行以上"片面宣传"。但是，当下信息技术的迅猛发展，除传统媒介外，人们更多的会通过互联网平台随时随地便捷、无限制且低成本获取所要的资讯。值得注意的是，互联网与过去的传统传媒业的巨大不同还体现在：消息产生传播的开放性、公众参与的低门槛以及内容监管的松弛，信息爆炸式的增长带来的还有良莠不齐的隐患。如果这些信息也好，思想也罢都是有价值、有益于人的话，那么会促进信息或思想更大范围的传播，必将有利于整个世界思想的进步，或价值再造。可是，如果相反呢？这就需要对信息化条件下国家能否有效管理互联网信息、维护国家文化安全进行重新思考。

现如今，互联网让世界迈进了一个全新的信息化时代，从网络上获取的新闻、信息、思想等诸多内容，可谓"良莠不齐"。既有积极向上的，也不乏消极落后的，甚至是反动的。如果不加区分地加以"全盘接受"并大肆传播，前者可能影响不大，但后者的危害性就会倍增。根据相关研究发现，资讯效用的发挥，不仅与受众对资讯的消化吸收能力有关，还与受众对资讯的认可有关。不过，受众一般对积极正面的资讯表现为不积极或消极态度；却热衷于"小道消息"的负面新闻，并对此深信不疑。如果只是娱乐谈资、生活琐碎等资讯，其产生的影响不会太坏。如果是西方的政治观点和政治主张，比如资本主义的民主自由、多党执政、意识形态等，通过互联网平台不断传入我国，则会影响我国的政治安全，造成思想领域的混乱。又如，20世纪80年代以后，随着中国经济社会持续稳定发展，尤其是和平崛起的今天，西方国家不遗余力地对我国，包括边疆民族地区进行类似于"《中国国情最新数据让人震惊》、《中国不敢公开的大数据》、《中国即将崩溃》"等片面宣传，其用意之险恶，其手段之卑劣，其后果之深重，目的就只有一个，就是要从文化上污蔑、政治上腐蚀、思想上毒害。最重要的是，由于互联网时代不仅信息传播载体已经发生很大变化，信息内容理解、解读以及影响等都是传统媒介所无法比拟的，从而大大影响了国家对互联网进行有效地管理，使得互联网各类不良信息、错误思想等危害性显著加强。

其二，夸张编造。夸张编造是西方国家文化入侵惯用的伎俩。在实现中华民族伟大复兴的过程，坚持"有所为，有所不为"的工作方针和理念，针对改革开放初期社会主要矛盾依然是落后社会生产力与人民群众日益增长的物质文化需要，其中最为明显的是物质需求，人民的温饱问题，为此在很长一段时间坚持"经济建设"为中心，可以说放松了文化建设，这也包括对我国边疆民族地区社会主义文明宣传与教育，边疆民族地区自身文化的传承与保护工作上的松懈。诚然，单是在经济建设上，是没有任何先例可供借鉴，唯有大胆实践，敢于创新，"摸着石头过河"。只有抱着一颗"不怕犯错误"的决心，和"有错误"就及时改正的自信，经济建设才有了今天这样的成绩。但是，也应当看到在"经济建设"为中心发展过程中，少数不法商人在以"经济建设"作为"唯一"中心的指引下，生产、销售伪造、仿造假冒伪劣商品，以获取不法利益的现象。这种现象甚至在个别领域、某些地区很普遍、很严重，但是绝不能因此而对我国社会主义伟大事业进行全盘否定。据统计数据显示，国家GDP总量稳居全球第二位，达到80万亿美元；人民生活由温饱向全面小康演进，更加接近于富足；平均预期寿命已达76.34岁，其中男性73.64岁，女性79.43岁。

客观地说，取得以上成绩是我国社会主义建设事业的成就，是我国实施改革开放国策所取得成果，应当看到发展中积极的一面，而不能无限地放大消极的东西。可是西方国家抓住我国经济社会发展中暂时某个问题，尤其是与人民群众生活相关的某个问题，指派"专业"写手或御用"人士"进行夸张编造，甚至不惜代价、不计成本，采取多种方式来进行宣传报道，"污损"、"诋毁"以及"削弱"改革开放成效，制造出种种不满，从而达到丑化中国的国家形象、妄图推翻中国共产党的领导，达到颠覆社会主义制度等不可告人的目的。近年来，经常可以看到类似于"人造假鸡蛋"、"打针西瓜"、"生蛆橘子"、"国产奶粉"等食品安全问题；"夺命房价"、"天价医疗"、"致病土壤"、"雾霾空气"等生活话题。不仅标题醒目惊人，内容也无不激进夸大。2008年的"三鹿奶粉"事件被曝光后，互联网上跟帖、文章及与此有关的词条多达2,970,000个。但是，对洋奶粉发生的肉毒杆菌事件，表现却十分理性，关注不多，且对其销售看似也没有多大影响。同样由婴幼儿奶粉引发的事件，社会公众对其不同关注度，不仅与国内和国外的区别对待的"意识"有关，更与事件背后的舆论推手有关。

实际上，食品和药品安全问题是个世界性难题，哪个国家都有，只是发生的时间与领域不同而已。美国是当今世界唯一的超级大国，素来被打上"最安全、最自由、最人权、最平等"符号。但是，美国枪击事件频发，激素使用最泛滥，贩毒一点儿也不见得少，以及类似于"警员阿米奥特枪杀黑人司机哈伯德约"被判无罪的事件也可见怪不怪。这里我们不仅要想到为什么我国经济社会发展中的问题，在备受关注的同时，更多的是进行夸大，甚至是编造。同样的问题如果是发生在西方，就很容易被社会公众去"包容"，抑或被当作是发展中的必然现象。这与长久以来我国文化建设有关，也是西方国家文化扩张策略的结果。众所周知，西方国家极尽所能地将自己包装成"清正廉洁、亲民圣洁、简朴奉公"的伟大形象，对发展中国家，尤其将中国政府及其工作人员"建构"成"贪腐成风、脱离群众、独裁武断"的统治者现象。这其实就是想从生产生活到发展理念、从人文精神到价值追求等全方位地渗透，进而要求中国，包括边疆民族地区，必须按照西方文化要求接受改造，"只有西方文化、西方制度、西方模式"等一切才是发展正途。这种观点显然是带有政治色彩，显然是不正确的。无论是中国，还是其他国家，在经济社会发展中都应该基于自己的国情、自己的文化去选择适合自己的发展道路，这其中也包括我国边疆民族地区，也应该在国家整体发展战略下，立足本民族地区资源禀赋、文化心理和发展阶段去发展壮大民族经济、文化、社会事业。这些原本无可厚非，理所当然。但西方国家、组织强加干预不但阻碍、限制他国(民族)自主自立，也带来了严峻的经济、文化冲突，从而引起国家、民族的强烈不满，导致更严重安全问题的产生。

"唱衰中国"是西方文化扩张的根本目标。国际格局变化的大背景下，西方国家对其他国家不再，或主要不再是依靠通过发动战争、动用武力等"硬"干预，而是巧妙利用民主自由、价值信仰、思想意识等文化元素，按照"欲亡其国(民族)，必先亡其文化"的思想，通过系统地、持续地批评、指责、谩骂、诋毁等"软"方式，达到污蔑偶像、毁损文化、编造历史、破坏形象，从而摧毁中国人的文化自信。由此，西方国家力图通过文化"软"实力，利用互联网平台的传播优势，不遗余力地对中华文化进行打压，摧毁我们的民族自信，从而达到唱衰中国、分裂中国或者是利用各种手段削弱中国的根本目的，从而使自己的霸权地位不可动摇。西方文化强权近年来推动的这场文化"毒品"，不断摧毁着中国人的文化自信。同时，还积极利用国人"爱之深、责之切"的社会心理，尤其是部分"社会精英"、"文化名人"，通过"学术认同"、"观点认同"、"价值认可"，甚至"利益诱惑"，让这部分人先"中毒"、"上瘾"，进而从心理上认同西方文化，从而习惯于用西方国家期望的口吻说话、西式思维来理解和处理问题。有些人开口闭口就是"西方国家……"，甚至"我们××国"。客观地说，西方文化"中毒"较深的人都受过很好的教育，有些就是所在领域的"精英"或公众人物，这些"精英"公众的一言一行不只是对其本人起作用，更为重要的是他的社会效应，这是值得我们重点注意的地方。所以，西方文化扩张的效果之一就是诋毁、矮化中国文化(包括边疆民族地区的民族文化)，其手段之绝就是先搞定"社会精英"，借助社会精英来使我们"优秀"的民族文化"矮化"，并使之"矮化"后"本土化"，避免直接的西式文化入侵过程中的"水土不服"。

第五节 西方大国文化扩张防范管理的难度化

文化安全一般是指主权国家的文化领域不存在威胁和危险，主要包括"国内文化安全"和"对外文化安全"两个方面。"国内文化安全是指一个国家文化领域免遭破坏，确保本国人民的精神、道德、伦理、政治信念等不受危害，如没有道德失衡和政治信仰危机等；对外文化安全主要指本国的文化环境、文化领域免受他国文化行为的威胁、损害，如能有效抵御他国对本国传统文化、政治信仰、价值观念等的侵蚀"[11]。由此可以看出，文化安全是国家安全的重要内容，不仅包括对内安全，还应有对外安全。在文化安全所涉及的国家利益上，文化安全不仅仅是国家的文化利益，也是整体国家利益的体现，即包括经济、政治、文化、社会等整体国家利益。因此，文化安全的防范管理工作就显得尤为重要，防范管理是文化安全的重要保障。这是因为"除了以暴力来维护社会的政治经济秩序之外，还必须具有意识形态上的领导权，由此导致被统治者在心理观念上的顺从和满足于现状，而这种领导职能建立在统治者和被统治者的共同信仰之上，也就是建立在统一的意识形态上"[12]。

文化安全的防范管理困难重重。文化安全防范管理，不是要对外来文

11　张骥 等著：《中国文化安全与意识形态战略》，人民出版社2010年版，第15页。

12　[意]安东尼奥·葛兰西 著，中共中央马克思恩格斯列宁斯大林著作编译局国际共运史研究所编译：《葛兰西文选：1916-1935》，北京：人民出版社1992年版，第130页。

化，包括西方国家文化进行绝对的、盲目的排斥、拒绝，而是要避免本民族优秀、传统文化受到外来的"不良"文化的侵扰、腐蚀。尽管应该吸取世界各国文化中的优秀部分，如，"真、善、美"、"礼、乐、善"等价值信仰或思想意识，但是对其不足的，或不适合中华文化的内容也要予以剔除。世界上每一国家、每个民族在人类历史长河中，基于生产生活实践共同创造了光辉灿烂的文化，每一种"文化"都打上了深深民族的烙印，体现了各民族不同发展阶段特征和物质内涵。因此，在对待外来文化，包括西方国家的文化，要秉持着一种正确的姿态，即不能武断地采取"拿来主义"：既要看到这些文化中的先进、积极的部分，也要看到其中的不足、消极的方面。对于前者，在分析研究的基础上，如何融入到自己文化中予以发扬光大。对于后者，不仅不能"吸收"，还应该时刻防范之，避免对文化的侵扰，以维护自己的文化安全。其实，"文化安全"防范管理工作困难，除了对此工作重视不够，更与西方国家积极推行的文化霸权，加强文化渗透方式的隐蔽性有关。

我国面对西方国家积极推行的文化霸权政策，还处于没有高度重视以及缺乏防范心理准备的局面。"安全"一词被大家熟知主要还是与我们生产生活息息相关的层面，譬如，"交通安全"、"食品安全"、"财产安全"、"人身安全"等，如果再了解一点可能就是"公共安全"、"国家安全"。"文化安全"似乎不是个安全问题，因为"文化"被置于上层建筑方面，向来是个很抽象的概念。近年来，随着经济全球化和冷战时代的结束，"文化安全"一词被迅速传播开来。如同上面论述一样，还不能真正认识到文化安全作用，尤其是破坏性的一面。长久以来，我们习惯于"文化无国界"，认为文化是智力劳动成果，是人类的精神食粮，所以不会有什么坏处。应该清楚，尽管"文化无国界"，但是"文化有国籍"。文化的"国籍"不仅表明东、西方文化之间差异，中华文化与西式文化之间存在很多不同，也还说明文化中可以夹杂着一个国家的民主自由、价值信仰和意识形态，从而将"文化"复杂化。正是"文化"可以搭载着这些"非文化"的内容，才使得"文化安全"问题引起了重视和关注。所以，当下的"文化安全"不只是防范管理外来文化对本土文化的侵扰，也还要提高对外来文化中夹带的"小抄"的甄别和识别。因为，"文化安全"涉及到包含国家经济、政治、社会等整体的国家利益，不只是国家文化利益这个单一的层面。

西方国家积极推行文化霸权。"文化霸权"是西方国家维持其霸权地位的重要方式，在国际格局变化和经济全球化背景下更受到重视。"文化霸权"是指一个国家利用自身经济发展上优势地位，借助新闻媒介、商品输出、文化交流和对外援助等多种方式，宣扬自己生活方式、民主自由、价值信仰、政治制度等内容，同时通过对他国污蔑偶像、破坏形象、编造历史等多种途径进行文化贬低，以此影响他国文化，实现对他国文化的渗透乃至侵略，最终达成以文化路径控制别国的目标。当今世界较之以往最大的不同点，就是西方国家越来越意识到文化霸权的重要性。通过武力战争、直接对抗方式来达到对他国进行干预或控制，已不是西方国家国际战略重点，也与"和平与发展"世界发展潮流所不相容。西方国家，尤其是作为全球唯一超级大国的美国，却从未放松对发展中国家影响与控制。譬如，美国在国际上大肆宣扬"中国威胁论"。"中国威胁论"可以追溯到19世纪后期的"排华浪潮"，具体体现的是美国政府1882年和1884年通过的《排华法案》，这一时期主要表现为"白人至上主义"思想和东西方文明的冲突，但已为后期的"中国威胁论"找到源头。现如今的"中国威胁论"多种版本、方方面面，从经济发展、政治制度到意识形态。例如，"21世纪谁来养活中国人"、"正在觉醒的巨龙：亚洲真正的威胁来自中国"以及所谓"香港的回归意味着自由民主世界将受到专制制度的威胁"等等观点和言论。再如"考克斯报告"、"李文和案件"、"政治献金案"，可以说每隔一段时间就会制造出名称各异，但中心都是关于"中国威胁"的论断。

除外之外，通过新闻媒介、商品输出、文化交流以及对外援助等多种方式，在全世界播撒"自由的种子"，进行对外文化扩张。这种所谓"自由的种子"就是指以美国为首的西方国家无视他国具体国情、发展阶段以及文化历史，利用自己经济发展上的优势地位，在商品、人员和资金往来中，大肆输出资本主义生活方式、民主自由、价值信仰和意识形态。按照"逆我者亡"的思想对他国进行控制，以期实现自己在经济、政治、文化等全面独大世界的局面。众所周知，美国为首的西方国家在鼓吹西方国家民主自由、公平正义、天赋人权、价值信仰以及政治制度先进性的同时，对我国人民代表大会制度、人权、民族区域自治以及政治协商制度等方面横加指责、恶意攻击。同时，积极利用传统、现代媒介，通过新闻资讯、文学作品、广播影视以及搭载西式文化的商品、服务等，极力宣扬所谓"先进"、"现代"、"主流"的西式文化，拉拢、培植亲美文化的代表，通过他们在中国发声来进行文化入侵，制造与中国主流文化相悖的思想观念。这样不仅可以大大减少输入地的抵触，还可以更加隐藏其文化入侵之根本目的。据资料显示，美国拥有约1500多家日报、8000多家周报、1.22万种杂志、1965家电台和1440家电视台，还拥有美国广播公司、哥伦比亚广播公司、全国广播公司三大电视巨头以及全球最具影响力的电影生产基地好莱坞。以上这些机构运行的结果就是，"美国控制了全世界60%-80%的电视和广播节目制作"[13]。这些新闻资讯、广播影视、美国大片等，巧妙地利用剪辑编排、艺术夸张手段，通过语言文字、音频视频向资讯接受者宣传西方国家(主要是美国)经济、政治、文化等方面的美好，让人自觉或不自觉地受之"熏陶"，甚至由"被动接收"转变为"内在向往"。

西方国家推行渗透式文化扩张。"隐蔽性"是西方国家文化扩张的主要特征之一。尽管"一超多强"是当今世界国际格局主要情势，但是经济全球

13　刘昀献："当前我国主流意识形态面临的风险和对策研究"，《中国浦东干部学院学报》，2015年第1期。

化、现代科教事业发展，尤其是二战后联合国地位和作用的加强，世界上不会受制于某一个或几个国家，而是"对话协商"成为处理国家间关系的主要方式。所以，西方国家对其他国家，包括发展中大国——中国不能也不可以采取直接对抗，或以武力相威胁的方式。为了达到对包括中国在内的其他国家进行管控，西方国家选取了非对抗、非武力的文化扩张方式，将西方民主自由、价值信仰以及意识形态等内容渗透到输入地文化当中，从而对他国或地区的人民在思想意识上更深层次的操控。这种渗透方式除了对中国历史文化编造、歪曲，对中国民主自由、政治制度进行否定、打压外，还积极利用经济上优势，譬如，商品输出、对外援助等经济贸易往来中，搭载着西方国家要求的自由民主、价值判断、意识形态，甚至是迫使输入地政府按照西方国家的政治制度进行颜色革命。也就是说，西方国家利用经济上优势地位，在同发展中国家，例如，"中国或中国边疆少数民族地区"，在经济贸易交往活动中，积极推销西方国家的意识形态，并通过威胁利诱等多种手段迫使发展中国家就范。还有，培植地方势力[14]进行文化渗透，是西方国家对我国边疆少数民族地区进行文化扩张的最为突出的特征。西方国家抓住我国边疆少数民族地区存有的这"三股"势力的各自政治诉求，利用他们对我国经济社会发展中的种种矛盾、问题和不满，极力鼓吹宣扬西方国家民主自由、价值信仰、政治制度和意识形态，把他们培植成西方国家在我国边疆民族地区的代言人。

宗教信仰可能被西方国家不正当利用。宗教是人类社会发展到一定历史阶段的文化现象，[15]宗教是人类文明的重要组成部分，在我国边疆民族地区信仰宗教的人口较多，甚至有些民族全民信教。中国是统一的多民族

14　这里的"地方势力"主要是指宗教极端势力、民族分裂势力和国际恐怖势力。

15　Jonathan Z. Smith, "Religion, Religions, Religious", Mark C. Taylored., Critical Terms for Religious Studies, Chicago: The University of Chicago Press, 1998, pp.281-282.

国家，国家尊重人们的信仰宗教的权利，并将"宗教信仰自由"作为国家基本方略。也就是说，在中国，无论是少数民族，还是汉族，任何人都可以信仰宗教，也可以不信仰宗教；既可以信仰这种宗教，也可以信仰那种宗教。任何人、组织和单位不得强制和剥夺信仰宗教。其实，宗教的基本教义都是要解决人、社会、自然三者相互联系、相互矛盾的关系。虽然各种宗教的具体教义和表现形式各不相同，但是其核心都是一种社会规范，即要求信教群众遵循"教义"的规则以便更好地生产生活。所以，宗教可以在信教群众中发挥着重要作用，甚至是在不同国家或地区族群之间，因为有着共同的"宗教信仰"而更加容易沟通交流。即使有了"分歧"，教徒之间也容易消除，"矛盾"也更容易化解。不过，如果宗教被不正当利用，通过拉拢、收买传教士或"精神领袖"，使正当宗教"妖魔化"，这时的"宗教"就会对国家和边疆地区产生极大的风险。有学者指出，"宗教本身不是风险，但在一定条件下可能会与政治、经济、社会等因素相互交织，成为各种矛盾冲突的爆发点"[16]。所以，立足边疆民族地区的实际，在贯彻宗教信仰自由政策的基础上，正视西方国家利用宗教信仰进行文化扩张的风险，重视对信教群众进行合理合法从事宗教活动，不得以宗教信仰为由从事危害国家文化安全、社会安全等活动。加大对"主持"、"活佛"、"精神领袖"等宗教界人士进行爱国主义教育，使其自觉抵制西方国家"糖衣炮弹"的侵扰，自我防范西方国家文化扩张。一般意义上的宗教是历史文化的一部分，主要作用是对信教群众进行思想上的教化，既正当合理，也受国家法律保护。但是，在我国边疆民族地区存有这样一种情况，即"在宗教名义的掩盖下，通过传播极端主义思想主张，从事暴力恐怖活动或民族分裂活动的社会思潮和政治势力"，[17] 也就是"宗教极端思想"。

---

16 李佩、杨一帆："'一带一路'沿线宗教风险受关注，专家建议中方强调多元共生"，普世社会科学研究网，2016年12月1日，http://pacilution.org/ShowArticle64eb.html?ArticleID=7341。

西方国家重用地方极端势力推行文化霸权。西方国家为了更便利且隐蔽地对其他国家或地区进行文化扩张，往往需要在目标国家或地区培植"亲西方"的地方势力，这样不仅可以减少进行文化扩张时由于不同文化带来的冲突，也会利用地方势力，尤其是地方极端势力在当地的"影响力"，从而起到事半功倍的效果。同时，地方势力，尤其是地方极端势力，也极力联系、讨好，甚至献媚于西方国家反华势力，寄希望于在西方国家的扶持下实现其从事分裂国家的企图。为此，必须认清这部分势力，剥掉其"宗教"外衣，看清其从事"民族分裂"反国家的面目。此外，我国边疆民族地区的民族分裂势力、极端恐怖分子，无论是在中国境内还是逃亡国外，都与西方国家反华纠合在一起，打着"民族、宗教"旗号，帮助西方国家文化扩张，从事非法宗教、民族分裂、破坏国家统一等危害国家安全。

近年来，西方国家反华势力在我国边疆民族地区活动频繁，在宗教和民族两个问题上大做文章，紧抓少数民族群众的文化心理，煽动民族地区的不满情绪，成为影响我国边疆民族地区稳定的主要威胁。最为典型的有2008年"3·14"西藏拉萨打砸抢烧事件；2009年的"7·5"新疆乌鲁木齐打砸抢烧严重暴力事件等。这些都是西方强权国家和"三股势力"共同作用下的结果。发生在我国边疆民族地区的少数极端事件，不仅危害了我国各族人民群众的生命财产安全，也还对我国边疆少数民族地区文化安全产生深远的影响。因为西方国家反华势力在与我国边疆少数民族地区"三股势力"勾结过程中，一般都是假借"宗教"外衣或"民族之名"，传播错误思想，误导不明真相的少数民族群众(尤其是信教群众)；煽动不满情绪，"调拨离间"少数民族与汉族、少数民族与少数民族、少数民族群众与国家公职人员、少数民族群众组织与国家政府机关之间的关系；不惜通过制造恐怖活

17　阿扎提·乌买尔："宗教极端思想是危害社会的'毒瘤'"，中国共产党新闻网，2013年8月16日，http://cpc.people.com.cn/n/2013/0816/c83084-22587979.html。

动与严重暴力事件，破坏社会治安，危害公共安全，动摇少数民族群众信心，从而灌输西方国家倡导的民主自由、价值信仰和思想意识，实现破坏民族团结、分裂国家的目的。

理论及现实已可证实，西方文化强权国家的文化扩张严重危及我国的国家安全。西方国家文化扩张，尽管不再是通过直接对抗、武装斗争等方式，而是一方面借助报刊杂志、广播电视、音频视频以及互联网平台，对民族国家或地区进行民主自由、价值信仰和思想意识等方面，进行西方文化的潜移默化地渗透；另一方面是通过与民族国家或地区的宗教极端势力、民族分裂势力和国际恐怖势力为代表的"三股势力"相勾结，煽动信教群众、民族团体以及普通百姓的不满情绪，宣扬西方国家的价值理念、政治制度和意识形态，从而实现危害民族团结、分裂国家的非法图谋。我国在现代化进程中，长久以来实施以经济建设为中心的发展战略，主观愿望是尽快发展生产力以解决人民日益增长的物质文化生活的需要，原本无可厚非。客观上讲，我国地域广袤，尤其是边疆民族地区地处祖国边疆，资源禀赋和自然条件对经济建设产生一定的制约，因而我国边疆民族地区从总体上还是处于欠发达状态。同时，在经济建设的过程中，我们在边疆民族地区民族文化的传承与保护上有所松懈，少数民族群众宗教信仰、民族文化等工作不力为西方国家文化渗透提供了机会。加之，边疆民族地区潜藏的"三股势力"勾连西方国家进行危害民族团结、分裂国家的图谋。在民族、宗教的外衣的遮掩下，使西方国家利用文化元素，进行隐蔽化"和平演变"的图谋，从而使我们防范管理西方国家文化扩张的难度更加复杂、难度加码。

因此，经济全球化和国际格局变化背景下，随着中国和平崛起，西方国家(以美国为首)会紧抓一切不利于中国发展的机会，通过新闻资讯、广播电视、影视大片、互联网平台、文化交流、商品输出、对外援助等多种方式，以污蔑偶像、编造历史、破坏形象、诋毁政府等手段来打压中华文化，大肆宣传、极尽吹捧西方国家的民主自由、价值信仰、政治制度和意识形态，使我国边疆民族群众自觉或不自觉地接受、向往和认同西式文化，从而达到西方国家不战而胜的"和平演变"之图谋。这是西方国家在国际社会推行其文化霸权的一贯伎俩。西方国家立足我国边疆民族地区的宗教、民族问题的敏感性的客观实际，积极与"三股势力"相勾结，各怀鬼胎地开展合作，通过这些地方势力之手来对边疆民族地区经济社会发展中存在的问题、民族宗教信仰政策、民族区域自治制度等多方面进行"挑拨"、"离间"、"灌输"等进行说教，甚至通过煽动普通民众的不满，制造事件的方式来进行西方国家文化扩张，以达到破坏民族团结、分裂国家等危害社会、颠覆人民政权的不法图谋。此外，西方国家积极推动文化霸权，其手段多样、方式各异，利用所谓"人权"问题大作文章，不仅对我国边疆民族地区进行价值观绑架，还以此为由大肆宣扬西方国家的文化，从思想意识上对人们进行腐蚀，实现消解民族国家政治制度和文化意识等价值信仰。又如，网络信息技术的不均衡发展，有助于西方国家在我国边疆民族地区进行文化扩张。互联网时代，资讯传播不仅可以高速快捷、零成本增加(资讯形成后，传播该资讯所增加成本几乎可以忽略不计)，更为重要的是资讯可以在全世界范围内传播。我国边疆民族地区网络技术发展很快，但对资讯上夹带西方的民主自由、价值信仰等意识形态的监管乏力。所以，互联网时代，包括我国边疆民族地区在内，人们获取资讯的途径更多、速度更快、费用更低，但对信息进行筛选、对信息的价值判断则是一个亟待解决的问题。因此，必须正视西方国家可能利用信息技术对我国边疆民族地区进行文化渗透，同时还会利用文化交流、人员往来、商品交往等活动，甚至将民族问题、宗教问题与文化历史元素相连接，从而使我国边疆民族地区的文化安全问题复杂化和隐蔽化。也就是说，必须时刻警醒西方国家对我国边疆少数民族地区文化扩张的图谋长期性，防范管理工作的复杂性和艰巨性。

第九章

苏联解体及"颜色革命"对我国边疆民族地区文化安全的警示

文化对于一个人、一个民族、一个政党、一个国家的影响至深至远。文化"是一个国家、一个民族的灵魂。文化兴国运兴，文化强民族强"[1]。苏联解体是导致国际格局发生重大改变的历史性事件。成立之初苏联共产党(布尔什维克党)只有20多万名党员，却能够发起二月革命，结束了沙皇专制统治的历史；仅仅只有35万多名党员之时，领导人民进行了十月革命，推翻了资产阶级临时政府的统治，使苏联共产党成为领导全国的执政党。二战期间，只有554万多名党员，却带领全苏联人民取得了反法西斯胜利。但上世纪90年代，"拥有近2000万名党员的时候，却丧失了执政地位，亡党亡国。问题究竟出在哪里呢？就出在苏联共产党党内"[2]。苏联解体后，国内外学界大量学者基于不同视角试图解读其解体的原因，结论可谓见仁见智。文化是历史反思的重要基础。可以认为，苏联独特的文化特质，及其边疆民族地区文化安全建设存在的弊病和失误是导致苏联瓦解的重要原因。

---

1   习近平：《决胜全面建成小康社会夺取新时代中国特色社会主义伟大胜利——在中国共产党第十九次全国代表大会上的报告》，北京：人民出版社2017年版，第40-41页。

2   李慎明、李小宁等："《居安思危——苏共亡党的历史教训》——8集DVD教育参考片解说词(上)"，《科学社会主义》，2006年第5期。

第一节 苏联民族文化安全建设的弊病及失误溯源

20世纪80年代中期，苏联在推行"人道的、民主的社会主义"改革实践中，伴随公开性、民主化、多元化的口号，整个社会出现了思想混乱、价值扭曲、信仰迷失的问题。国家生存赖以维系的文化根基不断被侵蚀，并导致苏联走向崩溃，社会主义制度也随之终结。作为世界上第一个社会主义国家、世界上的超级大国，苏联毁灭的经验教训弥足珍贵，值得进一步研究和探讨。

一、俄罗斯民族文化基因中的"双重性"和"矛盾性"特质

俄罗斯民族存在的"双重性"和"矛盾性"的文化基因，正如有学者所指出，相异的观念意识会催生相异的行为方式，进而形成相异的结果。探究苏联解体的原因，离不开对整个民族思维层面和文化观念的深入研究，了解他们的观念意识和思维方式，才能理解为何对于同一件事，他们会与我们产生不同理解、采取不同做法、造成完全不同的结果。离开对文化基因的考察，一个民族的历史就会成为一团迷雾。而俄罗斯就因其文化基因的存在影响了其在国际社会上的发展。20世纪俄国最有影响力的思想家别尔加耶夫在《俄罗斯命运》一书中曾一一列举俄罗斯民族这种极端对立的民族特征：既有对封建专制的臣服，也有对自由民主的向往；既残酷冷血又心怀人道；"专制主义、国家至上和无政府主义、自由放纵；残忍、倾向暴力和善良、人道、柔顺；信守宗教仪式和追求真理；个人主义、强烈的个人意识和无个性的集体主义；民族主义、自吹自擂和普济主义、全人类性；谦逊恭顺和放肆无理；奴隶主义和造反行动。"[3] 这种矛盾性已经

3　[俄]别尔加耶夫 著，雷永生、邱守娟 译：《俄罗斯思想》，北京：生活·读书·新知三联书店

深深烙入了俄罗斯民族的文化基因，渗透在社会生活的方方面面。[4] 俄罗斯文化基因中存在的这种双重性和矛盾性与俄罗斯所处的地缘政治环境有密切联系。作为横跨欧亚大陆的国家，历史上，俄罗斯深受欧洲拜占庭文化的影响，这种文化兼有东西方文化的特征，之后又接受蒙古人200多年的统治，封建专制和中央集权的观念由此根深蒂固。在17世纪末18世纪初彼得一世统治时期，推行一系列西化政策，接受西方近代以来资本主义的文化价值观。在与西方打交道的过程中，俄罗斯曾经有过辉煌，也遭遇过挫败。可以说，正是东方和西方的交汇与冲突造就了俄罗斯人的民族文化特质，使其文化基因具有了"双重性"和"矛盾性"的特点。

俄国人在历史上征服了广袤的土地和众多的民族，扮演了征服者的角色，在此过程中又形成了独特的俄罗斯民族主义文化传统。这种民族主义文化传统脱胎于该民族的独特发展历程，并扎根于漫长的历史进程，从而产生了不同于西方民族主义的独特道路。弥赛亚意识[5]作为俄罗斯民族主义发展的一大支柱，并且弥赛亚意识是最具有与西方文化影响对抗的能力，在俄罗斯的国家地位中扮演着重要角色，弥赛亚意识是俄罗斯极为重要的民族文化思想，它拥有有力的政治保障、充分的经济支持以及深厚的宗教渊源，是贯穿于整个俄罗斯民族历史的重要文化基因。作为俄罗斯人共有的民族文化特性，弥赛亚意识有三级三重结构："在宗教层面，俄罗斯自诩为东正教的继承人和拯救者；在精神层面，认为本民族思想是拯救世界的最佳武器；在政治层面(世俗)层面，俄罗斯试图解放全人类。"[6] 另一方

1995年版，第3页。

4 [俄]别尔加耶夫著，汪剑钊 译：《俄罗斯的命运》，昆明：云南人民出版社1999年版，第11页。

5 弥赛亚意识，也称为弥赛亚主义或救世主义，是俄罗斯民族的一种很重要的文化观念，也有学者视其为是一种宗教现象或意识形态。

6 郭小丽、孙静萱："俄罗斯弥赛亚意识的结构及其流变"，《俄罗斯研究》，2009年第2期。

面，经过几个世纪的不断征战、不断对外扩张，俄国获得了辽阔的土地、大量的人口。俄罗斯版图的不断扩大成为支持其特殊发展道路的有力论据，深化了俄罗斯人对这种意识的崇拜。正如别尔加耶夫指出：俄罗斯视东正教为自己民族的精神支柱，以成为真正的基督教、东正教的继承者捍卫者为使命，"俄罗斯是惟一的东正教王国,同时在这个意义上也是全天下的王国……形成了东正教王国的强烈的民族性"[7]。所以说，一个民族，一个国家都有自己特性的文化基因。

二、苏联边疆民族地区文化安全政策的失误

应当承认，苏联在发展民族文化方面曾经采取了一些积极的政策措施。沙俄时期由于各民族的发展状况严重失衡以及大俄罗斯主义政策更是给夹缝中生存的各少数民族文化雪上加霜，极大地限制了少数民族文化的生存和发展，造成了苏联边疆民族地区文化教育水平远远落后的局面。十月革命胜利后，如何巩固社会主义国家政权，打击封建残余势力，击败资本主义国家的进攻，成为新生的苏维埃政权必须面对的问题。因此，苏维埃政权非常重视民族文化发展，其实施的"语言平等"政策以及发展非俄罗斯民族语言文字等政策都成效显著。苏维埃政权帮助那些缺少本民族文字的少数民族进行了民族文字创设；将在阿塞拜疆民族和一些中亚少数民族中长期流传的识读复杂的阿拉伯字母改成便于书写流通的拉丁字母；便于当地人民的使用与理解，减少少数民族在使用文字时的困难性与复杂性。这些少数民族文化政策极大地促进了苏联边疆少数民族地区文化的继承和发展。同时，教育事业是一个国家以及少数民族生生不息的源头，

7　[俄]别尔嘉耶夫 著，雷永生、邱守娟 译：《俄罗斯思想》，北京：生活·读书·新知三联书店1995年版，第8页。

重视教育事业的发展从另一层面上促进了文化的进步, 因为文化中至少涵盖了教育事业中内在的本质。初步建立苏维埃政权之时, 政府的财政预算十分有限, 但仍拿出大笔资金进行教育投资。在教育投入方面, 巴什基尔自治共和国1925年比1924年增加了47%的教育投入, 马累自治共和国1937年更是比1933年增加了393%的教育投入。[8] 1940年苏联对哈萨克斯坦的教育拨款为6.86亿卢布, 到50年代增加到13.6亿卢布, 即增长了一倍。到20世纪80年代初, 曾经是苏联文化教育最为落后的地区之一的乌兹别克斯坦、哈萨克斯坦的在校大学生总数占人口比例已经接近, 甚至超过了英国、意大利、加拿大、西德、法国和日本等主要资本主义国家。在文化教育事业蓬勃发展的同时, 各加盟共和国的科研机构也如雨后春笋般涌现: 在1933到1937年的五年中, 苏联在阿塞拜疆、格鲁吉亚和亚美尼亚三个加盟共和国成立了三所全苏科学院分院, 白俄罗斯和乌克兰则建立起了自己的科学院。苏联繁荣少数民族文化政策虽取得了一定成果, 但也有诸多失误, 成为瓦解苏联的"推手"。

(一) 边疆民族地区文化政策的失误

随着苏联社会集权化程度的加强, 苏共强力干预民族文化教育, 实施了诸多不符合各民族特色持续发展的国家政策, 使民族个性的发展处于边缘状态, 导致民族个性畸形发展, 极力强调各民族的接近与融合。同时, 高度集权的国家体制, 僵化的政治经济体制极大束缚了各民族的自主权, 客观上为地方民族主义、民族分离主义的发展创造了条件。具体来说, 苏联文化政策的失误主要表现在以下方面。

第一, 大俄罗斯主义的民族文化政策。俄罗斯历史发展与大俄罗斯情结相伴而生, 而导致苏联民族问题的成因恰在于此。鉴于十月革命后的历史

8　张建华: "苏维埃知识分子概念的形成及时代特征", 《国外社会科学》, 2010年3月15日.

现实，列宁指出，俄罗斯广大的少数民族正在遭受封建专制的空前压迫。可见，列宁对苏联大俄罗斯主义民族倾向是有清醒的认识，因此他主张民族平等，各民族有权进行"民族自决"，社会主义国家作为大家庭要长期共处，就应当抛弃大民族主义思想。在处理民族问题方面，要与沙皇政府有所区别，但是列宁正确的民族理论并没有得到切实的贯彻执行。特别是在斯大林执政后期，包括以后历届领导人在施政理念方面都表现出强烈的大俄罗斯主义倾向。他们强调俄罗斯民族中心主义、俄罗斯民族的独特性和在历史上的突出贡献，违背民族平等的原则，忽视少数民族的地位和作用，甚至将俄罗斯民族吹捧为"领导民族"、"母亲民族"，认为在苏联所有民族当中，俄罗斯民族才是最伟大、最先进的民族。那么民族融合就是要向俄罗斯民族学习、看齐和靠拢。在舆论宣传方面，苏联从民族沙文主义立场出发，大力美化沙皇对外侵略扩张历史，鼓吹沙皇俄国是殖民的功臣，将其誉为"反对外国侵略者斗争中其他民族的靠山和中坚力量"，其他民族则是俄罗斯民族的小兄弟，原本的血腥吞并成了其他民族的"自愿归附"。1962年12月，苏共史学界召开专门会议，明确了传播"各民族人民归并俄国的进步意义"的重要性，并以此作为新教科书编订的基调。在历史学家的笔下，沙皇政府对少数民族的血腥镇压和经济掠夺变成了顺应历史潮流的进步行为。政府经常举行某某民族"自愿归并"或"重新合并"俄罗斯周年的隆重纪念活动，借以宣扬沙皇政府殖民政策的"进步意义"，宣传俄罗斯民族的"领导作用"。[9] 在评价沙皇俄国历史人物时，将沙俄时期对外扩张的功臣看作是民族英雄，而将非俄罗斯民族英雄人物抗击沙俄侵略的行为则是"民族主义"的突出表现。

第二，俄罗斯民族语言的"全苏联化"。列宁在世时，贯彻民族平等政策，

9　张建华：《苏联民族问题的历史考察》，北京：北京师范大学出版社2002年版，第143-145页。

各少数民族都保留了学习和使用自己民族语言文字的权利，但这一政策仅仅延续到20世纪30年代初期，随后各少数民族只有在其自治区内才能用自己民族语言进行教学，并在全国范围内迅速推广俄语教学，并出台"苏联人民委员会和联共(布)通过了《关于在各民族共和国和州必须学俄语的决定》"[10]，"斯大林规定全国所有学校都必须学习俄语，随后，学校里开始学习俄语的年级逐步降低。"[11] 少数民族学习和使用俄语上升为国家的一项政治任务，俄语作为官方语言的重要性日益得到加强。苏联政府明文规定，各共和国和民族行政区的公文往来和所发布文件必须使用俄语。各加盟共和国和自治共和国的最高苏维埃会议、党代表会议、科学会议上，必须使用俄语。在政府机构，非俄罗斯族干部和职员是否熟练掌握俄语，往往是能否被提升和重用的重要条件。在军队中，俄语理所当然成为指挥语言，而从中亚招来的士兵大多因俄语水平不高，被安排在体力劳动较重而语言水平要求不高的工程兵部队中。在高等教育方面，报考高等学校的学生必须通过俄罗斯语言和文学课程的考试，大学里各类专业的教学和实践几乎全部使用俄语，大部分的学位论文也被硬性规定必须俄文撰写，甚至在乌克兰的大学里，乌克兰文学和历史课程也被规定用俄语讲授。[12] 一个民族的语言是经过长期的历史发展沉淀下来的，是本民族日常交流的最重要的工具，语言中也融合了本民族的思维方式、风俗人情，是一个民族区别于其他民族最主要的因素之一，也是对自己的民族最富有感情的表现。因此，语言的同化意味着民族的同化。1979年苏联的人口普查资料数据表明，1959年苏联有115个民族，到1979年这个数字变为92个，也就是说20年间苏联有23个民族被同化了。[13] 这对苏联边疆民族地区的文化安全造

10　哈经雄、滕星:《民族教育学通论》，北京: 教育科学出版社2001年版，第182页。

11　马戎: "民族社会学——社会学的族群关系研究"，《西北民族研究》，2004年第1期。

12　张建华:《苏联民族问题的历史考察》，北京: 北京师范大学出版社2002年版，第219-220页。

成了恶劣的影响。

第三，强制迁移俄罗斯人和少数民族。俄罗斯族人口占苏联总人口的50%-55%，并不具有绝对优势。[14] 但出于实现所谓"族群融合"的目的，大规模向一些民族地区迁移俄罗斯人口。在20世纪20、30年代，苏联政府就制定了向边疆民族地区的移民计划，当然最初的目的主要在于试图解决东西部生产力布局失调和民族地区经济发展问题。如苏联政府制定的乌拉尔—库兹涅茨克计划，也即，在西西伯利亚建设苏联第二个煤炭冶金基地。为实施这项宏伟计划，在1926-1939年间，每年从欧洲部分移民300万人到西伯利亚地区。在卫国战争前夕，为了保证苏联经济的正常运转和前线的物资供应，苏联政府作出将工业中心向东部转移的决定。1941年7-11月共转移了1523个企业到乌拉尔、西西伯利亚、东西伯利亚及中亚各国，同时还疏散1000余万人到上述地区。此外，在1941-1944年间，政府以"与法西斯德国入侵者合作"为名将伏尔加河流域的克里米亚鞑靼人、车臣人、德意志人等11个民族约500万人迁往中亚和西伯利亚地区。在波罗的海三国加入苏联之后，政府又将数百万计的反对苏联政权和集体化运动的当地人流放到西伯利亚和中亚地区。总体来说，20世纪50年代中期前，苏联的移民主要是政府的行政和计划性移民，移民的性质基本上是经济性移民，移民的地区主要是西伯利亚、中亚和南高加索等民族地区，移民的流向基本上是单向的，即由西向东。20世纪50年代中期至80年代初，苏联的移民政策发生较大变化。这一时期的移民虽然仍有较强的经济因素，但政治因素已升至首位，即移民主要是为了服务苏联的民族融合政策，通过各民族的杂居、通婚以加速消除民族界限和加盟共和国的界限，最终实现形成"新的历史性人民共同体"的目标。在移民地区、移民流向

---

13 张建华：《苏联民族问题的历史考察》，北京：北京师范大学出版社2002年版，第220页。

14 阮西湖：《20世纪后半叶世界民族关系探析——社会人类学研究的一项新课题》，北京：民族出版社2004年版，第96页。

上发生较大变化，由过去集中于西伯利亚、中亚和南高加索地区扩大到全苏各个地区，由过去的主要是俄罗斯民族向少数民族地区的单向移民变为各民族间多向移民。20世纪70年代后，随着苏联人为地加快了民族接近和融合的步伐，苏联移民的数量和范围都随之扩大，苏联政府以优惠的工资、住房、休养等条件吸引俄罗斯人、乌克兰人和波罗的海三国的一些民族到中亚或南高加索工作和生活，同时以"培养干部"、"交流干部"和吸引中亚、高加索等民族地区的少数民族青年到俄罗斯、乌克兰和波罗的海沿岸共和国学习、工作。总之，每年有1200万-1600万人在全苏各共和国之间自由迁移。移民政策对于促进加盟共和国和民族地区的经济、文化发展有一定的积极意义，但这种行政性移民不可避免带来了一系列负面效应，如导致民族地区主体民族人口比例持续下降，在中亚最大的共和国——哈萨克斯坦，据1970年的统计数字，德意志族移民在哈萨克斯坦居民总数中的比例上升到6.6%，而俄罗斯人在该共和国总人口中所占比例(42.4%)已远远超过其主体民族——哈萨克人所占比例(32.6%)，成为哈萨克实际上的主体民族。不过，其中一个非常突出的后果是各民族间的矛盾冲突加剧，地方民族主义情绪滋生。在发生民族冲突和民族矛盾时，一些民族地区的俄罗斯族干部和俄罗斯族移民往往首先成为被攻击的对象。1986年12月，哈萨克斯坦首都阿拉木图爆发了声势颇大的抗议事件，游行的哈萨克人公开喊出，"俄罗斯人滚出去!""哈萨克斯坦是属于哈萨克人的!"[15] 苏联政府行政命令式的移民政策成为制造民族冲突的原因之一。

第四，鼓励异族之间通婚，清除民族宗教信仰。鼓励各民族之间通婚是苏联政府着力推广的一项政策措施，目的是在各民族之间建立婚姻关系，有利于促进民族间的血缘融合。中亚与苏联的欧洲地区由于民族众多，文

15　张建华:《苏联民族问题的历史考察》，北京: 北京师范大学出版社2002年版，第188-195页。

化传统不同，宗教信仰各异，为推行民族通婚政策提供了可能，根据1970年统计资料，在全苏家庭中混合家庭(即异民族通婚家庭)占13.5%。其中，混合家庭占哈萨克斯坦全部家庭的21.2%，占乌兹别克斯坦的10.9%，占吉尔吉斯斯坦的15%，占塔吉克斯坦的13.8%，占土库曼斯坦的12.2%。[16]苏联鼓励民族通婚，不可避免不同程度遭到了抵制和反对。另一方面，苏联政府在宗教信仰方面也采取了一系列过激的政策措施。众所周知，宗教教义和宗教观念社会化之后，宗教由此就构成了民族文化的重要组成部分，作为一种民族意识深层次存在于民众头脑之中，成为民族情感的重要寄托，不可能一朝一夕得以清除。在苏维埃政权建立初期，苏联曾坚持信仰自由的政策，但从20世纪30年代中期开始，特别是60年代之后，苏联政府对宗教教会和宗教信仰的态度发生重大转变，苏共中央和各加盟共和国有关党政机构都通过了反对宗教的决议，认为宗教是邪恶的，阻碍社会经济发展，必须铲除宗教对人民思想带来的负面影响。政府强制关闭了大量的清真寺和教堂，出版各种反宗教的书籍，用苏联各民族文字出版讨论无神论问题的专门杂志，并强迫僧侣还俗，在许多城市建立反宗教陈列馆，并且通过群众性的组织—无神论者协会对信教者施以压力。1961-1986年间苏联伊斯兰教团体减少了2/3，即在25年间有1576个穆斯林团体消失。[17]苏联在宗教问题上的过激行为，不仅大大加深了教会和宗教界人士与苏联当局的矛盾，也极大伤害了成千上万教徒的感情，加剧了民族分离主义的倾向，几乎为苏联民族地区的文化安全撤除了"防火墙"。

(二) 苏共自身文化建设的僵化和教条化

20世纪20年代末30年代初，苏联发生了思想文化意识形态领域的"大转

16　张建华：《苏联民族问题的历史考察》，北京：北京师范大学出版社2002年版，第235页。

17　亚历山大·本格尼森 著，韩琳 译："对伊斯兰教的回顾"，《中亚研究》，1990第3期。

变"，全面改变了奉行多年的思想路线，建立了与高度集中的计划经济体制相适应的思想路线。在文化艺术领域，由中央统筹一切文艺活动；在学术界，高度强调共产主义的领导作用，对其他学科则持批判态度，统领了舆论倾向；在教育界，中央自上而下统筹一切，大到人员任命、小到学校文具的选择，都要由国家领导层人员清查盘点，由于中央取缔了各个学派和各类出版物，畅所欲言的学术氛围也不复存在，政府拥有了决定一切学术价值高低存在的权利，使得政府在这方面的权力过大，压制了学术的健康发展。这种僵化教条的学术氛围极大地禁锢了思想文化发展的活力，导致了与"工业的国有化"并驾齐驱的"思想的国有化"，极大窒息了思想文化发展活力。

为了强化社会主义意识形态，苏联在"大转变"中建立了一系列僵化的、个人主义和教条主义色彩浓厚的理论体系，斯大林通过组织编写《联共(布)党史简明教程》，以他对马列主义和社会主义的个人理解取代了党的集体思想，通过组织全党自上而下地学习《简明教程》，构筑了一种教条僵化的思想模式。同时，还用庸俗社会学的"阶级性"解释一切，把文化问题政治化：20世纪30-40年代，马尔的语言学曾大行其道，宣扬语言的"阶级性"。30年代中期，苏联以李森科为代表的伪科学学派开始抬头，大肆批判摩尔根的生物遗传学，把生物学区分为"无产阶级生物学和资产阶级生物学"。直到战后初期，把矛头指向相对论和有机化学等领域，遏制其发展。这种政治导向、意识形态导向的文化管理体制，不可避免地导致理论思想和学术思想的僵化，学术研究成为政治的附庸。其间虽有过短暂的"解冻"时期，但总体上看，苏联思想文化领域一直处于一种封闭、僵化、压抑、理论脱离实际的状态中。

(三) 意识形态凝聚功能的弱化和各民族族群意识的强化

意识形态战线的失守，可以说是苏共覆亡的深层次原因之一。列宁指出：

"或者是资产阶级的思想体系，或者是社会主义的思想体系……对社会主义思想体系的任何轻视和任何脱离，都意味着资产阶级思想体系的加强。"[18]苏共在意识形态和思想战线上放松警惕，使原本用马克思列宁主义武装起来的政党，从初期的牢不可破到主动权慢慢销蚀，为苏联的解体、苏共政权的覆灭埋下了苦果。苏共意识形态的削弱始于斯大林时代，通过对马克思主义的阶级理论进行简单化、庸俗化的理解，把搞阶级斗争扩大化，阶级斗争成为斯大林打击政治对手的工具，钳制不同意见的有力武器。与此同时，不断强化个人崇拜和神化，形成了意识形态的"大一统"局面，这从根本上摧毁了人们独立思考的能力、窒息了社会的创造力。从表面看，意识形态的堡垒似乎坚不可摧，但实际上却在不断侵蚀意识形态的根基与活力。赫鲁晓夫在苏共二十大所做的秘密报告，更给社会带来了极大的思想混乱，也极大冲击了原有的信仰基础。包括赫鲁晓夫在内的不同时期的苏共领导者并未扬弃斯大林模式，没有对传统体制进行根本性的变革，仍然教条化地理解马克思列宁主义，在文化意识形态领域固步自封、僵化保守，没有与时俱进，以至于意识形态危机、信仰危机更趋严重，社会不满情绪不断加剧。20世纪60年代后期，在苏联国家安全委员会的一份报告中说，大学生对政治理论课感到"索然无味"，对列宁和马克思的著作不感兴趣，对此，前苏联官员曾指出：苏联将"苏维埃价值"丢失了，"我们的国家缺少一种起核心作用的思想，有的只是瓦解作用的、外来的思想和价值"[19]共同文化是一个国家和民族存在的根基，没有共同核心思想的国家和民族就失去了维护文化安全的屏障。

　　20世纪80年代中期，戈尔巴乔夫开启了所谓的改革。由于对改革的复

18　[俄]列宁 著,中共中央马克思恩格斯列宁斯大林著作编译局 译：《列宁选集》第1卷，北京：人民出版社1995年版，第326-327页。

19　[俄]雷日科夫 著，徐昌翰 等译：《大国悲剧：苏联解体的前因后果》，北京：新华出版社2008年版，第19页。

杂性、艰巨性估计不足，改革面临重重阻力。戈尔巴乔夫把原因归结为党的"官僚机构"的固有惰性，他试图通过理论创新和指导思想上的突破打开局面，提出了所谓的"新思维"改革，构建"人道的、民主的社会主义"，以之取代此前建立在斯大林模式基础之上的"极权的、专横的社会主义"。实际上，戈氏的"理论创新"摒弃了马克思列宁主义在思想意识形态上的指导地位。他还提出"公开性、民主化"的指导方针，一定程度上放弃了党对新闻舆论的引导与控制，试图激发人民群众的参与热情，从而给党内的保守势力施加压力，以推动改革的深入发展。但戈尔巴乔夫的简单化和草率做法，不仅没有达到目的，反而为各种非马克思主义的思想潮流，各种反对和否定社会主义的敌对势力提供了舆论阵地。同时，原有体制之下积累的种种弊端彻底暴露，人民群众的不满情绪也势不可挡的宣泄出来。苏共在意识形态战线不得不一退再退，以至于最终放弃马克思列宁主义的指导地位。思想意识形态阵线的崩溃意味着苏共政权政治理念上的合法性不复存在，苏共的败亡、苏联社会主义制度的颠覆已不可避免。

苏联是世界上第一个社会主义国家，一开始就面临来自国内外资产阶级、敌对势力颠覆威胁。但作为多民族国家，各加盟共和国都是基于地域性民族原则组建，在文化、语言、宗教各方面存在很大差异，主体民族俄罗斯人仅占总人口的40%，并不具有突出的文化优势，很难在短时间内将其他众多非俄罗斯人融入主体民族，不可能整合成一个"苏联民族"。苏联只是一个国家范畴，却非民族概念。因此，苏共能将境内不同族群凝聚起来的纽带只能是马克思主义意识形态，以及社会主义制度的巨大优越性。尽管马克思主义以政权为后盾，成为苏联主流的意识形态，社会主义建设在初期也取得了巨大成就，随着时间的推移和社会的发展，如何把马列主义基本原理与不断变化的实际情况相结合，实现马克思主义意识形态的与时俱进，苏共却没有很好地解决这一问题。更为严重的是，对马克思主义理解的教条化，民众日益厌倦了各种假大空的意识形态宣传说教，人们的生活水平长期不能改善。特别是，戈尔巴乔夫却走向另一个极端，在指导思想上背离马克思主义，以至于官方意识形态难以征服人心、打动人心。主流意识形态不断弱化，难以发挥凝聚各民族人心的纽带作用，加之苏共在民族问题上的极端措施，大俄罗斯主义盛行，反而更加强化了各加盟共和国的离心倾向，边疆少数民族族群意识不断觉醒。由于族群意识日渐与国民意识相分离，族群感情日渐远离爱国主义情感。在这样的前提下，随着其他民族族群意识的增强，特别是戈尔巴乔夫上台后推动的"公开性、民主化、人道化"改革，无疑是打开了"潘多拉的魔盒"，民族分离活动从地下走向公开，苏维走向分崩离析就不可避免了。

(四) 西方国家的"和平演变"使民族文化安全阵地丧失

十月革命胜利后，西方国家就力图实施各种策略、采取各种手段，对苏联进行十分具有针对性的破坏活动，从内部瓦解苏共政权，是西方国大国试图瓦解、颠覆苏共政权的重要一环。1947年3月，美国总统杜鲁门提出所谓的"杜鲁门主义"，声称美国应该改变对苏联的武力干涉政策，发动一场意识形态战争，支持自由国家抵御"极权政体"的威胁。20世纪50年代初，美国国务卿杜勒斯提出比遏制政策"更为有力或更为主动"的"解放政策"，即以和平的方法"解放铁幕后的卫星国"，促使共产主义"从内部解体"。20世纪60年代肯尼迪担任美国总统后，提出以"和平战略"取代杜勒斯的"解放政策"，主张"通过援助、贸易、旅行、新闻事业、学生和教师的交流，以及我们的资金和技术"来使"和平演变"的目标达成所愿。美国总统在1982年的讲话提出要以"和平政治攻势"，与苏联展开思想和价值观念的和平竞赛，最终迫使苏联和东欧实行西方模式的"民主制度"。

西方国家针对苏联的和平演变，主要表现为利用文化的潜在影响，通过意识形态的渗透从而达到"不战而屈人之兵"的目的。其中一个重要的手段是通过大肆攻击苏联的社会主义制度，极力抹黑苏共形象，从而使苏联民众对共产主义产生怀疑。西方国家抹黑共产主义的作品不胜枚举，以美国前总统尼克松所著的《1999年：不战而胜》最为典型，可以说是西方国家反对共产主义、推行"和平演变"战略的集大成者。尼克松在该书中竭力宣扬资本主义，攻击共产主义，明确指出：虽然美苏两国在经济、政治和军事等领域都存在竞争，"但意识形态是我们争夺的根源。苏联企图扩张共产主义，消灭自由；而美国则要阻止共产主义，扩大自由。"[20] 此外，还有美国布热津斯基的《大失败——20世纪共产主义的兴亡》，作者一针见血地指出这本书的价值在于阐述了共产主义已经面临重重危机，预言共产主义在不久的将来就要灭亡，并从历史到现实，全面抨击苏联的社会主义制度，攻击污蔑列宁和列宁主义，全盘否定列宁领导下开创的苏联社会主义事业。在描述了共产主义正在世界各地"逐渐衰败"和失去吸引力之后，得出了共产主义"大失败"的结论。西方国家还广泛利用文学艺术、广播电影电视等作为传播资产阶级文化和意识形态渗透的重要工具。很长一段时间，由于广播是最容易突破国界，进行信息传播的手段，广播电台因此成为西方国家进行意识形态渗透的重要媒介。西方国家不惜斥巨资建立起覆盖全球的广播电台网，美国之音、自由欧洲、自由之声等西方国家操纵下的电台，持续不断地向社会主义国家传递资产阶级的价值观和资本主义的意识形态。美国里根政府从1983年起拨款10亿美元，专门用于电台广播的经费。在苏联和西方国家引起轰动的署名为"拉脱维亚17名老共产党员"的信就是首先由美国之音向苏联国内广播的。[21]

苏联是一个多民族国家，利用苏联境内的民族矛盾、宗教问题大做文章就成为西方国家实施和平演变的重要手段。尼克松在《1999年：不战而胜》一书中曾经指出："我们的广播必须把更多的注意力放在苏联的非俄

20　[美]理查德·尼克松 著，王观声 等译：《1999年：不战而胜》，北京：世界知识出版社1989年版，第96页。

21　张建华 著：《苏联民族问题的历史考察》，北京：北京师范大学出版社2002年，第255页。

罗斯民族上……苏联有100多个相互各异的民族。我们应该用它们自己民族的语言向这些民族的人民进行广播，向他们提供俄罗斯人占统治地位的政府拒绝播放的关于他们自己地区和历史的消息。"[22] 1989年8月，波罗的海三国民族主义爆发，要求脱离苏联独立，美国之音、自由欧洲电台、自由之声电台以及英国的BBC和西德的德意志电波电台等纷纷增加俄语广播时间，推波助澜。可以说，苏联地方民族主义的发展和联盟的最终解体，西方的新闻媒介(包括电台、报刊等)对鼓励和引导非俄罗斯民族和地方分离主义立下了"汗马功劳"。

对于苏联这样的多民族国家而言，民族问题无疑是西方国家实施和平演变策略的重要突破口，这种突破口往往又以尊重和维护少数民族的人权、自由诸如此类的名目出现。于是，以维护人权为名，鼓励和扶植苏联国内和国外的民族主义组织和分离主义势力就成为西方国家推行和平演变战略的重要手段。美国国会每年通过的"世界人权状况"文件都会指责苏联违背联合国人权宣言，并将苏联列为不尊重人权的国家。1972年在西方有关社会组织的帮助下，在苏联国内建立了"大赦国际"乌克兰分部。1976年西方政府和社会力量在物质和精神上大力支持原俄国和苏联非俄罗斯族侨民从事民族主义分离活动，美国和加拿大有乌克兰族侨民150万之多，美国政府和民间财团拿出大量钱财，帮助建立民族主义组织、出版刊物和与苏联国内的乌克兰民族主义者保持联系。1975年10月，由苏联著名持不同政见者萨哈罗夫和国际人权组织提议，就苏联国内的民族问题在丹麦国会大厦举行了"萨哈罗夫听证会"。在人权组织"赫尔辛基—60"的领导以及西方记者的直接参与下，1987年6月14日，"在拉脱维亚首都里加组织了民族主义的示威游行活动，要求苏联政府履行1975年签署的赫尔辛基

---

22 [美]理查德·尼克松 著，王观声 等译：《1999年：不战而胜》，北京：世界知识出版社1989年版，第157-158页。

协议，释放拉脱维亚人权活动分子和民族主义者"[23]。1987年11月美国国会提出议案，宣布不承认1940年苏联对拉脱维亚的兼并。1991年5月8日，布什在白宫会见波罗的海三国领导人，表示美国将更加积极地支持他们争取独立的努力。1991年9月2日，布什宣布美国承认波罗的海三国独立并准备立即与三国建立正式外交关系。

西方国家对苏联的民族问题从小处着眼，使民族间的裂痕不断扩大，鼓励和扶持苏联境内境外的民族分离主义势力，加之苏共当局在民族问题、在民族文化建设方面束手无策，特别是戈尔巴乔夫上台后，推行"民主化"、"公开性"的指导方针，更是助长了民族分离主义势力的发展。有俄罗斯人总结指出："赫鲁晓夫破坏了国家精神的支柱，勃列日涅夫没有对其进行修复，仅仅是用红色颜料封上裂痕，戈尔巴乔夫和叶利钦在裂痕上挖出窟窿，使大厦最终坍塌。"[24]堡垒最容易从内部攻破，正是因为民族文化的阵地的逐渐丧失，从而给了西方和平演变的机会。

第二节 新世纪文化安全阵地的失守与"颜色革命"的发生

21世纪初期是一个国际格局变化的新时代，随着以中国为代表的第三世界国家的高速发展，改变了大国实力之间的力量对比。但在中东以及前苏联地区的一些国家相继发生"颜色革命"(又称"花朵革命")，格鲁吉亚2003年爆发了"玫瑰革命"，2004年，乌克兰爆发了"橙色革命"(又称栗子花革命)，2005年中亚国家吉尔吉斯斯坦发生"黄色革命"(又称"郁金香革命")，这些国家原来的政府被推翻，取而代之的是亲美政府。在一些独联

---

23 张建华："政治文化背景下苏联知识分子的公共空间与政治表达"，《福建师范大学学报(哲学社会科学版)》，2010年第5期。

24 程恩富、丁军："苏联剧变主要原因的系统分析"，《中国社会科学》，2011年第6期。

体国家之所以会爆发所谓的"颜色革命"，既有这些国家经济落后、社会冲突频繁、体制腐败的内部原因。同时，也有美国等西方国家干预、渗透的外部原因。长期以来，这些国家忽视文化安全的建设可以说是"颜色革命"发生的重要根源。

一、"颜色革命"基本概况

20世纪90年代初,苏联解体后原苏联一些加盟共和国纷纷独立，只留下一个松散的国际组织---独联体。这些新独立的国家经济社会转型困难重重，各种矛盾相互交织，而西方国家也充分利用这种矛盾，大肆支持和鼓励国内反对力量，以这些国家总统或议会选举为契机，借口选举不公或者不民主，进而通过"街头政治"的形式，开展大规模游行示威，甚至引发各种群体性骚乱，从而迫使在任政府垮台，政治反对派则纷纷夺权上台。

(一) 格鲁吉亚的"玫瑰革命"

格鲁吉亚位于连接欧亚大陆的外高加索中西部地区的黑海沿岸，为外高加索的战略要冲。格鲁吉亚于1936年12月5日加入苏联，1990年11月4日发表独立宣言，改国名为格鲁吉亚共和国。苏联解体后，格鲁吉亚于1991年4月9日宣布独立，后于1993年10月22日正式加入独联体。2003年11月2日，格鲁吉亚举行议会选举，由于时任该国总统的谢瓦尔德纳泽将于2005年任期结束后离职，因此该次议会选举被认为是2005年总统大选的前奏。此后格鲁吉亚政府公开的选举结果表明，"为了新的格鲁吉亚"在选举中获得胜利，而这一联盟正是谢瓦尔德纳泽所在的阵营。2003年11月4日，格鲁吉亚反对派在格首都第比利斯市中心举行了声势浩大的群众游行，在格政府办公大楼以及负责选举事宜的中央选举委员会大楼前举行集会抗议，声称有关当局的计票存在"舞弊"，呼吁当局立即停止操纵选票的行为。随后各种形式的抗议活动接踵而至，局势不断升温，而从空间上看，抗议活动也辐射到了全国其他城市；随着政治形势的日趋紧张，反对派步步紧逼，甚至提出了让总统下台的政治要求。"玫瑰革命"由此爆发。此后，谢瓦尔德纳泽发布总统令，宣布国内爆发了武装政变，全国进入紧急状态，由强力部门采取措施恢复法律秩序。11月22日，各反对党团及其支持者控制议会大厦，总统谢瓦尔德纳泽宣布国家进入紧急状态。此后反对派又占领了总统办公的国务办公厅大楼，格国内局势急转直下。30个小时后，谢瓦尔德纳泽宣布辞去总统职务。2004年1月4日，格鲁吉亚举行大选，反对派政治领导人格鲁吉亚民族运动党的萨卡什维利赢得选举胜利。由于反对党领袖萨卡什维利每次公开露面都拿一枝玫瑰花，因此这一系列示威活动被统称为"玫瑰革命"。

(二) 乌克兰的"橙色革命"

乌克兰位于欧洲东部，地处欧洲腹地，夹在北约和俄罗斯之间，地理位置极其重要，是欧洲地缘政治的中心，历来是兵家必争之地。1991年8月24日，乌克兰脱离原苏联，宣布独立，并改国名为乌克兰。乌克兰独立后，实行多党制，以至于国内党派众多，既有亲西方的势力，也有亲俄罗斯的势力。2004年10月31日，乌克兰举行独立后第四届总统选举。这次选举被认为是自1991年苏联解体以来东欧地区最重要的选举，也将决定乌克兰未来国家政策是亲俄罗斯还是亲西方。其中"我们的乌克兰"人民联盟候选人尤先科对其加入欧盟和美国领导的北约持支持态度，而地区党主席维克多·亚努科维奇则主张加强与俄罗斯的关系，把俄语变为第二种官方语言。因此，用英国《泰晤士报》的话来说，这次大选是美国和俄罗斯的代理人之间的斗争。[25] 第一轮选举结果是参与选举的各方候选人均没有达

---

25 傅宝安 等编：《"颜色革命"：挑战与启示》，南昌：江西人民出版社2006年版，第41页。

到法律规定的半数以上的选票，因此需要举行第二轮选举，重新选举后亚努维科奇获得了胜利，尤先科作为反对派领导人对选举结果表示异议，他鼓动民众抗议选举中出现的"操纵选举"、"严重舞弊"等情况，从而引发了声势浩大的游行示威活动。12月3日，在反对派的抗议声中，最高法院宣布第二轮选举的投票结果无效。迫于国内外压力，乌克兰在12月26日重新举行了第二轮总统选举，反对派候选人尤先科在选举中胜出。由于尤先科的支持者均以佩戴橙色栗子花为标志，所以这一政治事件被称之为"橙色革命"，或"栗子花革命"。

(三) 吉尔吉斯斯坦的"黄色革命"

吉尔吉斯斯坦位于中亚东北部。1917年"十月革命"胜利后，吉尔吉斯斯坦各地相继建立了苏维埃政权。1936年12月5日，吉尔吉斯苏维埃社会主义共和国升格为苏联的一个加盟共和国。苏联逐渐瓦解之时，1991年8月31日吉尔吉斯斯坦最高苏维埃非例行会议通过国家独立宣言，宣布独立。2005年2月至3月，吉尔吉斯斯坦举行两轮议会选举，亲西方的反对派当选者不超过8人，选情严重不利。选举结果公布后，反对派指责选举不公，并鼓动支持者上街举行抗议活动。反对派的抗议活动在一些地区引发严重骚乱，其支持者纷纷走上街头进行声援，在吉首都比什凯克的各主要街道进行了声势浩大的示威活动，反对派武装力量步步紧逼，甚至占领了政府大楼。在反对派的强硬攻势下，新当选的总统阿卡耶夫只得仓皇离开自己的国家。面对这种紧急情势，上届议会只好出面主持工作，决定由前总理巴基耶夫，也就是现在的反对派领袖暂行领导，并由其所属的"吉尔吉斯斯坦人民团结协调委员会"代行政府职能，并于25日凌晨举行紧急会议，选举反对派领导人巴基耶夫为政府代总理并代行总统职责。4月4日，阿卡耶夫在俄罗斯正式宣布辞职。2005年7月10日，吉尔吉斯斯坦举行"颜色革命"后首次总统选举，代行总统职权的总理巴基耶夫以绝对优势获胜，当选总统。由于该国首都比什凯克的市花是黄色迎春花，所以吉尔吉斯斯坦的这场政变被称作"黄色革命"。

二、"颜色革命"的根源及实质探究

喧嚣一时的中东及中亚的"颜色革命"既有相关国家政治腐败、经济贫困、社会不公等内部因素的影响，也牵扯西方国家的经济利益、战略争夺以及由此导致的"民主推进"、"民主化改造"等外部因素。

曾经的超级大国苏联几乎是一夜之间突然崩塌，15个加盟共和国在没有太多心理准备的情况下匆忙独立。新独立的这些国家，原本在苏联强权统治下掩盖的民族矛盾、恐怖主义、毒品走私等问题开始滋生蔓延，包括格鲁吉亚、乌克兰和吉尔吉斯斯坦等国在内的苏联地区逐渐向着世界上最不稳定的地区转化。该地区各国自身存在的各种矛盾也在脱离了"母体"之后迅速暴露。格鲁吉亚在独立后不久便陷入旷日持久的内乱之中，民族分离主义势力甚嚣尘上；乌克兰的经济则陷入持续萧条，经济指标连年下滑；吉尔吉斯斯坦则饱受恐怖分子和宗教极端主义势力的困扰，人民不满情绪与日俱增。匆忙独立的原苏联加盟共和国由于各种历史原因，临时上任的各国领导人普遍缺乏独立治理国家的经验和方法，以及苏联计划经济体制遗留下来的各国普遍存在的单一经济结构，使得各国经济社会的发展面临重重困难，普遍存在个人集权、政治腐败、经济衰退、民族冲突等共性问题。因此，"颜色革命"的爆发很大程度上是这些国家在苏联解体后不可避免出现的各种复杂的政治经济社会矛盾不断淤积的结果。

内因是基础，外因则是条件。独联体国家内部矛盾丛生，政治经济发展面临重重困境，也就为外部势力的渗透、干预创造了条件。"颜色革命"之所以会在格鲁吉亚、乌克兰、吉尔吉斯斯坦等独联体国家发生，俄罗斯和以美国为首的西方国家在该地区的地缘政治争斗无疑是极为重要的外部因素。从地缘政治的角度来看，处于欧亚大陆中心的中亚和高加索地区战略地位极其重要，向来是兵家必争之地。冷战结束以后，俄罗斯理所当然地将其他独联体国家视为自家的后院，轻易不让其他国家染指。苏联解体，对于美国等西方国家来说，却无疑是实现自身地缘政治利益的绝佳机会。美国在二战后的终极目标是维持世界霸主的地位，绝不容许第二强国来挑战美国维霸的底线，因此对于世界上任何一个对其有威胁的国家，美国不仅会担心与害怕，更会想方设法遏制其强大。这一行为在两极格局瓦解后体现得尤为突出。尽管俄罗斯的实力远不及前苏联，但作为前苏联关键遗产的继承者，其无论是在政治上还是军事上实力仍不容小觑，而以美国为首的西方国家也一直担心并力图防范俄罗斯复兴帝国，谋求在欧亚大陆发挥特殊作用的野心。因此，把手伸进欧亚大陆腹地，维持在该地区政治和军事的存在，对欧亚大陆交界处地缘空间施加控制就成为美国等西方国家鼓动和支持中亚和高加索地区各国政治反对派大搞"颜色革命"的最重要的理由。

因此，"颜色革命"从本质上来说并不是一次真正意义上的革命，而是西方"和平演变"战略的继续。一个显著的标志就是，"颜色革命"并没有让相关国家走上康庄大道。民主、自由、人权不过是政客们争取支持、获取民意的口号，实际上并没有从根本上推进这些国家政治民主化的进程，"革命"的结果仅仅是政权的转移，由原本的亲俄国势力转变为亲西方势力。亲西方的势力上台后，尽管实现了政权的变更和转移，可能颁布了一些新的内政外交政策，但并没有改变国家的国体和政治制度，不过是政治精英的轮换而已。在格鲁吉亚，萨卡什维利上任伊始就迫不及待修改宪法将大权揽于己手，以至于欧盟驻格鲁吉亚代表在一份报告中也对"格鲁吉亚民主化进程的倒退表示深切担忧"。在乌克兰，尤先科和季莫申科在上台时，也不遗余力地向民众作出各种许诺，但实际上"革命"后利益不过是在寡头们之间重新分配，社会经济依然停滞不前。在吉尔吉斯斯坦，不同政治派别之间的斗争依然激烈，经济社会发展的速度明显放缓。巴基耶夫上台后，国内腐败问题更加严峻，甚至出现他试图传位给儿子的传言。在"黄色革命"5年后的2010年4月，吉尔吉斯斯坦全国包括首都比什凯克在内的多个城市和地区又一次发生大规模骚乱，反对派支持者大规模冲击政府机关，巴基耶夫总统出逃并于4月15日宣布辞职，可以说几乎是2004年"黄色革命"发展轨迹的翻版。对于发生"颜色革命"的这些国家而言，所谓的"革命"并非真正意义上的社会变革运动，实质上不过是西方借独联体国家削弱俄罗斯在该地区的影响力，并趁势扩大西方国家的影响力而已。

三、"颜色革命"肆虐的文化安全因素审视

在研究前苏联频繁爆发的"颜色革命"时，学界往往将其置于当时复杂多变的国际政治格局中进行考察，将它看作这一变革时期的有机组成部分。[26]没有苏联解体和东欧剧变，就不会有21世纪初"颜色革命"浪潮的出现。苏东剧变，彻底改变了原来意义上的政治版图和地缘政治关系，加之国内国际各种复杂因素糅合在一起，才导致"颜色革命"的发生。其中一个重要的原因是原苏联地区各加盟共和国独立以后，执政者忽视本国文化安全建设，没有重构主流的意识形态，塑造一体化的民族认同，增强自身的文化凝聚力，同时对西方国家的意识形态渗透、文化传播没有采取有力的防范措施从而最终导致"颜色革命"的发生。

(一) 地区和族群之间的文化冲突

"颜色革命"的爆发，一个不容忽视的因素就是不同族群之间文化上的差

26　如冯绍雷教授认为，"颜色革命"是上世纪70-90年代南欧、拉美、东亚、东欧、苏联社会政治大变革的继续。见《"色变"当头，独联体岌岌可危》，载《解放日报》，2005年4月2日。

异与冲突。正如亨廷顿在《文明的冲突与世界秩序的重建》一书中所阐述的，文化共性能够推进合作、提高凝聚力，而文化的差异性却导致冲突和分裂的升级。瓦茨拉夫·哈韦尔(Vaclav Havel)注意到，"文化的冲突正在增长，而且如今比以往历史上任何时候都更危险"[27]。雅克·德洛尔(Jaques Delors)指出，"'未来的冲突将由文化因素而不是经济或意识形态所引起的'，而最危险的文化冲突是沿着文明的断层线发生的那些冲突"[28]。前苏联地区的这些国家恰好位于文化的断层线上。长期以来，地处欧亚大陆腹地的中亚和独联体国家一直是多民族、多文化的交汇地带。因此，"颜色革命"发生的重要表现是区域冲突和种族对立，其根源在于极大的历史差距存在与民族与地区之间。当"颜色革命"爆发的时候，表面上的当权派与反对派、"民主派"与"反民主派"之间的争斗实际上却反映了这些国家内部不同地区、不同族群之间宗教、文化的差异与冲突。

格鲁吉亚历史上屡遭伊朗、土耳其、沙俄、德国等国家入侵，文化多元现象突出。在加入苏联之后，由于俄罗斯人大量迁入，以至于阿布哈兹、南奥塞梯等地区俄罗斯人占据了优势地位，在这种背景下，阿布哈兹、南奥塞梯等地区逐渐贴近俄罗斯文化图，远离了格鲁吉亚自身的文化基调。这种文化上的异化不可避免地成为引发冲突的重要根源。历史上的分割不可避免导致了不同地区文化背景的巨大差异。东部地区与俄罗斯关系密切，受俄罗斯影响较深，与俄罗斯一样居民普遍信奉东正教；而西部地区倾向波兰，与波兰关系密切，并深受波兰影响，居民主要信奉罗马天主教。文化的差别，成为造成乌克兰东部地区和西部地区深刻隔阂的重要根源。与乌克兰相似，吉尔吉斯斯坦革命的爆发以南北为两大阵营，南北方

---

27 张骁、陈召荣："流散·混杂·边缘：多元化时代的诺贝尔文学"，《广西社会科学》，2012年第6期。

28 [美]塞缪尔·亨廷顿 著，周琪 等译：《文明的冲突与世界秩序的重建》，北京：新华出版社1998年版，第7页。

地区的差异和矛盾是诱发"颜色革命"的深层次原因。"从地理和历史上来看，流经吉尔吉斯斯坦的锡尔河传统上是中亚地区游牧地区和农耕地区的一条大致界线，锡尔河以南是农耕地区，属于农耕文化区，锡尔河以北是游牧地区，属于草原文化区。"[29] 在吉尔吉斯斯坦南部的农耕文化区，伊斯兰教由于传入时间早，在该地区占有绝对优势地位，民众对宗教的态度十分虔诚。费尔干纳盆地还是中亚地区伊斯兰教的宗教中心之一，在"黄色革命"期间被南方反对派占领的贾拉拉巴德和奥什都是伊斯兰教的重要据点。而在游牧文化占主流的北方，情况则完全不同。该地区由于接受伊斯兰影响较晚，宗教的影响力相对较小．社会生活的世俗化程度也较高。因此吉尔吉斯斯坦南北方经常在对国家方针、政策等问题上产生观点对立。[30]

(二) 主导文化安全的核心价值观的迷失

随着苏联解体，原苏联各加盟共和国独立后，随着新的政治经济体制的确立，人们的价值观念、生活方式也不可避免发生了巨大的改变，但是过于突然的转向难免会让这些国家处在迷茫的十字路口，无所适从。在社会的转型，新旧体制交替过程中，整个社会生活各个领域，不可避免会存在各种空白、真空状态。表现在思想文化领域，传统的政治文化已经发生动摇，马克思列宁主义作为主流意识形态的地位不复存在，而新的文化价值体系有待确立。这样一种价值真空状态，由于缺乏主流价值的引领，难免会导致思想文化的无序混乱，各种价值观念的冲突碰撞。

多元文化是现代民族国家的现实，但一个国家的维系，需要有主导性的文化存在。在苏联时期，各加盟共和国的主导文化并不是主体民族的传统文化，实际上当时在各加盟共和国中，例如在斯拉夫人口较多的哈萨克和

29　赵华胜："原苏联地区'颜色革命'浪潮的成因分析"，《国际观察》，2005年第3期。

30　陈达 著：《颜色革命：中亚面临的现实抉择》，兰州：兰州大学出版社2007年版，第51页。

吉尔吉斯斯坦，其主文化实际上是俄罗斯文化，民族文化已退居为亚文化，尤其表现在教学和语言使用方面，苏联当局一直不遗余力推广普及俄语。一些加盟共和国因此不断趋向俄罗斯化，这是当时文化现实的写照。独立后，各国出于重建国家主体性和民族文化主体性的需要，采用各种方式复兴民族文化，如用自己民族的语言作为官方语言；将本民族的历史英雄和传奇人物编入本国历史，进行宣扬；鼓励穿戴民族服饰；恢复民族传统节日的庆祝等，以重塑国族认同，增强民众对国家的凝聚力和向心力。但这并非一朝一夕之功，一方面俄罗斯文化地位在下降，但其影响力依然很大，特别是对那些长期生活在苏联统治之下的人们而言；另一方面，中亚地区的一些国家或多或少地认同与自己民族文化更接近的伊斯兰文化和突厥文化，此外，在全球化浪潮的影响下，西方的文化越来越多地渗入到人们的生活中，尤其是引发青少年的模仿和追求。在文化交流日益频繁的今天，面对西方文化的强势入侵，主流文化的缺失，多元文化的碰撞冲突不可避免会造成整个社会思想文化的迷失与混乱。

现实中，各国受西方思潮影响明显，对西方的政治制度和民主自由观念都有较高认可度，尽管与本国国情与实践不甚相符，各国依然不同程度地接受西方社会的选举制、多党制、公民社会等价值理念，在制度设计层面尽可能与西方接轨，在文化价值层面也试图向西方靠近，但是传统的影响根深蒂固。"颜色革命"后，一部分原苏联时期的高官摇身一变成为了独联体国家的领导人，他们由老一代的社会精英一夜之间成为新国家的领导人，本身就是矛盾的综合体，他们的思想观念、行为方式有着旧时代根深蒂固的烙印，却又受到西方文化的强烈影响，试图与过去的一切划清界限。这样一种思想观念上的迷茫、混乱未尝不是社会现实的反映。

独立之初，独联体各国在制度建设上纷纷照搬西方的多党政治、三权分立和民主选举，但各国领导人在权力运作上却更多地沿袭苏联时期集权体制的传统。格鲁吉亚、乌克兰、吉尔吉斯斯坦等国最初的政治领导人谢瓦尔德纳泽、库奇马、阿卡耶夫在苏联时期都是不同领域的高级官员，在当选为各自国家的领导人后，其思维方式、工作作风并没有因为苏联政治的瓦解而发生根本改变：谢瓦尔德纳泽的领导风格仍带有浓厚的"共产党第一书记"做派，容不得半点反对的声音；库奇马主要依靠自己在乌克兰重工业界的老部下、老关系治理国家，不擅于也不敢于同其他政治势力合作；阿卡耶夫则放任自己家族的势力在社会上坐大，国家主要经济命脉和要害部门基本掌握在自己亲属手中。[31] 另一方面，前苏联戈尔巴乔夫执政时推行的"民主化"、"公开性"改革以及解体之后的政治发展，造就了一批崇尚西方价值和文化的社会精英。年轻一代的价值观、世界观与在斯大林体制下成长起来的一代人相比，已经不可同日而语。他们对国家的未来发展充满期待，可是独立后的现实却让人失望和不满，心理上的巨大落差使得他们不再满足于旧式领导人细枝末节的"民主修补"，他们迫切的想要行动起来改变现状。一个值得关注的现象是，在"颜色革命"发生过程中，涌现出一批具有代表性的青年组织，各国的青年团体在宣传发动和革命活动中都发挥了不可忽视的作用，如：乌克兰的波拉(意见是"到时候了")，格鲁吉亚的科马拉(意思是"够了")以及吉尔吉斯斯坦的凯尔凯尔(意思是"革新之路")。[32]

(三) 文化安全基石的教育文化事业的滞后

"颜色革命"发生的国家在独立以后，面临的最迫切任务是政治转型和发展经济，保持国家社会的稳定、政治经济的成功转型无疑是优先选项。而其他事业的发展，往往退而居其次。一般而言，每个国家都有各自的历史文化传统，在激发民众的爱国主义情感、振奋民族精神，增强国家民族的

---

31 傅宝安 等编：《"颜色革命"：挑战与启示》，南昌：江西人民出版社2006年版，第64页。

32 傅宝安 等编：《"颜色革命"：挑战与启示》，南昌：江西人民出版社2006年版，第209页。

认同方面，这种历史文化能够发挥巨大作用。但是各加盟共和国在独立后对于本国的历史文化资源继承与开发做得不够，教育文化事业重视不够。由于各种原因，特别是各国经济形势的恶化，以及国家政策制度的改变，各国教育文化事业总体上呈萎缩状态，缺乏蓬勃的教育文化事业的支撑，也就勿论重塑民族精神，重建国家认同了。

应当说，各国在独立后，从前苏联继承的文化教育遗产比较丰厚。这主要表现在经过70年的发展，苏联政府在各加盟共和国建立了比较完整的、门类齐全的现代教育体系，也包括各类教育文化基础设施。当时各国儿童入学率达到100%。居民教育水平很高。例如中亚各共和国每万名人口中平均拥有在校大学生数不仅超过发展中国家，甚至超过一些发达国家。独立以后，受各种因素的影响，特别是受经济衰退的影响，各国教育文化资金急剧减少，各种类型的教育事业都受到不同程度的冲击。各国教育经费较之于独立之初明显减少。中亚五国教育经费在国内生产总值的比重变化情况是：哈萨克斯坦由1992年的7.5%下降到1996年的4.4%，吉尔吉斯斯坦由1991年的6%下降到1996年的5.5%，同期土库曼斯坦由7.2%下降到2.95%。塔吉克斯坦由1992年的11%下降到1996年的3.3%，乌兹别克斯坦则由1992年的10.2%下降到1996年的7.7%。哈萨克斯坦1994年国家给教育的拨款，只能满足该系统需求的53%。实际上，这笔资金只能用来支付教职员工的工资和高等学校、中等专业学校学生奖学金和补贴。[33]

各加盟共和国独立时从苏联接收了大量文化设施，包括剧院、电影院、图书馆、俱乐部、文化宫和博物馆等。独立后，文化设施的数量基本上没有增加，有的还明显减少。例如，哈萨克斯坦1990年有剧院40座，1998年

33　李静杰 总主编：赵常庆 本卷主编：《十年巨变：中亚和外高加索卷》，北京：中共党史出版社2004年版，第214页。

年仍是40座; 1990年有博物馆96座, 1998年减少到88座; 1990年有电影院 (包括电影站)1.05万个, 1998年锐减到628个, 1990年有群众图书馆9700 所, 藏书和杂志1.132亿册, 1998年则分别降至3033个和7146.94万册; 1990年存在的9400所俱乐部, 现在已基本不存在。其他国家的情况大同 小异。文化事业的萎缩与国家经济状况有直接的关系。文化机构过去基 本由国家拨款。独立10年, 哈萨克斯坦、吉尔吉斯斯坦、塔吉克斯坦等 国国内生产总值下降近1/3, 国家财政大幅度减少, 自然拿不出更多的钱资 助文化事业。在转向市场经济之后, 出版业也遇到新情况。国家补贴基本 没有。因此, 图书价格猛增, 而且出版的图书数量也很少; 图书馆经费有 限, 每年经费除维持正常开馆外, 根本就没有资金购入新书。一些维持不 下去的图书馆不得不关闭, 另一些勉强维持的图书馆藏书也明显减少。文 化艺术界同样生存处境艰难。创作人才及有才能的演员大量移居国外。 因票价上涨, 观众人数也明显减少。许多剧团无法正常运转。一些过去靠 国家拨款的文化机构, 例如电影放映站、群众图书馆和俱乐部不得不大量 关停。[34]

(四) 美国等西方大国强势文化的大肆渗透

颜色革命之所以会在前苏联地区一些国家爆发, 这些国家的内部因素当 然是根本性的。但外部势力、外部因素的渗透和干扰也起到了"催化剂" 的作用。格鲁吉亚、乌克兰以及吉尔吉斯斯坦在"颜色革命"发生后, 实现 了政权的更替, 亲西方政权纷纷上台。美国国会毫不讳言在这些国家"政 权更迭"中"发挥着中心作用"。在俄罗斯避难的吉尔吉斯斯坦前总统阿卡 耶夫在接受英国媒体采访时也曾特别指出, 包括美国大使馆在内的外部势

---

34 李静杰 总主编, 赵常庆 本卷主编: 《十年巨变: 中亚和外高加索卷》, 北京: 中共党史出版社 2004年版, 第216-217页。

力的介入导致了吉尔吉斯斯坦政局的突变，迫使他流亡国外。[35] 独联体尤其是中亚地区地处欧亚大陆腹地，战略地位重要，一直是美国试图染指的地区，美国在该地区扶植亲美势力，输出"美式民主"，进行文化价值和意识形态渗透，本身就有挤压俄罗斯的战略空间、削弱俄罗斯的地缘战略地位，以及防范和遏制中国崛起的战略意图。

西方国家对于独联体国家渗透和影响的手段、方式多种多样，其中来自政府层面的对亲西方的政治反对派耳提面命、资助扶持无疑是最重要的手段。美国等西方国家最初是建立一些"俱乐部"，吸引这些国家的年轻人参与其活动，然后逐步政治化、组织化，形成骨干队伍。对于驻在国的领导人或反对党领袖人物，美国大使往往亲自出面，通过秘密接触，选择符合美国利益要求的代理人。在培植上层"精英"之外，美国还不遗余力地开展基础性工作，例如在大学设立奖学金，扩大与独联体国家的人文交流，每年组织数以万计的短期访问交流项目，邀请对象多为反对派中的中青年骨干，让他们亲身体验、感受美国的"民主"、"自由"生活，潜移默化地影响他们的价值观。实际上，早在前苏联解体时，美国就启动了"支持新生独立国家"的计划。1992年，美参议院通过了《自由援助法》，对外以扩展"自由和民主"为借口，向这些国家提供大量目的性极强的经济援助。据统计，自1992年以来，美国政府向独联体国家提供的财政援助总额已超过了210亿美元，至于接受援助的标准，这些国家不仅要进行"必要的"改革，而且必须全力推动"政治民主化"和"经济市场化"。在"颜色革命"浪潮中，美国不但积极给予反对派以精神支持，更向他们提供大量资金，利用金钱为其"和平渗透"开道。[36] 不仅如此，还给予人力支持，为反对派出谋划策。例

35　张丹："独联体国家的'颜色革命'和美国的文化侵略"，《中国传播学会成立大会暨第九次全国传播学研讨会论文集》，北京：新华出版社2006年版，第251页。

36　陈达 著：《颜色革命：中亚面临的现实抉择》，兰州：兰州大学出版社2007年版，第110-114页。

如，吉尔吉斯斯坦"郁金香革命"开始前，美国就通过各种途径向吉派出大量"革命辅导员"参与指导该国的"革命斗争"，而就在美国大使、欧安组织驻吉代表会见反对派领导人的次日，反对派就宣布向首都进发。

在当今世界，随着新媒体技术的发展，大众传媒在设置议题、影响舆论、操控民意等方面发挥着越来越重要的作用。借助广播、电视、报纸、互联网等"制造现实"已经成为媒体最大的权力。西方国家正是有意识地利用了这一点，直接或间接的控制传媒导向，从而形塑前苏联地区国家的社会意识图景。"颜色革命"爆发后，媒体宣传成为美国等西方国家推波助澜的重要手段之一，非常深刻地影响了"颜色革命"发展进程。在格鲁吉亚"玫瑰革命"期间，得到西方资助的"鲁斯塔维-2"电视台一度成为萨卡什维利的喉舌，美国的索罗斯基金会仅为该电视台提供报道"革命"进程的资金就达100多万美元。曾参与"玫瑰革命"的格鲁吉亚反对派领导人也对西方媒体的鼎立帮助感念万分，称如果没有独立媒体的支持和参与，"玫瑰革命"不可能如此顺利。在乌克兰"橙色革命"期间，具有西方背景的"第五频道"一直坚定地站在被西方公认的更加民主的反对派领袖尤先科一方，对竞争的另一方库奇马则大肆贬抑，从而为反对派的上台立下了汗马功劳。同样，在吉尔吉斯斯坦大选之前"郁金香革命"发生期间，世界各地电视台持续不断播出的都是由CNN、BBC等西方强势媒体所制作的节目。电视上充斥的是西方国家所支持的反对派领导人的演讲，以及不间断的街头抗议等，而对于其中一些抗议者走向街头的目的仅仅只是因为领取了组织者的示威"补贴"、有些"示威民众"随身携带武器，甚至大肆破坏公共设施等却往往视而不见。由于媒体在"革命进程"中作用突出，因此西方国家越来越重视媒体在建立公民社会中的地位和作用。2005年8月，美国政府宣布将在阿塞拜疆和吉尔吉斯斯坦等国建立多个"民主资讯中心"，以协助国家发展"独立媒体"，其目的当然是要巩固各国的美式民主化进程，不断强化西方价值观在这些国家的影响力。[37]

第三节 苏联解体和"颜色革命"对我国边疆民族地区文化安全的警示

冷战结束后，国际格局发生急剧变化，存在各种不稳定性和不确定性。苏联的解体以及接踵而至在独联体国家发生的"颜色革命"教训深刻，国家文化安全对于维护国家稳定至关重要，而边疆少数民族的文化安全则更为尤甚，它直接关系到一个国家的民族团结和边疆安全。随着苏联的解体以及中国的和平崛起，在国际权力转移背景下，西方国家将中国周边国家作为"民主改造"的重点，在这样的背景下，我国边疆民族地区，外有西方敌对势力在思想文化领域加紧实施西化、分化图谋；内有"藏独"、"疆独"等民族分裂主义势力以文化或宗教面目遥相呼应，严重威胁边疆民族地区的和谐稳定与国家安全。因此，我国作为多民族国家，如何从苏联解体、"颜色革命"乱局中汲取教训，切实维护边疆民族地区的文化安全，实现边疆民族地区的和谐稳定尤为重要。

一、必须坚持马克思主义在意识形态领域的主导地位

苏联解体的另一个重要原因是意识形态战线的失守，没有很好地坚持马克思主义作为意识形态的指导地位。从斯大林开始，在实践中把马克思主义教条化，不能与时俱进地发展马克思主义，特别是戈尔巴乔夫上台以后，大搞历史虚无主义，以所谓的"人道的、民主的社会主义"取代马克思主义指导的科学社会主义，背离了马克思主义进行理论创新，放弃了马克思主义在意识形态领域的指导地位，导致苏共党员干部和人民群众思想上的混

37　陈达 著：《颜色革命：中亚面临的现实抉择》，兰州：兰州大学出版社2007年版，第122-124页。

乱与迷茫，从而彻底终结了苏联的社会主义制度。因此，在边疆民族文化安全问题方面，要有正确的思想指导，必须要坚持马克思主义在思想意识形态领域的指导地位，坚持这一科学的世界观和方法论，将其作为指导中国革命、建设和改革的行动指南。任何国家都会有自己的主流意识形态，这是构成社会共同体的思想基础，是社会系统得以维系的基本精神依托和规范力量。当然，马克思主义并不是教条，而是在实践中不断发展的社会主义先进文化的本质表现。在全球化背景下，不同文化之间的交流、冲突、渗透、融合日益频繁，不同民族为了增强民族的凝聚力、向心力，必然要维护自身独特的民族文化传统。在边疆少数民族地区，多元文化的存在，不同类型文化之间的冲突，异质文化的渗透，面对此种现实尤其需要有共同的价值取向。马克思主义是我国意识形态的灵魂，决定了我国意识形态的性质和方向，是有效抵制各种错误思潮的强大思想武器，因此要维护边疆民族地区的文化安全，就必须毫不动摇地坚持马克思主义在意识形态领域的指导地位。这是实现边疆地区各民族和谐相处、共同发展、共同繁荣，以及国家长治久安的重要前提。

二、务必加强边疆民族地区各民族的中华文化认同

苏联解体的一个重要原因就在于苏联长期以来并没有形成一体化的，有感召力和凝聚力的文化价值体系。由于缺乏文化价值支撑，以至于"8·19事件"发生后，国家迅速解体，表面上强大的苏联帝国一夜之间土崩瓦解。同样，一些独联体国之所以爆发"颜色革命"，很大程度上也是因为这些国家存在族群分裂，文化冲突的问题。因此，增强国家的文化认同，特别是边疆少数民族对国家的文化认同，对于任何一个多民族国家而言都至关重要。纵观我国五千年文明史，各民族在历史长河发展中"创造了各具特色、丰富多彩的民族文化。各民族文化相互影响、相互交融，增强了中华

文化的生命力和创造力，不断丰富和发展着中华文化的内涵，提高了中华民族的文化认同感和向心力"[38]。中华文化是由56个民族文化沉淀积累而成，是民族文化源远流长的根基，继承和发扬中华文化基于各民族文化的持续发展和流传。少数民族文化是中华文化的重要组成部分，必须尊重和保护边疆各少数民族文化的独特性，国家认同需要容纳、尊重和保护民族认同；又不能把民族认同与国家认同割裂开来，民族文化的认同不能超越、凌驾于国家认同之上，族群文化的认同必须以中华文化的认同为前提。我国边疆少数民族地区普遍距离国家的政治中心、文化中心较远，并且经济社会发展水平相对落后，这种边缘化的处境就可能助长边疆民族地区一些人的边缘化心态，从而被某些极端分离主义势力煽动民族情绪，甚至导致伤害民族感情、威胁民族团结的暴力恐怖事件发生，因此必须强化边疆少数民族地区人民群众对中华文化的认同，重视中华民族共同文化建设。增强中华文化认同就要以社会主义核心价值观为指导，大力弘扬中华民族的优秀传统文化，大力推进社会主义先进文化建设，要坚决抵制各种与社会主义核心价值观背离的错误观念，坚持社会主义文化自信的道路，提高应对西方外来文化侵蚀民族文化能力。在对待民族语言上，既要使用国家通用语言，即汉语普通话，以促进文化交流、实现文化认同；又需要推进少数民族双语教育，实现民族的共同发展和繁荣，增进民族之间的情感互信与价值认同。在宗教文化方面，党中央明确指出要严厉执行宗教文化法律法规，"积极引导宗教与社会主义社会相适应，发挥好宗教界人士和信教群众在促进经济社会发展中的积极作用"[39]。要对宗教教义做出符合时代精神和中国特色的阐释，积极倡导宗教中的爱国、团结、和平、中

38　汪凌："我国少数民族传统体育的文化特征、功能与发展研究"，《成都体育学院学报》，2009年第10期。

39　习近平："坚持依法治疆团结稳疆长期建疆团结各族人民建设社会主义新疆"，《新疆日报》，2014年第1期。

道、宽容、善行等思想，中华民族的文化认同是一个整体，是各民族的宗教文化认同的集合，提高整个民族的凝聚力，使宗教信仰人士在享受自己信教权利的同时，也要积极维护社会稳定团结和带动边疆少数民族地区经济发展。

三、积极推进边疆民族地区的文化产业加速发展

文化是维系国家认同、凝聚人心的重要基础。文化产业作为文化的重要载体和国民经济的重要组成部分，在传递国家的主流价值、引导舆论、塑造认同，维护国家文化安全等方面发挥了举足轻重的作用。苏联解体，一些独联体国家爆发"颜色革命"，一个重要的原因就是因为文化建设滞后，文化产业先天不足，文化创新后劲不强。虽然我国边疆民族地区拥有绚丽多彩的民族文化资源，但受制于历史传统和自然环境，我国边疆民族地区的文化产业并没有得到充分发展。在文化保护、文化消费、文化发展理念和方式等方面与内地有很大差距。边疆文化产业发展不充分，文化产业链不完善，社会化、产业化、市场化程度低。[40] 党和政府对文化建设的高度重视体现在十九大报告中："要深化文化体制改革，完善文化管理体制，加快构建把社会效益放在首位、社会效益和经济效益相统一的体制机制。完善公共文化服务体系，深入实施文化惠民工程，丰富群众性文化活动。加强文物保护利用和文化遗产保护传承。"[41] 对于边疆民族地区来说，发展文化产业，进行民族文化资源开发，需要注意保护与开发相结合，继承和创新相结合，既需要树立文化安全意识，保持民族文化原有的独特性，避免传统文化遗产资源流失；还需要在开发中保护，立足于特色文化资源，

40　董江爱："我国国家文化安全中的边疆文化治理研究"，《探索》，2016年第4期。

41　习近平：《决胜全面建成小康社会夺取新时代中国特色社会主义伟大胜利——在中国共产党第十九次全国代表大会上的报告》，北京：人民出版社2017年版，第43-44页。

发掘其现代价值，打造带有本民族特色的精品项目，以达到更好保护的目的。发展文化产业的同时，要坚持"引进来"和"走出去"相结合。边疆民族地区作为我国的民族文化资源宝库，在开发时必须把握适度原则，从而实现文化的传承，并带动民族地区经济社会的发展，这就需要地方政府加强当地基础设施建设，改善交通通达度，增强公共服务能力，为招商引资创造条件；另一方面，需要不断拓展外部市场，积极推广具有竞争优势的特色文化产业品牌，寻求更多的发展机遇。

四、加紧抵御西方强势文化对边疆民族地区文化领域的渗透

通过思想文化和意识形态领域的渗透，利用和鼓励苏联国内地方民族主义是西方国家实施"和平演变"图谋的重要策略，这也是导致苏联解体最重要的外部因素。而独联体一些国家"颜色革命"的爆发，则是西方国家推行"和平演变"图谋的继续，正是西方国家的渗透和干扰发挥了"催化剂"的作用，大大加速了"颜色革命"的进程。我国随着对外开放的步伐不断加大，全面融入经济全球化的潮流，同样不得不直面西方国家的文化入侵和价值渗透，而边疆民族地区受制于独特的自然地理环境、经济社会发展状况以及历史文化传统等因素的影响，尤其成为西方国家进行文化侵蚀、价值渗透的前沿阵地。因此，面对这一复杂的文化安全形势，必须采取有效的对策措施，筑牢边疆民族地区的文化安全屏障。在边疆民族地区抵御西方文化的渗透首先需要加强社会主义主流意识形态建设，坚持党对思想文化工作的领导，坚持马克思主义指导思想，用马克思主义思想对抗西方意识形态思想，使马克思主义思想融合进民族文化当中不断增强边疆少数民族的国家文化认同意识。习近平强调指出："要在各族群众中牢固树立正确的祖国观、民族观，弘扬社会主义核心价值体系和社会主义核心价值观，增强各族群众对伟大祖国的认同、对中华民族的认同、对中华文化的认

同、对中国特色社会主义道路的认同。"[42] 边疆民族地区民族问题、宗教问题错综复杂，西方敌对势力往往利用宗教进行政治文化渗透，传播资本主义意识形态和价值观，甚至通过一些宗教组织在边疆地区传播宗教、开展活动。因此，既要贯彻党的宗教信仰自由政策，加强对边疆民族地区宗教生活的规范与引导，保护正常的宗教活动；为了预防宗教文化冲击我国社会各方面发展，导致社会意识形态的偏离，加强反西方文化渗透的能力，同时必须坚持政教分离原则，加大对境外非法传教活动的预警防范，防止西方反华势力的宗教渗透。

五、高效建立边疆民族地区的文化安全预警机制

苏联解体、东欧剧变，以及独联体一些国家发生"颜色革命"的经验教训告诉我们，在全球化时代，要保障国家的文化安全，需要内外兼修，防患于未然，不仅需要加强文化安全建设，解放和发展文化生产力，在塑造先进文化、发展文化产业等方面苦练内功，提升自身文化的凝聚力、感召力和竞争力，同时也需要通过采取行政、法律、技术、人才等方面的措施，构建文化安全预警机制，力求未雨绸缪，而边疆民族地区作为文化安全战线的薄弱环节，尤其需要重视文化安全预警机制的建设。一方面需要加强文化立法，做到有法可依，通过法律手段保障国家文化安全，提升文化软实力。我国自1999年出台《文化立法纲要》之后，文化立法工作已经取得了长足进展，但较之于经济、社会等其他领域，文化立法仍然相对滞后，特别是随着新兴文化领域的不断涌现，在一些方面还存在法律空白，以及立法数量较少，层级较低，质量不高等问题，因此必须根据我国的实际情况，加强文化安全方面的法治建设，尽快制定《国家文化安全法》和其他

42　陈太平："论边疆民族地区的政治文化安全"，《民族论坛》，2014年第9期。

专业领域性的发展文化产业、解决文化危机问题的法律法规。在互联网时代，尤其要加强网络立法，规范网络运行。在有法可依的基础上，还需加强执法和司法建设，尽可能把对我国文化安全构成的危险和危害降到最低限度。另一方面，还需要构建文化安全防范机制。加强官方舆论的影响力，大力弘扬优秀民族文化。具体来说，要在充分借鉴其他国家保护民族文化安全经验的基础之上，制定适合中国国情的文化安全政策，要始终坚持公有制的主体地位，充分发挥市场监管作用，同时加强政府对文化商品进出市场的管理，"建立文化产业投资风险评估和管理体系；通过对国际文化商品的流动趋势及其各种渠道的监督，把国际文化资本对我国文化市场和文化产业可能构成的威胁控制在安全警戒线以下"[43]。此外，为了对西方文化渗入可能对我国文化安全带来的潜在威胁及时准确地作出警示性反应，还需要建立有效的文化监管与预警机制。

---

43 傅托女、文尚卿："全球化背景下的中国文化产业发展"，《党史文苑》，2005年第12期。

国际格局变化背景下我国边疆民族地区文化安全的对策建议

我国边疆民族地区是我国面临文化安全威胁的最关键地区，需要采取积极有效的举措以维护边疆民族地区和谐稳定。我国应积极参与或创建国际安全合作机制，通过国际合作打击各种非传统安全威胁，共同维护区域安全；在全球化、信息化时代里，应积极拓宽政治社会化方式，夯实边疆民族地区主流政治文化的主导地位；面对着一个变化了的世界，应积极建构文化安全预警机制，将危及边疆民族地区文化安全的威胁源头扼杀在"摇篮"里；新时代我国民族宗教需要一定的调整，有利于提升国家认同和文化认同，以打牢文化安全的根基以及加强边疆民族地区的文化管理和繁荣文化事业等行之有效的举措以实现维护我国边疆民族地区文化安全的使命。

第一节 积极参与或构建国际安全合作机制

第二次世界大战结束前的300年里，国际关系发展的制度性特点就是欧洲三十年战争结束于1648年签署的《威斯特伐利亚和约》，确立的国家主权平等原则，从而建立了维系欧洲和平的威斯特伐利亚体系。随着欧洲国际体系向全球的扩张，欧洲工业革命的发生、发展和勃兴，人员的往来、经济的融合以及资本的流通，国际关系行为体的剧烈互动，列强之间的争夺和冲突的加剧导致国际冲突频发。为了维护国际秩序的稳定和规范列强之间的行为，国际社会需要建立某种具有约束力的国际机制来规范、约束国际关系行为体之间的关系和行为，以实现彼此的安全利益。

一、国际安全合作机制的建立与国家安全的实现

国际机制是国际关系发展的制度化结果及表现形式，是国际秩序的基本架构，国际机制既是维护国际安全也是维护国家安全的重要举措。在国际体系的无政府的"自然状态"之下，国际机制的局限性显而易见，但其有效性也不可降低。按照奥伦·杨(Oran Yong)的理解，无论任何形式的国际机制都能发挥有效性，只是有效性的程度不同而已。也就是说，如果国际机制只要能约束行为体的行为或能促使行为体的行为发生改变，那么它就是有效的。[1] 作为国际机制核心内容的安全机制的功能和有效性也是如此，因为，"国际安作领域的聚集行为体预期的一整套明示或暗示的原则、规范、规则以及决策程序，"[2] 也即哈罗德·穆勒(Harald Muller)所云："安全机制是制约国家之间的安全关系诸层面的原则、标准、规则和程序的系统。"[3] 国际安全机制有两层面的内涵：首先是安全层面的内涵。在我国古代汉语中尚无"安全"一词，"安"与"危"两个单字词总是成对出现，"安"这

---

1 詹姆斯·罗西瑙 主编：《没有政府的治理》，南昌：江西人民出版社2001年版，第190-221页。

2 Stephen D Krasner:"Structural Clauses and Regime Consequences: Regimes As Intervening Variables', International Organization, Vol.36, 1982, p.186.

3 Volker Rittberger (ed.): Regimes Theory and International Relations, Oxford: Clarendon Press, 1993, p.361.

一字词单个出现时就能完整表达现代汉语"安全"之传统内涵, 而"安全"这一双音节字词则指"没有危险, 不受威胁, 不受侵害"等意思。然而, 主权国家作为国际法乃至国际关系中至为重要的行为主体, 对其而言, 即便"不受威胁, 不受侵害", 亦未可代表该国处于安全之状态。一个国家即使其未遭外来安全威胁, 但源于内部原因亦会诱发一国政治稳态失衡。故而学者刘跃进所言, "单是没有外在威胁, 并不是安全的特有属性, 单是没有内在的疾患, 也不是安全的特有属性。"[4] 因此可以说, "安全"一词的核心要义与特有属性能且仅能指"没有危险"。进而言之, 国际安全机制之基本内涵指国际关系主要行为体(包括主权国家和国际组织等)在安全领域所建立的一些具有约束力的制度性安排或规范。这些国际安全合作机制既包括如联合国等高度制度化的机制, 也包括国际惯例或国际会议等制度化相对较弱的机制。

冷战前的国际安全机制并未很好地发挥维护国际和国家安全的重任。从国际机制发展史来看, 国际安全机制首先由欧洲大国的建立, 它的出现确实使无序的国际社会慢慢向有序的国际社会演进。不过, 第一次世界大战之前建立的诸如神圣同盟, 三皇同盟、四国同盟等国际安全机制充当列强抢占殖民地、争权夺利和争夺势力范围的"保护伞"。这些军事同盟由于同盟体系之间的互动僵化最终未能阻止战争的爆发, 最终威胁到国际安全和国家安全; 虽然国际社会在一战后的1919年巴黎和会上建立的人类历史上第一个维护世界和平以集体安全为主旨的政治性国际组织--国际联盟, 但由于联盟的安全机制建设的不健全以及大国的操纵, 并未能阻止第二次世界大战的爆发, 导致以集体安全为主要方式, 以维护国际安全和国家安全为主要目的所建立国际联盟终化作泡影。二战后, 随着国际关系的民主化、和平力量的加强以及理想主义的结晶--联合国的成立, 国际安

---

4   刘跃进 主编:《国家安全学》, 北京: 中国政法大学出版社2004年版, 第44页。

全机制建设得到进一步完善，在维护世界和平、国际安全和国家安全等方面发挥了不可忽视的重要的积极作用，国际安全合作机制也进入新的发展时期。

其实，冷战结束之前已有的国际安全机制所发挥的有效性相对较弱，维护国际和平与稳定的能力有限。这些国际安全合作机制不仅没有实现维护世界和平的目的，相反还损害了自身的安全利益。自威斯特伐利亚体系建立的主权平等原则始至近代资本主义产生后，在社会生产力不够发达的情况下，对主权独立的国家而言，人口和领土是其最主要的财富。加强军备国防建设，维护国家主权和领土完整，保护国民不受外敌侵犯以求自保是每个国家最重要的安全任务。生存安全是国家安全利益中最核心要素。这既与生产力的发展有关，也和国际整体环境形式密不可分。二战还未结束盟国之间就已经埋下了冲突的种子，冷战的滥觞，国际关系行为体以意识形态为标志将国际社会分裂为以苏联为首的社会主义阵营和以美国为首的资本主义阵营。冷战期间，两大阵营各自加强军事力量、组建军事同盟刀光剑影剑拔弩张不时掀起冷战高潮，整个国际社会笼罩在核威慑之下。在意识形态激烈对抗两极格局的美苏冷战，彼此竞取权力是他们唯一的嗜好，国际关系现实主义学派的"零和博弈"在美苏争霸问题表现得淋漓尽致，其主要目的不是维护世界的和平。北京大学王逸舟教授早在20世纪90年代就此安全机制已立下论断："过去人们所讲的'国际安全'，实际上是'国家安全'的某种集合，是'放大'了的国家安全。"[5] 可是国际社会在历经1946年的伊朗危机、1947年的希腊危机、1948年的第一次柏林危机、1962年的古巴导弹危机、1983年的韩国客机事件等国际冲突后，美苏意识到如果双方爆发大规模的武装冲突并不符合彼此的国家利益，"在一次

5　王逸舟："面向新世纪的国际关系理论研究：若干思考与建议"，《世界经济与政治》，1999年第4期，第10页。

性的博弈中，人们是很难进行合作的。在多次进行的博弈中，人们可以学会进行合作。"[6] 美苏在博弈中共同利益在增加，为双方开展国际合作和建构新的国际安全机制打下了基础。维护主权国家的安全主要靠"自助"的方式来实现。

冷战的突然结束，诸如社会主义阵营的安全合作机制--华约的"自杀"、北约的"东扩"、德国的重新统一、联合国的改革等重大国际事件带给国际社会、国际秩序的影响是巨大而全面的。苏联的瞬间消失，美国凭借自己的超强实力建立起"单极霸权"。于是，国际关系理论界提出了所谓的"单极霸权稳定论"也喧嚣一时。但事与愿违，苏联解体之后，地区冲突频发战端不断，种族矛盾、民族冲突、宗教纷争，一时间国际社会的安全问题激增，研究国际安全机制的议题更加丰富，特别是新世纪以来日益严峻的国际安全生态。为维护国际社会的和平与稳定，重新建构国际安全机制已是国际安全新形势和国际关系安全理论发展所需。虽说国际联盟、联合国作为维护世界和平的国际安全机制，是国际关系、国际体系和国际格局发展的制度化结构，这种"机制稳定论"的出台与冷战后改变了的国际安全生态关系紧密，为国际安全合作机制发展做好了极佳的注脚。

虽然关于全球化的相关理论在学术界有不同观点，但不可否认的是，世界历史的发展是一部由"分散"到"整体"的世界史，也即，全球化作为一种人类的社会实践使世界相互依赖程度不断加深。这是不争的事实。全球化掀起的人员、资本、信息、产业等互联互通的巨浪，使得"国家边界变得富有渗透性，从而使得越来越多的活动发生在国界之外，或在超越国界的空间内发生"。[7] 全球化高潮迭起导致全球性问题激增，"不仅使原先被掩盖或压抑着的许多国内和国际社会矛盾浮出水面，更使国内问题与国际问

---

6 [美]小约瑟夫奈 著 张小明译：《理解国际冲突：理论与历史》(第五版)，上海：上海世纪出版集团2005年版，第21页。

7 门洪华 著：《霸权之翼：美国国际制度战略》，北京：北京大学出版社2005年版，第12页。

题之间的界限不断被打破。"[8] 这意味着，全球化时代对解决越来越多超越威斯特伐利亚体系内涵的国际性议题的需求愈发强烈，更多超越国界的国际性议题日益成为主权国家必须面对，亟须解决的难题。特别是国家安全议题。因为21世纪的"世界课题不是大国之间如何争夺霸权，而是大国之间如何合作防止人类面临空前的非传统安全灾难。"[9] 国际安全合作是应对全球化之需。

　　全球化时代的国际安全和国家安全趋于泛化，非传统安全问题对全人类威胁持续升温成为战后国际机制发展的主要因素。从一定意义上讲，全球化时代的全球性问题不断增加既是国际安全合作的原因也是国际冲突之源，更是国际安全合作机制产生的主导因素。其实，全球化是一把"双刃剑"，一方面全球化促进全球资本和经济技术的交融，推动世界经济的振兴和发展，加速了世界历史整体化进程；另一方面，全球化时代的国家利益不再局限于经济安全利益，而且非传统安全因素社会性、多元性、跨国性同时并存，各作用因素间相互关联交织，导致国家安全跨越国家的有形的边界扩展到环境生态、恐怖主义、传染病、文化安全等无形边界的综合安全领域。

　　安全是国际政治研究的核心之一，全球化时代的安全观念在全球化时代已高度泛化，威斯特伐利亚维护国家安全的模式已不适应变化了的世界，"自助"模式不足以维护主权国家的安全利益。

8　　潘一禾：《文化安全》，杭州：浙江大学出版社2007年版，第026页。

9　　傅勇 著：《非传统安全与中国》，上海：上海人民出版社2007年版，第008页。

[表1] 全球化肇始的观点[10]

全球化理论的提出者	全球化的肇始	全球化的形式
卡尔·马克思	15世纪	现代资本主义的体系
沃勒斯坦(Wallerstein)	15世纪	资本主义的世界体系
罗兰·罗伯逊(Roberson)	1870-1920年	多维度
安东尼·吉登斯(Giddens)	18世纪	现代化
波尔穆特(Perlmuter)	东西方冲突的终结	全球文明

9·11事件足可证明，冷战后，特别是新世纪以来的全球化，全人类虽然不能实现"一荣俱荣"的目的，但非传统安全威胁确实可以遭遇"一损俱损"的境地。与和平和发展两大主题成为世界两大主题相适应，国际安全机制的合法性、正义性和社会性得到进一步加强。通过国际安全合作机制实现维护国家安全的目的已是历史发展的必然趋势。

二、国际安全机制的发展与我国国家安全

没有全球化就不会有真正的国际安全合作机制。冷战结束前，并不存在严格意义上的国际安全机制，是全球性安全问题的凸显才促使真正国际安全机制的生成和发展。第二次世界大战是新旧国际关系的重要分水岭，战争的惨烈使国际社会意识到，如果对全球安全问题不能有效治理，那么人类只会陷入混乱和无休止的冲突，国家安全也得不到保障。就连美国第36任总统林登·贝恩斯·约翰逊(Lyndon Baines Johnson)所说："我不指望在我任内的美苏关系会有奇迹出现，美苏两个超级大国在很多事情拥有共同的利益--尤其是避免给双方和全人类带来灾难的相互对抗的问题上。"[11] 换句

10　Mike Festherstone,(eds.):Global Modernities, London: SAGE Publications Ltd, 1995, p.47.

11　lyndon Johnson: "The Vantage Point: Perspectives of the Presidency 1963-1969,

话说，二战后国际社会不仅希望维护国家主权的独立，也希望建立类似集体安全的多边合作机制以遏制国际冲突，从而实现国际安全和国家安全。实际上，在欧洲三十年战争结束后的300年里，国际关系的制度性特点就是建立了所谓的威斯特伐利亚体系，该体系最鲜明的特点就是"主权平等"，这在法理上明确了国家与国家间的关系是平等的，同时，也明确了国家主权是排他性的、不受外来干涉且神圣不可侵犯，"主权平等原则"的实现以求约束国家行为的目的。这也就是说，任何对拥有国家主权私域(国家领土和国家内政)的侵犯都是绝对不允许的。威斯特伐利亚体系有其重要的历史意义，不过，过度强调私权的至高无上性，也影响甚至是削弱了国际社会对日益严峻的具有全球性公共利益的保护。冷战后全球化浪潮的兴起使各种国际关系行为体相互依赖程度关系进一步加深，而全球化带给世界的全球性安全问题也随之"水涨船高"，这说明过度强调"主权观念"的威斯特伐利亚体系成为全球性安全问题的障碍，在全球化时代的北京下要妥善解决国际安全问题必须"在私权(国家主权)之上或者在私权让渡的基础上形成具有约束性的集体制度安排。"[12] 全球化为国际机制建设，为严格意义上的国际安全机制的诞生立下了前提条件。

由于冷战对抗和衰弱的综合国力等因素，中国是国际安全机制的"迟到者"，这直接导致严重的安全问题。自鸦片战争之后的100多年里，中国一直按照威斯特伐利亚体系的核心意涵，即追求"主权独立、领土完整"，维护主权安全是二战结束前中国最主要任务。新中国成立后，一开始很重视加入国际机制以获得国际社会对新中国的承认。说到底，是希望通过加入国际安全机制以实现国家主权安全的目的。1952年，新中国加入的第一个国际安全合作机制。与此同时，中国还积极申请加入或恢复国际货币基

New York, Holt, Rinehart and Winston, 1971, p.469.

12　苏长和："发现中国新外交-多边国际制度与中国外交新思维"，《世界经济与政治》，2005年第4期。

金组织(IMF)、世界卫生组织(WHO)等，但由于冷战的兴起以及绝大多数西方国家对新中国的敌视，再加之以西方大国为基础建立和掌控的国际机制对新中国的横加干涉，新中国对通过加入国际机制以实现国家主权安全的热情减弱，最终只能实行向以苏联为首社会主义阵营"一边倒"的外交政策，一方面，加入由苏联主导的社会主义阵营的国际机制，例如以观察员的身份参加"华沙条约组织"活动；另一方面，拒绝承认和加入由西方大国主导的国际机制。中国成为国际体系的"挑战者"和国际机制的"革命者"。当然，新中国成立之初，我国一直游离于国际机制之外也与落后的综合国力有必然关系。1950年我国进出口贸易额只有10亿美元,至1978年改革开放前夕，我国对外贸易依存度也只有9.8%。[13] 换句话说，此时我国GDP(仅为2683亿美元，世界排名第15位)不到1/10是由对外贸易所创造。不到GDP一成的对外贸易依存度，说明我国当时仍属于自给自足的自然经济，世界经济、海外利益、多边合作和经济全球化对我国经济社会的发展无足轻重。衰弱的综合国力、与国际经济体系联系的疏远也是中国早期抵制参与国际机制的重要原因之一。作为国际安全机制的迟到者，致使我国面临严重的国家安全问题，爆发过多次武装冲突。这种局面直到1971年中国恢复联合国合法席位才逐渐发生改变。

中国恢复联合国大国席位到冷战结束的这一时期，是我国开始融入国际体系，部分加入国际机制的过程。其中，此时我国对加入国际经济合作机制尤为兴趣。1971年恢复联合国这个最重要的国际组织，意味着我国通过几十年的努力基本上解决了国家主权安全问题，至此传统安全对我国国家安全的威胁逐步降低，而经济安全等问题日益成为威胁我国国家安全的重要因素。在历经十年动乱，我国经济社会濒临崩溃的边缘，文革结束后，快速发展经济，提高人民群众生活水平是我国主要任务，从此后，中国对

13　隆国强："如何看待我国的外贸依存度?"，《国际贸易问题》，2000年第11期。

国际安全机制的态度由"否定性的批判转为建设性的逐步参与。"[14] 特别是改革开放大战略的实施开启了我国融入国际体系进程，邓小平同志的"和平和发展"是世界两大主题的论断改变了我国的对外战略,停止了对外革命输出政策。世界各国都在积极发展经济，综合国力的竞争是国际竞争的关键，而融入国际社会,加入国际经济合作机制是提升综合国力的重要手段。在国际格局变化的背景下,我国对加入多边经济合作机制表现出浓厚兴趣，在改革开放之初急需这些国际合作机制提供必要的支持。于是,1980年我国加入世界银行和国际货币基金组织；从1983年起开始参与联合国主导的裁军会议；在我国积极部分加入国际合作机制的同时，经济社会也得到了快速发展，我国的GDP由1978年世界排名的第15位迅速跃升为1980年世界的第7位(3332亿美元)，取得的辉煌成就为维护我国经济安全作出了一定贡献。

20世纪90年代国际格局的急剧变化是我国全面参与国际安全机制的重要原因。冷战的结束，苏联消亡之后，我国成为世界上最大的社会主义制度国家，两极体系崩溃后建立的以美国为霸主的单极体系对我国造成巨大的战略压力。虽然我国面临的传统安全威胁持续降低，但我国面临着日益严峻的意识形态、政治制度等非传统安全威胁。美国总统理查德·尼克松(Richard Nixon)在《1999: 不战而胜》自我炫耀道: "将不能够再凭借经济和军事力量的优势进行领导；我们应以高超的政治远见进行领导。"[15] 国际格局的剧烈变化，西方势力挟和平演变的"光辉业绩"大肆干涉我国的外交和内政，致使我国遭受日趋严峻的国家安全威胁。如何维护我国的国家安全？加入国际安全合作机制成为此时我国重要的战略选择。于是，在上世纪90年代,为减轻西方大国的战略压力，我国展现出积极、主动地加入多

14　鲁毅: 《新时期中国国际关系理论研究》，北京: 时事出版社1999年版，第69页。

15　[美]理查德·尼克松: 《1999: 不战而胜》，北京: 世界知识出版社1997年版，第369页。

边国际合作机制, 有如下特点: 第一、对国际上取得高度共识的多边合作机制, 中国高度赞成并积极参与以减轻我国的战略压力。例如: 1990年加入《联合国儿童权利公约》(Convention on the Rights of the Child); 1994年参与一系列的国际人权机制, 如, 《1974年国际海上人命安全公约1988年议定书》(Protocol of 1988 relating to the International Convention for the Safety of life an Sea, 1974)等。第二、积极参与建设之中的国际合作机制。1991年我国加入亚太经合组织, 1994年加入东盟地区论坛等举措, 1997加入东盟10+3(东盟10国+中日韩)合作机制是我国注重参与多边主义的很好证明, 同时也说明此时我国还无实力推动多边合作机制(1990年我国GDP世界排名第10位)。不过, 对推动多边合作的国际机制的谨慎态度随着我国快速崛起得以迅速转变。自新中国成立至冷战结束, 中国参加政府间的国际机制增加到1989年的37个, "到2004年底, 中国参与和签署的国际性条约或协定达到268个。"[16] 自上世纪70年代中期, 中国参与的国际合作机制的数量是美国的25%, 印度的30%, 大致占世界平均总量值的70%上下; 至90年代中期, 中国参加的国际机制的数量是美国的70%, 印度的80%, 占世界平均总量的180%。[17] 新世纪的来临, 国际格局变化又处在剧烈的变化背景之下。

16   王明生: 《国际安全机制与当代中国--一种互动关系分析》, 中国政法大学2006年博士论文, 第47页。

17   [美]江忆恩: "中国参与国际体制的若干思考", 《世界经济与政治》, 1999年第7期, 第4-10页。

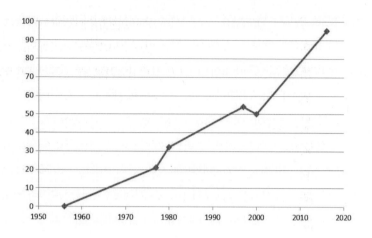

(数据来源: Alastair Iain Johnston: "Is China a Status Quo Power" International Security27: 4 Spring 2003, pp.6-55和中国外交部网站数据)

[表2] 新中国参与国际机制的模式图

新世纪以来, 以中国为首的第三世界崛起, 特别是金砖五国(BRICS-Brazil、Russia、India、China、South Africa)的"金色"惹足, 国际格局又处在激烈的变化中, 为维护我国国家安全, 我国不但积极加入而且开始迈向构建国际安全合作机制之路。按照现实主义理论解释, 国际权力是一常量, 一国的崛起必定导致他国国际权力的减少。众所周知, 霸权护持行为是霸权国的唯一嗜好。在中国快速崛起之时, 美国的"重返东南亚"、"亚太再平衡"以及"印太战略"等相继登场, 遏制中国崛起的意图相当明显。守成的美国与崛起中的中国会不会陷入爆发冲突的"修昔底德陷阱"?一时间成为国际学术界和政界讨论的热门话题。对我国而言, 如何在国际格局变化背景下切实维护中国国家安全问题从而又一次变成理论研究和实践须得直面的核心议题。我国经过改革开放30多年的飞速发展, 国家实力不断增强(2000年我国GDP世界排名第6位, 2010年世界排名第2

位), 现已发展成为"世界经济总量第二大国、第一大出口国、第二大进口国、第二大吸收外资国、第三大对外投资国、第一大外汇储备国。"[18] 对外贸易依存度由改革开放元年——1978年之9.8%陡然急升至"入世"三年后即2004年之70.03%, 随后虽略有降幅, 2014年仍居高不下达至45%。外贸易依存度占GDP的不足1/10到所占近1/2, 这充分说明我国经济社会的发展与国际机制日益密切。以加入世界贸易组织(WTO)为标志, 表明我国已完全融入国际体系。吸引外资为1239亿美元, 连续多年成为仅次于美国的资本输入国, 这一系列的成就为我国加入国际机制提供了坚实的物质基础, 也为应对全球性议题提供了新的思考。此时, 全球化时代的跨国性共同安全问题增多, 美国的9·11事件意味着非传统安全问题对全人类的威胁大幅度增加。我国开始对国际安全与国家安全提出自己的理解和理念, "主权在必要的情况下可以通过国际层面的制度安排而成为共享的。"[19] 新安全观就是在此背景下的结晶, 从此后中国跨入全面参与国际安全合作进程。

三、国际格局的变化与我国边疆民族地区文化安全

自古以来我国边疆民族地区是维护我国国家安全的天然屏障, 肩负着"守土戍边"的重任。我国是56个民族组成的统一的多民族国家, 在近2.2万公里陆上边境线的边疆民族地区几乎都是少数民族的主要集聚区。新疆是我国边境线最长的内陆省份, 约占全国陆地边境线总长的1/4, 是"陆上丝绸之路"核心区域, 是沟通东西方的要冲、欧亚大陆桥的必经之地, 也

18　黄茂兴 贾学凯: "'21世纪海上丝绸之路'的空间范围、战略特征与发展愿景", 《东南学术》, 2015年第4期。

19　苏长和: "发现中国新外交-多边国际制度与中国外交新思维", 《世界经济与政治》, 2005年第4期, 第15页。

是草原民族和农业民族的交界地带，与俄罗斯、蒙古、哈萨克斯坦、阿富汗、巴基斯坦和印度等8个国家相邻。新疆扼守我国西北大门。西藏与巴基斯坦、印度、不丹等国接壤，守卫着我国西南大门；内蒙古位于我国北部边疆，漫长的边境线与俄罗斯和蒙古相望，镇守着我国北大门，而云南和广西等省份一直是我国大西南地区国家安全的堡垒。我国边疆民族地区重要的战略位一直是域外势力觊觎的对象，同时该地区复杂的民族、宗教、文化、政治、经济等关系又是成为影响该地区不稳定的重要诱因，而国际格局变化更恶化了地区的稳定。

探究国际关系史、我国边疆民族史以及文化发展史可知，国际格局的每次变化带给我国边疆民族地区严峻的文化安全问题。国际格局是"由大国实力对比和大国战略关系两个要素构成。"[20] 第一次世界大战之前，随着德国的崛起和大国之间的站队结盟。毫无疑问，一战是国际格局激烈变化时代。在大战正酣之际，以土耳其为基地的"双泛"思想--泛伊斯兰主义(Pan-Ialamism)和泛突厥主义(Pan-Turkism)非常活跃，严重影响到我国新疆地区稳定、国家安全和国家文化安全。泛伊斯兰主义鼓吹信仰伊斯兰教的穆斯林联合起来建立统一的伊斯兰国家。新疆作为东西方经济文化交流的重要通道和地区，一直是多民族、多宗教共同生活的地区。事实上，"早在伊斯兰教传入前……与当地土生土长的原始宗教一起在各地流传。"[21] 泛突厥主义则鼓吹建立操突厥语的"突厥大帝国"，中国新疆维吾尔族自治区繁衍生息着讲古老突厥语、奉伊斯兰教为宗的民族，从而极为便利地成为心怀"双泛"思想极端分子长期渗透的重点地区，其目的"在于将奥斯曼帝国、俄国、中国、伊朗和阿富汗境内所有使用突厥语的诸民族联合到一起，宣扬使用突厥语的各民族皆属同一民族，应归土耳其统

20　阎学通 阎梁 著：《国际关系分析》，北京：北京大学出版社2008年版，第37页。

21　张植荣 著：《中国边疆与民族问题--当代中国的挑战及其历史由来》，北京：北京大学出版社2004年版，第260页。

治。"[22] 从历史可知，自公元630年和659年东突厥和西突厥毁灭后，突厥人逐渐和当地其他民族、种族相融合，现在操突厥语的并非是同一民族，"是许多部落、部族、民族经过长期的历史演变、融合、同化而最终形成的，并非都是突厥人。"[23] 所以，"双泛"思想在我国新疆地区的传播不仅逐步解构了我国边疆传统的民族文化，更严重的是，直接导致了分裂势力的兴起。在国际格局急剧变化的第一次世界大战，域外敌对势力"一是散发宣传品，二是派人潜入，三是通过留学生或朝觐人员等回国传播"[24]等方式加紧向我国边疆民族地区渗透，例如，1915-1916年，德国人冯·亨蒂希潜入南疆的喀什地区，散发上万本鼓吹"双泛"手册。

一战后建立的凡尔赛-华盛顿体系，但这是建立在火山口上的国际体系，德国在欧洲的重新崛起以及日本在亚洲的崛起，国际格局再次处于急剧变化之中。1933年11月，在帝国主义支持与"双泛"思想侵蚀下，新疆分裂势力除继续加紧宣传"双泛"思想外，还在喀什成立所谓的"东突厥斯坦伊斯兰共和国"。虽然"东突厥斯坦"寿命不长，仅短短存在三个月，但其流毒不浅，成为分裂中国领土，带有浓厚政治色彩的特殊名词。有史料证实，"国外敌对势力直接参与了1933年南疆地区的分裂活动。"[25] 特别是，"英帝国主义在所谓'南疆独立'事件中扮演了不光彩的角色……日本帝国主义也把魔爪伸向新疆，他们通过派遣间谍、利用传播媒介等方式，煽动新疆分裂叛乱。"[26] 第二次世界大战后建立的雅尔塔体系以及新中国的成立，由于冷

---

22 胡仕胜 翟源静 等著：《新疆、西藏民族分裂问题》，北京：国际文化出版公司2014年版，第060页。

23 胡仕胜 翟源静 等著：《新疆、西藏民族分裂问题》，北京：国际文化出版公司2014年版，第060页。

24 陈超 编著：《新疆的分裂与反分裂斗争》，北京：民族出版社2009年版，第3页。

25 陈超 编著：《新疆的分裂与反分裂斗争》，北京：民族出版社2009年版，第9页。

26 胡仕胜 翟源静 等著：《新疆、西藏民族分裂问题》，北京：国际文化出版公司2014年版，第065-066页。

战的兴起和意识形态冲突，虽建立了美苏争夺霸权的两极体系，但国际格局一直在变化之中，此时域外干涉势力和区内分裂分子相勾结大肆进行分裂中国的活动，主要表现有：第一、出版刊物、举办所谓的学术活动鼓吹"双泛"思想。1934年出版《边铎》后改名为《天山》，1940年出版《东突厥历史》，1946年出版《自由报》，定期召开所谓的学术会议，大讲"其他都是客居民族，没有做主人的权力;"[27] 第二、成立反动武装，制造暴力活动。新中国成立之初，新旧政权更迭，分裂势力利用各种矛盾交织之际，通过暴力手段叫嚣"独立"。这些暴力活动在南北疆都有发生，其中典型的是1954年和1957年的和田暴乱，1956年的墨玉暴乱和英吉沙县暴乱，1962年的伊塔事件等等；第三、外国干涉势力的推波助澜。1948年6月，美国驻迪化的副领事道格拉斯·马克楠(Douglas Mackiernan)组织策划"保卫宗教反共反苏委员会,"[28] 而驻迪化的领事包懋勋(John Hall Paxon)鼓励成立"泛突厥斯坦伊斯兰共和国"，"并表示美国将率先予以承认。"[29]有证据表明，在1950年7月，"美英两国为制造借口，在新疆煽动暴乱图谋扩大在新疆的存在。"[30] 另外，发生在20世纪50年代诸如"伊塔事件"之类的暴乱与苏联反华势力密切相关；第四、成立政治性组织。1968年成立"东突人民革命党"，妄图把新疆从中国分裂出去。

上世纪80-90年代是国际格局发生突变的时代，超级大国之一的苏联由盛转衰最终突然解体，此后国际社会就是以美国为霸主的单极体系。正如前文的推论，国际格局的变化不仅给我国带来严重的国家安全和国家文化

27 陈超 编著：《新疆的分裂与反分裂斗争》，北京：民族出版社2009年版，第19页。

28 包尔汉：《新疆五十年--包尔汉回忆录》，北京：中国文史出版社1994年版，第350页。

29 史宏飞，白建才："论20世纪40年代中美苏三国在中国新疆的博弈"，《史学集刊》，2012年第4期。

30 Sergei N. Goncharow, Uncertain Partner: Stalin, Mao, and the Korean War, Stanford, California: Stanford University Press, 1993, p70.

安全问题，更加重了我国边疆民族地区的文化安全威胁。"文革"结束后，百废待兴，在发展经济，落实民族宗教政策的过程中，在改革开放大环境下的较宽松政策，我国边疆民族地区的分裂势力又开始蠢蠢欲动。"自1990年代起，民族分裂势力、宗教极端势力加剧"[31]利用报刊、电台、音像制品、文学作品、文艺演出、讲课、写作著书等形式，宣扬具有分裂思想，传播民族仇恨的毒素，在边疆民族地区的思想文化领域表现得尤为明显。在改革开放初期的新疆，由于管理松懈，对曾经被取缔的经文学校死灰复燃情况并未引起足够重视，致使80年代中期后私办经文学校数量迅速增加，其中1989年尤为明显，"全疆私办经文学校共有938所，学员已超过万人。"[32] 不容忽视的是，这些私办经文学校、讲经点不是以传授知识为主，而是分裂分子、宗教极端势力以图书、传媒等方式向未成年人、宗教信徒鼓吹"双泛"思想、煽动宗教狂热、制造民族仇恨，达到培养信徒的目的。"20世纪90年代后期，几年间全疆共收缴煽动分裂的印刷品上百万册。2004年，在警方捣毁的4个窝点中就有3万多册。""在南疆喀什、和田、阿克苏等地区即查获录音带、录像带一万多盒，仅和田地区即收缴三十多万(册)盒。"[33] 形势越发严峻，这股分裂国家，鼓吹"双泛"邪恶思想的毒素染指至新疆部分高校、中专甚至是中学，大专院校是"双泛"思想染指的重灾区，致使意识形态领域发生了一些不正常现象，例如，1988年6月发生在乌鲁木齐数百名民族学生上街游行事件，背后就是新疆大学"大学生科学文化协会"所组织、策划和指挥的。这是"80年代部分学生屡屡闹事，90年代部分学生参与恐怖暴动活动的根源。这是意识形态领域中分裂思潮的集中体现。"[34] 在"文革"后西藏的文化安全形势如同新疆一样严峻，中

31　龚学增 主编：《新中国处理少数民族宗教问题的历程和基本经验》，北京：宗教文化出版社2010年版，第253页。

32　陈超 编著：《新疆的分裂与反分裂斗争》，北京：民族出版社2009年版，第43页。

33　陈超 编著：《新疆的分裂与反分裂斗争》，北京：民族出版社2009年版，第93-94页。

央政府一方面拨乱反正, 落实相关政策, 从而激发了藏区民众在"文革"期间被压抑或潜伏内心深处的宗教情感; 另一方面中央政府治藏相较而言更为怀柔、宽缓。正是在此种时空约束背景之下, 中央政府向达赖喇嘛发出接触信号, 可分裂分子与外国反华势力相勾结"从1987年开始, 加紧了策划藏区骚乱和'西藏问题'国际化进程,"[35] 并"与新疆分裂势力'东突'和内蒙古的分裂势力勾结, 鼓吹西藏、新疆和内蒙古脱离中国。"[36] 以达赖为首的分裂分子在反华势力支持下, 他们在"西藏问题上"拥有较强的话语权, "本质上是分裂主权的'西藏问题'在国际社会日益被视为世界观问题、价值观问题, 尤其细化为涉及'民主''自由''民族''宗教''人权''文化', 甚至'环保'等问题。"[37] 严重威胁到我国西南边疆民族地区文化安全。

众所周知, 大国实力对比是国际格局变化的重要变量, 新世纪以来, 随着以中国为首的第三世界快速崛起, 国际格局发生了重大变化以致我国边疆民族地区文化安全形势更加严峻。例如: 2010年, 中国是世界第二大经济体, 2010年我国的GDP占美国的39.6%, 2015年迅速升至为美国的63.4%, 以致美国人大卫·M·兰谱屯(David M. Lampton)发出"中美关系正逼近临界点"[38]的惊呼。这说明以美国为首的西方大国实力正在衰落这是一个不争的事实, 但在政治学学术界有一共识, 当今世界仍然处于美国"单极体

---

34 陈超 编著: 《新疆的分裂与反分裂斗争》, 北京: 民族出版社2009年版, 第96页。

35 胡仕胜 翟源静 等著: 《新疆、西藏民族分裂问题》, 北京: 国际文化出版公司2014年版, 第128页。

36 张植荣 著: 《中国边疆与民族问题--当代中国的挑战及其历史由来》, 北京: 北京大学出版社2004年版, 第240页。

37 胡仕胜 翟源静 等著: 《新疆、西藏民族分裂问题》, 北京: 国际文化出版公司2014年版, 第136页。

38 David M. Lampton, "A Tipping Point in U.S.-China Relations is Upon Us," speech given at the conference "China's Reform: Opportunities and Challenges", May 6-7, 2015, *US-China Perception Monitor*, http://www.uscnpm.org/blog/2015/05/11/a-tipping-point-in-u-s-china-relations-is-upon-us-part-i.

系，"[39] 只是国际权力在转移之中，"在体系的变革时期，结构性制约减弱，国家文化力量常常压倒结构性因素，成为国家选择行为的主要动力。"[40] 于是，新世纪以来美国自持文化强国的优势，加强对我国的文化战略，由于我国边疆民族地区的民族、宗教、文化、意识形态等复杂性、敏感性，一直是美国文化战略的重灾区。纵观我国边疆民族地区文化安全问题，西方反华势力一直在其中扮演着重要角色，"美国之音"(VOA)还开设"自由亚洲之声"的维吾尔族语和哈萨克斯坦语电台，专门针对我国新疆地区广播，造成了极为恶劣影响。"西方敌对势力与境内外民族分裂势力相互勾结，在境外组织出版了多种文字的反动书籍和报刊，印刷了大量宣传'圣战'和煽动民族分裂的材料，建立了5个针对新疆听众进行反动宣传的广播电台和维语播音室，录制了大量音像制品，并在国际互联网上进行反动宣传。"[41] 另外，新世纪以来，美国学术界和政界加强对我国边疆民族地区的研究，于2004年炮制出"新疆工程"(Xinjiang Project)，杜撰"新疆是中国殖民地论"、"东突厥斯坦的自由和独立论"，鼓吹为"东突厥的自由和独立而战"。根据国内学者的研究，《新疆工程》与我国民族地区的极端思想存在"'泛伊斯兰主义'为核心的宗教观的一致性"、"'泛突厥主义'为核心的民族观的一致性"、"'共同突厥文化论'为主要特征的文化观的一致性"以及"极端庸俗、歪曲历史的唯心主义历史观的一致性"。[42] 他们自己也承认，"中央情报局为了在新疆挑起动乱而给(他们)分发武器和资金。"[43] 探究"西藏问题"

39　Charles Krauthammer: "The Unipolar Moment Revisited," National Interest, No.70(Winter2002/2003), pp.5-17.

40　赵景芳 著：《美国战略文化研究》，北京：时事出版社2009年版，第57页。

41　徐晓萍 金鑫：《中国民族问题报告》，北京：中国社会科学出版社2008年版，第127页。

42　张培青：《美国对华遏制战略与"东突"问题研究》，中央民族大学2013年博士论文，第50-53耶。

43　Freaderick Starr: "Xinjiang: China's Muslim Borderland," Armonk, New York; Lond England, 2004, p.127.

之缘起与诱因, 无不发现西方帝国主义者终而不弃的殖民心理以及西藏上层分子的割舍不去的分裂心结, '西藏问题'国际化究其根本, 则与国际反共反华势力的长期鼓噪, 以及民族分裂势力的顽固坚持'藏独'难解难分。"[44] 以1949年新中国成立为时间界限, 在此之前"西藏问题"由英帝国主义一手策划, 之后则由美国取而代之, 成为频频制造"西藏问题"的操盘手。而美国中情局在其中扮演了极不光彩的角色。总之, 西方敌对势力一方面利用各种电台、报刊对'东突'分裂活动扩大宣传, 造谣惑众, 歪曲事实真相。一方面借助观光、访学、探亲、朝觐、寄送书报信函等合法方式对我新疆地区长期实施非法渗透。

四、参与和建构国际安全机制维护我国边疆民族地区文化安全

新世纪西方大国的整体衰落, 在第三世界国家崛起的国际权力转移背景下, 美国对外战略越来越"突出意识形态的主导性,"[45] 以达到"不战而胜"目的。虽然美国历史不长, 但其对外文化战略的历史悠久。一战后美国参议员海勒姆·约翰逊(Hiram Johnson)就曾一语道破天机说: "战争爆发时, 首先牺牲的就是真相,"[46] 这是美国正式探索对外文化战略的第一步。二战期间, 美国设立外国情报局(Agency for Foreign Intelligence and Propaganda)、情报协调局(COI)、战略情报局(OSS)等专门负责向海外文化宣传工作, 加紧对外文化输出。冷战期间, 美国成立国际信息与文化事务办公室(OIC)并通过《富布莱特法案》, 申明"文化教育交流活动不能

---

44 胡仕胜 翟源静 等著: 《新疆、西藏民族分裂问题》, 北京: 国际文化出版公司2014年版, 第098页。

45 赵景芳 著: 《美国战略文化研究》, 北京: 时事出版社2009年版, 第217页。

46 [日]渡边靖 著, 金琮轩 译: 《美国文化中心: 美国的国际文化战略》, 北京: 商务印书馆2013年版, 第12页。

完全脱离政治目的，但美国应该立足长远，重视开展以长远利益为目标文化教育交流活动。"[47] 总之，无论是战前的情报局还是冷战后的美国新闻署，其所追求的"'国际化'和'全球化'不过是'美国化'的幌子。"[48] 这种通过文化战略实现霸权护持的企图在后冷战时代更加明显和强化，2006年美国发布《国家安全战略报告》，文中直截了当地挑明其真正主旨：通过不遗余力地传播美国式民主，从而促进自由和人类尊严，美国以结束世界上的专制统治为对外政策的最终目标。[49] 更为甚者，"美国本土公司、美国广告以及影视剧制作人，个个俨然成为美国文化与价值观的代言人，其向全世界不单单售卖产品，还或明或暗地传播所谓的美国的文化与价值观、或其成功之秘辛。"[50] 新世纪以来在国际格局变化的背景下，美国对外文化战略的手段上更加隐秘、富有成效，东欧剧变只是西方"和平演变"取得"硕果"的第一步，本世纪初发生在中亚、北非等地的"颜色革命"背后推手实为以美国为首的西方大国，为其"民主拓展战略"在中亚、北非的落地版本。"颜色革命"究其实质为东欧剧变在其他地区的延续、拓展，是"天鹅绒革命"的变种与重演。苏东剧变从根本上颠覆了社会主义制度，而'颜色革命'则从容实现了那些反美、疏美政权向亲美政权的成功反转。"[51] 有鉴于此，亨廷顿(Samual P.Huntington)认识到：文化和文明的重要性已经超越意识形态的枷锁，国际竞争更多的表现为各个文明之间的冲突。中国作为

47 [日]渡边靖 著，金琮轩 译：《美国文化中心：美国的国际文化战略》，北京：商务印书馆2013年版，第23-24页。

48 [日]渡边靖 著，金琮轩 译：《美国文化中心：美国的国际文化战略》，北京：商务印书馆2013年版，第108页。

49 The White House: The National Security Strategy of the United States of America, March 2006, pp.3-4.

50 Joseph S. Nye: "Why Military Power Is No Longer Enough", Observer March 31,2002.

51 徐晓萍 金鑫：《中国民族问题报告》，北京：中国社会科学出版社2008年版，第138页。

坚守社会主义制度的发展中国家，加之目前正快速崛起的超大规模国家，自然成为以美国为首西方大国的"潜在对手"。

无论是"阿拉伯之春"还是"颜色革命"，无论是西藏的"3·14事件"还是新疆的"7·5事件"，西方大国的文化战略不仅对中亚、北非、东南亚以及我国造成严重的文化安全问题，也是这些地区和国家的动乱之源。随着国际格局的变化西方文化战略将会进一步强化，这些地区的民族矛盾，宗教冲突，政局动荡，暴力恐怖....呈现高发态势。上世纪50年代新疆的暴力事件14起、60年代3起、80年代6起、90年代31起，[52] 2012年就200余起[53]自冷战后的十年间，在西藏，"自1987至1996十年间，我国藏区大大小小的骚乱事件多达120余次，自和平解放西藏以来让藏区整体陷入大规模骚乱之中。"[54] 2008年的"3·14事件"造成了大量的人员伤亡和财产损失。我国学者傅勇证实："因文化信仰和观念认同差异，使得民族冲突、宗教冲突是冷战后内乱、纷争和地区不稳的主要诱因。"[55] 民族宗教等文化的冲突与西方的文化战略呈现正相关关系。强势文化的入侵直接影响、甚至决定了这些地区和国家的"文明的冲突"。对我国而言，边疆民族地区的和平稳定和国家安全的前景很大程度上取决于对非传统安全因素的控制，作为非传统安全重要领域的文化安全，"文化领域的渗透和分裂历来是'东突'各种势力包括主张和平斗争的分裂势力一贯使用的手段，"[56] 随着全球化进程和互联网、通信技术的日益普及，境内外的分裂势力将加大在文化领域的渗透和破坏以及分裂活动。

---

52 张植荣 著：《中国边疆与民族问题--当代中国的挑战及其历史由来》，北京：北京大学出版社2004年版，第269-272页。

53 经过调研统计的数据。

54 胡仕胜 翟源静 等著：《新疆、西藏民族分裂问题》，北京：国际文化出版公司2014年版，第130页。

55 傅勇 著：《非传统安全与中国》，上海：上海人民出版社2007年版，第007页。

56 余潇枫 等著：《边疆安全学引论》，北京：中国社会科学出版社2013年版，第173页。

新疆稳则西北安，西藏稳则西南安，滇、桂二省稳定则东南必安。进一步推论，西北、西南、东南为中国边疆屏障、安全柱石，上述"三边"稳定则中国边疆地区必然安全稳固。它们稳，则中国安。其中，新疆和藏区在承担维护我国边疆民族地区非传统安全任务最重，也是文化安全的重灾区。两地区的土地面积占全国国土面积近四分之一，历史上，每隔10年左右就会发生一次冲突事件，说明西北和西南边疆民族地区存在着持续的不安全因素。我国陆上14个邻国中多数与新疆和西藏接壤，与其接壤或相邻的中东、中亚、中欧和西亚恰恰是民族、种族、宗教、政治、文化冲突的高发之地，"阿拉伯之春"和"颜色革命"动乱之所，"三股分裂势力"猖獗之源。由于地缘因素，我国与中亚、南亚、东南亚等地区唇齿相依、山水相连，面对国际格局变化背景下非传统安全威胁，开展国际安全合作，共同应对安全威胁已是形势发展所需。从归纳总结我国参与国际安全合作机制的历程来看，参与或建构国际安全合作机制是新形势下的必然选择。本课题组提出"以联合国为中心，建立四轮驱动"模式的国际安全合作机制，与中亚、南亚、东南亚国家或地区开展国际安全合作，以维护我国边疆民族地区的文化安全。

坚守以联合国为中心，强化全球层面的国际安全合作。为了结束无休止的国际冲突，国际社会希望能以集体安全的方式，建立类似如"国家政府"功能的国际组织从而达到维护国际和平的目的。一战后建立的国际联盟，二战后的联合国均是该目的下的产物。作为二战后最重要的国际组织，联合国肩负着维护战后世界和平与发展的重任，其宗旨的第一句话就是"维护国际和平及安全"，目的"就在于(为国际社会--著者注)提供一个和平调解国际冲突的论坛"。[57] 国际联盟和联合国是理想主义思想的结晶，但在无

57　[美]罗伯特·A·达尔 等，吴勇 译：《现代政治分析》，北京：中国人民大学出版社2012年版，第112页。

政府状态下的国际社会, 现实主义理论有其生存的土壤。在理想主义和现实主义博弈之间, 学术界有"当今国际社会的双头政治: 美国与联合国"[58]之说, 这种双头政治在冷战后表现得尤为明显。联合国是战后国际社会按照"大国一致"原则, 对国际安全、集体安全的积极寻求所建立的最重要的国际安全合作机制, 其主要职能体现在世界政治和国际安全层面之上, 通过提供和平解决冲突的机制以实现国际秩序稳定的目的。作为联合国主要缔造者之一的美国, 在联合国成立之初对利用其布局全球霸权曾寄予厚望, 但"没有料到即将到来的美苏对抗。"[59] 在1945年至1965年之间, 苏联行使105次否决权, 使联合国安理会处于事实上的瘫痪状态, 随着战后民族解放运动的高涨, 越来越多发展中国家加入联合国, 加之冷战激烈对抗, 美国逐渐意识到联合国成员国之间差异巨大, 难以实现初期利用联合国推行它的价值观和实现美国国家安全目的, 与联合国间的裂痕越来越大。冷战结束, 苏联的解体, 美国趁机加强其领导地位越发重视北约等国际组织, 并"抓住联合国亟需改革的契机, 力图将联合国纳入其全球战略轨道, 为其建立单极霸权体系服务,"[60] 推动以美国价值观塑造世界, 试图建立以他为中心的世界秩序。可是, 冷战后联合国维护世界和平的作用和地位上升, 对美国的单极霸权形成一定的约束。

全球化时代国际关系行为体的相互依赖程度进一步加深, 更需要加强国际安全合作机制的建设。随着全球化的飞速发展, 面对非传统安全威胁, 绝大多数国家越来越意识到单凭一己之力难以实现自己的国家安全, 形势的发展促使国际安全合作。另外, 通过研究联合国发展史, 在军控、裁

58 张胜军: "试论当今国际社会的双头政治: 美国与联合国", 《世界经济与政治》, 2015年第10期。

59 Joseph P. Lorenz: Peace, Power, and the United Nations: A Security System for the Twenty- first Century, Boulder: Westview Press, 1999, pp.62-63.

60 门洪华 著: 《霸权之翼: 美国国际制度战略》, 北京: 北京大学出版社2005年版, 第180页。

军、战后重建以及国际援助等为维护世界和平做出过巨大的贡献，联合国成为最具影响力、代表性、普遍性和权威性的国际组织。在国际格局变化背景下的全球化时代，国际社会特别是发展中国家期冀联合国在维护世界和平方面发挥更重要作用。可是，从"美国与联合国关系的演变来看，它们之间的关系存在着一种越来越对立的发展趋势。"[61] 冷战后的单极体系以及由美国主导的单极霸权，始终"以维护美国霸权地位的终极目标始终毫不动摇，"[62] 凡有国家或实体损及美国利益，影响其全球霸权，必遭其制裁或打击，此为"单边主义"之行径，亦为霸权主义之产物。故而，调整改革旧国际体系迫在眉睫，当然，调整改革决非将不合理的旧体系推倒重来、另起炉灶，而是对其不断完善、合理调整以及大胆创新，以使新型国际体系更为公正、更加合理。我国当下倡行新型大国关系，亦即从大处着眼力促全球协调发展，从高处展望以构建国际新秩序，从而实现合作共赢。

我国倡议建立"以联合国为核心、以联合国宪章宗旨和原则为基础的国际秩序和国际体系"，无不深切因应战后国际关系民主化的现实，再次强调与申明了主权国家一律平等之思想，更加有利于尊重世界文明的多样性，有望可从根本上实现普罗各国合作互利共赢之宗旨与追求。

拓宽上海合作组织的功能，维护我国西北边疆民族地区的文化安全。成立于2001年6月15日的上海合作组织(SOC-The Shanghai Cooperation Organization)(以下简称"上合组织")，其前身是"上海五国会晤机制"。现有中国等8个成员国，有阿富汗等4个观察国；有阿塞拜疆等6个对话伙伴国。上合组织成员国总面积约为3423万平方公里，人口约为29.8亿，是世界上面积最大、或许是最具发展潜力的地区性国际组织。

61　张胜军："试论当今国际社会的双头政治：美国与联合国"，《世界经济与政治》，2015年第10期。

62　陈东晓："美国国际体系观的演变及其内涵--兼论中美在联合国安全机制改革中的互动前景"，《现代国际关系》，2008年第1期。

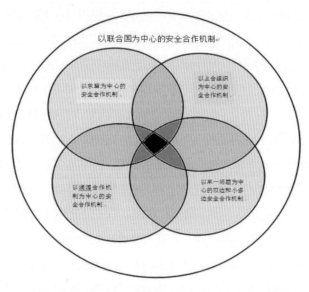

[表3] "联合国为中心、四轮驱动"的国际安全合作模式图

在国际格局变化和全球化的背景下,各种非传统安全因素威胁的急剧上升是成立上合组织主要原因。两极体系解体后,前苏联陷入"信仰真空"和思想文化的纷乱,特别是中亚,历史上中亚地区东西方交通的要冲,频繁的民族流转迁徙,互动不息的民族融合,错综多元的文化交会,渊源复杂的宗教信仰折冲争斗,即使是同一种宗教也有多元的教派,历史遗留问题,现实的生存困境,在被冷战传统安全所掩盖诸多经济、文化、民族、宗教、生态、恐怖主义等非传统安全因素被渐次激发出来,"三股势力"沉渣泛起,掀起一股撬动中亚地区稳定的恶浪。9·11事件后,美国以反恐为名,并在乌兹别克斯坦等三国建立军事基地,更有甚者,以美国为首的西方势力利用"人权、自由、民族、民主"的幌子推动"颜色革命",让本不宁静的中亚地区安全形势雪上加霜。一言以蔽之,美国"用所谓的'普世性民主'来促使中亚国家尽快实现'美国化'。"[63] 对中亚地区的文化安全造成严重威

胁。中亚与我国西北边疆民族地区联系千丝万缕、历久未绝，表现在政治、经济、文化方方面面，影响到地缘、民族、宗教等事事处处，事实上已经形成难以切割之紧密关系，以"唇齿相依"形容亦未过也。同理放眼我国西北边疆民族地区，文化安全这一新兴问题亦不容忽视，美国"加强在中亚的军事存在，并利用中国西北边疆复杂的民族、宗教问题采取极力分化瓦解中国的策略。"[64] 冷战后地区安全威胁的区域化表现为安全威胁，既来自于区域内部的各种矛盾和冲突，又体现了这是危及本地区所有国家的安全，任何国家不能独善其身，更预示着本地区所有国家已超越现实主义的自助安全行为转而寻求以安全合作的方式摆脱共同面临的安全威胁。上合组织就是安全区域化的背景下成立的。

上合组织的核心区是中亚，主要功能的核心是安全。上海合作组织最重要功能是在安全领域，安全合作是基础，但中亚和我国边疆民族地区安全格局的新特点需要拓展其功能，为其基础进一步夯实根基。2009年6月签署《上海合作组织反恐怖主义公约》，2017年9月批准《打击恐怖主义、分裂主义和极端主义组织招募成员的联合措施》和《上海合作组织地区反恐怖机构与负责打击恐怖主义、分裂主义和极端主义的国际组织提高合作效率的措施》等安全合作条约，合作机制得到进一步完善。不过，从上海五国会晤机制到上海合作组织，从早期建立军事互信到边界问题的解决再到开展安全合作共同打击"三股势力"。虽然上合组织合作范围宽广，合作内涵丰富但成员国内部差异相当明显、周边安全环境复杂以及文化多样性决定了上合组织的整合程度与对外关系。例如，"由于缺乏会晤机制以外的其他运作机制，多边经济合作和文化合作都难以深化。"[65] 在安全

63　余建华 著：《上海合作组织非传统安全研究》，上海：上海社会科学院出版社2009年版，第257页。

64　余潇枫 等著：《边疆安全学引论》，北京：中国社会科学出版社2013年版，第240页。

65　余建华 著：《上海合作组织非传统安全研究》，上海：上海社会科学院出版社2009年版，第

领域, 上合组织已建立起联合军演、联合反恐以及多种安全合作机制, 这些国际合作机制在打击三股势力、维护地区安全稳定立下汗马功劳。严格地说, 随着合作机制的发展, 其功能会有"外溢"的现象。事实上, 上合组织从安全领域合作领域逐渐向经济文化领域"外溢"。诚如兰州大学杨恕教授所言: "上合是一个综合性功能的组织, 但安全和经济是它的两个基本功能, 是它的两个轮子。"[66] 经济合作明显滞后安全合作。无疑增加了上合组织成员国之间的经济整合能力。作为上合组织的核心区, 中亚在经历前苏联解体后的经济停滞和衰退阶段(1991-1995年)、经济复苏阶段(1996-2000年)、经济稳定增长阶段(2001年以后)。[67] 在2007年世界经济危机重压之下, 中亚经济强国哈萨克斯坦GDP的"增长率从2011年的7.5%下降到2015年的1.2%, ……吉尔吉斯斯坦经济波动性很大, 从2013 年的 10.9%下降到2015 年的3.5%。"[68] 这说明中亚地区经济整体抗压性较弱且极易受国际局势影响。这势必会制约上合组织功能的发挥和整合。因此, 新形势下一方面必须加强和完善上合组织的机制建设, 特别是完善经济合作机制。上合组织已经建立国家元首会晤机制, 也常设秘书处等机构, 但经贸部长会议只是众多合作机制的一种而已。由于地理、地缘和历史等特征, 中亚经济合作一直难以奏效, 从1994成立的中亚经济联盟(CAEU), 1998年的中亚经济合作组织(CACE)到2004年的欧亚经济共同体(EEC), "创建或主导的地区合作组织难以取得成效。"[69] 有鉴于此, 需要拓展上合组织的功能, 完善甚至建设常设性经济合作机制。另一方面加强"丝绸之路"核心

285页。

66　杨恕 等: "论上海合作组织的地缘政治特征", 《兰州大学学报(社会科学版)》, 2013年第2期。

67　唐宏 等: "中亚地区经济发展特征及时空演变", 《中国科学院大学学报》, 2015年第2期。

68　李新: "中亚经济发展战略与丝绸之路经济带合作空间对接研究", 《新疆师范大学学报(哲学社会科学版)》, 2017年第3期。

69　周明: "影响中亚地区一体化的主要原因探析", 《国际问题研究》, 2016年第3期。

区的建设，实现上合组织和"丝绸之路经济带"无缝对接。加速上合组织成员国经济合作夯实其根基，将上合组织打造为功能齐备的国际合作组织，需要推进上合作组织成员国经济一体化。中国是世界第二大经济体，作为上合组织成员国GDP分量最大的国家，有责任促进成员国经济合作与发展。然而，中亚人口超过100万以上的城市只有塔什干和阿拉木图，为打击"三股分裂势力"，维护中亚地区的稳定和实现我国西北边疆民族地区的文化安全服务。

参与以东盟为中心的国际安全合作机制、夯实澜湄合作机制，维护我国东南、西南部边疆民族地区的文化安全。1967年成立的东盟是由一些中、小国家组成的地区性国际组织。东南亚自1967年走上区域一体化之路，历经50年虽有不少建树，颁布过《东盟宪章》等一体化规划蓝图，但东南亚一体化仍然难与欧洲联盟相项背。这与东南亚落后的社会生产、文化异质性较强，缺乏类似于欧盟中德法轴心的坚强领导等因素紧密相关。自古以来，东南亚在我国国家安全中扮演双重角色，它既可成为中国与外界交流的桥梁，也可成为外敌入侵中国的跳板。东南亚连接三大洲(亚洲、非洲和大洋洲)，位于印度洋和太平洋相连的"十字路口"上，马六甲海峡更是亚洲通往欧洲、非洲的必经之地，"承载着运往东北亚石油的80%，"[70] 历来是兵家必争之地。在东南亚近代史上，唯独泰国没有沦为西方殖民地，也是东西方冷战的前沿阵地和主战场之一。东南亚险要的地理位置，一直是西方大国的垂涎之所。如前所述，近代史上只有泰国没有沦为西方殖民地,安全考量一直是东南亚的"心腹之患"，复杂的民族、宗教、文化、传染病等非传统安全因素更恶化了本区域的安全生态。东南亚地区有多达400-500多个民族，是世界上民族最多，文化最为丰富的地

---

70 Joshua H, Ho, "The Security of Sea Lanes in Southeast Asia," Asian Survey, Vol. 46, No.4, 2006, p.559.

区之一。仅印度尼西亚就有100多个民族，菲律宾有90多个民族，老挝有近70个民族。民族的多样性决定了文化的多样性，加之历史、政治和地缘因素，东南亚深受中华文化，印度文化、伊斯兰文化和西方文化的影响。例如，缅甸、泰国、柬埔寨和老挝以佛教文化为主，泰国以佛教为国教，有90%人口信仰，有85%柬埔寨人信仰佛教，还有20%的东南亚人信仰伊斯兰教，其中印度尼西亚西方文化在东南亚烙下了深刻的文化印痕，菲律宾有近90%的人口信仰天主教，按照厦门大学庄国土教授定量推算：东南亚的"华人华侨总数约3348.6万，约占东南亚总人口的6%，"[71] 他们自然接受儒家思想的熏陶。文化的多样性、宗教的多样化、边界的冲突、民族的矛盾、种族的纠纷、意识形态的分歧和政治文化的相左，一直扰动着东南亚地区文化安全的敏感神经。

中国和东南亚接壤的边缘性区域，逐渐形成了异于彼此主流文化相对独立的"亚文化圈"。"圈内"有民族、宗教、主流意识形态之间的冲突，"圈外"有域外强势文化的渗透，制造了这个"亚文化圈"的混乱，恶化了该区域的文化安全生态。广西、云南是我国沿海沿边对外开放、面向东南亚的最重要两省，一直肩负着维护我国南部国家安全的重任，也是我国维护西南边疆民族地区文化安全的重要省份。广西的少数民族人口最多，云南则是少数民族最集中的省份。我国西南边疆民族地区和东南亚北部相邻，都相对远离国家权力中心。虽然彼此国家一直加强国家一体化的政治实践，但因权力延伸的有限性，却无意间造成了中国边疆民族地区与东南亚北部之间一个与主流政治意识形态有些"绝缘"的边缘性区域。在这个政治边缘性区域中，生活着血脉相连，语言相同，经济文化生活联系密切的陆上东南亚北部民族与我国广西、云南边疆各民族。因历史、民族、国际势

71　庄国土："东南亚华侨华人数量的新估算"，《厦门大学学报(哲学社会科学版)》，2009年第3期。

力等因素，这个"亚文化圈"既威胁到主流文化的文化安全也是外部势力易于渗透的地区。例如，1949年10月，怒江傈僳族自治州的福贡县的怒族信徒在境外传教士的指使下，成立暴乱组织，企图推翻新生的人民政权，在澜沧县和周边地区的拉祜族、哈尼族、佤族和傣族在基督徒的教唆下成立"四大民族同盟"以"反汉独立"为旗号，从事分裂国家的政治活动。其实，早在1875年，西方基督教会"负有向中国云南开辟传教区并向东扩张的使命，"[72] 面对基督教在"亚文化圈"的快速传播，其"输入西方的物质文化、价值观念、思想意识等，逐步实现....西方化，"[73] 这才是西方大国文化战略的主要目的，传播基督教不过是其战略的一位"婢女"而已。

我国与东南亚的合作主要是经贸领域，对安全合作尚不够深入。冷战结束后，我国与东盟关系正常化开启了双边关系火热发展的新时代。中国与东盟业已顺利签署涉及货物贸易、服务贸易和投资三个方面的支柱性协议。中国-东盟自贸区建成运作后，2010-2014年双边经贸年均增速率达到18.16%。自2009年以来我国是东盟第一大贸易伙伴，东盟则是中国的第三大贸易伙伴。贸易额在2014年为4803.90亿美元，虽然遭受国际经济危机，世界经济复苏乏力，但2016年中国与东盟的贸易额仍达到4522.1亿美元。中国与东盟在走过十年黄金期之后，伴随着"一带一路"区域经济一体化的推进，开始迈向更加辉煌的钻石十年。可令人担忧的是，中国与东盟的安全合作大大滞后于辉煌的经贸合作，自东盟成立至冷战结束，由于意识形态冲突原因，双边关系经历从"敌人"到"正常化"的演变。冷战后，传统安全对国际社会威胁的降低，非传统安全威胁骤然上升，中国-东盟区域既要因袭传统、又须因应现实，因而极易成为非传统安全威胁的频发地、重灾区。因此中国与东盟应加强地区安全合作。1994年我国加入东盟地

72　肖耀辉 等著：《云南基督教史》，昆明：云南大学出版社2007年版，第15页。

73　徐祖祥 等："中缅跨境民族地区基督教跨境互动的历史形态与阶段特征"，《世界宗教文化》，2016年第3期。

区论坛(ARF)，这是亚太地区唯一的政府间的多边安全合作机制，从实践层面全面开启了亚太多边安全合作局面。2002年，作为东盟区域外大国的中国力排万难，第一个与东盟各国成功签署《南海各方行为宣言》，开展中国与东盟国家在非传统安全领域的合作，2015年中国参与讨论东盟地区论坛主持的《反恐与打击跨国犯罪2015-2016年工作计划(草案)》等安全合作机制的建设。目前在亚太地区理论上建立了"以东盟为主导，'10+1'为基础，'10+3'为主渠道(核心)，东盟峰会(外围)为重要补充的'开放灵活，多元并存'的东亚'同心圆'区域合作机制。"[74] 由于东南亚区域联合的独特"东盟方式"(ASEAN Way)和"大国平衡"战略，致使东南亚一体化的成就是"名重于实"和美日等域外大国纷纷介入东南亚。虽然已建立东盟地区论坛、东盟峰会、东亚峰会、中国与东盟防务与安全对话等安全合作等多边安全机制，但是"东盟之主导地位业已日益面临外部挑战。在维护东盟地区安全的路径选择问题上，美国对现行的多边安全合作进程一直多有微言、颇多异议，甚至一度公开表露出与东盟共同分享ARF主导权的想法。"[75] 除此之外，西方国家企图通过国际组织推销西方价值观和构筑新型西方国际关系秩序。再者，在东盟成员国内部由于各自受到非传统安全威胁的程度不同，对东盟地区的多边安全合作机制的态度也有较大的差异。在社会主义国家的越南和老挝，高度警惕政治文化安全；对穆斯林国家印尼、马来西亚和文莱，对东南亚传统温和的伊斯兰文化"极端化"高度关注；对缅甸、新加坡、菲律宾似乎不太重视反恐和反恐国际合作。因此，中国和东盟在安全合作的实践上，"以东盟为中心的地区性安全合作机制并未能成为东南亚主导性的安全机制，该地区呈现出多种安全合作模式并存之局面。"[76] 既存于东南亚地区多种国际安全合作机制并存局面既是东

74　参阅本人："新形势下中国-东盟安全合作机制研究"，《武汉理工大学学报(社会科学版)》，2013年第4期。

75　方华："亚太安全架构的现状、趋势及中国的作用"，《世界经济与政治》，2002年第2期。

盟方式也是大国平衡战略之下的产物，更是大国博弈之下的妥协，这些妥协下的国际安全合作机制并不能完全发挥维护我国边疆民族地区文化安全的功能。但是只有加入国际社会，熟悉国际机制规律，才能把握游戏规则，分享其带来的权益。鉴于此，我国应加强'10+1'(东盟+中国)和'10+3'(东盟+中日韩)等多边安全合作机制以维护我国西南边疆民族地区的文化安全。

中国与东盟区域安全合作面临的挑战是建立澜湄合作机制的前提之一。周边邻国是我国的外交首要之地，历来注重投入和经营，在2013年我国召开周边外交会议，确立"亲、诚、惠、容"的外交方针，但实现睦邻、安邻、富邻并非易事且充满挑战。一是，中国-东盟之间虽有多种安全合作机制，在中国快速崛起国际格局变化背景下，域外大国强势介入东南亚，这些国际安全合作机制"多停留在'口号式'或'意愿表达层面'，而且是零散的，"[77] 不足以担负起中国西南边疆民族地区文化安全的重任；二是，中国的"一带一路"的倡议、建设"海洋强国战略"以及南海领土主权的争端是横亘在中国和主要海上东南亚国家的疑虑和隐忧，甚至是敌视；三是，美国的"亚太再平衡战略"、日本的"民主价值观外交"、印度的"东向政策"等域外国家战略齐聚东南亚，吹皱了南海一潭净水，严重制约我国与东盟政治、经济合作进程，致使我国推动与东盟整体发展面临诸多障碍。结果事实证明，"已有的东亚地区多边安全机制'原地踏步'，沦为'清谈馆'"[78] 当然，从东盟不同成员国而言，越南和老挝均是社会主义制度国家，中泰一家亲、中缅胞波情谊源远流长等，总之，大陆东南亚对华关系相对友好，中国强化和地缘接近的陆上东南亚睦邻友好关系更能得到这些国家的响

76　韦红："东盟安全观与东南亚地区安全合作机制"，《华中师范大学学报(人文社会科学版)》，2015年第6期。

77　卢光盛 等："中国与东盟国家反恐合作的态势、问题及对策"，《云南师范大学学报(哲学社会科学版)》，2016年第6期。

78　李东燕："中国参与区域组织安全合作：基本模式与前景"，《外交评论》，2017年第1期。

应。澜湄合作机制体现了我国重塑中国-东盟地区秩序以维护中国周边安全，实现我国西南边疆民族地区文化安全的目的。

因为，安全与政治合作是澜湄合作机制最重要的内容。自中国与东盟关系正常化以来，双边关系由黄金十年过渡到钻石十年，经济合作取得辉煌成果，但是，中国深知再密切，再辉煌的经济合作也不能彻底解决安全和政治问题，在外交上对周边小国投入大量经济援助，并没有取得政治上较高的回报。与此同时，陆上东南亚的柬埔寨、越南、老挝有遭遇"颜色革命"的可能，缅甸国内民族冲突频发，也有"伊斯兰国(IS)"在罗兴亚人发展组织的报道。在国际格局背景下，我国应该完善对东盟经济外交的思维，平衡陆上东南亚国家对经济和安全利益的诉求，将"澜湄命运共同体"的理念根植于陆上东南亚民众的心中，将共同维护"政治安全"作为区域安全合作的最重要内容。在此情势下，2014年11月，我国倡议同澜沧江-湄公河沿岸国家共建"澜湄合作机制"。

此种安全合作机制，主体事涉双边或多边主体，且以某类单一的安全问题为合作对象，合作方地位平等，没有主导国。例如，为维护马六甲海峡的通道安全，新加坡、印尼和马来西亚实施联合巡逻，开展联合行动，情报共享等；我国与老挝、缅甸和泰国开展联合巡航湄公河；印尼、马来西亚和菲律宾签署《促进反恐和相互行动的全面协议》，同时，印尼和菲律宾还签署反恐《共同保障安全谅解备忘录》等。对于我国边疆民族地区文化安全问题，我国需要构建以文化安全为中心内容的双边或多边国际安全合作机制。美国这种政治、文化战略东移，对社会主义制度国家的文化安全构成严重威胁，因为，在社会主义国家越南和老挝，存在极大的不确定性，再加上西方资本主义的渗透，社会主义建设面临极大挑战。在跨界民族地区，20世纪90年代，美国资助的设置在泰国东部的苗语广播电台，号召中国与东南亚边境的苗族"为独立自治而斗争，"[79] 造成了恶劣影响。在东南亚伊斯兰文化区，有庞大的穆斯林群体，菲律宾主要反政府武装"摩洛伊斯兰自由战士"和"阿布沙耶夫武装"已宣誓效忠极端恐怖组织"伊斯兰国",效忠于"伊斯兰国"的马来西亚恐怖分子还试图袭击吉隆坡。[80] 在东南亚的民族国家,据2017年12月凤凰网报道,美国又在柬埔寨搞"颜色革命"。[81] 在域外势力的强势干涉、国际因素的影响、区域内部的民族、宗教等文化冲突,致使东南亚面临着严峻的文化安全危机,由于地缘因素、杂糅着跨界民族问题,特别是陆上东南亚的文化安全问题日益凸显给我国西南边疆民族地区的文化安全带来严重威胁。

近代以来越南、老挝等再生型宗教发展迅速,严重威胁我国西南边疆民族地区的文化安全。在国际格局变化背景之下,在以美国为首的西方大国综合国力下降之际,更加强化其文化战略。仅从越南而言,中越历史渊源深厚,中华文化对越南政治制度、文化传统、社会伦理和风俗习惯产生过重大影响。自越南沦为西方大国殖民地之后,为西方文化进入越南敞开了大门,诸如天主教得以在越南迅速传播快速发展,势必导致越南的传统宗教,儒家、佛教和道教等原生型宗教逐渐式微。在以中国为首的第三世界崛起、国际格局变化背景下,美国重返东南亚以及亚太再平衡战略的推进以及南海领土主权争端问题,美越关系进一步升温为美国文化渗透越南创造了一定的前提条件。从美国文化渗透的路径来看,主要选择边远的边疆民族地区,传统文化保存较差之地和文化程度较低的民族,生活贫困人群中进行重点传教。总之,"一是以基督教为掩盖形式和传播工具,在跨境民族地区实施长期宗教渗透,使得边境各民族居民之价值观念逐渐西化、异化……。二是在当地跨境民族中有计划地培养民族分裂分子,使其甘愿充

79　董卫华 等:"古巴共产党和老挝人民革命党以宗教促进社会和谐的理念与做法",《当代世界与社会主义》,2012年第6期。

80　王晋:"'伊斯兰国'与恐怖主义的变形",《外交评论》,2015年第2期。

81　美国又想在柬埔寨搞"颜色革命"结果却有点不妙,http://news.ifeng.com/a/20171216/54236861_0.shtml,2017年12月16日。

当西方代理人和分裂势力的急先锋……。"[82] 以美国为首的西方

国家煽动宗教极端分子，强行破坏两国边疆地区宗教和谐共存；越南北部宗教生态失衡严重，天主教等外来宗教发展迅速，成为影响我国南部宗教生态平衡发展一大重要原因；三是，越南北部宗教民族问题频发，向北扩散势头明显。[83] 在国际政治势力和宗教势力推动下，天主教、基督教在历史上属于"儒家文化圈"的越南却发展迅速，目前，越南有30%、近2000万人口信仰各种宗教，"越南北部成为部分国际势力对华进行宗教和思想文化渗透的重点地区。"[84] 新世纪以来，"广西的宗教特别是来自西方的基督教、天主教传播也非常快，信徒逐年增加，"[85] 致使中国和东南亚边境的民族宗教问题越发具有国际性、政治性、宗教性和民族性特点。越南北部的赫蒙族(在我国称为苗族)主要聚居在越南、老挝和中国南部边疆民族地区，美国利用宗教问题，支持越南北部信仰天主教的赫蒙族建立独立"赫蒙共和国"。2014年3月昆明火车站暴恐事件伤亡惨重、教训深刻。有鉴于此，我国西南边疆民族地区面临着严峻的文化安全问题，必须采取措施维护我国的文化安全。

82　徐祖祥："中越边境政治社会稳定的重要影响因素--深析越南北部地区的复杂宗教生态"，《学术前沿》，2014年第5期。

83　徐祖祥："中越边境政治社会稳定的重要影响因素--深析越南北部地区的复杂宗教生态"，《学术前沿》，2014年第5期。

84　李俊清："边疆民族地区公共安全治理体系与能力现代化"，《中国行政管理》，2014年第11期。

85　李俊清 等："推进广西公共安全治理体系与能力现代化研究"，《广西民族大学学报(哲学社会科学版)》，2016年第2期。

第二节 拓宽政治社会化方式以维护边疆民族地区文化安全

维护生存是每个政治系统的本质属性。特定的政治关系、权力关系是实态的政治系统(国家)生存的物质基础;社会成员对国家的意识形态、政治价值观念、政治信仰等政治文化的认同构成了形而上的政治系统,即道义系统,亦可称之为"道义国家"。道义系统是国家的生存环境。生存环境的优劣直接决定国家的兴亡存废。也就是说,如果社会成员对政治系统的政治价值观念,思想意识等政治文化认同度越高,那么这个国家就会越稳定、越安全。反之亦然。为维护国家的统一与稳定,任何政治系统对其社会成员除从法律、制度两个层面施加刚性约束之外,更需从思想层面对其施行主流政治文化之社会化,以实现道义系统与实态政治系统的高度统一。由于我国边疆民族地区文化的多样性、复杂性和相对独立性等因素,致使我国边疆民族地区文化安全问题凸显,在社会转型期形势更加严峻。因此,在我国边疆民族地区需将主流政治文化社会化,这是维护我国边疆民族地区稳定、国家统一和实现国家文化安全的一项严肃课题。

一、维护生存政治系统的本质属性

在国际格局变化背景下,国家社会的转型期我国文化安全问题主要表现为主流政治文化在主导性、独立性、方向性上面临着不同程度的挑战。这种挑战在边疆民族地区尤为突出。因为边疆民族地区独特的民族文化、不同的宗教信仰以及外来文化等因素的影响,致使民族地区的文化与主流政治文化产生一些问题和冲突。这既影响民族地区的稳定,更影响国家边疆民族地区的文化安全。

文化是一个民族和世界各民族相区别的重要标志,另外,国家与其国民而言,既为文化共同体,亦为政治共同体。既为共同体,则须主流政治文化与其政治系统两相适应。国家文化安全反映着一个国家文化的生存和发展免于威胁和威胁的状态，它是国家安全系统的一个子系统，其中最重要的是核心价值观内容，也即核心意识形态。当前我国社会主义核心价值体系，是文化建设的核心内容，集中体现了社会主义意识形态的本质属性，是中国特色社会主义的主流政治文化。由于形成的历史时间并不同步、地域亦大不相同，主流政治文化和少数民族文化必然存在歧异。如果两种基因或内核歧异的文化在接触中产生碰撞和冲突，主流政治文化势必难以被西部少数民族接受和内化。如果边疆民族文化居于强势主导地位时，则定当会发生少数民族民众民族认同高于国家认同之现象。"由观念冲突而引起的人们行为上的冲突也就成为必然。"[86] 这将严重影响到国家的文化安全问题，直接威胁到我国边疆民族地区的稳定。

但文化是一个内涵极其宽泛和丰富的概念，而我国主流政治文化就是在思想领域占主导地位的社会主义文化。美国政治学学者阿尔蒙德（Gabriel Abraham Almond）认为，政治系统因其特有的政治性特点将其与社会系统的分开区隔。政治系统是社会系统的一个子系统，社会系统的文化多样性是它最突出的特点，但对于政治系统而言，价值取向必须是一元的，因为"一个国家、一个政党、一个团体的指导思想如果不是出现了错乱，就只能是一元的而不是多元的。"[87] 政治系统的意识形态、政治价值观念等都属于政治系统的主流政治文化范畴。由此可知，社会民众对国家的认同，主要是指社会大众对国家主流政治文化的认同。我国是社会主义制度国家，主流政治文化必然是政治系统中占主导地位、以马克思列宁主义为指导的社会主义文化。在我国边疆民族地区的意识形态领域，社会主义文化必定占主导地位。但由于我国边疆民族地区独特的地缘环境，复

86　方盛举，陈立春："影响边疆民族地区政治稳定的主要因素分析"，《思想战线》，1999年第5期。

87　李德顺：《新价值论》，昆明：云南人民出版社2004年版，第322页。

杂的民族关系以及多样的民族文化等因素使得我国主流政治文化的主导地位在边疆多民族地区面临着不同程度的挑战，这既威胁到我国的国家文化安全，也威胁到我国边疆多民族地区的稳定和国家的统一。

可是新中国成立以来比较重大的边疆安全危机事件主要发生在新世纪之后(例如，新疆的7·5事件，西藏的3·14事件，云南3·01暴恐案等)。因此，研究我国边疆文化安全问题不仅要有历史性因素的考量，更要有共时性的思考。自改革开放，特别是新世纪以来我国迈入社会转型期。这一时期既是社会经济结构和文化观念等发生变化的重要时期，也是"社会各种矛盾比较复杂而又集中的时期，这些矛盾必然会在意识形态领域中显现出来。"[88] 意识形态与文化形态关系密切，不可分离。以主流政治文化为主要内容的国家意识形态安全在社会转型时期的我国边疆民族地区表现得较为突出，已威胁到国家文化安全，也是影响边疆民族地区稳定的重要原因。因为一个"社会如果没有共同的思想基础，国家就可能分裂，民族就可能解体，……维护国家文化安全，关系要国家的兴衰成败与社会的进退治乱"。[89] 社会大众对政治系统的政治文化的认同是其对国家认同的最主要表现形式，"国家认同对边疆安全的核心意义"[90]不言而喻。为保证社会系统的意识形态与政治系统的政治社会文化保持高度统一，必须对边疆民族地区政治社会化。

我国社会主义文化的主导性在边疆多民族地区面临的挑战是政治社会化的关键因素。社会的稳定、国家的统一是政治系统赖以维持运转和发展的基本前提，国家统一，社会稳定不仅需要物质文明建设，还需要有社会民众对国家--实态政治系统的认同。国家认同是"是指一个国家的公民

88　吴琦 等著：《意识形态与国家安全》，武汉：华中师范大学出版社2011年版，第156页。

89　韩震 主编：《社会主义核心价值体系研究》，北京：人民出版社2007年版，第13页。

90　余潇枫 等著：《边疆安全学引论》，北京：中国社会科学出版社2013年版，第4页。

对自己的祖国的历史文化传统、道德价值取向、理想信仰信念、国家政治主权的认同"。[91] 我国边疆多民族地区，地缘上多与外国接壤，既是少数民族的聚居之地，又与众多跨界民族[92]毗邻而居，造就了边疆民族地区文化的多样性。各个民族在相互独立且特定的经济条件中经过较长时间的社会活动，孕育了其独特的思想文化氛围，代表了一族心理上对政治生活的评判和态度。"国家文化安全的一个重要表征和条件就是国家内的各个民族之间具有高度一致的政治和文化认同以及思想基础。"[93]

　　我国社会主义文化的独立性在西部边疆多民族地区面临的挑战是政治社会化的首要原因。"多元文化主义的致命弱点是它内在的分裂倾向。"[94]民族文化是一个民族区别于其他民族的重要标志，是一个民族在历史长河中形成的，各少数民族都有自己独特的文化。不同的少数民族文化融合在一起形成了特有的文化---中华民族文化。"多元一体"为中华文化之突出特点，"中华民族文化的存在与发展形式的多样性和内容与结构上的多元性，既决定了她在丰富历史内涵和广泛民间基础的强劲生命力，同时，也决定了她成为一个带有多重矛盾的统一体。"[95] 中华民族文化既为中华各民族文化之聚合体，须凝聚民族共识。若少数民族文化与中华民族文化发生矛盾和冲突时，不能通过暴力手段去解决，否则，就会导致中华民族文化失去少数民族的信任与支持。同时，当文化之间的矛盾得不到有效解决

91　杨顺清："边疆多民族地区政治文化的失谐与治理"，《思想战线》，2015年第4期。

92　学术界有"跨界民族"、"跨国民族"、"跨国民族"不同表述，本文取"跨界民族"，是指"(1)是历史上形成的某一原生形态民族，其成员具有一定的民族认同和文化认同；(2)同一民族的人们居住在两个或两个以上的相邻国家，具有不同的国籍；(3)民族传统聚居地被国界分隔但相互毗邻，相互之间保持着密切的联系。详见刘稚 著：《中国-东南亚跨界民族发展研究》，北京：民族出版社2007年版，第11页。

93　张骥 等著：《中国文化安全与意识形态战略》，北京：人民出版社2010年版，第42页。

94　戴晓东："加拿大的多元文化主义与文化安全"，《现代国际关系》，2004年第4期。

95　陆忠伟：《非传统安全论》，北京：时事出版社2003年版，第235页.

时，容易使边疆民族不受政治制度约束，甚有可能导致民族分裂。故而，促进中华民族发展的精神动力在于妥善解决主流文化与民族文化间的矛盾与抵牾。"一个多文化的国家可以从多元文化中得到很多好处，但同时也要时时承受文化冲突的风险。"[96]

我国社会主义文化的方向性在西部边疆多民族地区面临的挑战是政治社会化的重要原因。但是在少数民族中仍旧可以发现大量传统文化模式，与国家所推广的主流文化价值相背离；由于少数民族文化发展水平低，导致其长期积淀的文化要素与时代要求相矛盾，这给少数民族对国家的认同度大打折扣。缺乏认同感导致边疆民族地区的民众对政府制定的政策缺乏信任感，导致互相猜忌和相互排斥，民族间凝聚力锐减。此外，边疆民族地区信仰的宗教与马克思主义无神论之间存在水火不容的差异性。以马克思主义为指导下的社会主义核心价值观与传统宗教信仰在边疆民族地区的竞争尤为激烈，且长期处于下风。再次，边疆民族地区的宗教文化与境外势力有着千丝万缕的联系，外向性显著。这使得外部分裂势力得以轻易的蛊惑煽动民族地区民族制造摩擦，这无疑给边疆民族地区带来极大的挑战。渐渐的主流文化与少数民族背道而驰，恐怖主义披上宗教的外衣，迷惑不明真相的民众，在边疆民族地区到处播撒仇恨的种子。经过一段时间的渗透，少数民族文化的外向性压过本土性，加上一小部分极端分裂主义者的添枝加叶，边疆民族地区文化安全更加严峻。

"简而言之，国家边界已日益变得容易被渗透。"国家和民族的生命基础是文化。国家和民族因为文化而建构，没有文化，有了国家和民族也会消亡，有了文化，没有国家和民族，也可以重建和创建。文化是国家和民族的灵魂。文化是国家和民族的生命基因，针对当前边疆民族地区出现的文化认同危机。基于政治社会化的教化作用，可以加强边疆民族地区民众对

96　潘一禾:《文化安全》，杭州: 浙江大学出版社2007年版，第139页。

中华文化的政治认同。当前政治系统除了满足该地区民众的物质需求外，还要加快对边疆民族地区民众有效的政治社会化进程。这对解决边疆民族地区民族问题和维护该地区文化安全具有重要意义。

二、互动: 转型期边疆民族地区政治社会化的途径选择

社会转型期，各种矛盾仍然普遍存在。"当今社会之矛盾并未因生产力之大发展、新能源之发现及应用、信息技术之广泛应用而一劳永逸地解决。"[97] 另外，民族地区由于贫穷落后等因素所导致的民族问题，在经济落后的状态下无法彻底解决，这一问题的存在无疑会大大影响边疆少数民族对中华文化的认同，威胁边疆民族地区政治稳定。

(一) 政治上的互动: 边疆民族地区人民的政治参与

提高民众的政治参与度是加强边疆民族地区人民政治认同感的有力手段。中国共产党始终把发展社会主义民主政治作为奋斗目标，作为国家的主人，边疆民族地区人民的政治参与是我国民主化进程的重要抓手。通过形式广泛的政治参与，我国边民的利益要求得到了表达，为政治系统的反馈提供了依据，也为政府的决策提供了民意基础。在这种边疆民族地区人民和地区政治系统的良性互动中，少数民族人民对民族地区上层建筑的认同得到了加强，也在一定程度上提高了民族地区民众的参政议政热情与效能。现代"成功的民主向与成熟的公民之间的相互影响会呈现为一种'无兴趣–卷入–影响后退'的循环模式"。[98] 当前我国边疆民族地区人民的参政

---

97 王成兵著: 《当代认同危机的人学解读》，北京: 中国社会科学出版社2004年版，第49-50页。

98 潘一禾著: 《观念与体制——政治文化的比较研究》，上海: 学林出版社2002年版，第219页。

效能潜力还没有完全发挥，在人民与政治系统的互动达到高潮后，会产生"后退"的结果，这样边疆民族地区的政治系统就完成了对各民族的整合。边疆民族地区人民的政治参与度一定程度上体现了其对边疆民族地区政治系统合法性的认同度，人民通过一定程度的政治参与对政府决策产生影响。因此，边疆民族地区人民政治参与的过程还是一个政治社会化的主客体，即政策的制定者与政策的受众的良性互动。这种良性互动过程需要政府和边疆民族地区人民的共同参与和推动。"这样就体现了政治系统在少数民族地区的权威性领导，无形中实现了对西部少数民族的政治社会化。"[99]

(二) 经济上的互动：国家的政策扶持

我国边疆民族地区经济发展水平较低，基础设施建设落后，自我发展能力不足，延缓了我国社会主义现代化建设的步伐。改革开放以来，东部地区发展迅猛，日益扩大与边疆民族地区的经济差距。边疆民族地区贫困县众多，国家重点扶贫县大多数集中在边疆民族地区。经济的贫困成为西部少数民族地区发展的障碍，经济的发展直接制约诸如文化等其他方面的现代化。如："实施民族区域自治，不把经济搞上去，那个自治就是空的。"[100]

上层建筑的稳定需要经济基础的支撑，实现边疆民族地区政治系统与当地民众的良性互动同构，振兴发展民族经济须臾不可偏废。这不仅是边疆民族地区政府需要着力解决的问题，也是政治社会化过程中边疆地区民众面临的现实困境。为了弥补西部地区经济发展的先天劣势，缩小东西部之间的发展差距，我国政府在边疆民族地区实施了旨在拉动西部地区经济发展的"西部大开发"战略。物质决定意识，若想推动边疆地区政治社会化，保障边疆民众的基本生活不可或缺。故而，我国实施边疆地区产业扶持并

---

99 张才圣，廖丽丽："互动：转型期西部少数民族政治社会化的途径选择"，《齐鲁学刊》，2011年第6期。

100 《邓小平文选》第一卷，北京：人民出版社1989年版，第167页。

实施了一系列惠民工程，创造了一批就业岗位，有效地带动了区域经济的发展、促进了民族地区人民的就业。然而需要注意的是，西部大开发并不仅仅意味着开发西部地区经济资源优势，解决经济发展问题，在经济建设之外，中央也高度重视文化、科技等方面的协调发展。"由于西部民族地区农民的物质贫困和精神贫困交织在一起，这种文化上的障碍，往往成为经济上的桎梏。"[101] 故而除聚焦边疆民族地区人民物质生活的改善，还要着力改善人民的精神面貌，维护边疆民族地区人民对政治系统的认同。

(三) 文化上的互动：边疆民族文化与中华文化的交融

边疆民族地区的稳定事关我国发展全局，经济发展是维护民族地区稳定的重要基础，但意识形态、价值观念等文化因素对边疆民族地区稳定的影响尤为重大。通过提高民众之政治参与度、扶持经济发展的西部大开发战略等措施，在政治系统与民众的两相互动中，主流政治文化可望在民族地区传播，民族地区民众对主流文化的认同感得到了有效提升，这对于维护民族地区稳定意义重大。为推动政治社会化，须强化主流政治文化与各民族文化之间的交流，尊重民族差异，取长补短，消除文化冲突的不利影响。受历史、地理、经济发展程度等客观因素影响，我国边疆民族地区的民族文化与主流政治文化之间有相当程度的差异。这种差异既有促进不同文化优势互补、共同繁荣的一面，也有滋生文化冲突的潜在危险。此外，我国的主流政治文化还面临着边疆民族地区拒斥接纳的风险。作为中华民族之有机分子，各民族文化与主流文化的共同点越多，政治社会化就越具有群众基础；相反，当主流政治文化与边疆民族地区文化存在较大差异时，政治社会化就会遇到巨大阻力，政治系统的合法性也会受到威胁，民族地区的政治稳定也会受到冲击。

---

101 杨发仁主编：《西部大开发与民族问题》，北京：人民出版社2005年版，第79页。

社会转型期的中国面临着各种社会矛盾的爆发。"文化冲突最明显的地方在不同文化的交汇处，文化冲突最激烈的时刻在社会转型期。"[102] 在民族地区文化与主流政治文化的交融过程中，主流意识形态得到了强化，社会主义先进文化得到了传播。马克思主义的领导地位也得到了巩固。"对于两种文化的非同质部分，通过交流能够促进两者相互包容，使少数民族以国家利益为重的前提下认同中华民族的文化。"[103] 另一方面，这种互动要建立在对各民族文化充分了解的基础上，对不同民族进行有针对性的传播。中华文明是不同民族交融而成的文化共同体，这一共同体以各民族对中华文化的认同为基础，尊重不同民族文化之特异性，方可得到边疆少数民族之内心认同和行动支持。主流文化在与边疆民族文化进行互动时，各边疆民族也充分发挥了他们文化选择的主观能动性，其立基于自身之需自愿接受政治系统主流文化。唯其如此，在主客体良性互动的有机过程中，我国边疆民族地区的政治社会化可以有效实现。

三、革新边疆民族地区政治社会化方式

边疆少数民族对政治系统的认同是关系国定边稳的重要因素。为增强文化认同感和国家凝聚力，我国政府采取了"西部大开发战略"等一系列扶持边疆民族地区经济发展的政策措施。然而，要实现边疆民族地区人民对政治系统的认同，仅仅依靠发展经济是不够的，还需要借助政治社会化来实现整个民族地区自上而下的政治认同。根据当前边疆民族地区的政治社会化现状，围绕政治社会化工作的基本进程，主要可以从以下几个方面来推动边疆民族地区的政治社会化。

---

102 李庆霞著：《社会转型中的文化冲突》，黑龙江：黑龙江人民出版社2004年版，第58页。

103 张才圣，廖丽丽："互动：转型期西部少数民族政治社会化的途径选择"，《齐鲁学刊》，2011年第6期。

(一) 边疆民族地区的学校教育

教育是立国之本, 也是促进政治社会化最直接的手段。良好的学校教育不但可以提升边疆民族的整体文化素质, 传承民族文化, 更可以在教学过程中充分发挥先进文化和主流意识形态的教化功能, 增强人民的民族认同感。面对价值观念变异的冲击以及社会转型期的内生矛盾, 思想政治教育业已成为保卫边疆政治安全的重要手段。鉴于民族地方学生接受双语教育的程度和思想道德水平存在较大差异, 因此有必要针对不同受教育阶段的学生群体采取不同的教育手段。

① 加强边疆民族地区中小学生思想政治教育

针对边疆民族地区中小学生群体, 主要通过思想政治课程来强化少数民族学生对主流文化和社会主义核心价值观的认同。首先, 要充分尊重各少数民族的文化, 发掘它们与中华民族文化的共同点, 建立少数民族学生的心理共鸣, 在和谐的民族文化氛围中实现社会主义主流文化潜移默化的教化, 提升学生对中华文化的认同感; 其次, 要以社会主义核心价值观为指引, "通过具体的、感性的载体, 寓教于乐, 将抽象的原则转化为人们的自觉追求。"[104] 加强社会主义核心价值观教育, 在教学中充分发挥马克思主义的指导作用, 善于处理两种流意识形态的关系, 促进两种文化之良性互动; 再次, 要加大双语教学的推广力度, 提高少数民族学生的汉语水平, 为推广社会主义文化打好语言基础; 最后, 要因地制宜, 优化边疆民族地区思想政治课程结构, 编写针对少数民族学生的专门教材, 在一些民族地区发行双语教材, 充分尊重学生的汉语基础, 同时也要强化边疆民族地区师资力量, 加强师资队伍建设, 对教师汉语水平进行把关, 增强其政治敏感

---

104 周中之, 石书臣等《现代思想政治教育理论与实践探微》, 北京: 人民出版社2009 年版, 第223页。

性，树共同理想、立正确价值观。

② 改进边疆民族地区高校思想政治教育的模式

大学生、研究生(硕、博研究生)等作为拥有政治权利的学生群体，"既是现实中重要的政治力量，又是决定国家未来发展状况的未来政治骨干力量"[105]。以美国为首的西方国家通过各种渠道、采取多种手段对我国边疆民族地区进行目的明确的意识形态渗透，其生活方式、价值观念等异质文化在现代信息技术的加持下无孔不入，对边疆地区民众，尤其是使用现代信息手段频率更高且缺乏成熟价值观念的年轻人产生了极其恶劣的影响，削弱了主流文化之应有的强大影响力。在边疆民族地区推进政治社会化，须强化社会主义主流文化的宣讲教育，对边疆民族地区大学生进行思想塑造。首先，要完善思想政治教育学科的教材设计，改革教学内容，避免重复教学。采用大学生乐于接受的新形式，不断创新教学手段，一些关键章节可由学校主要领导以及各学科的知名专家学者进行授课，使思想政治教育课程更加贴近实际贴近生活；其次，要坚守马克思主义教育在高校中的主阵地，加强各高校马列主义学科建设，实现思政课程必修制度，严格思政课程考试制度，实现闭卷考试，成绩计入学分；再次，要改革教师任用制度，对于教授思想政治相关课程的教师必须严格把关，加强职业准入审核和退出机制，尤其要严格政治面貌审核，非党员身份不予思政课程教学资格；此外，要把握住当代大学生思想多元的特点，针对"政治认知模糊、政治效能感偏低、政治疏离感较强、政治取向功利、政治知行脱节等问题"[106]，一方面要给予大学生充分的人文关怀，另一方面也要致力于解决大学生的思想、生活、学习方面的各种问题，给予边疆民族地区大学生一

---

105 董娅主编《中国共产党加强和改进大学生思想政治教育研究》，北京：人民出版社2016年版，第213页。

106 黄蓉生："大学生政治行为现状调查与引导对策"，《学校党建与思想教育》，2014年第11期。

定的生活补贴，解决大学生的基本生活需要，使他们感受到党的关怀，增强对党的认同感和向心力；最后，在学生中成立马克思主义社团，组建各种马克思主义学会，加强学生对马克思主义的交流学习。

③ 做好大中小学主流意识形态教育的衔接工作

为了加强党的领导，强化马克思主义的主导地位，占领思想高地，构建大中小学的马克思主义教育衔接机制十分重要。首先，要强化马克思主义意识形态在学校教育中的指导地位，实现教材的"中国化"。当前我国学校教育，尤其是高校学校教育所使用的教材，很多出自外国学者，他们的思想有些并不符合我国的社会主义建设实际，这就需要改革教材设计，在教材选择时多使用中国学者、尤其是马克思主义相关领域的研究专著；其次，要加强课程体系和教材内容的改革，为衔接提供可操作性。从学生的接受能力和发展状况出发，立足社会主义核心价值观的内容，针对不同教育阶段的学生制定出不同的教育目标，同时教材内容应更多地使用马克思主义相关内容；最后，要构建相应的衔接评估体系，"评估、反馈环节是掌握教育动态，驾驭教育过程，调整教育方案，优化教育结构，保证教育目标实现的重要措施。"[107] 因此，要立足于不同教育阶段，采取定性与定量、静态与动态相结合的原则建立衔接评估体系，并及时反馈评估结果，"同时将结果抄送给地方政府和教育主管部门，为决策提供参考。"[108] 及时发现各阶段教育中出现的问题，防患于未然。

(二) 边疆民族地区的家庭政治社会化

边疆民族地区的政治社会化是一个长期而复杂的工程，需要学校教育和

---

107 张耀灿，徐志远《现代思想政治教育学科论》，武汉：湖北人民出版社2003年版，第158页。

108 肖如恩：《大中小学社会主义核心价值观教育衔接机制研究——以江西省为例》，南昌：南昌大学2016年博士学位论文，第119页。

家庭教育共同发力。父母的价值观念、政治态度是影响子女政治社会化的重要因素，边疆民族地区的人民大多有本民族的宗教信仰和自己遵从的一套行为习惯，这种宗教信仰和民族风俗在日常生活中熏陶着民族地区的儿童，使他们的成长轨迹中充满了宗教和民族色彩。少数民族的家庭宗教性较为浓厚，从"他们的幼儿时期起就既接受了其宗教性的影响，又接受了其政治性的影响，这种双重影响使得他们的政治社会化具有鲜明的宗教性特点。"[109] 实现边疆民族地区的政治社会化，必须充分发挥家庭教育的无形作用。

首先，在民族节日的庆祝和优秀文化的传承中弘扬社会主义核心价值观。我国边疆各少数民族都有自己的风俗习惯和传统节日，传统节日的庆祝给政治社会化提供了场所，在各民族传统节日的庆祝中加入社会主义文化元素，可以营造出一种民众乐于接受的文化氛围，在无形中最大限度地发挥家庭教育对子女的影响；其次，提升边疆民族地区人民的政治关注度和政治参与度，通过父母积极的政治参与，形成一种关注政治问题、亲身实践的氛围，利用父母的言行举止使子女形成正确的价值观念和政治态度；再次，要倡导家庭教育的民主化，坚决反对家庭暴力和专制。父母应加强与子女的沟通，及时掌握子女的政治倾向变化，同时尊重子女意见，改善家庭中的专制现象，形成民主的家庭氛围。同时父母要以积极引导为主，适当放手，"将子女在成长发展中的政治要求和政治动机作为家庭政治遗传的重要考量，将家庭政治动机与子女的政治人动机建立起有益关联，要从子女的自身出发，指导、支持子女适当地政治参与，并且对于不良的政治行为要及时制止和纠正，以此来完善政治观的代际遗传。"[110] 通过家

109 王宗礼，柳建文："论少数民族的政治社会化"，《西北师大学报(社会科学版)》，2004年第1期。

110 王琳媛：《全球化背景下我国大学生政治社会化研究》，上海：上海交通大学2014年博士论文，第113页。

庭教育强化边疆民族地区的政治社会化功能，为边疆民族地区建设培育合格的接班人。最后，针对边疆民族地区中小学生的家长成立"家长学校"，定期对学生家长进行马克思主义的意识形态教育，强化社会主义主流政治文化的影响力，家长的正确意识形态选择可以对子女发挥健康的影响。

(三) 边疆民族地区的社会共同体(社会组织)

我国边疆民族地区人民往往因为相同的宗教信仰和民族文化聚居在一起，因此边疆民族地区的共同体对公民的政治社会化有着重要的促进作用。"社会共同体是人们以一定的纽带所联系起来的人群集合体，是不同人群所采取的社会组织形式和存在方式。"[111] 边疆民族地区的各种经济组织、慈善团体、文化组织等形式多样的社会共同体通过直接或间接地参与政治生活，表达共同体的利益诉求，影响着区域乃至国家决策。共同体中的成员通过社会共同体组织的活动积累自己的政治经验、提高参政效能，在社会个体离开家庭和学校教育之后，社会共同体对公民的政治社会化功能更加明显。边疆民族地区人民大杂居、小聚居的分布状况和复杂的信仰风俗使社会共同体成为促进边疆民族地区人民参与政治生活和形成政治态度的重要依托。

加强社会共同体的政治社会化，首先要加强社区和民族聚居区马克思主义文化建设。通过在边疆民族地区民众聚居区内定期开展先进文化学习体验活动，设置社会主义核心价值观宣传板报等形式，为社区的政治社会化创造良好的文化氛围；其次，要优化社区服务体系。作为社区体系的一个组成部分，强化社区主流意识形态建设，必须要有良好的社区服务作支撑。在加强社区基础设施建设的同时，为民众提供学习和感受先进文化的场所，从而使社区民众的认同感得到提升；再次，要把边疆民族地区的宗

111　石云霞："马克思社会共同体思想及其发展"，《中国特色社会主义研究》，2016年第1期。

教活动场所作为宣传党的思想政策的新阵地，积极引导宗教与社会主义社会相适应。例如，西藏地区就有"藏传佛教寺庙1700多座、在编僧尼46000人，信教群众200多万人"。[112] 作为传播思想的重要手段，宗教对政治社会化的影响不容忽视，可以在信教群众中进行马克思主义的宣传，利用宗教场所进行马克思主义意识形态的社会化。最后，政府要给予社区一定的权力自由。一些不涉及边疆民族地区核心领域的小事可以适当下放权力，由社区成员民主协商，这样既可以提高社区民众的政治参与度，推进基层民主建设，又可以促进决策的民主性和科学性，为后续决策的实施打好坚实的民意基础。

(四) 边疆民族地区的专门机构

政治社会化绝非凭空进行，需一定的机构来实现。除了学校、共同体等机构外，政治社会化还需要以一定的专门机构为依托，提高政治社会化的实效。面对社会转型期我国社会各领域的巨大变化和新矛盾新问题，传统的政治社会化机构在其发挥作用的机制和要求方面都出现了新的特点，为了更好地发挥专门机构的社会化功能，进行政治文化自上而下的传播，建立符合我国边疆民族地区民族特点和发展要求的政治社会化专门机构成为必然。

首先，要在政府机构增设专门的马克思主义宣传机构，在边疆民族地区传播正确的舆论导向。"始终坚持党管媒体的原则不动摇，始终坚持政治家办刊、办台、办新闻网站的立场不动摇，始终坚持弘扬主旋律、传播正能量的主线不动摇。"[113] 旗帜鲜明地在边疆民族地区强化社会主义文化的主导地位；其次，要在各企事业单位下设宣传部门，领导各单位工作。通

112　西藏区委书记："旗帜鲜明地确保西藏意识形态领域安全"，《求是》，2016年第21期。

113　西藏区委书记："旗帜鲜明地确保西藏意识形态领域安全"，《求是》，2016年第21期。

过宣传部门的思想舆论宣传强化各单位成员的马克思主义认识，规范日常工作的价值取向；再次，加强边疆民族地区智囊机构建设，成立专门的研究机构、设立专项研究基金推进边疆民族地区政治社会化，充分发挥智库作用，增强决策的专业性，避免决策失误；最后，要建立有效的监督机制，对边疆民族地区公民当前的、未来的政治行为和政治思想进行把握和预测。加强对边疆民族地区公民政治思想和行为的收集和监测，在有效监测的基础上通过有关职能部门进行评估，及时发现异常，将风险扼杀在摇篮里。

(五) 边疆民族地区的大众传媒

在信息技术高度发达的今天，西方国家对边疆民族地区的文化渗透手段更加多样，QQ、微信、博客、社交网络等平台成为西方国家对我国边疆民族地区意识形态渗透的前沿阵地，大众传媒无形中充当了西方国家思想宣传的主要媒介。面对大数据时代网络政治社会化给我国边疆民族地区带来新的冲击，该地意识形态建设亦随之面临机遇与挑战，加强该地区政治社会化，不仅要通过强化思想政治教育、文化互动和先进文化引领等手段，更需要发挥大众传媒的优势，把自上而下的灌输同自下而上的认同结合起来，"主动适应新媒体环境，运用互联网思维，"[114] 全面升级现有的政治社会化形式。

① 建立边疆民族地区舆情控制机制

大众传媒最显著的特点就是开放性，为了降低西方政治思潮对我国边疆民族地区主流意识形态的冲击，党和政府必须把控边疆民族地区自媒体的

114　蔡泉水：《新媒体环境下我国主流意识形态安全研究》，南昌：南昌大学2016年博士论文，第171页。

话语权，防止国外媒体抢占先机。如当前我国在西藏地区实施的"西新工程"，构筑起了包括网络防御在内的地面空中全方位的防控体系，并开展了一系列"非法电视卫星接收设备查缴专项行动"，[115] 有效地打击了非法分子的渗透宣传。边疆民族地区由于政治上的高度敏感性，一些突发的群体性事件如果得不到有效的舆论控制，极易被西方媒体用来抹黑我国民族政策、攻击我国意识形态。把握舆论控制权，强化主流意识形态的传播是消除突发事件公共影响的必要手段，因此对边疆民族地区舆情的全面监控十分必要。总的来说，舆情控制的过程包括：首先通过舆情收集掌握边疆民族地区舆情现状；然后由相关部门进行专业的舆情分析，定位风险层级；在分析的基础上发出预警，最后做出政策指导。

② 加大信息技术研发力度

增强自主创新能力，推动我国信息网络技术的更新和发展，是自媒体时代加强边疆民族地区政治社会化的技术基础。大众传媒是新时代网络信息技术发展的产物，发挥它的政治社会化功能，首先必须提升相关领域的技术水平。"高技术含量是网络的重要特性，新媒体对技术的依赖，比以往任何媒体都要高。拥有知识产权的自主创新技术，是网络强国的重要标志，也是建设网络强国的必要条件。"[116] 目前我国在核心技术领域依旧依赖其他国家，在舆论传播方面往往受制于人。这就给了在技术上领先于我们的国家可乘之机，他们可以轻而易举地攻破我国边疆民族地区的信息安全防线，监控、窃取我国机密。因此，必须从国家和企业和科研机构三个层面出发，由国家出台相关政策、由企业负责研发创新、由科研机构提供人才保障，"三位一体"构建自媒体时代的传媒创新机制。只有掌握了自媒

115　西藏区委书记："旗帜鲜明地确保西藏意识形态领域安全"，《求是》，2016年第21期。

116　蔡泉水：《新媒体环境下我国主流意识形态安全研究》，南昌：南昌大学2016年博士论文，第158页。

体的核心技术，才能充分发挥自媒体传播速度快、信息覆盖面大、受众广的特点，使之成为边疆民族地区政治社会化的有利工具。

③ 提高大众传媒的对外传播能力

自媒体已经成为涉及边疆民族地区舆论发布的最主要场所，也是国际上不同声音交汇的新场域。我国政府在传播涉及边疆民族地区舆情方面，对自媒体平台的利用明显不足，而自媒体本身的传播能力也不足。因此，必须强化大众传媒在边疆民族地区舆情领域的对外传播能力，提升自媒体在涉边舆论传播领域中的地位。首先，要加强自媒体本身的对外传播能力建设，针对边疆民族地区不同语言、不同民族的受众，进行多语种的涉边舆情传播，根据各民族不同风俗，充分贴近各民族受众，个性化地使用自媒体，提高自媒体舆情传播的感染度；其次，要"加强媒体融合传播，提升中国传统主流媒体的国际传播力"。[117] 由于我国自媒体在涉边领域的信息传播力度不足，必须"加强我国传统主流媒体国际传播能力建设，加强传统主流媒体和新媒体的融合发展"。[118] 主流媒体通过不同传播平台优势互补，可以使资源得到整合，一旦涉边舆情出现，可以抢占报道先机，利用图文并茂的形式增强我国自媒体舆论发布的影响力；再次，应充分发挥广大网民在边疆民族地区政治社会化中的力量。当前我国网民规模巨大，是一支不可忽视的舆论力量，如在西藏的"3·14"事件中，广大中国网民的社会舆论就起到了巨大的造势作用；最后，政府方面，涉边宣传部门开设国际自媒体账户，在涉边舆情领域进行官方宣传和马克思主义的引导。如目前我国政务微博运行成果显著，应鼓励边疆民族地区各级宣传部门开设官方账

117　相德宝："国际自媒体涉藏舆情及舆论斗争的规律、特征及引导策略"，《情报杂志》，2016年第5期。

118　相德宝："国际自媒体涉藏舆情及舆论斗争的规律、特征及引导策略"，《情报杂志》，2016年第5期。

户，在国际网络平台上与敌对分子进行斗争，用官方话语引导国际平台上的舆论倾向。

④ 因地制宜发挥新媒体的传播功能

首先，针对边疆民族地区受众较广的电视这一传播平台，可以在边疆民族地区民众喜闻乐见的电视节目中适当地融入马克思主义主流文化的内容，以电视节目为依托，将社会主义主流文化呈现给边疆民族地区广大观众；其次，针对边疆民族地区多草原、牧场，牧民周期性迁徙的现实，应特别突出无线电技术在这些地区的建设。一方面在无线电广播中增设马克思主义相关宣传频道，并在日常广播节目中融入马克思主义的内容；另一方面，也要限制域外频道和波段的广播，警惕西方国家利用无线电进行的文化渗透。最后，提高互联网普及率，加强移动信号的覆盖率，加快各地区，尤其是游牧民族聚居区的光纤铺设，必要时可由财政引导移动、联通、电信三大运营商提高在边疆民族聚居区的5G信号覆盖率，充分发挥网络传播社会主义意识形态的作用。

第三节 建立文化预警机制以维护我国边疆民族地区的文化安全

二战后国际关系的民主化，传统安全问题对我国的威胁程度有所降低。不过，随着全球化浪潮的兴起，特别是新世纪以来，诸如传染病的传播、恐怖主义、自然灾害、文化安全等非传统安全问题日益成为威胁我国国家安全的重大问题。由于我国边疆民族地区的地缘政治、多民族、多宗教、多文化等特殊性，决定了它是多种矛盾冲突、多种利益博弈相互交汇的场域。因此，我国边疆民族地区是我国面临非传统安全威胁的最关键地区之一。文化安全是我国边疆民族地区国家安全和地区稳定的重要保障，没有边疆民族地区的文化安全，地区的和谐稳定发展是不可能的。研究我国边疆民族地区非传统安全问题，其中文化安全问题表现得尤为明显，文化安全成为严重影响边疆民族地区稳定、社会和谐发展的重要变量。

一、建立我国边疆民族地区文化安全预警机制的必要性

我国边疆民族地区发生的各种暴力恐怖犯罪活动，其背后都存在意识形态安全、宗教渗透、民族矛盾以及民族地区的文化安全问题。我国既是一个多民族国家，也是一个多宗教共生的国家。"治国先治边"，边疆民族地区一直是我国国家安全，地区和谐稳定的关键之地。虽然恐怖主义是人类发展上的一颗毒瘤，是全人类的共同威胁。可是，影响民族地区安全稳定诸如恐怖主义对我国的威胁主要是发生在新世纪。如，2008年西藏的"3·14事件"，2009年新疆的"7·5事件"，2013年北京的"10·28暴恐袭击"，2014年昆明的"3·1暴恐案件"。这些暴力恐怖事件不仅扰乱了和谐的经济社会发展环境，造成了重大的人员伤亡和财产损失，还导致了民族之间的嫌隙并造成了恶劣的影响。为何暴力恐怖事件会在新世纪成为威胁我国国家安全和民族地区和谐稳定的重要原因呢？这与新世纪国际格局急剧变化的背景是分不开的。

影响我国边疆民族地区文化安全的主要因素是从境外输入我国境内的。上世纪90年代苏联的毁灭标志着二战后建立的国际秩序--雅尔塔体系的终结，随之国际社会形成了以美国为首的"单极霸权体系"。然而，国际体系不是国际格局，国际格局是"大国实力对比和大国战略关系"[119] 两要素构成。苏联作为世界超级大国，其突然崩溃致使大国间的实力对比发生了根本性的改变，即国际格局发生了急剧变化。广袤的中亚地区顿时出

119　阎学通 等著：《国际关系分析》，北京：清华大学出版社2008年版，第37页。

现了所谓的"权力真空"，原被冷战掩盖着的经济、政治、文化、民族、宗教各种矛盾因冷战结束在中亚开始爆发，各种非传统安全威胁开始"粉墨登场"。中亚地区是东西方文化交流的要冲，本是多民族，多宗教聚居之地，其中以伊兰教为主。在冷战后世界伊斯兰复兴运动的影响下，被称为"欧亚巴尔干"[120] 的中亚地区也掀起了伊斯兰复兴的浪潮，制造民族矛盾，煽动宗教冲突，激化民众情绪，并导致伊斯兰原教旨主义的散播，一时间中亚地区"热闹"起来。

这种在中亚地区掀起的"热闹"图景，严重威胁到我国西北民族地区的文化安全和国家安全。自从我国西北地区维吾尔族皈依伊斯兰教以来，基本上信奉的是温和的伊斯兰教教义。特别是新疆，由于其位于中西方文化交流的十字路口上，又是陆上丝绸之路重要的战略支点，自古以来就是多民族文化交流与融合的地方。与此同时，新疆在伊斯兰教义的基础上形成了开放、包容、世俗的且具有中华文化浓郁特色的地方文化。我国西北边疆与中亚山水相连，民族相系。地缘因素、民族相依、宗教相同，再加上改革开放后落实的宗教政策以及对外开放如火如荼的进行，域外的一些保守主义、原教旨主义、抑或是极端主义的宗教思想开始输入我国西北边疆地区，但"当时并没有引起新疆官方的过多注意，"[121] 以至于在我国新疆的南疆等地，轻则："在街面上，蒙面的女性至少占到10%的比例，"[122] 重则：就是新世纪以来发生过数起暴恐事件。值得一提的是，原教旨主义与宗教极端主义是有一定差别的。其中，有政治目的是宗教极端主义最鲜明的特

---

120 [美]兹比格纽·布热津斯基，中国国际问题研究所译：《大棋局：美国的首要地位及其地缘战略》，上海：上海人民出版社2007年版，第198-209页。

121 吐尔文江·吐尔逊："专家：和田人喝酒要躲起来街上蒙面女性至少占10%"，http://www.zaobao.com/news/china/story20140618-355862。

122 吐尔文江·吐尔逊："专家：和田人喝酒要躲起来街上蒙面女性至少占10%"，http://www.zaobao.com/news/china/story20140618-355862。

点。又如，"东突"就是"泛突厥主义和泛伊斯兰主义"思潮所致，希望建立包括我国新疆在内的"东突厥斯坦"。这是赤裸裸地分裂国家行为，严重威胁到我国主权和领土完整，"对中国西北周边安全环境的重大隐性威胁，"[123] 更严重威胁到我国的国家安全。如果说英国是所谓"西藏问题"的始作俑者，那么美国就是使其国际化的主要推手。新中国成立后，在美国直接并积极支持下企图推翻中国在西藏的统治。自从中美关系缓和以后，虽然美国骨子里未放下对"西藏问题"的支持，但苏联灭亡后的国际格局急剧变化，美国成为单极霸权的情势下，其"将沉寂多年的西藏问题'再次提出。"[124] 以后所谓的"西藏问题"成为美欧等西方大国对中国进行"和平演变"与人权外交的工具，特别是新世纪以来随着我国的快速崛起，在国际格局变化的背景下，这种工具性的效果表现得越发明显。发生在青海、四川和西藏三省交界的藏人自焚事件，是接受境外宗教势力和反华势力直接指使，企图仿效发生在突尼斯的小贩自焚引发所谓"阿拉伯之春"在我国边疆民族地区上演，从而达到推翻中国共产党领导和实现"西藏独立"的目的。江泽民同志在新世纪之初已警示过："西方一些敌对势力……利用民族、宗教问题，……实现其'西化'、'分化'中国的政治图谋。"[125] 这是对边疆民族地区文化安全的危机预警。

宗教问题往往与民族问题紧密联系。亨廷顿(Samuel P. Huntington)说过，现代性带来稳定性，而现代化带来不稳定性。这就说明，在经济社会发展的现代化进程中，各种社会矛盾集中出现。我国边疆民族地区生活条件比较艰苦，生存环境相对恶劣，生产力不太发达，经济社会发展比较落后，在经济全球化和市场经济浪潮下，竞争力相对较弱。根据我国第六次全国

123 王岳川 等著：《文化战略》，上海：复旦大学出版社2010年版，第329页。
124 胡仕胜 等著：《新疆、西藏民族分裂问题》，北京：国际文化出版社2014年版，第152页。
125 《江泽民论有中国特色社会主义(专题摘编)》，北京：中央文献出版社2002年版，第378页。

人口普查数据，维吾尔族工人比例由2000年的5.89%降至2010年的4.55%。在此期间，15岁以上未就业人口则由134.8万人升至177.7万人。[126] 边疆民族地区经济发展相对落后，地区发展不平衡是多种因素综合的结果。边疆民族地区的"民族分裂分子也常常蓄意挑起民族宗教事端，向广大教众宣扬所谓的'教徒破坏论''民族独立论'等。"[127] 这说明我国边疆民族地区的宗教形态已经发生了明显变化，很多域外宗教思想对民族地区社会产生了影响。鉴于此，2016年习近平总书记在全国宗教工作会议上作了重要讲话明确指出，要抵御境外利用宗教进行渗透问题。美国人弗兰克·宁柯维奇说过："在大国间军事作用有限的情况下，……文化手段尤其成为美国穿越障碍的一种更加重要的强大渗透工具。"[128] 西方文化披着宗教的外衣借助大众传媒手段日益渗透至我国边疆民族地区，因为边疆民族地区的宗教环境为域外文化的渗透创造了条件。目前，"西藏有1700多处藏传佛教活动场所，住寺僧尼约4.6万人。新疆有清真寺24000多座，宗教教职人员29000多人，清真寺的数量、密度和人均拥有量已超过了一些传统的伊斯兰国家。"[129] 另外，"全区藏传佛教寺庙1700多座，在编僧尼46000人，信教群众200多万人。"[130] 根据2010年第六次全国人口普查的数据显示，西藏藏族信教群众超过总人数的90%，西北五省区伊斯兰人口占全国伊斯兰信众的75%，所以，我国西北、西南等边疆民族地区是我国文化安全威胁的重

126　数据来源：第六次全国人口普查统计数据资料。

127　王国强 著：《云南边境地区学校教育与国家文化安全》，昆明：云南大学出版社2013年版，第131页。

128　弗兰克·宁柯维奇，钱存学 译："美国对外文化关系的历史轨迹"，《编译参考》，1991年第7期。

129　李俊清："边疆民族地区公共安全治理体系与能力现代化"，《中国行政管理》，2014年第11期。

130　陈全国："以敢于亮剑的精神确保西藏意识形态领域安全--认真学习贯彻习近平总书记在全国宣传思想工作会议上的重要讲话精神"，《求是》，2013-11-01。

点地区。

中国信仰伊斯兰教民族人口增长表（万人）

民族	1953	1964	1982	1990	2000	2010	2010年比1953年增长（%）	2010占整个穆斯林人口的（%）
回	355.93	447.31	722.84	860.3	981.68	1058.61	197.42	45.74
维吾尔	364.01	399.63	596.35	721.44	839.94	1006.93	176.62	43.51
哈萨克	50.94	49.16	90.75	111.17	125.05	146.26	187.12	6.31
柯尔克孜	7.09	7.02	11.34	14.15	16.08	18.67	163.33	0.82
东乡	15.58	14.74	27.95	37.89	51.38	62.15	298.91	2.68
撒拉	3.07	3.47	6.91	8.77	10.45	13.06	325.41	0.56
塔吉克	1.45	1.62	2.66	3.35	4.1	5.11	252.41	0.22
乌孜别克	1.36	0.77	1.22	1.45	1.24	1.1	-19.12	0.05
保安	0.5	0.51	0.9	1.22	1.65	2	300.00	0.09
塔塔尔	0.69	0.23	0.41	0.49	0.49	0.36	-47.83	0.02
合计	800.62	924.46	1461.33	1759.73	2032.06	2314.25	189.06	100

(资料来源：第一至第五次人口普查资料)

[表4] 中国信仰伊斯兰教民族人口增长表(万人)

　　我国少数民族较高的人口增长率预示着我国信教民众将会进一步增加。从新中国成立以来的六次人口普查数据显示，我国伊斯兰民族在不同历史阶段人口总量的增长趋势，总的来说是大幅度增长，而且增长幅度一次比一次大。在1953年至1964年的11年间增长率为15.47%；在1964年至1982年的18年间，增长率是58.07%；在1982年至1990年的8年间，增长率是20.42%；第五次与第四次相比较，人口增长率为15%；在2000年至2010年之间，伊斯兰人口增长14%。虽然每次增长率有起有伏，但仔细研究我国六次人口普查的数据就会发现，1982年至1990年之间，在全国人口增长率下降的情况下，伊斯兰民众的人口还在大幅度增长。

在第五次和第六次人口普查，伊斯兰人口增长率分别为15.48%和14%，而第四次普查全国人口增长率是11.66%和汉族人口增长率7%，增长率仅为伊斯兰人口增长率的一半。从人口普查数据来看，我国西北部边疆民族地区有2000多万伊斯兰民众，有近600万的蒙古族民众，西南部有600多万的藏族。以少数民族的人口基数和高增长率两个维度，可以预测我国少数民族的人口总量还会加速增长。更重要的是，我国边疆民族地区，特别是西北和西南民族地区由于生产力不发达，生活条件比较艰苦，大多数民众从事农业生产和个体经营，导致边疆民族地区的文化构成较差。从我国几次全国人口普查情况来看，在西北、西南边疆民族地区除乌兹别克族和塔塔尔族等少数民族之外，其他少数民族的文盲率高于全国平均水平。按照第五次(2000年)全国人口普查数据显示，我国全国人口文盲率是9.08%，而少数民族的文盲率是14.62%，高出6个百分点。根据我国第六次人口普查结果显示15岁及以上的文盲率：我国西北、西南地区的人口文盲率，贵州17.26%，云南11%，西藏40.86%，甘肃14.83%，青海18.20%，宁夏11.24%，新疆3.85%[131]，边疆民族地区的文盲率远高于全国平均值7.29%。虽然维吾尔族的文盲率低于全国平均水平，但是与统计方法有关，因为少数民族民众只要能掌握一定的本民族语言和文字就算脱盲。总之，少数民族地区的文盲率要高于全国人口普查数据。边疆民族地区人口的增长，受教育程度不高等因素为域外文化的"侵入"或渗透一定程度上提供了前提条件。综上所述，边疆民族地区文化安全问题是在诸如地缘政治、宗教、民族、经济、教育等多重因素的共同作用下形成的。因此，构建我国边疆民族地区的文化安全预警机制势在必行，做到有的放矢、防患于未然。力争达到"用小钱预防，不是花大价钱治病"。这就是建构文化预警机制的出发点。

---

131 数据来源于我国第一次至第六次全国人口普查资料。

建构文化安全预警机制主要体现在"预警"和"机制"两个方面。预警原是军事用语，是指经过发现、分析研判之后再确定敌人的行动目的，然后经最高军事指挥官作出最终如何行动。目的是将军事危机扼杀在萌芽状态。而后，预警一词逐渐被引入学界，日渐成为多学科一个广泛使用的名词。不过，对预警的内涵学界有不同的见解。本文糅合国内外学界对预警的解读，采纳预警内涵的解释是，"社会预警机制对社会运行中出现失调、失序、失范、失度等问题能够及早发生警报，以便及时制订和采取措施，使问题消解于萌芽状态。"[132] 因为预警是指危机并未发生，但正处于事情恶化的前兆阶段，还处于量变阶段，事情还未质变。也就是说，此时正是解决危机的最佳时期。我国边疆民族地区暴恐事件的残酷现实既可证明我国危机预警机制的不足、甚至是缺失，也证明建构完善的文化安全预警机制可以将引发暴恐事件的因素从"源头"上掏空。"机制"原指机器各零部件相互配合，互相连接、互为因果才能驱动整个机器的运转，各个零部件缺一不可。此外，机制有两点要求：第一，零部件以及组合方式；第二，各零部件内在的本质联系。机制一词就是"事物与其它事物之间以及事物内部各要素之间相互联系、相互作用的方式、结构和功能"。[133] 因此，边疆民族地区文化安全预警机制不仅要"预警"，而且还要加强它的机制建设。一言蔽之，机制就是制度化的方法。

边疆民族地区的文化安全预警机制应该有一个从无到有的建构阶段。所谓"文化安全预警机制是整个国家文化安全战略系统的有机组成部分，它通过对国家当前文化安全状况的实时监测、分析、评价，确定国家文化安全程度，对可能出现和已经出现的文化安全状况进行预警并做出有效反应。"[134] 这种机制必须与我国边疆民族地区实际情况相结合才能在维护文

---

132 赵子祥 等：《21世纪中国经济社会发展与社会学的历史使命》，沈阳：辽宁人民出版社1997年，第26页。

133 张兆国："试论企业财务机制的构造"，《武汉大学学报》，1998年第5期。

化安全上发挥作用，但我国边疆民族地区多民族聚居，宗教多样，文化多元，以致文化安全面临着复杂的局面，在建立预警机制时需要大量的人力、物力以及需要专家与各种资源，就像一台机器的各个零部件，需要统一领导、相互配合才能高效的运行。也即，预警机制需要有系统性规划。当然，边疆民族地区文化安全的预警机制不仅是政府或其他部门的责任，由于地缘特点、多民族居住以及宗教等因素需要全民参与、通力协作才能使预警机制发挥最大的功效。

二、我国边疆民族地区文化安全预警机制的指标体系分析

边疆民族地区的文化安全问题实际上就是如何控制边疆民族地区文化风险的问题。尤其是在全球化的背景下，我国加大改革开放的同时，面对西方强权的文化战略压力，更需要建构文化安全预警机制，以维护民族地区文化安全。文化安全预警机制是从整体利益出发，"通过对国家当前文化安全状况的实时监测、分析、评价，确定国家文化安全程度，对可能出现和已经出现的文化安全状况进行预警并做出有效反应。"[135] 因此，通过一系列的制度性建构和法律保障，例如文化市场准入制度、重点行业进出口监测系统、文化出版物审查制度等，建立起监测边疆民族地区文化发展的安全"红线"，对各种可能威胁到我国边疆民族地区文化安全的因素进行实时监测和预警。综合运用行政的、法律的各种手段，鉴别文化市场上各种影响我国文化产业生存与发展的文化力量，对其中符合社会发展要求的文化因素予以保留，对不符合我国国家利益、甚至危害我国社会主义建设

---

134 孙宁：《新世纪中国共产党的国家文化安全战略论析》，中国社会科学院研究生院2011年博士论文，第95页。

135 孙宁：《新世纪中国共产党的国家文化安全战略论析》，北京：中国社会科学院研究生院2011年博士学位论文，第95页。

事业的文化因素，则要坚决打击、予以取缔，从而营造有利于我国文化健康发展的良好生态。

(一) 准确判断边疆民族地区文化安全形势和发展动态

在对边疆民族地区文化安全科学预警的基础上实现对文化安全的科学管理。建立文化安全预警机制，必须立足于我国边疆民族地区的文化安全现状，把握其发展动态，为文化安全危机的有效防范提供依据。因此，我们要对各种有关边疆民族地区文化安全的数据和资料进行系统分析，并利用各种科技手段进行定性和定量分析，最大限度地贴合边疆民族地区文化安全现状，避免各种主观臆断的判断，制定出一套科学完备的文化安全监测预警机制。由于对政治形势和国家安全形势的误判，认为国内出现了"资本主义复辟"，20世纪60年代我国做出了关于文艺的两个批示，造成了国内经济建设的停滞和政治秩序的动荡。边疆民族地区的文化安全形势和发展动态综合体现了边疆民族地区的文化发展现状、面临的内外威胁以及经济政治等非文化因素的影响，集中体现了一定时期内边疆民族地区各种国内国外文化因素的相互碰撞。文化安全形势反映了当前边疆民族地区的文化安全现状，是过去的和现在的各种因素综合作用的结果；文化安全发展动态则是对边疆民族地区文化发展走向的预测，只有充分准确地对二者进行把握，并将其统一于边疆民族地区文化安全机制的建设进程中，才能对边疆民族地区的文化安全状况进行合理监测，有效地组织边疆民族地区的文化安全管理工作，进而有针对性地进行边疆民族地区文化安全决策。

(二) 科学设置边疆民族地区文化安全的监测和预警内容

建立边疆民族地区的文化安全预警机制，首先要明确监测的领域和预警的具体内容。边疆民族地区文化安全预警机制针对的是边疆民族地区的整个文化系统, 它由政治制度安全、意识形态安全、宗教安全等多个子系统构成, 各个子系统相互独立, 分别有着自己的构成特征和发展脉络, 同时子系统之间并不是毫无关联的, 它们在边疆民族地区的多元文化环境下相互作用, 具有复杂的关联性, 共同对边疆民族地区的文化安全构成影响(各个因素之间的相互作用见公式1)。一切边疆民族地区文化安全管理目标的实现都必须立足于有效的文化安全预警机制, 因此我们要在充分把握国内整体文化安全态势的基础上, 聚焦边疆民族地区局部文化安全和各种突发性事件带来的公共文化危机; 同时不能放松对国际社会文化态势的预警监测。

领域	监测的内容
国内	重大自然灾害; 以政治、经济要求为目的的群众性示威抗议活动; 突发性文化事件; 发生在公共文化场所的恐怖主义袭击; 文化娱乐场所的突发性群众伤亡事件; 突发性国家政治、经济危机; 互联网黑客的活动对文化安全信息网的冲击; 不同民族之间的文化冲突事件
国际	相关国家政权突变带来的文化冲击; 国家或地区爆发战争; 国外强权干涉他国内政所实施的敌意文化行为; 国际上传染性疾病的流行
其他	国际文化市场突发性危机给国内文化市场带来的安全冲击; 资本、市场的主要对象国所发生的重大冲突对我国边疆民族地区国际文化贸易的影响

(参见胡惠林著: ≪中国国家文化安全论(第二版)≫, 第420页)

[表5] 影响我国边疆民族地区文化安全的突发性事件

如表(5)所示, 突发性事件对于我国边疆民族地区文化安全影响的监测预警包括国内、国际两个层面的内容。据国信办的相关调查显示, 新疆地区发生的多起恐怖主义袭击, 涉案分子几乎都曾接触过国外反动暴恐音像制品, 并在其煽动下走上了制造恐怖主义事件的道路。这些境外非法出版物、音像制品大肆宣扬宗教极端思想, 煽动性极强, 严重威胁了边疆地区文化安全。如"6·21叶城暴恐案", "4·30乌鲁木齐暴恐案", 涉案恐怖分子都曾接触过境外暴恐视频。因此, 要微观监测和宏观监测双管齐下, 通过建立边疆民族地区文化安全监测的指标体系, 及时监测出预警机制运行

序号	类别	项目			状态
1	主流政治文化安全	文化认同度	政府文化控制力	宗教极端恐怖主义与民族文化分离主义	
		项目细分及分值	项目细分及分值	项目细分及分值	
2	国家意识形态安全	理论创新能力	马克思主义指导地位	意识形态教育	
		项目细分及分值	项目细分及分值	项目细分及分值	
3	国家政治制度安全	无产阶级专政制度	人民代表大会制度	民族区域自治制度	
		项目细分及分值	项目细分及分值	项目细分及分值	
4	宗教文化安全	信教人数	境外宗教势力支持	宗教恐怖事件（年）	
		项目细分及分值	项目细分及分值	项目细分及分值	
5	文化产业安全	产业依存度	产业竞争力	产品市场占有率	
		项目细分及分值	项目细分及分值	项目细分及分值	
6	民族传统文化安全	文化遗产	外来文化接受度	优秀传统文化继承度	
		项目细分及分值	项目细分及分值	项目细分及分值	

[表6] 边疆民族地区文化安全预警指标体系

中出现的异常情况，找出导致文化安全异常状况出现的原因，进行有针对性的控制和解决。影响我国文化安全因素来源多样，从实际出发，我们选取了以下六类指标进行文化安全预警机制的监测，分别是：主流政治文化安全、国家意识形态安全、国家政治制度安全、宗教文化安全以及文化产业安全和民族传统文化安全。每个类别下设多个项目，每个项目又可进行细分，从而增强测量的可操作性。通过对各项目分别赋予分值，再利用相关统计学原理进行计算和汇总，最终得出总平均即可体现我国边疆民族地区的整体文化安全度。如表(6)所示，第5个类别"文化产业安全"中的"产业依存度"项目，可以将其进一步细分为"产业进口依存度"、"产业出口依存度"、"资本对外依存度"和"对外技术依存度"四个项目，然后分别对这四个子项目进行打分，取其平均值，即可得出"产业依存度"项目的得分；同理可以计算出"产业竞争力"和"产品市场占有率"两个项目的得分，然后对"产业依存度"的三个子项目进行加总平均，即可得出"文化产业安全"的整体安全状态。

(三) 科学界定边疆民族地区文化安全预警的临界值

文化安全状况的恶化总是伴随一定的先兆，这种先兆和导致边疆民族地区文化安全变异的指标之间存在着一定的联系。何种程度的安全变异才构成安全风险？何种风险会引起边疆民族地区文化安全的质变？这就需要制定衡量风险的标准。边疆民族地区文化安全预警的核心就是要控制边疆民族地区的文化安全风险，即如何把文化安全风险控制在一个既定的范围内，这就需要针对不同层次的安全风险设置安全状态等级。"根据不同的安全状态等级启动不同的安全预警与处理机制……能否科学地界定国家文化安全状态，对于能否正确地启动相应等级的国家文化安全危机管理机制，具有决定性作用。"[136] 如，乌鲁木齐"1·1"独奏音乐会朗诵反动诗歌事件与"三股势力"在新疆地区诸如巴楚"4·23"暴恐案等一系列暗杀、爆炸等恐怖袭击活动相比较，后者的文化安全风险明显更高，需要立即启动相应等级低的应急方案。我国边疆民族地区的文化安全十分敏感，不论是对边疆民族地区安全状态的夸大还是对安全风险的忽视，都会给边疆地区的文化安全工作带来巨大冲击。为了合理准确地评估边疆民族地区文化安全风险，需要设置五个层级的文化安全评估系统。文化安全的状态可分为两个层次：绝对安全(不存在，排除)、比较安全(81-100分)和不太安全(61-80分)。不安全的文化状态可分为三个层级：轻度危险(41-60分)，中度危险(21-40分)以及非常危险(0-20分)。由于文化安全领域内一般没有所谓的"绝对安全"，所以不设定这一等级，同时我们设置了"不太安全"和"轻度危险"两个等级，作为文化安全状况从安全质变到不安全的过渡。当触及"轻度危险"的范围时，就应该及时进入预警状态，启动相应安全措施。如表(2)所示，假如给"文化产业安全"的项目一"产业依存度"下的四个细分项目"产业进口依存度"、"产业出口依存度"、"资本对外依存度"和"对外技术依存度"分别打分"75"、"65"、"80"和"85"，那么经过计算可以得到"产业依存度"的平均分是(75+65+80+85)/4=76.25分，处于"不太安全"状态，进一步假定"产业依存度"下的项目二和项目三分别得分75分和65分，那么边疆民族地区"文化产业安全"的综合得分为(76.25+75+65)/3=72分，即可得出我国边疆民族地区文化产业不太安全。

(四) 正确区分边疆民族地区文化安全问题的性质

任何试图进入一个国家文化领域的行为，"都会构成对一个国家文化安全的刺激，从而引起这个国家的关注性安全反射，启动安全预案，实施安全保障对策。"[137] 作为我国文化安全防御的要塞，边疆民族地区在多元文

136　胡惠林著：《中国国家文化安全论(第二版)》，上海：上海人民出版社2011年第2版，第415页。

137　胡惠林著：《中国国家文化安全论(第二版)》，上海：上海人民出版社2011年第2版，第405

化交融和民族众多的背景下，更易发生文化冲突，威胁边疆民族地区乃至我国的文化生态安全。根据我国边疆民族地区文化生态发展现状，可以将该地区的文化安全划分为主流政治文化安全、国家意识形态安全、国家政治制度安全、宗教文化安全以及文化产业安全和民族传统文化安全。不同性质的文化安全，对我国边疆民族地区的文化安全形势构成的影响也不尽相同。性质不同的文化安全问题相互交织，国内因素与国际因素相互缠绕，如何对这些安全问题进行性质上的区分，是决定相应文化安全管理举措的关键。例如，新疆的"6·26鄯善县恐怖袭击案"，是纠结多名宗教极端分子进行的宗教极端主义破坏活动，这就触及了我国边疆民族地区的宗教文化安全底线；而乌鲁木齐"1·1"独奏音乐会朗诵反动诗歌事件，则涉及到我国边疆民族地区的意识形态安全，从性质来看前者的社会危害性更大。我们要充分利用预警机制的评估结果，同时结合边疆民族地区文化安全各方面现实，对于那些危害到我国主权和国家安全的文化安全问题，必须予以充分关注、着重解决；但也不能矫枉过正，犯了"预警过当"的错误。毕竟，文化领域的"绝对安全"是不存在的，盲目追求所有性质的文化的"绝对安全"会导致文化上的保守主义和故步自封，甚至可能导致内生性文化安全问题的滋生。

(五) 科学分析边疆民族地区文化安全威胁的形成和作用机制

建立文化安全预警机制的目的是防范边疆民族地区的文化安全危机，所有的文化安全监测工作都是为化解危机服务。边疆民族地区的文化安全形势是多种力量综合作用的结果，要实现充分有效的安全预警，必须首先明确边疆民族地区的各类文化风险因素是如何产生和相互作用的。危机的产生和发展是一个过程，"千里之堤，溃于蚁穴"，要实现防患于未然，就

页。

要充分把握危机产生作用的机制，对其发展态势做出合理估计，进而制定出有针对性的危机防控方案。例如，发生在格鲁吉亚、乌克兰、吉尔吉斯斯坦三国的"颜色革命"，其实质就是西方国家通过各种基金会、慈善机构对中亚独联体国家进行的颠覆政权活动，三国面临的文化安全威胁正是来自西方国家长期的资金支持和广泛的舆论宣传，西方国家"通过各种民间或半民间组织培育独联体国家的"政治精英"、扶持当地"反对派"，支持当地民众以"街头政治"的方式夺权，建立亲美疏俄的政权"[138]。其作用机制即"利用独联体国家之间以及这一地区的民族矛盾，策划这一地区的国家疏远俄罗斯，并利用这一地区的民族矛盾制造动乱，制造地区的不稳定局势"[139]，最终导致了政权的颠覆。我国边疆民族地区靠近中亚，尤其是新疆地区聚居着大量信仰伊斯兰教民众，极易受到宗教极端势力煽动。西方国家不断地为我国敌对分子提供资金支持、不遗余力地为其创造活动机会，这不得不引起我们对"颜色革命"的警惕。为了维护文化安全，须对民族地区文化风险的形成与作用机制进行准确分析，充分了解各种不同的文化风险因素的作用机制，发掘其背后的动力因素，如国外势力的渗透和支持、民众受教育程度较低等，进而找出这些风险因素对边疆民族地区文化安全的影响路径，特别是要关注各风险因素从量变到质变的节点，对这些节点予以充分关注，从而实现对风险发展态势的合理预估和准确把握。只有明确威胁我国边疆民族地区文化安全各影响因素的产生和作用机制，才能有针对性地加强国家相关领域的抗风险能力，一个符合边疆民族地区文化安全实际的文化预警机制才能建立起来。

---

138 曾枝盛："'颜色革命'及其思考"，《天津行政学院学报》，2008年第1期。

139 曾枝盛："'颜色革命'及其思考"，《天津行政学院学报》，2008年第1期。

(六) 指标群作用的相关性分析

威胁边疆民族地区文化安全的六类指标之间是相互影响、相互作用的，其对文化安全的影响程度也有主次之分，有一些是主导因素，一些则是非主导因素。为了检验上述六类指标的相关性及其对边疆民族地区文化安全的综合作用，现对上述指标做如下相关性分析：

$$Cs=[M*(\sum_{i=1}^{n}(xi*pi)/\sum_{i=1}^{n}pi)+N*(\sum_{i=1}^{n}(yj*qj)/\sum_{i=1}^{n}qj)]*E \qquad (公式1)$$

Cs——边疆民族地区文化安全；

　M、N——主导因素与非主导因素在边疆民族地区文化安全中所占的比重；

　Xi、Yj——主导安全因素与非主导安全因素(其中i、j分别表示多个取值中的第i个

　和第j个，i=1-n，j=1-n)；

　i、j——影响边疆民族地区文化安全的安全因素数；

　Pi、Qj——权值，某一文化安全因素的重要性系数，体现各因素间的关联

通过这一公式可以得出：首先，边疆民族地区的文化安全状况是多种因素综合作用的结果。其次，影响文化安全的因素有主导因素和非主导因素之分，不同影响因素对我国边疆民族地区文化安全的影响程度是不同的；再次，不同时期，起主导作用的影响因素不同，当前阶段起主导作用的因素可能随着环境变化而逐渐被其他影响因素所取代；最后，主导因素和非主导因素之间也存在相互作用、相互转化。通过计算最后得出的Cs取值有三种情况：正值、负值和零，其中正值表示边疆民族地区文化安全要素对文化安全发挥积极作用；负值表示文化安全要素给边疆民族地区文化安全带来消极影响；取值为零则表示边疆民族地区的文化安全要素处于一种

临界状态, 此时要倍加警惕文化安全形势朝消极方向发展。该公式只是对边疆民族地区文化安全各因素作用机制的抽象模拟, 对各影响因素进行准确定值较为困难, 需要后续调查研究。[140]

三、建构我国边疆民族地区文化安全的预警机制的路径

我国古书《礼记·中庸》中的"凡事预则立, 不预则废"一语道尽了"危机预警"的重要性。危机的处理更在于对危机的预防。新世纪以来发生在我国边疆民族地区的暴力恐怖事件证明了我国危机预警机制的薄弱和机制建设的不足。当然, 即便是世界唯一的超级大国, 美国在"9·11"事件中反应的迟钝和伊拉克战争之前反应的过激, 也说明"山姆大叔"的危机预警机制还需完善, 不过更证明了建构危机预警机制的重要意义。

(一) 文化安全预警机制的信息周期与分级体系

建构文化安全预警机制目的在于预防危机的发生, 而不是处理危机或善后, 应全天候预警文化安全, 常态化地收集涉及文化安全的各种信息, 监测和及时处理各种文化安全的潜在威胁。文化安全作为非传统安全的重要部分, 具有突发性、跨国性等特征, 而事关文化安全各种信息源有其生命周期。也即, 具有时效性。建立文化安全预警机制需要在每一个层级建立相应的危机管理机制, 以便及时处理文化安全危机, 防止进一步恶化。因此, 可以通过设计一个完整的信息周期将边疆民族地区文化安全预警信息流程展现出来, 为具体工作推动提供思路。

---

140 黄小芳:《全球化时代中国国家安全预警系统之构建研究》, 成都: 电子科技大学2005年硕士论文, 第32页。

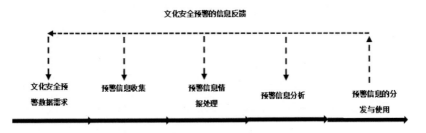

文化安全预警的信息反馈

文化安全预　　预警信息收集　　预警信息情　　预警信息分析　　预警信息的分
警数据需求　　　　　　　　报处理　　　　　　　　　　　发与使用

[表7] 预警信息的周期

　　完整的信息周期，可以称之为边疆民族地区文化安全预警信息周期，它
体现了信息活动的具体流程或步骤，从信息使用者的需求出发一直到信息
的使用，再到信息的最终反馈，所有这些信息环节构成一个可循环的信息
周期。如图3所示，文化安全预警信息的传递路径包括预警信息数据需
求、预警信息收集、预警信息处理、预警信息分析、预警信息分发和使
用以及预警信息反馈共六个环节。在此基础上，边疆民族地区文化安全预
警信息的传递应当遵循两个原则，即"自下而上"原则和"自上而下"原则。
所谓"自下而上"原则，是指从信息收集到决策制定的路径原则。"自上而
下"原则是指上级文化安全部门作出决策后，根据不同情况反馈给下级各
地方文化安全部门执行的路径原则。需要注意的是，不同级别的边疆民族
地区文化安全信息的传递终点是不同的。依据文化安全信息评估体系，文
化安全预警信息的级别越高，最终接收并使用该信息的决策者级别可能也
会越高，反之亦然。[141] 我国现有四级地方行政区，为了与之匹配、统一管
理且方便信息传递，可将边疆民族地区文化安全预警机制设计为五级分层
体系，即乡镇级、县区级、地市级、省级和国家级。不同层级部门严格按
照文化安全预警信息周期所示步骤依次开展工作。

141　刘胜湘，邬超："美国情报与安全预警机制论析"，《国际关系研究》，2017年第6期。

文化安全预警信息周期与分级体系的确立为建构边疆民族地区文化安全预警机制打下了良好的基础。但是，由于边疆民族地区的特殊性，经济社会发展尤其是教育发展相对落后，尚未对文化安全形成完整概念，意识不到文化安全对于边疆民族地区和平与稳定甚至国家长治久安的重要意义，导致边疆民族地区的各级政府、社会组织和群众严重缺乏文化安全危机意识、预警意识和防范意识。此外，信息沟通不顺畅、配套法律法规不健全以及现有组织机构难以应对日益严峻的文化安全形势，导致边疆民族地区以及我国的文化管理部门很难对文化市场、地下非法出版物、境外出版物非法入境我国采取危机预警、防范和应对措施，当出现文化安全问题征兆时，往往反应迟钝，甚至贻误时机。

针对上述问题，可采取以下方式加以完善。一方面，调整现有机构，明确职责划分。在建构文化安全预警机制之前，必须在边疆民族地区设置专门从事文化安全工作的新机构，大力培养文化安全预警信息收集人员。例如：在乡镇一级政府设立文化安全办公室，建立"文化安全预警信息系统"，负责乡镇级文化安全预警信息的收集工作；在县区级文化局与民委设立文化安全科，负责县区级文化安全预警信息的进一步收集和处理工作；在地市级文化局、国家安全局、公安局和民委设立文化安全科，负责地市级文化安全预警信息的汇总和处理工作；在省级文化厅、国家安全厅、公安厅和民委设立文化安全信息中心，负责省级文化安全预警信息的汇总、处理和分析工作。除此之外，还要建立文化安全智库，为国家文旅部、国家安全部、公安部反恐局和国家民委制定最终决策提供建议。另一方面，完善法律法规，保障机制运行。边疆民族地区文化安全问题迟迟难以解决，除了缺乏文化安全危机意识、现有行政机构分散、职责不明以外，最重要的是与之配套的相关法律法规不健全，无法对危害边疆民族地区文化安全的不法分子形成强有力的震慑。在法律层面，美国的经验值得借鉴，其应急预警机制之所以能够顺利高效运行，离不开法律法规的有力保障。"历数美国《灾害救助与紧急援助法》(1950)、《全国紧急状态法》(1976)、《斯塔福法案》(1988)、《国土安全法》(2002)、《应急管理改革法》(2006),无不体现美国政府重视应急法案的"立改废",在美国应急安全事务,处处体现立法先行,其应急预警机制时时有法可依,事事依法保障。[142]因此,制定关于边疆民族地区文化安全的相关法律法规,做到"有法可依"显得尤为关键。

(二) 文化安全预警机制的建构模式

边疆民族地区文化安全预警机制运行模式确定后,需要各级部门按照文化安全预警信息传递路径开展相关工作,具体包括:文化安全预警信息收集与处理、文化安全预警信息分析与决策和文化安全预警信息反馈与共享三个方面。其中,在文化安全预警信息传递过程中,除乡镇一级外,其它层级结合边疆民族地区文化安全预警信息评估体系做到逐级赋值、逐级分析,在权限范围内作出决策,超出权限范围的文化安全预警信息要及时上传,直到最终解除预警。以危险程度最高的文化安全预警信息为例分析边疆民族地区文化安全预警机制具体运行过程。

① 文化安全预警信息收集与处理

文化安全预警信息的收集与处理是边疆民族地区文化安全预警机制运行的第一步,信息是维护国家安全的重要手段,是一国安全事务的重要组成部分。[143]信息收集是否准确、全面,决定了最终决策的可靠性。目前,影响我国边疆民族地区文化安全的信息主要来自互联网、地下出版物、报纸、信件、电视、地下广播电台及微博、微信等自媒体渠道,这些信息

---

142 刘胜湘,邬超:"美国情报与安全预警机制论析",《国际关系研究》,2017年第6期。

143 刘胜湘,许超:"德国联邦安全委员会的演变探析",《德国研究》,2015年第2期。

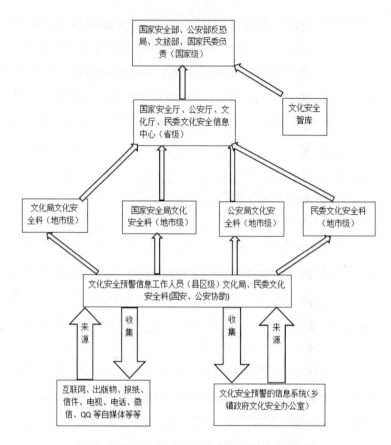

[表8] 我国边疆民族地区文化安全预警机制传递路径

大多涉及反对社会主义制度、煽动民族对立、宣扬国家分裂、宣传宗教极端主义甚至恐怖主义等内容，对我国边疆民族地区的和平与稳定造成极大的威胁。例如："'东突信息中心'、'麦西来甫网'、'美国之音'等机构或媒介，针对新疆进行长期歪曲宣传，歪曲、诋毁我国民族宗教政策。"[144] 因

---

144 安晓平，谢贵平，李新明："试论新疆非传统安全威胁的特殊性"，《塔里木大学学报》，2010

此，文化安全预警信息收集工作至关重要。如图4所示，首先，乡镇级政府文化安全办公室将互联网、地下出版物、报纸、信件、电视、地下广播电台及微博、微信等自媒体渠道中的涉及边疆民族地区文化安全的信息收集起来，录入文化安全预警信息系统。其次，县区级文化局文化安全科负责文化安全预警信息的工作人员将收集的相关信息与文化安全预警信息系统中的信息进行比对，将筛查分类后的预警信息按照设置好的指标体系进行项目细分，例如：将"政治文化安全"细分为"文化认同度"、"政府文化控制力"、"民族文化分离主义与文化恐怖主义"三个项目，然后按照具体情况依次对各个项目进行赋值，计算出该类别的算术平均值评估体系一一对照，判断其安全程度，将属于"轻度危险"、"中度危险"与"非常危险"类别的预警信息提取出来。其中，属于"轻度危险"的文化安全预警信息可由县区级文化安全部门先行处理，属于"中度危险"与"非常危险"的文化安全预警信息则交由地市级文化局文化安全科、国家安全局文化安全科、公安局文化安全科以及民委文化安全科处理。边疆民族地区文化安全预警信息处理包括信息分类与信息汇总两个部分。上述地市级文化安全部门工作人员根据上传的文化安全预警信息再次进行筛查识别与赋值比对工作，将危险程度较低的文化安全预警信息先行处理，危险程度较高的文化安全预警信息则上传至省级国家安全厅、公安厅文化安全信息中心。在这一过程中，信息的筛查识别尤为关键，哪些信息存在问题？哪些信息不存在问题？存在问题的信息其危险程度如何？需要结合评估体系正确区分边疆民族地区文化安全问题的性质，迅速提取必要的关键信息，为后续的预警信息分析与决策工作提供依据。

年第3期。

② 文化安全预警信息分析与决策

文化安全预警信息的分析与决策是整个边疆民族地区文化安全预警机制的重中之重。信息分析是否科学、细致，决定了最终决策能否达到预期效果、解决现实问题。如图4所示，这一阶段，国家安全部门与公安部门扮演了重要角色，他们的工作主要包括以下两个方面：其一，分析属于"非常危险"级别的文化安全预警信息，挖掘风险背后的动力因素，通过建立指标相关性分析统计学模型，找出影响边疆民族地区文化安全的主导因素与非主导因素，这一过程至关重要；其二，将相关分析整理成文字报告，提交文旅部、国家安全部、公安部反恐局及国家民委审阅，为最终决策的制定提供依据。至此，预警信息分析过程已经基本完成。接下来，文旅部、国家安全部、公安部反恐局及国家民委相关负责人在听取文化安全智库的决策建议后，结合之前的预警信息分析报告，制定最终决策。一旦决策制定完成，立即按照类别分发到地方各相关部门落实，即预警信息的分发和使用。此外，在决策执行过程中要对原有信息进行监测，时刻关注信息变化，灵活使用决策，使其发挥最大效用。

③ 文化安全预警信息反馈与共享

文化安全预警信息的反馈与共享是整个边疆民族地区文化安全预警机制的最终环节。预警信息反馈是否及时、到位，决定了最高层的决策能否在地方顺利落实以及文化安全预警能否最终解除。预警信息决策分发到地方后，还需将预警信息的具体情况通过互联网、手机通信、广播、电视以及新媒体等渠道及时向社会大众公布，做到预警信息共享。在预警信息共享的过程中，可以充分激发人民群众的智慧，达到集思广益的效果，从而进一步完善边疆民族地区文化安全预警机制。以一个例子进一步说明预警信息反馈与共享的重要性。2017年8月25日，飓风"哈维"(Hurricane Harvey)登陆美国南部各州，造成82人丧生，受灾中心区休斯顿的财产损失预计达到500亿至750亿美元。[145] 究其原因，美国应急预警信息反馈与共享不及时、不到位，严重影响了决策落实。假若美国重视应急预警信息的反馈与共享工作，及时通知并指导民众做好防范工作，必要时提前将当地民众统一安置到安全地区，也许情况就大不相同。

综上所述，建构边疆民族地区文化安全预警机制是一个系统工程，各个环节相互联系，缺一不可，多部门联合参与信息的收集、处理、分析、决策、反馈与共享工作，如此庞大的系统，不仅需要国家安全部、公安部反恐局、文旅部及国家民委的统一领导，也需要乡镇级、县级、地市级和省级文化安全部门通力合作。只有这样，边疆民族地区文化安全预警机制才能顺利运行，文化安全威胁才能早日降低。

第四节　适时调整民族宗教政策以维护我国边疆民族地区文化安全

文化认同是边疆民族地区文化安全的基石，民族宗教政策是影响文化认同的重要因素，也是影响文化安全的重要因素。我国是一个统一的多民族国家，新世纪以来国际格局的变化，随着西方强权依仗科学技术为基础包括宗教文化在内的强势文化的"渗透"，再加上我国边疆民族的文化具有本土性、外向性等特点在全球化和信息化的时代里极易受到域外文化的影响和渗透。为更好地维护边疆民族地区的文化安全，我国民族宗教政策需要与时俱进的做出相应地调整以适应变化中的国际格局。

145　刘胜湘，邬超："美国情报与安全预警机制论析"，《国际关系研究》，2017年第6期。

一、国际格局变化背景下适时调整我国的民族政策

文化安全应当成为我国民族政策的重要内容。统一的多民族国家是我国基本国情，因而我国民族政策必须保障并加强《宪法》所规定的"平等、团结、互助"的社会主义民族关系。我国边疆民族地区从总体上看是团结稳定的，各民族在生产生活中密切往来，但在国际格局变化的背景下西方国家假借民族地区发展和繁荣民族"文化"的名义，利用现代科技和先进传播手段，不遗余力地向民族地区渗透西方民主自由、意识形态和价值信仰，从而达到破坏我国各族人民共同创造的和谐稳定发展的局面。我国边疆民族地区不和谐、不安全状态与国际格局的变化、与文化安全问题是正相关关系。

(一) 将文化安全修订为民族政策的内容

文化安全是国家民族政策应有之义。我国是统一的多民族国家，各族人民在中国共产党领导下，正为实现中华民族伟大复兴的中国梦而努力奋斗。但是，新世纪以来我国边疆民族地区危害、威胁和谐稳定局面、破坏民族团结的不安全因素仍然存在，甚至某些时期或地区还很严峻，尤其是在西方国家文化扩张的侵蚀下，打着民族区域自治、宗教信仰自由的旗号，大做"文化"文章，歪曲事实，颠倒黑白，侵蚀甚至是颠覆边疆民族地区群众对中华文化的文化认同和文化自信，以达到否定中国共产党领导、否定中国特色社会主义道路。因此，必须坚决"禁止破坏民族团结和制造民族分裂的行为"(《宪法》总纲第四条)，并将其作为各项民族政策的基本出发点，从而在政策制度建设上保障我国民族地区广大人民群众的权益。

需将文化安全修订至宪法有关民族事务的规定中。宪法是国家的根本大法，也是民族政策制定的基础和依据，目前我国宪法有关民族事务的规定，主要有: (1)扶持民族文化发展。发展民族地区文化事业是党和国家一

贯坚持的原则，也是国家民族政策应有之义。"国家根据各少数民族的特点和需要，帮助各少数民族地区加速经济和文化发展"(《宪法》总纲第四条)[146]，并且，"国家从财政、物资、技术等方面帮助各少数民族加速发展经济建设和文化建设事业"(《宪法》第122条)[147]。(2)享有民族风俗习惯自由。我国各族人民，包括边疆民族地区，在长期的生产生活实践中形成了各具特色的风俗习惯，并用以规范指导各族人民生产生活，也是我国民族文化多元的重要体现，国家赋予了各民族"都有保持或者改革自己的风俗习惯的自由。"[148](《宪法》总纲第四条)(3)保护民族文化遗产。我国各民族文化都中华文化的重要组成部分，并且在漫长的历史长河中发展成珍贵的"资产"，因此，继承并挖掘这些文化瑰宝，"保护和整理民族的文化遗产，发展和繁荣民族文化，"[149](《宪法》第119条)是民族地区持续发展的重要工作; (4)使用民族语言文字权利。语言文字彰显民族文化，也承载民族文化。因此，"各民族都有使用和发展自己的语言文字的自由"[150]，"民族自治地方的自治机关在执行职务的时候，依照本民族自治地方自治条例的规定，使用当地通用的一种或者几种语言文字"[151](《宪法》第121条); 同时，规定"各民族公民都有用本民族语言文字进行诉讼的权利"[152](《宪法》第134条)。针对民族地区大多是"大聚居"现实，为了保证各民族语言文字使用的权利，又要保证各项活动的顺利开展，法律上进一步规定了政府公文、公告布告等重要文件以及生活中行政司法、新闻发布等

146　参见《中华人民共和国宪法》第4条。

147　参见《中华人民共和国宪法》第122条。

148　参见《中华人民共和国宪法》第4条。

149　参见《中华人民共和国宪法》第119条。

150　参见《中华人民共和国宪法》第4条。

151　参见《中华人民共和国宪法》第121条。

152　参见《中华人民共和国宪法》第134条。

正式公开场合，应当用当地通用语言的一种或者几种文字。不过，国家已有"民族文化发展"的政策制度中，不仅没有"文化安全"这一术语，就是与文化安全有关内容也没有涉及。所以，应高度重视我国边疆民族地区文化安全，应当从政策制度完善的角度，将其纳入到民族文化事业发展中，使之成为民族政策的内容之一。只有如此，才能有效地打击侵害文化安全的行为，才能真正地促进民族文化繁荣发展。

民族政策有关"文化安全"内容具体化。我国边疆民族地区文化安全，不只是该区域的文化利益，更是国家整体利益的体现。在民族政策完善过程中，"文化安全"部分的内容要从以下几方面着手：(1)明确文化"入侵"的危害性。文化安全是国家安全的重要内容，国家在扶持民族地区文化事业发展的同时，必须高度重视境内外势力利用民族文化进行危害民族地区经济文化发展。(2)细化文化安全内容。文化"入侵"的危害性很大，但是究竟包含哪些内容，社会公众还很不清楚。因此，在民族政策修订的过程中，要从文化安全的性质、类别，即对我国边疆民族地区危害较大的"文化"，尤其是西方文化入侵进行"列举"式表述，以利于社会公众在了解文化安全概念的基础上，也清楚哪些行为或现象属于文化安全范畴，从而达到抵制，甚至与危害边疆民族地区的种种文化安全的现象做斗争。(3)强调防范文化安全措施。文化安全重在防范。因此，民族政策既要明晰文化安全的重要性，同时更要构建一个长效机制来防范多种形式侵害文化安全的行为，尤其是时刻警惕依然存在危害我国边疆民族地区文化安全的因素和势力。总之，要加大对我国边疆民族地区文化事业发展的扶持工作力度，同时也要从政策制度上防范或惩处各种危害民族地区文化安全行为。

(二) 文化安全要在民族政策中有体现

防范工作是文化安全的重要措施。文化事业发展是国家从政策制度上保障，应该说从财政资金、科学技术以及专业人才等方面，努力推进我国边疆民族地区经济社会发展和文化事业繁荣。不过，由于我国边疆民族地区经济发展基础薄弱，尤其是文化事业欠账很多，诸多少数民族文化虽有灿烂之处但是与经济社会发展不相适应，尤其是在外来文化输入上，不加选择地全盘吸收，这就为西方文化入侵提供了很好的机会。因此，我国边疆民族地区各级政府在加快经济建设的同时，努力做好民族优秀文化的挖掘与传承。这其中务必按照中国特色社会主义核心价值观的指引，既要尊重我国边疆民族地区发展文化事业的权利，允许符合地方特色发展需要的民族文化事业发展，也要防范一些腐朽、消极等不利于社会主义精神文明建设思想和意识形态的传播，坚决抵制借助宗教、民族等进行西方所谓"绝对自由、充分民主以及天赋人权"等意识或价值观在我国边疆民族地区的传播。为此，边疆民族地区干部群众必须高度重视"文化渗透"工作。"文化安全"虽然比较隐蔽，但是其危害性极强。文化安全不同于正面冲突，它主要是通过"合乎情理"说教，让对方自觉或不自觉地接受其指令，从事危害经济社会发展的事情而浑然不觉。重视"文化安全"，离不开学习什么是文化安全，以及"文化安全"主要表现形式。所以，除民族政策要对文化安全进行界定外，还要在我国边疆民族地区开展有关"文化安全"知识学习；开展民族地区"文化安全"与"文化建设"辩论会；开展"文化安全"典型事件报告会等内容，从而在全社会形成一种自我防范文化安全的意识。

防范措施要通过民族政策予以体现。我国边疆民族地区文化安全，从理论上讲要做到防范工作与发扬传承并存，两者不能偏颇，两手都要抓起来。在我国边疆民族地区文化安全问题不但存在，在有些地区还可能很严峻，稍加放松警惕就会带来严重事故或重大事件，对于文化安全工作不能懈怠，要有积极应对心理和实施方案。不过，仅仅依靠边疆民族地区群众自我防范，恐怕难见成效。因为即使了解到"文化渗透"对于我国边疆民族地区各项事业的危害，但是如何防范确实一个很复杂的问题。为了让大家能在面对危害边疆民族地区文化安全时如何应对，有必要在民族政策完善过程中，将防范措施予以具体化。当然，文化安全也会随着社会变化而变化，防范措施不会一成不变，让大家明白了最基本的防范措施，最起码从心理意识上对文化入侵，尤其是对一些不符合中国特色社会主义价值观的"文化"会有一个基本的评断，也会形成一些最起码的防范，最起码自己不受其蛊惑。这样就可以使西方"不好"的文化失去传播的基础，每一个不信、不传，同时坚守自己民族文化的优秀部分，自觉学习中华文化，尤其中国特色社会主义价值观为代表的先进文化，相信我国边疆民族地区文化安全形势会向好。

加大惩处违反文化安全工作力度。我国现有民族政策中，没有文化安全的概念，当然就不会有对违反文化安全，即对我国边疆民族地区文化事业发展起到负面作用，如何进行惩处的规定，这是我国民族政策有关文化安全的修订完善部分。虽然国家从《宪法》、《民族区域自治条例》等法律制度层面赋予了我国边疆民族地区，尤其是少数民族聚集区在民族文化发展和繁荣上一定的自主权，但是任何单位、组织和个人不能将这个"自主权"当作"为所欲为"的护身符。因为赋予少数民族地区文化自主权，是尊重各民族群众都有创造和发展自己文化的平等权利，我国边疆少数民族群众也不例外，更重要的是，每一民族在长期的生产生活实践中都为中华文化贡献了力量，也都是文化的精华。虽然发展基础、历史渊源等原因，民族文化之间还存在差异，但只有本着"求同存异、各取所长、相互学习、共创文明"的基本思想，按照"百花齐放、百家争鸣"文化发展方针，伟大的中华文化才会有更好的明天。不过，随着我国经济社会持续稳定发展，尤其是中国特色社会主义核心价值观指引下继以"造纸术、指南针、火药、印刷术"旧四大发明后，新时代以"高铁、扫码支付、共享单车、网购"为代表的新四大发明，使得全球焦点再一次聚焦到东方文明古国——中国，这对世界经济政治格局产生了重大影响，此种形势下必然会有某种势力，利用我国边疆民族地区经济社会发展中的任何问题，"文化"入侵就成为首选，通过歪曲、诋毁、打压，甚至是赤裸裸地进行文化扩张，以打压民族地区对中华文化的认同，消减中国特色社会主义文化自信。只有在民族政策中，加大对违反文化安全的行为或活动惩处，才能保障我国边疆民族地区的文化安全。不过，根据危害程度、危害性和主观恶意程度来区别对待；尤其是对初犯者和不明真相的群众，主要以说服教育为主，最重要的是让违反者本人、其他群众明白其行为或参与的活动对国家安全、边疆民族地区经济社会发展带来的危害，以达到惩前毖后，治病救人的根本目的。

(三) 民族政策的调整措施

我国作为一个统一的多民族国家，国家文化安全不仅在于完善国家主流文化体系，更体现为各民族优秀文化传统的延续和少数民族对国家及其主流文化的认同。在经济、文化全球化的今天，国际、国内社会环境的不断变化，境外不良文化的入侵及暴恐势力的渗透等，给我国边疆少数民族文化安全构成极大威胁，同时影响到我国边疆乃至全国的社会安全和稳定。近年来，新疆、西藏等分裂势力、恐怖分子发动的一系列暴恐事件，凸显出我国部分民族地区以及边疆少数民族中存在着安全、和谐与发展等深层次问题。这深刻说明我国民族政策以及针对民族地区的措施进行进一步调整的重要性和迫切性。

促进"真正"的法制化。首先，民族政策要保证法律面前人人平等，法律不可以对因人设法、因族而异执行不同的标准。亦即，法律实施应一视同仁，不可因民族身份不同而区别对待，否则难合法治国家之基本精神。比如"两少一宽"政策既不利于民族团结也不利于边疆民族自身的进步。"两少一宽"[153]听起来是维护民族团结，照顾少数民族，可能致使少数人犯罪

---

153 "两少一宽"，中共中央1984年第5号文件提出，"对少数民族的犯罪分子要坚持'少捕少杀'，在

有恃无恐，不仅损及民族团结，也伤害了少数民族的形象。一言以蔽之，凡属违法犯罪的，不论哪个民族、信仰哪种宗教 都要依法处理。对于制造民族分裂的犯罪分子，要坚决依法打击。其次，加强民族政策人员的执法能力，每一位执行民族政策人员必须熟练掌握有关民族政策的法律条例、取得法律资格证书并有一定的工作经验。最后，广泛地进行以宪法和《民族区域自治法》为主要内容的普法教育，增强边疆民族地区民众的法治意识，营造良好的执法环境。事实证明，法律制度的健全和民众良好的法治意识是民族政策法制化的基石。民族政策法治化是调整民族政策的根本保障，是实现依法治国的关键。

应重在强调中华民族的一致性和共同性。应重新审视我国民族政策中的实际操作部分，不宜再行强化或细化民族之间、民族地方和非民族地方之间的区别，而对其越来越多的共同点或一致性略以忽视。对边疆民族地区的经济扶持政策，不应强调民族因素，而应逐步转向到更加侧重考量期间的地域因素。亦即是说，国家支持民族并非出于民族因素，而是因为地区困难。目前我国已形成统一的大市场，各种生产要素充分自由流动。各民族大杂居、小聚居基本形态未发生根本改变，但如今各民族混居程度空前提高，人口大规模流动更胜于前，少数民族地区经济发展、民智日开，民族间的交往融合更为普遍、经常和便捷。但户籍制度和城市管理体系都在有形或无形的区别本地人和外地人、汉族和非汉族；少数民族学生考试加分政策，也因民族不同而政策不同；我国居民身份证也专门列出"民族"一栏。总之，民族区别几乎存在社会生活的每个角落。这既不利于民族"边界"意识的淡化，也不利于增进国家公民身份的强化，民族政策应更多强调中华民族的一致性和共同性，从而促进国家公民身份的认同。因此，建议剔除如居民身份证上民族的标识等相关规定。

处理上一般要从宽。"

加强民族自然融合。从历史发展的脉络看，中华民族就是民族融合的结果。在社会转型期，各民族需要加强自然融合，顺应历史规律，亦合乎中国特色社会主义的发展道路。党中央明确提出："我国历史演进的这个特点，造就了我国各民族在分布上的交错杂居、文化上的兼收并蓄、经济上的相互依存、情感上的相互亲近，形成了你中有我、我中有你，谁也离不开谁的多元一体格局。"[154]　一方面，民族政策的调整要鼓励边疆民族地区的民众利用自身的文化特质和技能去内地学习、创业，鼓励和扶助那些能够在当地谋生的少数民族迁移到内地，特别是支持那些在内地大学或当地大学接受过高等教育的边疆民族地区年轻人到内地发达地区去就业和创业。切不能因为某些边疆民族某些极端分子的负面形象，否定绝大多数边疆民族民众求生存、求发展、求幸福的基本诉求，要深刻理解生存和发展的权力对于边疆民族地区民众利益诉求的重要性。大量的事实证明，能够通过合理方式到内地地区学习、创业的边疆民族，对中华民族认同相对较高。另一方面，强调政治身份的融合而非文化特性的融合。无论我国的的民族政策如何调整，必须坚持的原则之一就是要保留不同民族自身优秀的民族文化特性。当然，民族的迁移和融合，难免会存在部分少数民族文化特性随着环境和经济发展发生一些异化，这是民族自然融合的结果，这样的变化一定程度上更有利于少数民族整体的可持续发展。

　　完善边疆民族地区制度倾斜的政策。通俗地讲，对边疆民族地区的民族优惠政策，涉及政治、经济、教育文化等领域，但政策内容并不能保证与民众对国家认同呈现正相关关系。如，为了弥补部分地区的经济差距，国家推行帮扶惠民政策，大量事实表明这些政策措施并没有带来相应的国家认同和民族认同，也不能从根本上解决这些地区经济发展的窘境。相反，

154　中央民族工作会议暨国务院第六次全国民族团结进步表彰大会在北京举行，《人民日报》，2014-09-30。

一定程度上还诱使产生矛盾的激励机制，甚至造成部分少数民族地区通过自身独立的政治身份诉求，试图获得更多财政转移支付的恶性循环。因此，试图通过利益输送的民族融合政策在现实条件下未必是有效且长效的办法，还有可能挑起不同民族之间为利益竞争的不利局面。应通过边疆民族地区和内地发达地区的合作与融合，更有利于边疆民族地区经济的自我造血能力。

二、国际格局变化背景下适时调整我国的宗教政策

宗教政策作为我国边疆民族地区文化安全的重要组成部分，与我国民族政策相辅相成，共同规范着我国边疆民族地区民众的社会活动和行为。宗教政策既是我国管理宗教事务的行为准则，也是建设中国特色社会主义的制度保障。为防止外国宗教势力的渗透和邪教的侵害，维护我国边疆民族地区的文化安全，有必要适当调整我国宗教政策以维护我国边疆民族地区文化安全。

(一) 建立宗教渗透预警机制

宗教渗透的防范必须充分发挥基层的巨大作用。首先要建立自治区(省)、市级和县级的层级工作网络，调动边疆民族地区民众的积极性，通过普通民众，基层干部将相关信息及时向上级部门汇报，自治区(省)进行及时跟踪、详细调查，并根据该地区实际情况制定处理方案和应急处理机制。同时，要加强思想教育引导，培养进步宗教观，从根本上解决边疆地区民众的思想问题。一方面，积极宣传正确的宗教观，坚定该地区民众对社会主义道路的认同。通过宣讲以及各种媒介传播社会主义宗教观，积极同社会主义社会相适应，使他们能够科学认识宗教与社会之间的联系，客观理性地对待社会制度下的宗教问题，避免宗教极端主义的产生。另一方

面，加强边疆民族地区宗教与中华文化的融合，从不同的角度发扬宗教的内涵与作用。总之，宗教渗透预警机制离不开民众的支持和政府的主导。

(二) 加强对宗教活动场所管理

举行宗教活动必须要有合适的宗教场所，如果我们能加强对宗教活动场所的管理，那么就可以及时发现和处理违法的宗教活动，从而减少不法宗教活动对社会的危害。根据我国《宗教活动场所管理条例》之规定，合法的宗教活动可在规定场所进行，如礼拜、诵经、拜佛、烧香、祈祷等，任何人不得干涉。我国主要的宗教活动场所包括教堂、寺庙、道观等。宗教活动场所是宗教人士行使宗教信仰自由权利的场所，而不是行使宗教特权和进行非法宗教活动的庇护所。有关部门必须严格监督并坚决打击宗教极端分子的活动场所，一经发现立即永久关闭。宗教活动场所是许多宗教违法活动的源头，有关部门必须时刻关注、及时总结和上报，实现对宗教活动场所的严格管控，不要给不法分子留下任何一丝机会。管理宗教活动场所，必然要求对宗教活动场所的注册做好严格的审查。在《宗教活动场所管理条例》的基础上出台更细的关于活动内容、活动地点、活动时间、活动人数、活动意义的记录方法，做到政府对登记在册的宗教活动场所能够确保做到详细的监督。同时，也可以建立法人管理制度。这样既能更好的维护宗教信仰自由，也有助于我国边疆民族地区的文化安全。

(三) 发挥宗教界爱国人士的积极作用

在加强对宗教场所管理的同时，不能忽视对宗教教职人员的教育和管理，因为教职人员是宗教活动的主要参与者，是国家宗教政策的主要传达者。"拥护中国共产党的领导和社会主义制度，维护祖国统一和民族团结"须常抓不懈，必须作为对教职人员教育的主旨内容。通过教育，增强教职人员从思想上树立拥护党的理想信念，同时使其明白，自己首先是中华人民共和国之公民,第二位才是信徒,因此首先履行的公民义务,其次才尽信徒义务。通过教育使边疆民族地区的民众明白国家利益高于一切、国家法律面前人人平等。无论是身为公民,抑或作为宗教人员,须得深刻理解唯有国家安全首先得到维护,宗教自由方可得到切实保障。唯有加强教职人员管理和加强对宗教场所的管控,才能使宗教极端势力无处遁形,才可抵制外来渗透,才可享受真正之宗教自由。通过对宗教活动场所的管理和教职人员的教育,促使其懂得任何宗教活动须在法律允许的范围内进行,同时让他们懂得国家安全的重要性。宗教教职人员既是宗教活动之主体,但其首位身份是中国的公民,因此必须坚决抵制非法宗教思想和为祖国的团结统一而不懈奋斗。

(四) 宗教活动必须在"官办"宗教内活动

为了保护宗教信仰自由,保证宗教活动的正常进行,创造一个和谐稳定的宗教氛围,必要对宗教进行积极引导。我国宗教作为社会主义政府制约下的文化形式,应当受到社会主义制度的引导。"官办"宗教必须由爱国宗教人士担任,接受政府监管,维持官办宗教正常运转的经费由国家财政承担,日常管理工作也由国家派专人直接管理。"官办"宗教的主要作用在于宗教慈善和宗教宣传。宗教慈善的作用在于积极引导边疆民族地区民众行善为民、帮助弱者并遵守社会主义制度。宗教宣传目的是通过将宗教教义与社会主义核心价值观相结合,使边疆民族地区民众接受符合时代发展的宗教教义。必须根据宗教的实际情况,建立一定数量的"官办"宗教,使"官办"宗教和非官办宗教维持合理的比例,并坚决取缔民间不法宗教场所。如:盛极一时的"地下讲经场所"和大量涌现的清真寺,必须坚决取缔。

(五) 减少或消除非宗教场所的宗教标识

宗教是一种观念形态，是一种文化现象。宗教标识是宗教的象征，表达了宗教人士的信仰。在某些边疆民族地区宗教标识出现了泛化现象，如"泛清真化"，这势必会弱化民众的公民认同、中华民族认同，加深了民族之间的隔阂。更有甚者，宗教势力通过此举不断扩大宗教的影响力，甚至引发民族冲突，达到他们背后不可告人的政治目的。因此，必须对"宗教标识泛化"现象严格清理整顿。一方面，相关管理部门要对宗教标识进行取证、统计、审查，对违反我国国家法律的宗教标识要坚决取缔。尤其要注意校园内的宗教活动，如，严禁教师穿戴宗教服饰，以防影响学生的思想观念；另一反面，要从法律和制度的源头，控制宗教标识的过度使用。对宗教标识过度泛化现象，边疆民族地区应及时立法，加以依法遏制。

(六) 培育边疆民族地区民众对宗教的理性认识

在边疆民族地区，特别是农村落后地区，由于部分民众文化程度不高，传统家庭环境的影响，对宗教信仰达到了痴迷的程度，甚至出现了一些非理性的宗教行为，甚至产生极端行为。由于边疆民族地区发展相对滞后，引起民族地区的民众出现心理落差，对民族文化的认同高于对国家主流文化的认同。当地民众受宗教浓郁的民族文化，特别是受到一些愚昧落后的民族习俗文化的影响，联系到自身面临的诸多问题，对外界的政治谣言没有分辨能力，容易接受外来宗教的渗透，对国家主流政治文化产生怀疑甚至抵制，容易诱发群体性事件和冲突，因为民族问题较为敏感，给国家治理带来了难题。因此，需要加强对边疆民族地区进行理论宣传，在民族自治区内培养坚定信仰的本民族干部，让干部去教育和引导当地民众，民众更加容易信服。加强多种途径对教职人员的培养，教职人员是联系群众与政府的桥梁，教职人员必须拥护中国共产党领导，热爱社会主义国家，有较高的宗教造诣，向边疆民族地区的民众宣传国家主流政治文化、法律以及宗教政策，从而使民族地区的信众不会处于迷信状态，认为信宗教只是祛病消灾，树立正确的宗教观念，通过弘扬优秀的宗教文化维护民族地区稳定和社会和谐，以实现维护我国边疆民族地区文化安全的目的。

第五节 完善文化管理体系以保障我国边疆民族地区文化安全

文化安全管理关涉我国边疆民族地区稳定，构成国家文化安全的重要内容。为了边疆民族地区的长治久安，我国必须做好该地区文化安全管理工作。长期以来，我国法律制度和民族政策的有关规定，只是强调"在不违背宪法和法律的原则下"，民族地方享有"特殊政策和灵活措施"，尤其是民族自治地区在民族文化事业繁荣发展上更是享有相当的权利和自由。但是，任何民族都不能借"民族文化事业发展"之名，从事任何有损民族团结和制造民族分裂的活动。在国际格局变化的背景下，我国边疆民族地区面临着外来文化入侵的严峻形势，即利用"民族文化事业发展"的自由权而进行破坏民族团结和制造民族分裂等客观的现实问题，也面临着由文化问题所诱发的经济、政治和社会等一系列涉及到广大民族群众根本利益的重大理论问题。由此可见，加快我国边疆民族地区文化管理体系建设刻不容缓。

一、组建文化安全管理机构

管理机构的缺失是当前我国边疆民族地区文化安全工作存在问题的重要原因。文化安全管理工作，是防范和控制任何单位、组织和个人违反国家法律法规、民族政策从事与民族文化事业发展有关的活动和行为。如果不对文化安全活动和行为进行有效的管理和控制，就有可能被不正当利用。尽管我国边疆民族地区民族文化事业发展在国家法律制度和民族政策的扶持下，形成了民族文化繁荣发展的良好形势。即各族人民在中华文化认同基础上，发展各具特色的民族文化。但是，不和谐、不稳定的分裂分子总是打着"文化自由"旗号，通过所谓的"文化自治"、"宗教自由"，甚至"民族自决"等言论干扰民族地区经济社会发展。为了我国边疆民族地区经济社会和谐稳定发展，我们要尽快组建文化安全管理机构。

组建文化安全领导小组。文化安全领导小组将全面统领我国边疆民族地区文化安全，文化安全在我国边疆民族地区经济社会发展中的重要性，决定了文化安全领导小组必须由国家民族事务委员会的主要领导以及各地方负责民族事务的行政负责人等来兼任。这主要是因为这些"领导"政治地位高、把握方向准以及敏感性强，更早、更准地把握"文化安全"症结。当文化威胁来临时，能调动人、财、物等资源有效地防范和控制文化安全带来的影响，从而减少对我国边疆地区民众和社会的危害性。文化安全领导小组可由中央领导小组和地方领导小组共同组成。中央领导小组负责从总体上把握我国民族地区文化安全工作，负责文化安全政策制定、文化安全管控以及其他与文化安全有关问题的重大决策。中央领导小组组长由国家民族事务委员会主任兼任；副组长由5个自治州主席担任，成员由自治州州长担任。中央领导小组对全国民族地区的文化安全负责，工作机制由民族政策另行规定。地方领导小组具体负责各自的民族地区的文化安全管理工作。尤其是民族自治地方、跨境民族的边疆地区，更要加强地方民族文化安全领导小组建设。地方领导小组组长由该区域的行政一把手担任。譬如，自治区的由"区长"兼任；自治县的由"县长"担任，以下类推。副组长和成员分别由该地区的民族事务委员会主任担任，该地区的民族干部、民族教师等知识群体中优秀分子担任。当然，鉴于边疆民族地区文化安全事关国家安全，各地文化安全管理机构的"一把手"，必须是当地的主管民族事务的主导领导兼任，副组长可以是分管该项工作的领导同志。

组建文化安全工作部门。在文化安全领导小组指导下，文化安全工作部门具体从事民族地区文化安全宣传教育、信息收集、处理执行以及事后跟踪等工作。为此，根据我国边疆民族地区文化安全形势现状，以及机构设置的现实，建议从以下几方面工作着手：首先，国家民族事务委员会的文化宣传司增设"文化安全处"。"文化安全处"专门负责边疆民族地区文化安全事务。即重点掌控民族地区文化安全活动和行为动向；文化安全定性以及防控措施；文化安全预警和应急方案以及全国民族地区文化安全的信息收集、资料整理以及资源共享等内容。其次，国家民族事务委员会的文化宣传司新设"文化安全科"。该方案主要是因为文化安全对我国边疆民族地区经济社会发展的重要性，建议国家民族事务委员会新设一个"司"级单位，这样文化安全司可以在"民委主任"（文化安全管理领导小组组长）的领导下，独立地开展工作。从管理效果来看，该方案更有利于对我国边疆民族地区文化安全工作从更大的空间和层面上去防控文化安全现象发生，以及减少中间环节，大大提升对"文化安全"事件的快速反应能力。最后，各地民族事务委员会需要设立相应的领导小组和机构。根据国家机构设置，对应于国家民族事务委员"安全管理"机构，设立相对应的机构。这样全国各地与中央领导小组就有一个良好的沟通渠道和机制，能大大提高对我国边疆民族地区文化安全事件信息的了解，同时提升对事件的快速反应和有效处理能力。

组建文化安全信息部门。文化安全信息部门主要负责民族地区所有与文化安全信息收集、筛选、整理有关的工作。文化安全工作比较困难主要是因为我国边疆民族地区文化多样性，加之国家从法律制度、民族政策都赋予了民族地区发展和繁荣民族文化的自由和权利。只不过这种自由和权利的前提是不得有害民族地区经济和文化发展，更不可以影响民族团结和国家领土主权完整。西方国家某些势力正是利用边疆民族文化多元和国家在民族地区文化事业发展的特殊政策，通过现代的科技传播手段将西式文化包裹起来，不遗余力地向民族地区传播，以达到矮化、诋毁、打压中华文化和民族文化达到从思想上控制该地区民众的目的，从而使"受众"自觉或不自觉地否定自己民族文化，追捧西式的"先进、高级"的文化思想及其产品。我国边疆民族地区社会各界，不但要认清文化入侵的危害性，而且要在某种文化现象还不是很清晰时，能及时将其反应到中央领导机构；还要努力深入到群众当中，了解当地文化安全的有关问题，对明显的文化安全的问题进行处理，对不清楚的内容还要积极上报上一级管理机构或部门；当然，也应包括必要的筛选，对明显是不正确或存有疑问的信息，做到调查核实基础，作出上报或不报的处理。所以，为了做好我国边疆民族地区文化安全工作，有必要设立信息部门，从工作职责上要将信息进行类别化，筛选、加工和处理，从而找出哪些跟边疆民族地区文化安全密切相关的信息。在国家法律制度、民族政策的范围内，文化安全信息部门既要认真做好文化安全信息与一般信息资源的甄别工作，也要密切关注民族文化安全信息的归类整理，合理评估其危害，以及向有关职能部门报告和监管这些"信息"流向，从而确保我国边疆民族地区的文化安全和国家总体安全。

二、完善文化安全法制建设

文化安全管理需法律保驾护航。管理体系从政策性体制向法治性体制的战略转变，是我国应对文化安全问题的需求，也是边疆民族地区文化安全发展的方向。现行相关规章制度出台于改革开放后，有些因时设法逐步发展完备，大抵上基本符合我国国情。在国家建章立制尚有阙如、法律体系尚待齐整前，主要通过中央领导指示和国务院法规、部门规章边行边试，这是过渡时期国家文化安全法制建设是一种必要的辅助手段。这一阶段也是国家文化安全管理体系建设立法的经验累积。现今，决不能容许各级政府大力宣传和倡行依法治国，而文化安全领域又出现法律供给不足的困境，依法治国决不可只停留在学术探讨层面，须使之成为全社会践行的准则和全体公民自觉的行为。文化安全及其各个方面内容的法制建设不强，导致有无法可依，有罪难惩，这是妨害我国文化安全管理体系的障碍，也是敌对势力对我"西化""分化"的借口或突破口，这特别能诱惑、策动一部分高级知识分子和边疆少数民族群众。维护国家文化安全，须建立健全相应的法制体系，唯其如此方可推进国家文化安全管理体系和治理能力现代化。而法治建设是衡量我国文化安全管理的主要指针之一，边疆稳定和国家政治安全取决于法治能否为文化安全提供可靠的保障。

完善现行法律。我国现行《宪法》中关于文化和边疆民族地区政策的内容并不算少，但主要是有关于少数民族的文化权利以及有关于人民文化权利等方面的内容，而关于国家文化安全则是未曾提到。尽管《宪法》第五十四条规定"中国人民共和国公民有维护祖国的安全、荣誉和利益的义务，不得有危害祖国的安全、荣誉和利益的行为。"[155] 但是由于国家文化安全属于非传统安全的范畴，这种随时代发展而产生的新概念并非当初立法者所能考虑到内容。在我国《宪法》没有关于保护国家文化安全的表述的情况下，下位法就难以在《宪法》中寻求立法依据。所以首当其冲笔者认为使国家文化安全入宪，通过《宪法》明确国家文化安全的地位，为下位法保障国家文化安全提供充分的立法依据，包括文化安全管理体系的相应法律保障和组织明晰是十分有必要的，也是推动国家文化安全各项内容立法的最基本条件与保障。

现行法律中有关文化安全内容较少。我国现行《刑法》有关国家安全文化的内容较少。我国现行《刑法》涉及国家文化安全的条文主要是第六章第四节有关妨害文物管理罪方面的规定，[156] 以及其他稍微牵扯文化安

---

155 参见《中华人民共和国宪法》第54条。

全的例如第六章第九节有关制作、贩卖、传播淫秽物品罪方面的规定。[157]在这样的情况下，对国家文化安全的保护就只是涉及某一个或几个方面，缺乏一个总领式整体规定，对于许多严重危害国家文化安全的行为几乎完全没有办法惩处。这一点在边疆民族地区的文化安全管理体现的更为明显。可以说，面对一些新型的严重危害国家文化安全的行为，我国现行的《刑法》几乎处于一种无能为力的状况，这使得法律应在国家文化安全领域发挥的强制作用落不到实处。因此建议以修正案的形式在《刑法》中增补"故意危害国家文化安全罪"的条款，将抵制不良文化渗透、分化的企图等相关事项加入《国家安全法》中，将危害公众文化安全和扰乱社会秩序的惩处加入《治安管理处罚条例》中等。形成一个从小到大、由低至高的法治管理体系。

现行的国家文化安全相关立法状况较为混乱，有关法规多属于部门法，法律效力位阶较低，仅限于在文化管理部门对内流转、对外施行。这些法律法规在总体上呈现出立法体系不清，立法层级较低，法律效力较弱等特征，缺乏从国家文化安全战略高度出发的法律顶层设计，缺少最根本的理论支撑。此为我国维护国家文化安全难有法律保障之主因，也是边疆民族地区文化安全管理发展滞后的根源所在。正是在这个意义上，将文化安全规范和法律规范协调统一起来，制定《文化法》这一基本法就是实现目标的最优手段。[158]为我国国家文化安全提供立法指导，为我国的文化安全管理体系提供一个坚实有序的法律后盾，这样可以有效的提高我国民众对国家文化安全的关注，加强边疆民族地区民众对我国文化的认同。这种认同与关注将自觉形成一股维护我国国家文化安全的重要力量。

---

156 参见《中华人民共和国刑法》第六章第四节。

157 参见《中华人民共和国刑法》第六章第九节。

158 羿克，梁强："我国文化产业发展与保护相关法律问题研究"，《今传媒》，2011年第2期。

三、加强文化安全队伍建设

加强文化安全管理体系队伍建设。现有管理机构队伍素质水平参差不齐，是制约当前我国边疆民族地区文化安全工作的重要原因。文化安全管理队伍，主要是指防范和控制任何单位、组织和个人，违反国家法律法规、民族政策从事与民族文化事业发展有关的活动和行为的政府工作人员。如果没有一支熟悉文化安全政策，管理文化安全活动的高素质专业型人才队伍，就不能对边疆民族地区的文化活动进行有效的管制。尽管在国家法律制度和民族政策的扶持下，我国边疆民族地区形成了民族文化繁荣发展的良好形势。但是始终存在一小撮不和谐、不稳定分子和国外反动势力打着"文化自由"、"宗教自由"的幌子干扰边疆民族地区经济社会和谐稳定发展，这种以文化为载体的违法犯罪活动，必须由各层级的文化安全管理队伍在源头上阻断好，将传播途径管控好，把恶劣影响消除好。作为文化安全管理体系的中坚力量，我国有必要加强文化安全队伍建设。

加强文化安全队伍建设的关键是得到相关组织领导的充分重视。在具体工作之中要想取得文化安全队伍建设的突破性进展必须得到领导的重视，由此才可制定出具体的措施，在整个队伍中营造出浓厚的力争高水平高效率的氛围，建设与发展文化安全队伍。各级领导当仁不让应是队伍的带头人和责任人，只有领导有了充分的重视，提高自身业务水平，才能促进文化安全队伍相关员工齐心合力的进行队伍建设，打造出更好的团队精神与团队制度，推出一批批德才兼备的文化管理人才，打造出更好的基层文化安全队伍，为边疆民族地区文化安全管理发展做出更大的贡献。

注重教育培训是提高文化安全队伍综合素质的必要途径。加强文化安全管理队伍建设工作应该充分考虑队伍的综合素质，只有不断提高文化安全队伍的综合素质才能最终促进文化安全队伍的建设。高素质的行政管理人员是贯彻执行国家文化安全管理职能的关键。建设文化安全管理队伍，须要求该支队伍业务精通、理想信念坚定。首先加强教育培训，建议设立全国性或者地方文化安全管理培训机构，组织定期培训和灵活性学习相结合的方式，树立国家文化安全意识，提高文化管理能力。通过联系高校院所和文化产业从业者的知识积累，组建高水平智库，搭建文化安全研究体系。善为利用大数据技术，对新涌现的问题开展专业、持续不断地研究分析，通过"高校+社会+现代网络技术"的学习模式对文化安全管理体系队伍进行提升。实践是检验真理的唯一手段，想要提高文化安全管理队伍的业务水平，只有依靠大量实践管理才能实现。除固定岗位之外，多设置可轮转的一线文化安全管理实践队伍，让行政管理人员都有机会参与一线的管理工作之中，并在此设立固定的带队顾问分析岗位，对出现的文化安全问题进行及时的咨询和分析，并进行有效的管理评估。只有通过这种实践的方式我国文化安全队伍才能不断提升工作水平和服务水平，最终促进文化安全队伍综合素质的发展与进步，为保障边疆民族地区乃至国家文化安全作出重要贡献。

四、规范文化安全管理内容

文化安全管理工作重点是规范文化事业行为和活动。文化安全管理不是对所有的文化行为和活动都禁止，这与我国特色社会主义建设事业发展也不相匹配，我国边疆民族地区也不例外。换句话说，我国边疆民族地区文化安全管理，是要坚持民族文化事业加快发展和普遍繁荣的基本目标，坚决杜绝通过文化来实现破坏民族团结和分裂国家的各级各类文化安全行为和活动。我国边疆民族地区文化安全形势不容乐观，文化安全涉及的领域较广，尤其是并没有文化安全管理的先例，这些都对我国在边疆民族地区开展文化安全管理工作带来了难度。但是，无论困难再多，只要是危害我国边疆民族地区繁荣发展的事情，必须开展调查研究，尽快熟悉文化安全的内容，加强与此有关工作的强度和力度，密切联系群众。在党领导下，以社会主义核心价值观为指引，充分领会我国边疆民族文化的特色，正确区分正常的文化交流与蓄意的文化扩张，规范文化事业行为和活动，维护我国边疆民族地区经济文化事业发展和繁荣。

文化活动采取严格的审批制度。文化活动与地区安全有关，我国边疆民族地区文化活动有必要采取更加严格的审批制度。尽管我国《宪法》和民族政策都鼓励，采取多种措施扶持民族文化事业发展与繁荣，但这里鼓励和扶持的肯定是有助于我国边疆民族地区和谐稳定发展的优秀文化，绝不是有害的文化的发展。我们也知道，文化的"好"与"坏"是与一定政治经济环境相关，在我国边疆民族地区所有的文化都必须是符合"社会主义核心价值观的"文化，除此之外的"文化"，尤其是西方宣扬的"天赋人权"、绝对的"民主自由"和以资产阶级为代表的"意识形态"，都与我国边疆民族地区的中国特色社会主义道路格格不入，因而也是必须坚决剔除的，即使是这些所谓的"文化"或根据该"文化"开展的活动，我们一时是难以判断的。因而，各级人民政府文化主管部门对在自己管辖范围的文化企业(公司)、组织和个人的文化活动，必须制定工作流程，按照合法程序，通过层层把关，当事人进行申请，文化主管部门根据国家法律制度和民族政策，进行认真审核，对其中符合我国边疆民族地区发展需要的予以批准；对不符合的予以不批；对难以把握的，需要补充材料后再予以研究。这样的审批，至少可以通过材料的审核和层层的把控，在申请单位还没有具体从事文化活动之前，我们就能基本把握申请人主要工作目标、从事具体文化工作内容等，为地区文化安全构筑了第一道屏障。

文化行为受到必要的规范管理。无论是单位、组织，还是个人从事文化行为，都应当符合一定的规范，不受规范约束的行为就可能失控。在我国边疆民族地区文化事业发展过程中，有必要对任何单位、组织和个人从事文化活动和行为，都必须符合一定的行为规范。譬如，在我国边疆民族地区从事文化活动的单位、组织和个人，不得从事危害统一、团结、社会公德、公序良俗、民族文化传统等行为。如果是单位、组织在民族地区进行文化活动时，除不得有以上行为外，还必须符合以下规定：(1)填写进行文化活动申请书，详细写明文化活动目的、内容以及对文化事业的贡献；(2)申请单位名称、办公地点、组织机构和章程等内容必须真实可靠；(3)文化活动范围明确，没有超越范围的历史记载；(4)具备从事文化活动的人员、设备、场所以及技术支撑；(5)制定详实的从事文化活动的工作计划、方案设计以及工作预案；(6)符合法律规定的其他从事文化活动的条件或要求。通过以上的种种规范，从制度设计上规范从事文化活动的单位、组织和个人的行为，使之各项工作有章可循，从而确保我国边疆民族地区文化安全工作。

五、强化文化安全管理措施

文化安全管理需要有效的保障措施。管理措施是管理服务活动的有效方法，管理体系设计合理，管理内容规范，但是如果保障措施不当或不力，其效果也会大打折扣。因此，根据我国边疆民族地区文化安全管理的需要，我们必须制定合理有效的管理措施。这些管理措施可以从以下几方面考虑。

做好文化安全的防范措施。文化安全工作首先还是要做好防范措施，因为一旦形成事实上的文化不安全问题，不但难以消除其危害性，而且支出的成本也很高，因此，我国边疆民族地区文化安全，最好的防范措施就是要在经济社会全面发展的基础上，做好民族文化事业发展和繁荣，尤其是要对民族文化精华部分发扬光大。鼓励各民族文化的融合交流，自觉将其纳入到中华文化当中，在中国特色存在社会主义核心价值观下发展、创造民族文化。再者，加大在民族地区，尤其是边疆民族地区进行文化安全宣传教育，树立文化安全意识，自觉抵御境内外不良文化的侵扰和腐蚀。其中，可以将一些突出、典型的文化安全实例，制作宣传片，使广大民族群众认识到文化安全的危害性。

加大文化安全的监管保障。文化安全要发挥监督保障的有效作用，正如大家所知，文化安全在我国边疆民族地区现实表现有很强的隐蔽性，在现代科技迅猛发展和文化传播形式日新月异的综合作用下，民族文化多元便利了西方文化的侵入。加之，改革开放以来，我们在文化事业发展存在欠账，在经济建设大发展同时至少没有同步推进文化建设，边疆民族地区这一问题尤为突出。我国边疆民族地区文化安全既要做好防范措施，也离不开舆论监督、社会监督和法律监督等作用。文化安全问题仅仅依靠政府力量，或市场机制，都难以解决。政府作用的有限性，不可能时时刻刻能管理一切社会事务；市场机制的选择性，只能在有利益的领域大显身手。也就是说两者在文化安全问题的解决方案存在明显的不足。因此，我国边疆民族地区文化安全工作要依托以下几方面作用发挥：(1)舆论监督。通过专家讲坛、记者调查、社会辩论以及典型案例，向广大民族群众讲解文化安全是什么？文化安全的主要表现形式，文化安全的危害性，以及在文化安全问题上如何积极应对等内容。通过发挥广大人民群众的力量，让非法的文化扩张无处藏身。(2)社会监督。社会组织、企事业单位以及民间团队要在国家法律、民族政策范围内从事生产经营活动，坚决做到不相信、不传播与我国先进文化不一致的文化内容。同时，敢于监督、揭发其他组织、单位或个人任何有违中国特色先进文化、民族优秀文化的现象。(3)法律监督。根据我国边疆民族地区文化安全形势，国家应该在法律制度、民族政策建设上，修订完善文化安全内容，筑牢法律制度防线。同时，在文化安全现象面前，不仅要做好"有法必依"，也要考虑到"究之有效"，在追求法律制度公平公正的同时，务必提升有违边疆民族地区文化安全现象的打击效果。

加大文化安全的跟踪管理工作。文化主要是通过影响人的思想来达到教化人的行为，因此，如果文化安全问题已经存在，仅仅依托政府力量、社会公众的作用，可能从表象上确实能达到控制杜绝的效果。但是，文化的时效是长期的，在短时期内改变一个人的思想是几乎不可能的，这就是我们常说的"口服心不服"。如果不能从思想上让他真正地认识到他所信奉的文化是有害的，是国家法律制度禁止的，是其他社会公众不认同的。那么，该种文化对他的影响将是深远的，甚至是致命的。在文化安全处理上，我们不能简单粗暴，不能一处了之，而是要耐心细致，从灵魂深处感化，从思想意识层面去剖析。我们可以针对工作中的典型案例和各个对象，建立相应的档案，并且采取专人负责的方式，做好跟踪管理及服务工作。同时，对有文化安全现象矛头的也要密切关注，及时跟踪处理，杜绝事态的进一步扩大化。总之，在我国边疆民族地区文化安全的问题上，我们要时刻保持警醒，密切关注每一种文化的活动，尤其是防范利用民族团结、宗教信仰以及民族文化发展等内容，进行西方文化和其他任何与中国特色社会主义先进文化不合的文化的扩张，并高度重视并跟踪管理已有违反文化安全管理的单位、组织和个人，使之不得再次从事与文化安全有关的任何行为和活动。

六、重视文化安全教育

文化安全教育需要纳入文化安全管理体系之中。文化安全教育应为国家安全教育之重要部分。然而我国长期奉行以传统国家安全教育为主，以非传统安全教育为辅，教育对象较为狭隘，仅限于国家工作人员和学生，应将范围扩及至所有国民，但教育重点须聚焦于三类人：国家工作人员、学生以及文化业者。[159] 鉴于国家工作人员地位的重要性，一国之文化政策或可直接承载其价值观，不仅事关一国之文化安危，进而影响国家之生存与发展更甚；青少年文化安全教育是一项意义深远的长期工作，在他们成长阶段进行符合中国社会主义价值观的文化安全教育将会影响他们日后面对外来文化的态度，事关国家前途和命运；文化从业者之价值观会直接展现于文化产品上，社会导向性极强，深刻的影响人民群众的价值判断，对文化产业从事者的文化安全教育，能够使他们在产业活动中意识到西方文化的入侵和渗透，警惕敌对势力在文化领域的非法渗透、反动宣传。

国民教育体系须尽早纳入文化安全教育内容。国民教育体系的建立与完善通过法律制度来保障，受教育是全体公民应享有的权利，其并不只有单一的学历教育一种形态，还包括家庭、社会教育等多种形态，即面向全体公民的完整体系。将文化安全教育融入国民教育体系之中不仅仅是因为国民教育对象的广泛，更是因为其背后有国家政策、法律法规的有力保障，能够让现有制度建设还不够完整的文化安全教育体系有所依托，有所发展，做到脚踏实地的维护国家文化安全，促进国家文化发展，而不是只存在于理论和口号之中。

文化安全教育需要合理利用现代传媒。随着网络技术的不断发展，现代传媒的方式可谓是百花齐放，传统传媒业通过网络焕发新生。新媒体也随网络大潮应运而生。如果文化安全教育不能够好好利用现代传媒所带来的强大的影响力，那么文化安全教育传播也只能停留在闭门造车的境地。重视现代传媒不仅可以更好更快地进行广泛接地气的文化安全教育，更因为在现代网络传媒其所带来的文化安全问题也十分棘手。色情、暴力、迷信和邪教信息在网络泛滥，民意的放大和失真现象严重，尤其是西方敌对势力利用在互联网宣传的优势，大肆散布不良信息的行为已经严重威胁到边疆民族地区文化安全。因此，我们必须牢牢守住现代网络传媒这块文化传播阵地，用社会主义核心价值观引导好网络舆论和多元文化。坚

159　马晓军，"边疆高校少数民族大学生意识形态安全教育探析"，《大学教育》，2018年第8期。

持巩固壮大主流思想舆论，实施国家文化安全的网络宣传工程；着力打造一批能够在青年人中求得共鸣，在社会中赢得赞赏的新媒体和传播载体，不断增强文化安全在网络传媒中的传播力、引导力、影响力和公信力；完善网络文化安全治理，加强网络伦理、文明建设，用国家先进文化成果哺育网络空间，将边疆民族地区特有文化有机融入国家文化安全教育网络体系之中，积极弘扬和培育边疆民族地区民众的民族精神和爱国主义情怀。

第六节 推进文化发展战略以维护我国边疆民族地区的文化安全

全球化时代里，文化软实力是维护国家安全和国家文化的重要保证。国际格局变化背景下，文化软实力对维护我国边疆民族地区的文化安全更是如此。文化发展战略既是提升我国软实力的重要举措，也是维护我国文化安全的关键战略。为维护我国边疆民族地区的文化安全，必须通过政治、经济等物质保障和制度支撑，壮大边疆民族地区经济、繁荣文化事业等措施以维护该地区的文化安全，实现民族地区和平稳定发展。

一、壮大文化发展战略的物质保障

改革开放几十年来，边疆民族地区的温饱问题基本解决，但发展中出现的不平衡、不充分问题在边疆民族地区显得尤为突出，导致该地区劳动力流向东部地区，人才的匮乏，无形中又加剧了边疆民族地区的贫困。经济基础决定上层建筑，边疆民族地区相对落后的经济实力给该地区的文化安全建设带来了巨大挑战。因此，加速边疆民族地区经济发展是夯实该地区文化发展战略的物质保障。

(一) 加强基础设施建设

经济的发展离不开基础设施建设的推动, 沿海地区经济快速发展的经验就是启动大规模的基础设施建设。为缓解边疆民族地区基础设施落后带来的相对封闭, 为促进该地区生产要素的流动, 创造良好的发展环境, 有必要加强边疆民族地区基础设施建设, 特别是注重交通运输业的建设, 促成以铁路、公路运输为主体, 各种运输方式协调发展的交通运输网, 加强边疆民族地区与周边地区以及内地之间的经济互补, 促使各种资源在市场中能够充分流通与利用。

(二) 发展教育事业

发展边疆民族地区教育事业, 事关民族地区的人口素质之提高, 民族传统文化之弘扬。培养少数民族人才, 促进民族多元文化的传承和促进该地区经济发展和社会进步, 也关系到维护边疆民族地区的长治久安与繁荣。但是, 边疆民族地区青壮年劳动力文化程度低, 劳动技能单一, 职业技能欠缺, 大多只能从事体力劳动, 难以进入较高层次岗位。需要加大对该地区教育经费的支持, 改善办学条件、完善学校建设和形成多规格、多层次的办学形式; 需要发展中等职业教育, 要根据当地经济社会发展的实情发展职业教育具体模式, 切勿盲目照搬别人的现成模式。如, 可以在初中阶段或小学高段设置职业技术课程, 把学习文化基础知识与掌握当地需要的职业技术知识有机结合起来, 使学生毕业后能满足当地经济发展需要; 需要积极引进外地优秀教师, 建立一支合格稳定的师资队伍。要提高边疆民族地区义务教育阶段的质量, 关键还在教师。

(三) 加快城镇化建设

边疆民族地区城镇化发展滞后已成为制约经济社会可持续发展的重要因素。在市场机制尚未成熟的边疆民族地区, 政策因素对市场运行起着关键性作用。边疆民族地区应积极做好政策宣传、舆论引导和思想动员工作，推动该地区城镇化建设的步伐，大力发展地方经济，提升城镇经济实力；合理规划城镇发展整体战略，促进大中小城市与小城镇协调发展；保护生态环境，走集约型城镇化道路；加快优势产业发展，推动特色型城镇建设；加快资源工业发展，推动资源型城镇建设；加强对外开放力度，推动边贸型城镇建设；加快中心城镇发展，推动城镇带建设。[160] 要关注边疆民族地区民众的日常生活，解决现实存在的问题，解决当前最突出的社会矛盾。如，提高社会的就业率，提供最基础的公共教育，解决"看病难、看病贵"问题，提升最基本的社会保障，促进人的全面发展。通过满足民众正当的要求。使民族地区的民众从内心真正的认同国家，这对国家完整、社会稳定、文化安全起到重要的保障作用。

二、夯实文化发展战略的制度支撑

全球化时代下，一个国家文化管理体系的健全对该国的文化安全具有重要意义，拥有健全的文化管理体系才能为文化的生存和发展创造一个良好的环境，才能保证国家文化机构正常发挥功能，也才能有效抵制来自国外国内的各种干扰，加强边疆民族地区文化管理建设对该地区文化安全有着极为重要的战略意义。

(一) 转变政府职能, 树立服务政府形象

中国传统社会中为了维护统治阶级的利益，政府的职能是统治，民众与政府之间是统治和被统治的关系，政治很少具有公益的色彩。边疆民族地区远离国家政治中心，地处历史上所谓的"蛮夷之地"。政治、经济、文化

160　刘文静 等，"我国内地城镇化模式对新疆城镇化的启示"，《改革与战略》，2009年第7期。

相对落后，民众迫于传统社会统治阶级的政治压力，接受了传统社会的主流政治文化。全球化的影响，政府的权威受到削弱，国家的内部管理受到外界其他国家和组织的干扰。边疆民族地区民众在全球化浪潮中，受到非本土文化的影响，一些民众甚至对本民族的文化信仰高于对国家主流文化的认同，还有形无形中接受了域外文化和价值观，并表现出相应的生活方式，甚至开始质疑本国的价值观，这威胁到了我国民族地区文化安全，也对国家的稳定和发展产生了十分不利影响。全球化的趋势是不可阻挡的，为了边疆民族地区的文化安全，政府需要采取正确的措施积极应对。首先，积极学习国外有益的执政理念。"官本位"思想由来已久，民众对政府的依附或多或少一直存在着，一些人仍然认为政府职位的高低是一个人价值的大小。当前我国已经进入工业化甚至后工业化时代，民众的需求不断变化，角色也在不断转换，政府要不断转化执政理念，以公民为本位，在政治生活中要不断去除统治思想，培养民族地区民众的公民意识，树立"服务政府"的理念。边疆民族地区的地方政府就是服务边疆民众的，政府的权力是人民赋予的，有义务提供民族地区民众所需要的服务。政府和民众是对等的关系，政府要政务公开，增加政府的透明度，鼓励民众参与政府决策，政府和民众进行高度沟通，逐步消除政府与民族地区民众信息不对称的问题。鼓励民族地区民众成立社会组织，了解社会组织的价值和功能，配合政府发挥民族地区治理的作用。不断改革公务员制度，改变形式僵化的程序，提高公务员的办事工作效率。在政府的主导下，边疆民族地区公民和社会组织参与社会治理，通过多样化的治理方式，提高治理效率，共同促进民族地区健康发展，为全面建成小康社会营造良好的环境。学习借鉴国外的执政理念不能照抄照搬，而是要根据中国边疆民族地区的实际情况，选择适用中国现实的理论。其次，不断完善政府服务的监督机制。通过地方人大、政协和审计等部门，对政府决策、社会治理过程进行监督，使政府制度规范，保障政府工作取得巨大成效。完善依法治国的制度，针对政府工作人员存在的形式主义、官僚主义、享乐主义和奢靡之风的现象要严厉的查处，落到实处。服务型政府一定是廉洁的政府，每个干部要转变落后的理念，由管理向治理的理念转化，都应该树立为人民服务的理念。当前我国进入了信息社会，获取信息十分便捷，个别党员干部的腐败行为可能影响到整个党和政府的形象，容易使民众认为无官不贪，进而认为整个党和政府都是腐败的，进而对党和政府产生不信任。当民众与党和政府产生隔阂后，党和政府的理论和号召最后变成了口号，更谈不上从内心接受主流政治文化。在当前中国"治官"要比"治民"更重要，近几年来国家一直强调从严治党，开展了"打虎"、"拍蝇"和"猎狐"等行动，赢得了民心，要不断完善监督机制，通过制度设计规范党员干部，使党员干部在制度框架下行使权力。最后，培养公共服务精神。要使我国主流政治文化得到边疆民族地区民众的认同，一方面，不断对党员干部进行教育，让其具有公正、负责、服务和奉献的精神，党员干部要起到模范带头作用，在日常生活中积极践行社会主义核心价值观，党员干部是党和政府的形象，只有在生活中处处体现为人民服务的思想和行为，民众自然对社会主义主流价值欣然接受，否则就会对主流价值的认同产生质疑。在具体工作中，党员干部要做到权为民所用，情为民所系，利为民所谋，从思想到行为，贯彻为民众服务的意识。另一方面，对边疆地区民众进行公共服务精神的培养。鼓励民众积极参与政治，扩宽民众政治参与的渠道，积极与政府进行互动。生活中民众的需求是多样的，政府要积极与民众进行互动，了解民众生活存在的问题，然后去积极地解决。双方的沟通渠道要多样化，如调研、市长热线、上访等，只有党员干部真正具有了服务意识，愿意去解决民众的问题，多一些像任长霞一样做人民信得过的公仆，党和政府就能得到民众的支持。边疆民族地区的民族愿意积极沟通，双方互动的路径畅通，国家主流政治文化才容易被更多的边疆民众认同。

(二) 繁荣边疆民族地区先进民族文化

民族文化是一个民族区别于其他民族的最重要的特征之一，民族文化是一个民族源远流长的纽带。但是民族文化并非都是可以传承的，随着时代的发展，有些落后的、腐朽的民族文化渐渐不合时宜，甚至与我国主流政治文化相悖，这样的民族文化就没有传承的价值，应该不断被抛弃。如，一些迷信活动，或者封建的腐朽思想。民族文化必须有活力，不断保持先进性。新时期我国提出了社会主义核心价值观，边疆地区民族文化应该把自己本民族的文化与国家主流文化的理念相契合，才能得到民众的支持。在全球化过程中，一些国外的文化理念传到边疆民族地区，该地区民族要针对性的吸收和借鉴，不可全盘接受，文化形成的环境不同，适用的国家和人群也不同，一些种族主义或者文化偏见这些发达国家的通病则是不可取的。我国各民族无论大小一律平等，这就是中国特色社会主义文化的优势，国家应该一直保持这样的制度。西方一些国家追求"文化霸权"，而中国追求的是"多元一体"、"和而不同"，国家间文化的精神内核不一样，造成国家民众的性格也不同，所以不能对国外的文化盲目崇拜，要树立文化自信。边疆民族地区不要故步自封，要对国外的文化有客观的认识，在中西方文化交流中，吸取对本民族有益的东西，促进本民族的文化发展；加强自身文化的创造，让本民族文化富有生命力；在面对西方文化冲击的时候，才能具有防御能力，并能够"走出去"。先进的思想文化对边疆民族地区民众的实践起指导作用，使民众能够开拓视野，指导个人行为和生活方式。

(三) 加强主流政治文化的宣传

一方面，采用灵活的宣传方式。对边疆民族地区学生进行思想政治教育时，不能只通过课堂上理论灌输的方式，政治理论一般都枯燥无味，教师需要理论联系实际进行讲解或者进行社会实践，使其内化为学生自己的行为。思想决定行动，只有在心理上真正接受，主流政治文化凝聚力的效果才能得到真正的持久的体现，否则只会塑造"两面人"，表面上迫于压力与党和国家保持一致，背后却做损害国家和民族利益的事情。另一方面，对社会上的成年人，要加强网络监督。由于网络技术的发展，边疆民族地区民众可以轻松地浏览到一些非马克思主义的思想，甚至一些反马克思主义的思想。其中一些错误思想通过不同的包装和引诱，吸引边疆民族地区网民的注意力，从而把一些政治觉悟低的人吸引到非法组织中去，这对于该地区的文化安全极为不利。因此，国家相关部门必须加强对网络的管理，净化网络环境，培养专门的网络技术人才，维护边疆民族地区网络安全，最终巩固该地区的文化安全。再者，在宣传中，使主流政治文化生活化。安东尼·吉登斯(Anthony Giddens)认为，"我们已经进入后现代社会，在这样的社会中，我们必须在如何生存和如何行动中作出选择。因为日常的每个方面几乎都能提供多种可能性"。[161] 依靠简单的宣传灌输并不能保证民众从心里上接受，因为他们缺少生活中的体验。正如，我国的社会主义核心价值观共24个字，在日常生活中往往通过广播、电视、报纸和网络等方式进行简单的宣传，这种形式上的宣传大都使民众简单了解，对于深刻内涵或者内化为自身的行为效果还有待强化。所以，主流政治文化一定要站在民众的立场上，贴近生活，符合大众的利益，并通过相应的制度来保障。特别是市场经济的今天，边疆民族地区民众充满理性，往往选择与自身利益相关的信息接受。马克思主义认为，利益是思想的基础，利益决定思想。思想一旦离开利益，就一定会使自己出丑，所以主流政治文化除了要符合人民的利益以外，还要在民众的生活中解决关于民众利益的问题。最后，边疆民族地区民众对自己本民族的文化比较容易接受，因为民

---

[161] 乌尔里希·贝克, 安东尼·吉登斯, 斯科特·拉什著, 赵文书译, 《自反性现代化》, 北京: 商务印书馆2001年版, 第95页。

族文化具有一定特殊性，它是该地区民众在长期共同生活中形成的，是一个民族的根，是一个民族团结的纽带。一般情况下，边疆民族地区民众对本民族文化的认同要高于对国家主流政治文化的认同，这就极易导致民族文化与国家主流政治文化不相一致的情况出现，甚至出现民族分裂主义，这严重威胁我国边疆民族地区的文化安全。所以，在对边疆民族地区进行主流政治文化的宣传中，要把本地区独特的民族文化和主流政治文化融合起来，以民族文化为载体，把主流政治文化的精髓融入到民族文化中，使民众在潜移默化中接受主流政治文化，从而发挥主流政治文化的民族凝聚力和社会整合能力，以巩固边疆民族地区的文化安全。

(四) 建立科学的边疆民族地区文化管理体系

为了有效地实现对边疆民族地区文化安全危机的管控，我国应当积极探索建构自己的边疆民族地区文化管理体系，这是实现中华民族伟大复兴的重要保障。没有一个稳定的文化安全环境，就不可能有稳定的国家安全态势。建立完善边疆民族地区文化管理体系，首先要建立文化管理的决策机制。由于决策机制在文化管理体系中处于主要地位，所以必须建立直接隶属于国家最高决策层的文化安全危机管理机制和突发文化事件处理机制。在已有国家安全委员会的基础上，加强国家文旅部对文化危机的参与和决策能力。现今，我国管理部门没有设立专门负责边疆民族地区文化安全的部门和建立相应的文化安全预警机制。其次，完善文化安全管理的行政组织体系。地方政府要根据当地的实际情况，建立完善的行政管理体系，明确各部门的职责，制定奖惩制度，从而改变现今权责不明的制度性困境。最后，提高边疆民族地区民众在文化安全领域的参与程度，维护该地区文化安全是政府公共文化事务的重要组成部分，政府作为维护文化安全的主体，其主体地位在任何时候都不应该有丝毫动摇。在文化安全管理系统的建设过程中，边疆民族地区民众具有十分重要的作用。只有发挥群众的力量，形成政府主导和民间参与的有机结合体制，形成国家和公民的利益共同体，才能最大限度地形成科学有效的文化管理体系，进而维护边疆民族地区文化安全。

三、扎牢文化发展战略的核心

在全球化进程中，美国、日本、俄罗斯等国都加大对文化产业的投入。文化产业的实力是维护国家文化安全的重要战略需求和必要战略选择，对于边疆民族地区尤其如此。丁智才认为，"边疆民族地区文化产业自成一类文化产业，其特殊形态，亦有其自身的特质及发展规律，既体现文化产业之一般规律，又兼其民族文化之特性，同时更具边疆之地域性特征"[162]。面对文化产业之大发展，须尽快制定民族文化发展战略，提升其产业实力，更好地维护我国文化安全。

(一) 保护和开发边疆民族地区文化资源

文化资源为一国发展文化产业发展之基础，文化产业的发展兴盛程度是国家文化安全的重要指标，维护民族地区的文化安全，一定离不开强大的文化产业做支撑。相比较而言，我国边疆民族地区的文化产业比较落后。一方面，我国边疆民族地区经济相对落后。有一些少数民族人口稀少，生产方式极为落后，在对外交流时，则易受强文化影响力国家的影响，导致文化产生异化甚至消亡。在与西方文化交流过程中，我国民族地区的文化明显处于弱势，本民族的文化影响力发挥不出来，结果受到外来文化的同化，外来文化很快占领了民族地区的市场，导致本民族非常优秀的传统民

162　丁智才：《边疆民族地区文化产业发展与民族特色文化保护研究》，武汉：华中师范大学 2015年，第156页。

族文化被民众放弃, 产生了历史虚无主义, 进而接受了西方的个人主义、拜金主义, 威胁到了边疆民族地区文化的文化安全。边疆民族地区具有丰富的独特的文化资源, 发展文化产业必须从保护该地区文化资源做起。但边疆民族地区落后的经济和落伍的生态观念, 导致当地的特色文化招致损毁。囿于经济社会条件, 在公共文化保护领域边疆地区当地政府少有足额财政投入。一些地区为了眼前的利益不合理开发导致民族特色文化遭到破坏, 形势严重。边疆地区民族特色文化越来越少, 急需保护挽救, 让其科学地开发利用。为此, 中央政府必须加大对边疆民族地区文化资源保护的财政投入, 并透过文创企业之开发和利用, 以文化开发收益反哺文化保护事业, 使得文化保护和开发"两条腿"前行。注重培养民众文化自觉, 边疆民族地区文化产业的快速发展与当地民众的文化自觉、文化自信密切相关。通过调动广大民众的力量和培养民众的文化保护意识, 民族传统文化才能够源远流长。

(二) 加强边疆民族地区文化产业理论研究, 繁荣民族地区的文化产业

文化认同能够维系整个社会的秩序, 培育民众对国家认同的深层基础, 特别是我国这样的多民族国家, 主流政治文化不能扎根于边疆民族地区民众的思想和意识深处, 不能形成民众的信念和价值追求, 那么这个国家就是一个没有灵魂的国家, 国家安全则更毋庸侈谈。边疆民族地区文化安全构成国家安全之有机部分, 各民族的民族文化并不完全相同, 国家需要采取不同的方式发展民族文化产业, 培养边疆民族地区民众的文化自信。文化产业发展, 须理论创新先行, 即通过理论创新, 引导体制创新、制度创新, "也是一个国家一个地区规划未来文化产业发展蓝图的必要准备。"[163] 加之边疆民族地区文化产业面临着来自国内外的强大压力, 所以必须加强

---

[163] 李怀亮: 《当代国际文化贸易与文化竞争》, 广州: 广东人民出版社2005年版, 第5页。

该地区文化产业理论创新。然而实施边疆民族地区文化产业理论创新。第一，加强对该地区特色文化的深入研究，寻找符合时代发展的文化创新点，最大限度弘扬该地区特色文化，为该地区文化产业的发展奠定基础；第二，加强对消费者偏好研究，只有获得消费者青睐的文化，这些特色文化才有资本转化为文化产品；第三，加强对国内外文化产品的研究，学习国内外先进文化产品的发展模式，生产更多具有国际影响力的文化产品，从而赢得国内和国际的共同关注，为边疆民族地区文化产业的发展奠定理论基石。文化产业是文化安全的重要指标，维护民族地区的文化安全，一定离不开强大的文化产业做支撑。相比较而言，民族地区的文化产业比较落后。一方面，我国边疆民族地区整体经济相对落后。故而，须加强保护边疆民族地区少数民族优秀文化，特别是丰富多彩的传统艺术，使其通过开发和利用，比如录制影视资料、撰写书籍和期刊等方式，形成本民族强大的文化产业，既能增加本地区的经济收入，又能保障民族地区文化安全。语言文字是一个民族的符号，通过开展相关的民族文化课程，民族文字的研究等方式，把本民族的文字积极推广开来。另一方面，缺乏创新人才。民族地区在教育水平方面落后于中东部地区，造成民族地区民众思想保守，往往多以农业和牧业为主。尽量已经意识到了民族文化产业的重要性，但是缺乏相关的人才。民族地区往往是高原、山区，自然环境恶劣，信息不通畅，资金缺乏，吸引不了大批人才来这里发展，导致民族地区文化产业缺乏创新能力，产品多是靠高投入而产出，缺乏民族品牌，在国际市场中缺乏竞争力。因此，政府要加强民族地区人才培养，保证适龄儿童接受义务教育，加强职业教育和创新人才培养，提高民众对文化产业的认知水平，从整体上提高边疆民族地区民众的文化素养。通过"待遇留人"、"感情留人"和"政策留人"等方式，积极吸引外来高素质、高水平人才，为民族地区文化产业贡献自己的才能。为了能够吸引更多的人才来边疆民族地区，国家需要出台相关的政策进行激励，鼓励高素质的大学生积极投身于边疆民族地区的文化产业发展，创新民族文化，使民族文化在交流中不至于被边缘化。比如，提供贷款等方式，鼓励大学生在边疆民族地区进行创业，经济发展后，民族文化在经济的刺激下也会被激活。

(三) 打造边疆民族地区文化品牌

文化品牌长期以来一直为文化产业化的终极追求，如不能打造自己独特的文化品牌，就会在残酷的市场竞争中失去地位。在国际格局的变化背景下，边疆民族地区文化产业的发展与民族文化安全、国家安全和国家利益息息相关。比如，文化传媒影响国家话语权。尽管当前边疆民族地区的文化产业基础薄弱、发展落后，但边疆地区独特的文化资源和地缘优势为该地区文化产业塑造自己的文化品牌提供条件与保障。文化品牌的内核是文化资源，在我国边疆民族地区打造一批"叫得响、用得好"的文化品牌。首先，须树品牌意识。意识为行动之先导与基础，民族文化产业的繁荣必须要拥有自己独特的文化品牌；其次，挖掘和重新阐释边疆民族地区优秀文化，许多边疆民族文化在发展的道路上渐渐消亡，这既与保护不力有关，也与不能满足大众消费需求有关。因此，必须充分挖掘符合大众消费需求的特色民族文化，使文化资源转化为受市场欢迎的文化产品；再次，加大文化产品传播力度，利用体育赛事、文化旅游、综艺节目、电视广告等各类传播途径使边疆民族地区文化走进内陆，走向世界贴近文化消费的民众；最后，建议政府加大对民族文创企业的支持，搭建平台推动该地区企业与内地和国际优秀文化企业交流与学习，探寻自己的文化品牌道路。打造文化品牌是文化产业发展的不竭动力，是维护边疆民族地区文化安全的有力措施。

(四) 加强边疆民族地区文化产业人才培养

人才队伍的培养关乎边疆民族地区文化安全的成败。作为文化发展新形态的文化产业是一个以创造性为主体的知识密集产业，对人才的要求更高。在中国崛起的伟大征程中，边疆地区文化产业处于发展的战略机遇期，也面临着发展的瓶颈。解决边疆民族地区文化产业发展中的问题关键在教育，特别是加强高等教育在文化产业人才培养中的责任和能力。基于边疆民族地区文化产业发展对人才的需求，我国高等教育需要在教育理念、教育角色、学科设置上进行反思和改革。同时，地方政府应该加大对文化产业的资金投入，搭建平台大力支持高等院校与文化企业的合作，通过设立研究课题的方式支持高校资深教师从事文化产业理论研究，最终建立政校企有机衔接与协作的人才培养机制，从根本上推进边疆民族地区文化产业的快速发展。

四、实现文化发展战略目标

随着全球化的不断深入以及国际权力转移，一国的对外传播能力对维护国家文化安全的作用日益突出，对于边疆民族地区尤其如此。如果我国边疆民族地区的文化的传播能力强影响力大。首先有利于国际社会公正客观的了解我国边疆民族地区，能够有效抵制各种外来文化对该地区的"西化"、"分化"和渗透，最终直接影响到我国在国际社会的形象和声望。为此，在中华民族伟大复兴的征途中，我国应特别重视边疆民族地区文化的对外传播。基于边疆民族地区文化在对外传播中的问题，提升该地区对外文化传播的能力，重点应做好以下工作。

(一) 培养边疆民族地区民众文化自信

"文化自信，是一个国家、一个民族、一个政党对自身文化价值的充分肯定，对自身文化生命力的坚定信念。"[164] 我国历史悠久、56个民族长期共存，各民族文化共同形成了中华民族文化。中华文化连绵不断，从总体上涵盖了我国民族文化和生活方式，具有很强的包容性，随着时代发展不断进行自我更新，保持了中华民族生生不息，文化自信是实现中华民族伟大复兴中国梦的重要精神支撑。习近平总书记多次在不同的场合强调了文化自信的重要性。"就个体而言，文化自信是个人对所属国家和民族文化的积极态度和充分肯定，标志着对所属国家和民族文化的价值取向认同和身份认同。"[165] 中国传统文化是中华民族的根和魂，要深入挖掘我国传统文化，比如，国宝熊猫被美国人拍成了《功夫熊猫》电影，花木兰被迪士尼排成了动画片，并取得了巨大成功。边疆民族地区的民众要重视本地区的传统文化，加强对传统文化的创新，通过创新去感染人和影响人。文化有先进的和落后的，挖掘本民族的优秀文化，摒弃落后的文化，了解国际社会文化产品表达的方式，按照国家标准把本民族的文化进行加工，并推向世界。通过培养边疆民族地区民众的文化自信，保障和维护该地区文化安全。

(二) 提升边疆民族地区对外传播能力

一方面，由于文化独特、历史传承、地缘优势等原因，边疆民族地区在对外文化传播具有较大的地缘优势。我国要充分利用这些独特优势，主动走出去，加强与其他国家进行文化交流，切实做好对外文化传播。例如，在西南边疆民族地区，中国与东盟通过连续多年举办中国—东盟博览会、建设中国—东盟青少年培养基地文化艺术交流中心，中国—东盟文化交流培训中心、西南国际文化艺术交流中心等系列活动来提升该地区的文化交流与传播能力。另一方面，"利用泛大众传媒网络。泛大众传播媒介今天已形成立体化的大众传播网络，目前已成为传播国家形象，影响国际舆论的重

164　云杉："文化自觉文化自信文化自强——对繁荣发展中国特色社会主义文化的思考"，《红旗文稿》，2010年第16期。

165　陈金龙："论中国特色社会主义话语权的建构"，《思想政治教育》，2015年第3期。

要依凭与手段，政府须善用媒介来传播边疆民族地区的特色文化。"[166]

(三) 整合边疆地区对外文化传播资源，推动对外传媒集团化、规模化发展

在全球化的背景下，如果要加大中国在国际社会中的话语权，树立中国和平发展的国际形象，就必须拥有在国际上有足够影响力的传播媒介，对于边疆民族地区也是如此。目前边疆民族地区传播媒介数量稀少，实力不强，这种状况严重制约了该地区对外宣传和对外文化传播活动，妨碍了边疆民族地区文化发展战略的实现。第一，政府要加强对边疆民族地区媒体产业发展的引导，并加大资金投入和政策支持。第二，组建国家级边疆地区对外传播媒介平台，要求中央电视台、中国国际广播电台、中央人民广播电台等有影响力的传播媒介平台加强对边疆民族地区的报道，并与该地区的传播媒介平台进行资源共享，优势互补。最后，切实进行边疆民族地区媒体产业化改革，鼓励媒体跨地区跨行业经营，让边疆民族地区媒体在市场规律支配下真正形成具有雄厚实力的"媒体集群"，成为中国对外宣传和传播的强大信息平台。

(四) 改进对外文化传播策略

如果要加强对外传播的影响力，就必须学会既能维护国家文化安全，又符合对外传播规律，能被国际社会接受的传播方式和语言。首先，增强对外文化传播的主动权。所谓主动权就是在对外文化传播中实施"先发制人"战略，要求对那些可能会引起国内和国际重大反响的事件，尽可能在第一时间做出报道。同时要注意调集优势力量，跟踪事态发展，不断加强舆论攻势。对事件进行积极报道，还可以利用宣传的先机，按照我们的思路对新闻进行重新解读，这样在事件的报道中可以渗透有利于我们的观念，

166　明安香："关于国家形象传播的思考"，《对外大传播》，2007年第9期。

使受众的认知能力受到影响。其次，注意对外文化传播的文化差异，对外文化传播是在全球化体系中，通过本国传播媒体传播到其他国家受众。这里就产生了传播者与受众者之间的文化差异。关于全球文化差异，美国一些学者将它分为四个层次，"层次一是没有文化上的差异，两个国家语言也相同;层次二是有很小的文化差距，也有相同的语言:层次三是中等程度文化距离，有相同的文化渊源不同的语言:层次四是较大的文化差距，有不同的文化渊源，不同的语言"。[167] 因此，在这些具有文化差异的国家进行文化传播，必须学会在保持本民族的特色的基础上结合当地文化风格进行巧妙的调整对外文化传播策略。

167　郭赫南："球土化：中国对外传播的现实路径选择"，≪新闻知识≫，2007年第2期。

结束语

　　苏联的瞬间消亡、东欧的突然变色令后人唏嘘不已。这既是苏联后期戈尔巴乔夫倡导的"新思维"改革的失败，即，改革的指导思想"全人类利益高于一切"违背了政治整合的原则所致，也是西方文化强权"和平演变"的结果。第二次世界大战后，虽然说是战胜国，但英国、法国均沦为世界二三流国家，更别说战败国德国和日本了。世界经济、政治中心完全转移到美国，而苏联却随着战争却强势崛起，美国和苏联成为战后两大超级大国。与战前相比较，战后国际格局发生了质的变化，战后国际社会建立了分别以美苏争霸为标志的"两极体系"，但核武器的出现和使用是争霸双方调整彼此国际战略的重要变量。国际社会由此开始进入冷战时代。

　　文化战略是西方的"大战略"，美国的"国际思想大师"们(masters of international thoughts)，从乔治·凯南、基辛格、布热津斯基到弗朗西斯·福山、约瑟夫·奈以及亨廷顿，这些战略思想家们为美国的崛起和主导世界的历史进程中都为美国提供了价值判断标准和国际战略的逻辑框架。他们希望既能避免"共产主义苏联的扩张"又能避免"核战争"，还能赢得美苏争霸的最后胜利。在这种国际战略思想指导之下，文化战略就成为对抗苏联、赢得冷战的最后胜利的武器。所以说，国际格局的变化是西方强权调整其国际战略的最重要原因。最终，以美国为首的西方赢得了冷战，曾是世界版图上的超级大国的苏联从此后从地图上抹去。

读史使人明智。冷战后美国头顶着赢得冷战的"光环"，挟持着超强的国力，建立起以美国为首的"单极霸权"，发动海湾战争、伊拉克战争、阿富汗战争多起局部战争，"单边主义"横行国际社会。在新世纪卷起的全球化浪潮里，以中国为首的第三世界却快速崛起，2010年中国的GDP世界排名第二位，2017年中国GDP总量占美国GDP近七成。21世纪中国的崛起极有可能是人类社会最重要的大事之一。[1] 相较之下，以美国为首的西方霸权相对式微。大国实力的对比是国际格局变化最重要的变量之一，换句话说，国际格局又处在一个变化的节点之上。作为世界第二大经济体的中国，经济飞速发展，政治稳定、民族团结、社会和谐，自然而言成为以美国为首的西方大国的"潜在对手"，甚至是敌人。因此，在美国政界、学界发出中美关系将会跌入"修昔底德陷阱"、"中美必有一战"、"中国如同一战前的德国"等惊恐的喧嚣。其实，霸权国的霸权护持行为不外乎是通过各种手段削弱对手的实力，拉大与对手的安全距离。如前所述，以美国为首的西方大国是通过文化战略，"和平演变"的方式逐渐拉大与前苏联的安全距离，从而实现霸权护持的目的。历史有时可以类比，国际关系学也有相关性的研究方法。但也有不同之处。核战争是决定美苏关系的关键变量，核威慑也是影响中美关系的重要变量，但全球化是美苏争霸时代里不曾有过的变量。也就是说，全球化时代由于中美利益相互高度依存，中美两国虽然不能实现"一荣俱荣"，但绝对是"一损俱损"。除核威胁之外，美国更难通过武力方式实现自己的战略目标。因此，可以得出结论：国际格局的变化决定美国必将调整对中国战略。文化战略将是美国对中国最重要的战略之一，因为美国恰恰拥有无与伦比的超强文化实力。

1　James F. Hoge Jr., A Global Power Shift in the making: Is the United States Ready?, Foreign Affairs, Vol.83, No.4, 2004.

国际格局的变化是美国调整对中国战略的最重要原因，文化战略是其战略调整的最重要内容之一。文化战略曾让美国赢得冷战，在"遏制共产主义扩张"和避免"核战争"之间最终赢得了胜利，可谓经验丰富。美国政界、学界希望"和平演变"能在中国重新上演。作为世界上唯一的超级大国，美国硬实力雄厚，建立在雄厚的经济实力之上的文化霸权更是如日中天。例如，美国人口总量只占世界人口的5%，世界新闻报道的80%-90%内容来源于美国，美国电影的生产总量近占世界电影总产量的6.7%，却占据世界总放映时间50%以上。超强的文化软实力成为对中国文化战略中的一把利器，将对我国的国家文化安全构成严重威胁。

此外，国际格局的变化是宗教极端主义兴起的关键因素，也是威胁我国国家文化安全的重要原因。冷战后国际社会由"两极体系"演变为"单极霸权"。国际格局的变化、前苏联的消失让中亚地区沦为权力的"真空"状态，原被冷战压制的各种矛盾在冷战后像揭开盖子的"高压锅"那样喷射出来。独立之后中亚各国又因水源、边界等冲突不断致使战争频发。在世界经济腾飞、全球化浪潮高潮迭起之际，中亚却是经济社会发展迟缓，贪腐盛行，民不聊生，整个地区陷入一片沉寂，毫无生机。沉闷的社会现实为伊斯兰教，特别是伊斯兰原教旨主义或称为保守主义在中亚的兴起提供了契机。另外"政治和尚"达赖喇嘛主导下的佛教极端主义在境外敌对势力的支持下，以所谓的"人权"，"宗教自由"等借口在我国西南边疆地区兴风作浪，制造"自焚"事件或暴力恐怖事件。政治认同和思想整合是文化安全的基石，而文化安全则是政治认同和思政整合的重要保障。威胁我国文化安全的意识形态、价值观念主要是从境外输入我国。在西方大国的文化战略大举"入侵"和境外宗教极端主义思想的渗透，各种自由主义思潮，非马克思主义的意识形态以及宗教极端主义思想借助现代科技、发达的大众传媒手段或以地下非法方式或以人们喜闻乐见的电影、电视、娱乐界节目等方式持续不断的传入我国，将会对我国政治文化、意识形态、政治制度、宗教文化、文化产业以及民族传统文化产生严重影响和严重的安全威胁。

中国边疆民族地区将是我国文化安全问题的重灾区。边疆民族地区远离政治核心区，多邻国，多文化、多宗教、多民族、生产力欠发达、经济社会发展相对落后等诸多因素一直是社会矛盾多发之地。民族地区的文化首选具有本土性，有浓郁的地方特色；由于地缘因素和民族宗教原因，不少民族属于跨界民族致使民族地区的文化具有外向性特点。域外非马克思主义的意识形态，非我国主流政治文化、宗教极端主义等"侵入"边疆民族地区，极易导致该地区的文化出现"异化"现象。文化认同是文化安全的根本。一旦在文化思想领域产生"异化"势必会产生文化认同的质变，直接危及我国边疆民族地区的文化安全。此外，外部敌对势力会把经济发展问题、民族问题等属于"人民内部矛盾"问题演绎为民族冲突、宗教迫害，从而制造事端，破坏边疆民族地区的和谐稳定，甚至企图达到分裂中国的目的。例如：自新中国成立以来，发生在我国边疆民族地区重大安全危机主要发生在新世纪。这说明，新世纪随着中国的崛起、国际格局的变化与我国边疆民族地区的安全危机呈现负相关关系。同时，也说明我国边疆民族地区文化安全面临着严重挑战。

危及我国边疆民族地区文化安全主要是域外文化的非法"渗透"，是输入型的文化危机，这是国际格局变化背景下的必然结果。作为崛起中的国家，作为世界最大的发展国家，作为文化实力处于相对弱势的发展中国家，在维护我国边疆民族地区的文化安全主要采取的是"防御性战略"，首先要建立边疆民族地区的文化安全预警机制，建立文化生态预警、文化产业预警、对境外敌对势力网络信息监测预警、对地下非法文化出版物等预警；再次，加强对边疆民族地区的政治社会化，夯实意识形态阵地；第三、通过国际合作机制的建设，共同打击危机文化安全的活动，共同维护区域安全。值得注意的是，当前中美贸易战如火如荼，在国际格局变化的背景下，提防美国将中美贸易战的领域扩大到意识形态领域。其实, 这是西方大国文化霸权的惯用手段。

参考文献

一、中文专著

[1]中共中央马克思恩格斯列宁斯大林著作编译局编: ≪马克思恩格斯选集(第一卷)≫, 北京: 人民出版社, 1995年版。

[2]中共中央马克思恩格斯列宁斯大林著作编译局编: ≪马克思恩格斯选集(第二卷)≫, 北京: 人民出版社, 1995年版。

[3]中共中央马克思恩格斯列宁斯大林著作编译局编: ≪马克思恩格斯选集(第三卷)≫, 北京: 人民出版社, 1995年版。

[4]中共中央马克思恩格斯列宁斯大林著作编译局编: ≪马克思恩格斯选集(第三卷)≫, 北京: 人民出版社, 1995年版。

[5]胡惠林著: ≪中国国家文化安全论(第二版)≫, 上海: 上海人民出版社, 2011年版。

[6]张骥等著: ≪中国文化安全与意识形态≫, 北京: 人民出版社, 2010年版。

[7]冯天瑜著: ≪中国文化生成史≫, 武汉: 武汉大学出版社, 2013年版。

[8]赵子林著: ≪中国国家文化安全论≫, 长沙: 湖南大学出版社, 2012年版。

[9]阎学通著: ≪中国国家利益分析≫, 天津: 天津人民出版社, 1997年版。

[10]赵英著: ≪新的国家安全起点——战争之外的对抗与抉择≫, 昆明: 云南人民出版社, 1992年版。

[11]冯天瑜, 何晓明, 周积明著: ≪中华文化史(第3版)≫, 上海: 上海人民出版社, 2010年版。

[12]胡惠林著: ≪国家文化安全学≫, 北京: 清华大学出版社, 2016年版。

[13]潘一禾著: ≪文化安全≫, 杭州: 浙江大学出版社, 2007年版。

[14]贾磊磊著: ≪构筑文化江山——中国国家文化安全研究≫, 北京: 中国广播影视出版社, 2015年版。

[15]于炳贵, 郝良华著: ≪中国国家文化安全研究≫, 济南: 山东人民出版社, 2007年版。

[16]韩源著: ≪中国文化安全评论(第一卷)≫, 北京: 社会科学文献出版社, 2015年版。

[17]社会问题研究丛书编辑委员会编: ≪文化安全与社会和谐≫, 北京: 知识产权出版社, 2008年版。

[18]刘静波主编: ≪21世纪初中国国家安全战略≫, 北京: 时事出版社, 2006年版。

[19]王岳川、胡淼淼著: ≪文化战略≫, 上海: 复旦大学出版社, 2010年版。

[20]付瑞红著: ≪文化安全≫, 北京: 国际文化出版公司, 2013年版。

[21]曹泽林著:《国家文化安全论》,北京:军事科学出版社,2006年版。

[22]沈洪波著:《全球化与国家文化安全》,济南:山东大学出版社,2009年版。

[23]胡惠林等著:《国家文化安全研究导论》,上海:上海人民出版社,2013年版。

[24]喻发胜著:《文化安全——基于社会核心价值观嬗变与传播视角》,武汉:华中师范大学出版社,2010年版。

[25]郑晓云著:《文化认同论》,北京:中国社会科学出版社,1992年版。

[26]俞可平,黄卫平主编:《全球化的悖论:全球化与当代社会主义、资本主义》,北京:中央编译出版社,1998年版。

[27]赵景芳著:《美国战略文化研究》,北京:时事出版社,2009年版。

[28]龚学增主编:《新中国处理少数民族宗教问题的历程和基本经验》,北京:宗教出版社,2010年版。

[29]张春江,倪建民著:《国家信息安全报告》,北京:人民出版社,2000年版。

[30]吴琦等著:《意识形态与国家安全》,武汉:华中师范大学出版社,2011年版。

[31]李渤著:《民族宗教问题与国家安全》,北京:时事出版社,2013年版。

[32]余潇枫,徐黎丽,李正元等著:《边疆安全学引论》,北京:中国社会科学出版社,2013年版。

[33]张植荣著:《中国边疆与民族问题——当代中国的挑战及其历史由来》,北京:北京大学出版社,2005年版。

[34]夏建平著:《认同与国际合作》,北京:世界知识出版社,2006年版。

[35]赵波,高德良著:《西方文化渗透对我国文化安全的影响》,北京:中国传媒大学出版社,2012年版。

[36]王景云著:《文化安全视域下思想政治教育载体建设研究》,北京:人民出版社,2014年版。

[37]徐以骅等著:《宗教与当代国际关系》,上海:上海人民出版社,2012年版。

[38]方铁,何星亮主编:《民族文化与全球化》,北京:民族出版社,2005年版。

[39]刘跃进主编:《国家安全学》,北京:中国政法大学出版社,2004年版。

[40]李小华著:《中国安全观分析:1982~2007》,上海:上海人民出版社,2008年版。

[41]胡鞍钢,门洪华主编:《解读美国大战略》,杭州:浙江人民出版社,2003年版。

[42]余潇枫,潘一禾,王江丽著:《非传统安全》,杭州:浙江人民出版社,2006年版。

[43]马曼丽,安俭,艾买提著:《中国西北跨国民族文化变异研究》,北京:民族出版社,2009年版。

[44]赵启正著:《公共外交与跨文化交流》,北京:中国人民大学出版社,2011年版。

[45]胡惠林著:《文化政策学》,上海:上海文艺出版社,2003年版。

[46]胡仕胜,翟源静等著:《新疆、西藏民族分裂问题》,北京:国际文化出版公司,2014年版。

[47]龚学增, 胡岩主编: ≪当代中国民族宗教问题(修订本)≫, 北京: 中共中央党校出版社, 2010年版。

[48]李金齐著: ≪全球化时代的文化安全研究≫, 北京: 中国社会科学出版社, 2008年版。

[49]高静兰等著: ≪边疆民族心理、文化特征与社会稳定调查研究≫, 北京: 民族出版社, 2011年版。

[50]上海社会科学院世界经济与政治研究院编: ≪国际安全与非传统安全≫, 北京: 时事出版社, 2008年版。

[51]陈超编著: ≪新疆的分裂与反分裂斗争≫, 北京: 民族出版社, 2009年版。

[52]何佩群, 俞沂暄主编: ≪国际关系与认同政治≫, 北京: 时事出版社, 2006年版。

[53]葛公尚主编: ≪当代中国政治与跨界民族研究≫, 北京: 民族出版社, 2006年版。

[54]张宝成著: ≪民族认同与国家认同≫, 北京: 人民出版社, 2012年版。

[55]何镇飚著: ≪媒介安全论: 大众传媒与非传统安全研究≫, 北京: 中国传媒大学出版社, 2011年版。

[56]姜秀敏著: ≪全球化时代的国际文化关系研究≫, 北京: 中央编译出版社, 2011年版。

[57]余建华等著: ≪上海合作组织非传统安全研究≫, 上海: 上海社会科学院出版社, 2008年版。

[58]王联主编: ≪世界民族主义论≫, 北京: 北京大学出版社, 2002年版。

[59]李智著: ≪文化外交: 一种传播学的解读≫, 北京: 北京大学出版社, 2005年版。

[60]程工等著: ≪世界主要国家文化安全政策研究≫, 北京: 社会科学文献出版社, 2014年版。

[61]万希平等著: ≪"互联网+"时代网络文化安全研究≫, 天津: 天津人民出版社, 2016年版。

[62]赵远良、主父笑飞主编: ≪非传统安全与新中国外交新战略≫, 北京: 社会科学出版社, 2011年版。

[63]王宁编: ≪全球化与文化: 西方与中国≫, 北京: 北京大学出版社, 2002年版。

[64]郭明飞著: ≪网络发展与我国意识形态安全≫, 北京: 社会科学出版社, 2009年版。

[65]牛仲君著: ≪冲突预防≫, 北京: 世界知识出版社, 2007年版。

[66]黄仁伟, 刘杰著: ≪国家主权新论≫, 北京: 时事出版社, 2003年版。

[67]杨保筠著: ≪中国文化在东南亚≫, 郑州: 大象出版社, 1997年版。

[68]童庆炳等编: ≪全球化语境与民族文化、文学≫, 北京: 中国社会科学出版社, 2002年版。

[69]张建雄著: ≪当东方相遇西方: 感受文化的分量≫, 北京: 中国社会科学出版社, 2011年版。

[70]陆忠伟主编: ≪非传统安全论≫, 北京: 时事出版社, 2003年版。

[71]沈昌祥, 左晓栋著: ≪信息安全≫, 杭州: 浙江大学出版社, 2007年版。

[72]蔡翠红著:《美国国家信息安全战略》,上海:学林出版社,2009年版。

[73]秦亚青著:《权力·制度·文化:国际关系理论与方法研究文集》,北京:北京大学出版社,2005年版。

[74]李大光著:《国际机制与区域安全:兼论东北亚区域安全机制构建》,北京:军事科学出版社,2010年版。

[75]国家广播电影电视总局人事局,中国国际广播电台人事办公室主编:《国家形象对外宣传论文集》,北京:中国国际广播出版社,2009年版。

[76]孙晶著:《文化霸权理论研究》,北京:社会科学文献出版社,2004年版。

[77]肖佳灵著:《国家主权论》,北京:时事出版社,2003年版。

[78]门洪华著:《霸权之翼:美国国际制度战略》,北京:北京大学出版社,2005年版。

[79]刘新鑫,李婧,梁孙逸著:《印度尼西亚大众传媒研究》,北京:中国传媒大学出版社,2015年版。

[80]黄苇町著:《苏共亡党十年祭》,南昌:江西高校出版社,2002年版。

[81]阎学通、孙学峰等著:《中国崛起及其战略》,北京:北京大学出版社,2005年版。

[82]巴忠倓主编:《中国国家安全战略问题研究》,北京:军事科学出版社,2003年版。

[83]贾英健著:《全球化背景下的民族国家研究》,北京:中国社会科学出版社,2005年版。

[84]缪家福著:《全球化与民族文化多样性》,北京:人民出版社,2005年版。

[85]巴忠倓主编:《文化建设与国家安全》,北京:时事出版社,2007年版。

[86]费孝通著:《中国文化的重建》,上海:华东师范大学出版社,2013年版。

[87]张骥,刘中民等著:《文化与当代国际政治》,北京:人民出版社,2003年版。

[88]王晓德著:《美国文化与外交》,北京:世界知识出版社,2000年版。

[89]徐晓萍,金鑫著:《中国民族问题报告》,北京:中国社会科学出版社,2008年版。

[90]王希恩主编:《当代中国民族问题解析》,北京:民族出版社,2002年版。

[91]王逸舟等著:《恐怖主义溯源:中国人的视角》,北京:社会科学文献出版社,2010年版。

[92]余振,达哇才仁主编:《中国的民族关系和民族发展》,北京:民族出版社,2003年版。

[93]中国现代国际关系研究所民族与宗教研究中心著:《全球民族问题大聚焦》,北京:时事出版社,2001年版。

[94]王逸舟著:《探寻全球主义国际关系》,北京:北京大学出版社,2005年版。

[95]周平著:《中国少数民族政治分析》,昆明:云南大学出版社,2007年版。

[96]曹峻,杨慧,杨丽娟著:《全球化与中国国家安全》,北京:社会科学文献出版社,2008年版。

[97]唐文彰,姜红明著:《当代中国国家安全问题》,北京:中国社会科学出版社,2010年

版。

[98]陈联璧等著:《中亚民族与宗教问题》,北京:中央民族大学出版社,2002年版。

[99]龚学增著:《社会主义与宗教》,北京:宗教文化出版社,2003年版。

[100]朱威烈主编:《国际文化战略研究》,上海:上海外语教育出版社,2002年版。

[101]胡鞍钢主编:《全球化挑战中国》,北京:北京大学出版社,2002年版。

[102]张小明著:《冷战及其遗产》,上海:上海人民出版社,1998年版。

[103]王缉思,牛军主编:《缔造霸权:冷战时期的美国战略与决策》,上海:上海人民出版社,2013年版。

[104]王佐书著:《中国文化战略与安全研究》,北京:人民出版社,2007年版。

[105]陈达著:《颜色革命:中亚面临的现实抉择》,兰州:兰州大学出版社,2007年版。

[106]张文木著:《世界地缘政治中的中国国家安全利益分析》,济南:山东人民出版社,2004年版。

二、中文译著

[1][英]利德尔·哈特著,中国人民解放军军事科学院译:《战略论》,北京:战士出版社,1981年版。

[2][美]约翰·柯林斯著:《大战略》,北京:中国人民解放军军事科学院,1973年版。

[3][荷]C．A．冯·皮尔森著:《文化战略》,北京:中国社会科学出版社,1992年版。

[4][美]塞缪尔·亨廷顿著,周琪等译:《文明的冲突与世界秩序的重建》,北京:新华出版社,1998年版。

[5][美]弗朗西斯·福山著,陈高华译:《历史的终结与最后的人》,桂林:广西师范大学出版社,2014年版。

[6][美]汉斯·摩根索著;徐昕,郝望,李保平译:《国家间政治:权力斗争与和平》,北京:北京大学出版社,2006年版。

[7][美]罗伯特·基欧汉,[美]约瑟夫·奈著;门洪华译:《权力与相互依赖》,北京:北京大学出版社,2002年版。

[8][英]丹尼斯·麦奎尔,[瑞典]斯文·温德尔著;祝建华译:《大众传播模式论》,上海:上海译文出版社,2008年版。

[9][美]罗兰·罗伯森著,梁光严译:《全球化:社会理论和全球文化》,上海:上海人民出版社,2000年版。

[10][英]约翰·汤姆林森著,郭英剑译:《全球化与文化》,南京:南京大学出版社,2002年版。

[11][美]斯坦利·J·巴伦著,刘鸿英译:《大众传播概论:第3版》,北京:中国人民大学出版

社, 2005年版。

[12][俄]瓦列里·季什科夫著, 姜德顺译: 《苏联及其解体后的族性、民族主义及冲突》, 北京: 中央民族大学出版社, 2009年版。

[13][英]斯蒂夫·芬顿著, 劳焕强等译: 《族性》, 北京: 中央民族大学出版社, 2009年版。

[14][美]阿尔文·托夫勒著, 黄锦桂译: 《权力的转移》, 北京: 中信出版社, 2018年版。

[15][英]刘易斯著, 关世杰主译: 《文化的冲突与共融》, 北京: 新华出版社, 2002年版。

[16][英]爱德华·莫迪默, [英]罗伯特·法恩著; 刘泓, 黄海慧译: 《人民·民族·国家》, 北京: 中央民族大学出版社, 2009年版。

[17][美]菲利克斯·格罗斯著, 王建娥等译: 《公民与国家——民族、部族和族属身份》, 北京: 新华出版社, 2003年版。

[18][加]威尔·金利卡著, 马莉等译: 《多元文化的公民身份》, 北京: 中央民族大学出版社, 2009年版。

[19][日]星野昭吉著, 刘小林等译: 《全球政治学: 全球化进程中的变动、冲突、治理与和平》, 北京: 新华出版社, 2000年版。

[20][美]威廉·A·哈维兰著, 瞿铁鹏等译: 《文化人类学》, 上海: 上海社会科学院出版社, 2006年版。

[21][德]埃德蒙德·胡塞尔著, [德]埃尔玛·霍伦斯坦编, 倪梁康译: 《逻辑研究(第一卷): 纯粹逻辑学导引》, 北京: 商务印书馆, 2015年版。

[22][英]爱德华·泰勒著, 连树声译: 《原始文化》, 桂林: 广西师范大学出版社, 2005年版。

[23][美]罗伯特·A·达尔著, 谢岳译: 《论政治平等》, 上海: 上海人民出版社, 2009年版。

[24][美]塞缪尔·P·亨廷顿著; 王冠华, 刘为等译; 沈宗美校: 《变化社会中的政治秩序》上海: 上海人民出版社, 2008年版。

[25][美]罗伯特·基欧汉著; 苏长和, 信强, 何曜译; 苏长和校: 《霸权之后: 世界政治经济中的合作与纷争》, 上海: 上海人民出版社, 2006年版。

[26][美]兹比格纽·布热津斯基著, 中国国际问题研究所译: 《大棋局: 美国的首要地位及其地缘战略》, 上海: 上海人民出版社, 2007年版。

[27][美]约翰·米尔斯海默著, 王义桅, 唐小松译: 《大国政治的悲剧》, 上海: 上海人民出版社, 2008年版。

[28][美]肯尼思·华尔兹著, 信强译: 《人、国家与战争: 一种理论分析》, 上海: 上海人民出版社, 2012年版。

[29][美]肯尼思著·华尔兹, 信强译: 《国际政治理论》, 上海: 上海人民出版社, 2008年版。

[30][美]亚历山大·温特著, 秦亚青译: 《国际政治的社会理论》上海: 上海人民出版社, 2008年版。

[31][美]海伦·米尔纳著, 曲博译, 王正毅校: 《利益、制度与信息: 国内政治与国际关系》, 上海: 上海人民出版社, 2010年版。

[32][美]彼得·J·卡赞斯坦主编; 秦亚青, 魏玲, 刘伟华, 王振玲译: 《世界政治中的文明: 多元多维的视角》, 上海: 上海人民出版社, 2012年版。

[33][美]小约瑟夫·奈著, 张小明译: 《理解国际冲突: 理论与历史(第五版)》, 上海: 上海人民出版社, 2005年版。

[34][美]罗伯特·J·阿特, [美]罗伯特·杰维斯编; 时殷弘、吴征宇译: 《国际政治——常在概念和当代问题(第七版)》, 北京: 中国人民大学出版社, 2007年版。

[35][美]亨廷顿主编, 康敬贻等译: 《全球化的文化动力》, 北京: 新华出版社, 2004年版。

[36][美]尼克松著, 王观声等译: 《1999: 不战而胜》, 北京: 世界知识出版社, 1996年版。

[37][美]乔治·H·奎斯特著, 孙建中译, 肖欢校: 《国际体系中的进攻与防御》, 上海: 上海人民出版社, 2008年版。

[38][美]戈尔茨坦, [美]基欧汉编; 刘东国, 于军译: 《观念与外交政策: 信念、制度与政治变迁》, 北京: 北京大学出版社, 2005年版。

[39][日]渡边靖著, 金琮轩译: 《美国文化中心: 美国的国际文化战略》, 北京: 商务印书馆, 2013年版。

[40][美]乔纳森·弗里德曼著, 郭建如译: 《文化认同与全球性过程》, 北京: 商务印书馆, 2003年版。

[41][英]特瑞·伊格尔顿著, 方杰译: 《全球化与文化》, 南京: 南京大学出版社, 2003年版。

[42][美]爱德华·W·萨义德著, 李琨译: 《文化与帝国主义》, 北京: 生活·读书·新知三联书店, 2003年版。

[43][美]理查德·内德·勒博著, 陈锴译: 《国际关系的文化理论》, 上海: 上海社会科学院出版社, 2012年版。

[44][美]彼得·卡赞斯坦主编, 宋伟、刘铁娃译: 《国家安全的文化: 世界政治中的规范与认同》, 北京: 北京大学出版社, 2009年版。

三、中文期刊

[1]史云贵: "我国陆地边疆政治安全: 内涵、挑战与实现路径", 《探索》, 2006年第3期。

[2]余潇枫, 徐黎丽: "'边安学'刍议", 《浙江大学学报(人文社会科学版)》, 2009年第7期。

[3]董江爱: "我国国家文化安全中的边疆文化治理研究", 《探索》, 2016年第4期。

[4]孙明哲: "全球化背景下我国文化安全对国家安全的重要意义", 《思想政治教育研

究》，2006年第6期。

[5]石中英："论国家文化安全"，《北京师范大学学报(社会科学版)》，2004年第3期。

[6]郑群："反恐背景下当代中国民族分裂问题透视"，《中国人民公安大学学报(社会科学版)》，2009年第5期。

[7]徐成芳，罗家锋："试论当前中国意识形态安全面临的主要问题"，《政治学研究》，2012年第6期。

[8]郭清祥："关于现阶段处理少数民族宗教问题的分析与思考"，《民族研究》，2004年第1期。

[9]马品彦："宗教极端主义的本质与危害"，《新疆社会科学》，2008年第6期。

[10]周平："边疆在国家发展中的意义"，《思想战线》，2013年第2期。

[11]詹小美："文化认同视域下的政治认同"，《中国社会科学》，2013年第9期。

[12]陈太平："论边疆民族地区的政治文化安全"，《民族论坛》，2014年第9期。

[13]唐彦林："奥巴马政府"巧实力"外交政策评析"，《当代亚太》，2010年第1期。

[14]巨克毅："宗教冲突与世界和平——美国'9·11'事件后宗教与暴力关系之省思"，《宗教与民族》，2003年年刊。

[15]吴玉军："国家认同的基本内涵"，《中国特色社会主义研究》，2015年第1期。

[16]李占荣、唐勇："民族平等的宪法表述"，《浙江社会科学》，2015年第9期。

[17]张春霞、蒲晓刚："境外宗教渗透与新疆意识形态安全"，《新疆社会科学(汉文版)》，2010年第1期。

[18]孙浩然："'宗教渗透'概念辨析"，《世界宗教研究》，2007年第4期。

[19]秦亚青："国家身份、战略文化和安全利益——关于中国与国际社会关系的三个假设"，《世界经济与政治》，2003年第1期。

[20]孙英春，王祎："软实力理论反思与中国的'文化安全观'"，《国际安全研究》，2014年第2期。

[21]丁志刚，董洪乐："论中国的文化安全及其护持"，《学习与探索》，2012年第7期。

[22]胡惠林："国家文化安全: 经济全球化背景下中国文化安全产业发展策论"，《学术月刊》，2000年第2期。

[23]于炳贵，郝良华："文化帝国主义与国家文化安全"，《中共中央党校学报》，2003年第3期。

[24]戴晓东："加拿大多元文化主义与文化安全"，《现代国际关系》，2004年第4期。

[25]门洪华："中国崛起与国际秩序变革"，《国际政治科学》，2016年第1期。

[26]胡惠林："文化产业发展与国家文化安全——全球化背景下中国文化产业发展问题思考"，《上海社会科学院学术季刊》，2000年第2期。

[27]辛国安等："全球化视野下的国家文化安全"，《中国特色社会主义研究》，2010年第1期。

[28]董璐："文化安全遭受威胁的后果及其内生性根源"，《国际安全研究》，2014年第2期。

[29]潘一禾："'非传统'视野中的当代国家文化安全"，《世界经济与政治》，2005年第2期。

[30]周俊："西南边疆民族地区文化安全政策执行力分析及其改进"，《广西社会科学》，2018年第1期。

[31]韩源："国家文化安全引论"，《当代世界与社会主义》，2008年第6期。

[32]沈洪波："文化全球化与中国国家文化安全"，《山东大学学报(哲学社会科学版)》，2004年第6期。

[33]张骥，齐长安："网络时代中国文化安全面临的冲击与对策"，《社会主义研究》，2001第4期。

[34]付瑞红："国际文化秩序与中国文化安全战略"，《中共中央党校学报》，2012年第5期。

[35]刘跃进："文化安全的三种思维方式与政策导向"，《国际安全研究》，2015年第3期。

[36]苏娟："'一带一路'与中国文化安全:挑战与应对"，《东南亚研究》，2017年第3期。

[37]刘荣："全球化时代中国文化安全问题及其应对"，《西北民族研究》，2015年第3期。

[38]樊志彪："文化认同与国家安全初探"，《太平洋学报》，2005年第9期。

[39]王瑾："文化软实力建设与意识形态安全"，《当代世界与社会主义》，2009年第6期。

[40]张骥，刘艳房："论全球化时代国家形象战略与国家利益的实现"，《国际观察》，2009年第1期。

[41]简涛洁："霸权文化与文化威胁——美国文化外交及其对中国和世界的影响"，《太平洋学报》，2011年第6期。

四、英文文献

[1]Samuel P. Huntington, The Clash of Civilizations?, Foreign Affairs, Summer, 1993.

[2]Leonard R. Sussman, The Culture of Freedom: The Small World of Fulbright Scholars, Maryland: Roman & Littlefield, 1992.

[3]David Rothkopf, In Praise of Cultural Imperialism?, Foreign Policy, No. 107 (Summer, 1997).

[4]Peter Katzenstein (ed), The Culture National Security: Norms and Identity in Worm Politics, New York: Columbia University Press, 1996

[5]Robert O. Keohane and Joseph S. Nye, Power and Interdependence in the

Information Age, Foreign Affairs, 1998.

[6]John Mearsheimer, The Tragedy of Great Power Politics, New York: W. W. Norton, 2001.

[7]Edward Steinfeld, Why China's Rise Doesn't Treaten the West, Oxford: Oxford University Press, 2010.

[8]Walter A. Kemp, Nationalism and Communism in Eastern Europe and the Soviet Union: A Basic Contradiction?, New York: ST. Martin Press, inc., 1999.

[9]Tony Bennett and Lawrence Grossberg (ed), New Key Words: A Revised Vocabulary of Culture and Society, Oxford: Blackwell, 2005.

[10]Jeannie L. Johnson, Kerry M. Kartchner and Jeffrey A. Larsen, Strategic Culture and Weapons of Mass Destruction, Palgrave Macmillan, 2009.

[11]S. Frederick Starr, Xinjiang: China's Muslim Borderland, New York: M. E. Sharpe, 2004.

[12]Nimrod Baranovitch, Between Alterity and Identity: New Voices of Minority people in China, Modern China, No. 3 Jul, 2001.

[13]Peter J. Spiro, Beyond citizenship: American identity after globalization, New York: Oxford University Press, 2008.

[14] G. John Ikenberry, Getting Hegemony Right, The National Interest, No. 63, Spring, 2001.

[15]Joseph S. Nye, Soft Power: The Means to Success in World Politics, New York: Public Affairs, 2004.

[16]Alexander Wendt, "Constructing International Politics", International Security, No. 1, Spring 1995.

[17]Jose V. Ciprut, The future of citizenship, Cambridge. Mass. : MIT Press, 2009.

[18]Joseph S. Nye, A Smarter Superpower, Foreign Policy, 2007.

[19]Suzanne Nossel, Smart Power, Foreign Affairs, 2004.

[20]Buzan B, Waver O, de Wilde J, Security: A New Framework for analysis, Lynne Rienner Publishers, 1998.

张才圣

中国广西师范大学教授，博士生导师，主要从事近现代国际关系、地区安全研究。

国际格局变化背景下中国边疆民族地区文化安全问题研究

초판 1쇄 인쇄 2023년 9월 22일
초판 1쇄 발행 2023년 10월 10일

지은이 张才圣
펴낸이 이대현
편집 이태곤 권분옥 임애정 강윤경
디자인 안혜진 최선주 이경진 | 마케팅 박태훈
펴낸곳 도서출판 역락 | 등록 1999년 4월 19일 제303-2002-000014호
주소 서울시 서초구 동광로46길 6-6 문창빌딩 2층(우06589)
전화 02-3409-2060(편집부), 2058(영업부) | 팩스 02-3409-2059
전자우편 youkrack@hanmail.net | 홈페이지 www.youkrackbooks.com

ISBN 979-11-6742-583-6 93300

字数: 330千字